Effektives Arbeiten mit
MS Teams, OneNote, Outlook & Co.

Helmut Gräfen

Effektives Arbeiten mit MS Teams, OneNote, Outlook & Co.

Zusammenarbeit und Selbstorganisation mit Microsoft 365/Office 365

mitp

Bibliografische Information der Deutschen Nationalbibliothek
Die Deutsche Nationalbibliothek verzeichnet diese Publikation in der Deutschen Nationalbibliografie; detaillierte bibliografische Daten sind im Internet über <http://dnb.d-nb.de> abrufbar.

Bei der Herstellung des Werkes haben wir uns zukunftsbewusst für umweltverträgliche und wiederverwertbare Materialien entschieden.
Der Inhalt ist auf elementar chlorfreiem Papier gedruckt.

ISBN 978-3-7475-0319-5
1. Auflage 2021

www.mitp.de
E-Mail: mitp-verlag@sigloch.de
Telefon: +49 7953 / 7189 - 079
Telefax: +49 7953 / 7189 - 082

Lektorat: Janina Bahlmann, Lisa Kresse
Sprachkorrektorat: Christine Hoffmeister
Covergestaltung: Christian Kalkert
Bildnachweis: EkaterinaGr / stock.adobe.com, apinan / stock.adobe.com
Satz: III-satz, Husby, www.drei-satz.de
Druck: ADverts in Riga, Lettland

Inhaltsverzeichnis

Einleitung

Die Verdichtung unseres Berufsalltags nimmt von Jahr zu Jahr kontinuierlich zu. Wer seinen aktuellen Arbeitsalltag mit dem von vor 10 oder 15 Jahren vergleicht, der wird feststellen, dass deutlich mehr Aufgaben in der gleichen Zeit zu bewältigen sind. Wir können davon ausgehen, dass sich diese Entwicklung in den nächsten Jahren weiter fortsetzt.

Wenn ich mich heute bei meinen Beratungstätigkeiten in den Unternehmen umschaue, stellt sich die Situation wie folgt dar:

- Der Begriff *Aufgabe* ist nicht klar definiert.
- Aufgaben und Termine werden nicht strikt voneinander getrennt.
- Aufgaben werden nicht verschriftlicht.
- Aufgaben werden analog in Kladden, College-Blöcken oder gar auf Zetteln notiert.
- Aufgaben werden in Excel-Listen geführt.
- Aufgaben werden in Word-Dateien aufgelistet.
- Aufgaben werden an unterschiedlichen Orten abgelegt.
- Aufgabenlisten werden parallel mit oder in unterschiedlichen Systemen geführt.
- Teamaufgaben werden nicht untereinander abgestimmt.
- Teammitglieder kennen nicht den aktuellen Aufgabenstatus der anderen Teammitglieder.
- Aufgaben werden von Führungskräften per Mail, Telefon, Zettel oder per Zuruf »delegiert«.
- Aufgaben werden vereinzelt von Mitarbeitern auch schon in *Outlook* oder ähnlichen Tools geführt, wobei dieses Vorgehen eher die Ausnahme darstellt.

Irgendwie werden die Aufgaben tatsächlich auch mit diesen Methoden erledigt, allerdings nicht immer fristgerecht und oft mit erheblichem Druck und Stress verbunden. Diese Art der analogen Aufgabenverwaltung werden wir uns auf Dauer aus dem bereits erwähnten Grund nicht weiter leisten können. Auch wenn die Aufgabenverwaltung zu einem Teil schon digitalisiert, d. h. mit IT-Tools, vorgenommen wird, fehlt oft eine Struktur, die es Ihnen ermöglicht, immer alle Aufgaben »auf dem Schirm zu haben«, sie in der Ihnen zur Verfügung stehenden Zeit realistisch zu planen und eine fristgerechte und korrekte Erledigung zu gewährleisten.

Ich bin der festen Überzeugung, dass das nur durch die Anwendung von Selbst- und Zeitmanagement-Methoden und den konsequenten Einsatz von digitalen IT-Tools zu bewerkstelligen ist. Idealerweise, indem Sie die theoretischen Modelle aus dem Zeitmanagement mit der praktischen Anwendung der Programme (Apps), die Ihnen Microsoft 365 und Office 365 zur Verfügung stellen, verbinden. Mit diesem Buch möchte ich Sie dabei möglichst praxisnah unterstützen.

Wie ist das Buch aufgebaut?

Kapitel 1 »Die passenden Apps für typische Anforderungen im Arbeitsalltag«

In diesem Kapitel beschreibe ich fünf typische Anforderungen, die beinahe jeden Arbeitsalltag kennzeichnen, und welche Apps dazu geeignet sind, diese Anforderungen zu bewältigen.

Kapitel 2 »Selbst- und Zeitmanagement – Basics«

Hier erläutere ich die aus meiner Sicht hilfreichsten Selbst- und Zeitmanagement-Methoden und gebe Ihnen Tipps und Anregungen, wie Sie diese in Ihrem Arbeitsalltag sinnvoll einsetzen können.

Kapitel 3 »Outlook – Mails, Termine und Aufgaben managen«

Ab Kapitel 3 stelle ich Ihnen die Apps aus Microsoft 365/Office 365 vor. Den Anfang macht *Outlook*, ein Programm, dessen Leistungsumfang in den wenigsten Arbeitssituationen ausgereizt wird.

Kapitel 4 »OneNote – Informationen zusammenhalten«

OneNote ist der ideale Begleiter auf Ihrem Weg, zukünftig digitaler und papierärmer zu arbeiten. Wenn Sie sich auf das Arbeiten mit *OneNote* ernsthaft einlassen, werden Sie Ihren College-Block, Ihre Kladde und Ihre Post-its nicht mehr vermissen. In diesem Kapitel zeige ich auf, wie Sie die App für Ihre persönliche Organisation, aber auch für die Organisation Ihres Teams nutzen können.

Kapitel 5 »Planner – Teamaufgaben managen«

In diesem Kapitel zeige ich Ihnen, wie Sie mit dieser App die Aufgaben in Ihrem Team effektiver als bisher managen können. Gleichzeitig weise ich auf die Abgrenzung zu klassischen Projektmanagement-Tools wie z. B. Microsoft Project hin.

Kapitel 6 »To Do – Persönliche Aufgaben managen«

Diese App möchte ich Ihnen ganz besonders ans Herz legen, da sie sowohl die Aufgaben verwaltet, die Sie sich selbst gestellt haben, als auch die Teamaufgaben, die Ihnen über einen *Planner* zugewiesen wurden. Eine App, die Ihnen Ihre sämtlich zu erledigenden Aufgaben anzeigt, unabhängig davon, in welchem Kontext diese entstanden sind, stellt eine enorme Arbeitserleichterung dar.

Kapitel 7 »Lists – Informationen in Listenform verarbeiten«

Diese Form der Informationsverarbeitung gibt es schon etliche Jahre, aber sie wird eher selten in Unternehmen eingesetzt. Das liegt unter anderem daran, dass das Arbeiten mit Listen bisher unkomfortabel war. Das hat sich allerdings mit der Veröffentlichung der App *Lists* entscheidend verändert. Listen eignen sich z. B. sehr gut zur Verwaltung von Ressourcen. In diesem Kapitel führe ich Sie an das Arbeiten mit Listen schrittweise heran.

Kapitel 8 »Teams – Kontextbezogen kommunizieren und Dateien gemeinsam bearbeiten«

In diesem Kapitel zeige ich Ihnen das Potenzial auf, das *Teams* bereithält, um Ihre Produktivität deutlich zu steigern. Ich gebe Ihnen Tipps & Tricks zu den verschiedenen Schwerpunkten an die Hand, die Ihnen Ihren Arbeitsalltag erleichtern werden. Kommunizieren Sie via Chat, führen Sie Online-Besprechungen, arbeiten Sie mit Ihren Kollegen gemeinsam an Dateien und binden Sie Apps ein, die Funktionen bereitstellen, die *Teams* von Hause aus nicht bietet.

Kapitel 9 »OneDrive for Business und SharePoint Online – Die Speicherorte in Office 365«

Ich erkläre in diesem Kapitel das Speicherkonzept von Office 365 und in welchen Fällen welcher Speicherort am sinnvollsten ist. Außerdem beschreibe ich die Vorgehensweise, wie Sie Ihre Ordner und Dateien aus Office 365 mit Ihrem PC, Notebook oder Surface synchronisieren.

Sofern verfügbar, gehe ich in allen Kapiteln auch auf die mobilen Varianten der Apps für Android Phones und für iPhones ein. Im Stichwortverzeichnis können Sie die wichtigsten Begriffe und Funktionen nach den einzelnen Apps sortiert nachschlagen.

Auf welche Version und welchen Stand bezieht sich das Buch?

Sie können das Buch für alle Microsoft 365- und Office-365-Pläne nutzen, die die in dem Buch beschriebenen Apps enthalten. Es bezieht sich auf den Funktionsstand von April 2021. Microsoft hat die Namen der Pläne (Abomodelle) Anfang 2020 zum Teil geändert. Da sich der Produktname *Office 365* etabliert hat, habe ich mich dafür entschieden, im Buch nur mit dem Produktnamen *Office 365* zu arbeiten. Fast alle beschriebenen Funktionen können auch mit den Microsoft-365-Plänen genutzt werden. Zu Ihrer Orientierung führe ich hier die wichtigsten Pläne mit altem und neuem Namen auf.

Alter Name	Neuer Name
Office 365 Business Essentials	Microsoft 365 Business Basic
Office 365 Business Premium	Microsoft 365 Business Standard
Office 365 Business	Microsoft 365 Apps for Business
Office 365 E1	Stand heute keine Namensänderung
Office 365 E3	Stand heute keine Namensänderung
Office 365 E5	Stand heute keine Namensänderung

Microsoft bietet auch die Pläne Microsoft 365 E3 und Microsoft 365 E5 an. Sie enthalten die Funktionen und Apps der Pläne Office 365 E3 und Office 365 E5, darüber hinaus aber auch unter anderem das Betriebssystem Windows Enterprise.

Für wen ist das Buch gedacht?

Das Buch ist für alle Personen gedacht, die in ihrem Arbeitsalltag mit Microsoft 365 oder Office 365 arbeiten und die die ihnen zur Verfügung stehende Arbeitszeit bestmöglich nutzen wollen.

Fragen und Anregungen

Wenn Sie Fragen oder Anregungen zu meinem Buch haben, lade ich Sie herzlich ein, mir eine Mail an `helmut.graefen@team-babel.de` zu schicken. Es kann zwar ein paar Tage dauern, aber ich werde Ihnen auf jeden Fall antworten.

An dieser Stelle möchte ich mich bei meiner Lektorin Janina Bahlmann bedanken, die mich zu jeder Zeit mit ihrer konstruktiven Kritik und ihren hilfreichen Anmerkungen unterstützt hat. Dank gebührt ebenfalls den anderen Mitarbeitern des mitp-Verlages, die zum Gelingen des Buches beigetragen haben.

Ein besonderer Dank gilt meiner Frau, Anne Nießen, die auch dieses Buchprojekt immer befürwortet und mich moralisch unterstützt hat.

Ich wünsche Ihnen beim Lesen viele neue Erkenntnisse und ein effektives Arbeiten mit *MS Teams, OneNote, Outlook* & Co.

Monschau, im Mai 2021
Helmut Gräfen

Kapitel 1

Die passenden Apps für typische Anforderungen im Arbeitsalltag

Seit etwa 2 Jahren steigt die Anzahl der Unternehmen, die mit Office 365 in das Cloud Computing einsteigen. Im Jahr 2020 war durch die Coronakrise der Bedarf an Homeoffice-Arbeitsplätzen von einem Tag auf den anderen sehr groß. Office 365 und das darin enthaltene Produkt *Microsoft Teams* stellte eine schnell umzusetzende Lösung für diese Herausforderung dar. Der Schwerpunkt liegt aber heute, etwa ein Jahr später, immer noch fast ausschließlich auf *Microsoft Teams*. Dass Ihnen mit Office 365 eine Sammlung höchst interessanter Tools an die Hand gegeben wird, mit denen Sie beispielsweise Ihre persönlichen Aufgaben, aber auch die Teamaufgaben deutlich produktiver als bisher managen können, geht leider oft genug unter. Tatsächlich ist Office 365 prall gefüllt mit hilfreichen Apps. Ich möchte Ihnen in diesem Kapitel zeigen, welche App für welchen Zweck am besten geeignet ist.

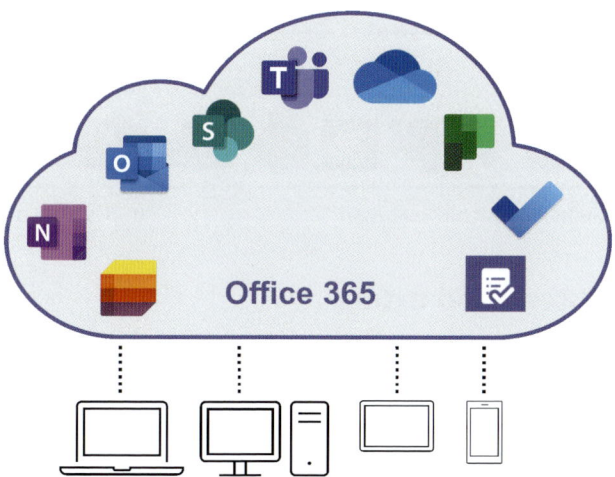

Abb. 1.1: Die wichtigsten Apps in Office 365

Neben den Apps, deren sinnvolle Nutzung die Produktivität schon deutlich erhöhen, können Sie Ihre Effektivität noch einmal steigern, indem Sie einen weiteren Vorteil des Cloud Computings gezielt nutzen: die Unabhängigkeit von Ort und Gerät. Liegen Dokumente, Mails, Chats und andere Informationen in Office 365, stehen die Daten Ihnen und Ihren Kollegen stets und überall zur Verfügung, unabhängig vom Ort und dem Endgerät, mit dem Sie arbeiten möchten.

Die Anforderungen, die in der Administration eines Unternehmens täglich zu bewältigen sind, ähneln sich in ihrem Wesen. Unabhängig von der Branche, dem Gewerbe oder der Unternehmensgröße. Anhand von fünf typischen Anforderungen möchte ich Ihnen den effektiven Einsatz von Office 365 beispielhaft aufzeigen.

Kommunikation: intern und extern

Aufgabenmanagement: persönlich und im Team

Dokumente gemeinsam bearbeiten

Informationen zusammenhalten und für alle beteiligten Personen verfügbar machen

Mobil auf alle relevanten Daten zugreifen: Dokumente, Mails, Chats, Informationen

Abb. 1.2: Fünf typische Anforderungen in einem Unternehmen

1.1 Kommunikation: Intern und extern

Für die elektronische Kommunikation in Ihrem Unternehmen stellt Ihnen Office 365 die zwei Apps *Outlook* und *Teams* zur Verfügung. Um mit diesen beiden Tools möglichst effektiv zu arbeiten, empfiehlt es sich, Ihre elektronische Kommunikation in Gruppen zusammenzufassen: in die interne, die Sie mit *Teams* handeln (kontextbezogene Kommunikation), und die externe Kommunikation, die Sie mit *Outlook* verwalten (personenzentrierte Kommunikation).

Heutzutage ist immer noch häufig sowohl die interne als auch die externe Kommunikation personenzentriert. Möchten Sie z. B. Informationen zu einem Projekt in Form von Text, Links und/oder Dateianhängen an Mitglieder des Projektteams übermitteln, geschieht dies mit einer Mail, wahrscheinlich mit *Outlook* versendet.

Nehmen wir an, das Projektteam besteht aus sieben Personen. Sechs Personen erhalten also die von Ihnen versendete Mail in ihren Posteingängen in *Outlook*, entweder als direkte Empfänger oder als Mitglied einer Verteilergruppe. Jede der beteiligten Personen muss diese Informationen und Dateianhänge in den passenden Kontext bringen. Das passiert sehr oft durch die Ablage der Mail in einem entsprechenden Unterordner des Posteingangs.

Nachteile der personenzentrierten Kommunikation mit Outlook:

- Die Informationen existieren nun 7 x in der IT-Landschaft, und zwar als gesendete Mail in Ihrem Postfach und als empfangene Mail bei den Projektteammitgliedern.
- Haben Sie einen Dateianhang mit versendet, existiert diese Datei 8 x – das Original, das Sie der Mail angehängt haben, und in jedem Empfängerpostfach eine Kopie.
- Angenommen, mehrere Personen im Team nehmen Änderungen in der Dateikopie aus der Mail vor. Diese Änderungen in der Originaldatei zu konsolidieren, erfordert einen enormen Zeitaufwand.
- Stoßen weitere Personen (Kundenmitarbeiter, neue Teammitglieder externer Dienstleister) zum Team, müssen diese mit allen Informationen versorgt werden.
- Jede beteiligte Person hat in der Regel ihre eigene, individuelle Ablagestruktur in *Outlook*.
- Ein Zusammenhalten der Projektmails in *Outlook* ist aufwendig.
- Das Aktualisieren der Projektdateien gestaltet sich ebenfalls aufwendig.
- Die aktuellen Dateistände sind schwer zu ermitteln.

Die Lösung für die interne Kommunikation heißt *Teams*. Die Informationen, die Sie bisher gemailt haben, chatten Sie im passenden Teamkanal. Die Dateien, die Sie als Mailanhänge verschickt haben, legen Sie im Team ab. Im Chat verweisen Sie dann auf diese Datei, entweder textlich oder direkt mit einem Link zu der Datei. Alle relevanten Informationen und Dateien liegen im richtigen Kontext.

Vorteile der kontextbezogenen Kommunikation mit Teams:

- Die gechatteten Informationen existieren im Team nur 1 x.
- Die benötigte Datei liegt im Kontext des Projektteams und ist nur 1 x vorhanden.
- Alle Personen im Team arbeiten mit der Originaldatei, ein Konsolidieren von Dateikopien ist nicht mehr erforderlich.

- Stoßen weitere Personen (Kundenmitarbeiter, neue Teammitglieder externer Dienstleister) zum Team, können diese auf alle Chatverläufe und Dateien zugreifen.

- Ein Zusammenhalten von Projektmails in *Outlook* ist nicht mehr notwendig.

- Sobald eine Person im Team eine Änderung in einer Datei vorgenommen hat, wird diese automatisch gespeichert.

- Alle Dateien werden stets mit ihrem aktuellen Dateistand angezeigt.

Die beschriebene Vorgehensweise macht nicht nur in einem Projektkontext Sinn. Mit einem Team können Sie ebenso gut Abteilungen, Bereiche u. Ä. abbilden.

Chatten Sie statt zu mailen

Überführen Sie, wann immer möglich, die Kommunikation per Mail dauerhaft in eine Chatkommunikation in einem Teamkanal. Dies konsequent angewendet, wird die Anzahl Ihrer Mails drastisch verringern.

Komplett auf das Mailen zu verzichten, ist jedoch leider nicht möglich. Für die Kommunikation mit Kunden, Lieferanten und anderen Externen wird uns *Outlook* wohl noch die nächsten Jahre begleiten. Dennoch empfehle ich Ihnen, immer wieder zu überprüfen, ob die Kommunikation mit Externen wirklich noch über *Outlook* laufen muss.

Mails von Externen ins Team weiterleiten

Leiten Sie Mails von Externen, die teamrelevante Informationen enthalten, in den passenden Kanal des Teams weiter. Jeder Kanal in *Teams* verfügt über eine eigene Mailadresse. In Abschnitt 8.4 beschreibe ich, wie Sie die Mailadresse eines Teamkanals abrufen.

Seit April 2021 besteht auch die Möglichkeit, aus *Outlook* heraus eine Mail mit einem Team zu teilen. Details dazu finden Sie in Abschnitt 3.5.

1.2 Aufgabenmanagement: Persönlich und im Team

Die Vielfalt und Anzahl der Aufgaben nehmen von Jahr zu Jahr zu. Die Einführung von *Microsoft Teams* erhöht zwar auf der einen Seite die Komplexität des Aufgabenmanagements, bietet aber auf der anderen Seite hilfreiche Tools, um die Komplexität gut zu managen. In aller Regel sind Sie Mitglied in mehreren Teams und haben damit Aufgaben in unterschiedlichen Teams zu erledigen. Dazu kommen noch Ihre persönlichen Aufgaben, die nichts mit einer Teammitgliedschaft zu tun haben. Diese vielfältigen Anforderungen müssen optimal gemanagt werden.

Strikte Trennung von persönlichen Aufgaben und Teamaufgaben

Trennen Sie scharf zwischen persönlichen Aufgaben und Aufgaben, die Ihnen in einem Teamkontext zugewiesen werden und nutzen Sie zur Verwaltung die passenden Apps.

In Office 365 stehen fünf Apps zur Verfügung, um Aufgaben zu verwalten: *Outlook, To Do, Planner, Tasks von Planner und To Do* und *Teams*. In der folgenden Tabelle gebe ich Ihnen einen Überblick, in welchen Fällen Ihnen welche App die meisten Vorteile bringt.

Anforderung	App	Bemerkung
Persönliche Aufgaben managen	*Outlook* und *To Do*	*Outlook* ist für das Arbeiten am PC die beste Wahl. *To Do* eignet sich sehr gut für die mobile Arbeit mit dem Handy.
Aufgaben, die Sie außerhalb eines Teamkontextes einer anderen Person zuweisen möchten	*Outlook*	
Aufgaben in der Gruppe oder in einem Team managen	*Planner* und *Teams*	Mit *Planner* haben alle Teammitglieder einen optimalen Überblick, wer für welche Aufgabe verantwortlich und wie der aktuelle Bearbeitungsstatus der Aufgabe ist. In *Teams* lässt sich die App *Planner* als Registerkarte einbinden. Das erspart den Teammitgliedern unnötige Navigationsklicks.
Alle Aufgaben im Blick behalten, persönliche und zugewiesene	*To Do* und *Tasks von Planner und To Do*	*To Do* nutzen Sie als eigenständige App außerhalb der Teams-Oberfläche. *Tasks von Planner und To Do* lassen sich in *Teams* als Registerkarte und App einbinden und führen die beiden Apps *Planner* und *To Do* zusammen. In der mobilen Teams-App ist *Tasks von Planner und To Do* bereits integriert.

Tabelle 1.1: Wann nutzen Sie welche Apps?

1.3 Dokumente gemeinsam bearbeiten

Grob gesprochen, unterscheidet Office 365 zwischen persönlichen Dokumenten, auf die nur Sie selbst zugreifen können, und solchen, die von einer Gruppe von

Personen bearbeitet werden sollen. Mit dem Begriff *Dokumente*, der aus der Share-Point-Welt kommt, sind Ordner und Dateien gemeint. Neben *SharePoint* können Sie Ordner und Dateien auch in *Teams* und *OneDrive* speichern und bearbeiten. Diese drei Begriffe werden sowohl als Bezeichnung für den Speicherort als auch für die dazu passende App verwendet.

Klare Unterscheidung zwischen persönlichen und Gruppendaten

Legen Sie für sich selbst, aber auch innerhalb Ihrer Arbeitsgruppe klar und deutlich fest, welche Daten in der Gruppe bearbeitet werden und welche Dateien als persönlich eingestuft werden. Entsprechend dieser Klassifizierung ergibt sich der Speicherort fast automatisch.

Wann nutze ich welchen Speicherort in Office 365?

Anforderung	Speicherort/App	Bemerkung
Persönliche Daten, auf die nur Sie selbst zugreifen möchten	*OneDrive*	*OneDrive* ist Ihr persönlicher Ablageort in der Cloud.
		OneDrive kann mit Ihrem PC/Notebook synchronisiert werden.
Daten, die von einer Gruppe von Personen bearbeitet werden. Diese Personen sollen in einer geschlossenen Gruppe chatten können.	*Teams*	*Teams* stellt neben einem Ort für die Ordner- und Dateiablage auch einen Bereich für die Kommunikation via Chat zur Verfügung.
		Ordner und Dateien aus *Teams* können mit Ihrem PC/Notebook synchronisiert werden.
Daten, die von einer Gruppe von Personen bearbeitet werden. Eine geschlossene Kommunikation via Chat wird nicht benötigt.	*SharePoint*	Benötigen Sie keine Teamfunktionen wie z. B. das Chatten, genügt für die gemeinsame Dateibearbeitung eine *Teamwebsite* in *SharePoint*.
		Ordner und Dateien aus *SharePoint* können mit Ihrem PC/Notebook synchronisiert werden.

Tabelle 1.2: Wann nutze ich welchen Speicherort?

1.4 Informationen zusammenhalten und für alle Beteiligten verfügbar machen

Sprechen wir über Informationen, können wir diese in zwei Gruppen unterteilen, die mit zwei unterschiedlichen Tools verarbeitet werden.

- **Notizen, Ideen, Gedanken – Verarbeitung mit OneNote**
  Diese Art von Informationen in Dateien zu speichern, ist eine eher ungünstige

Vorgehensweise, da sie zum einen nur mit viel Aufwand von allen beteiligten Personen gefunden werden und zum anderen nur schwer zu einem größeren Informationskontext zusammenzufassen sind. Speichern Sie diese Informationen in einem OneNote-Notizbuch, haben Sie diese Einschränkungen nicht.

■ **Informationen, die in Listen (Spalten) verwaltet werden können – Verarbeitung mit Lists**
Zu den Informationen, die in Listen verarbeitet werden können, gehören zum Beispiel Stundenabrechnungen, Verwalten von Geräten, Maßnahmenpläne u. Ä.

Die folgende Tabelle listet auf, bei welchen Anforderungen Sie die App *OneNote* bzw. die App *Lists* einsetzen.

Anforderung	App	Bemerkung
Persönliche Gedanken	*OneNote*	Ihre persönlichen Gedanken, Notizen und Ideen notieren Sie in Ihrem persönlichen OneNote-Notizbuch. Dieses Notizbuch wird in Ihrem *OneDrive* gespeichert.
Gedanken und Ideen, die für das ganze Team von Interesse sind	*OneNote*	Teamrelevante Informationen schreiben Sie in das Teamnotizbuch, das automatisch mit dem Team angelegt wird und das Sie an eine Registerkarte in einen Teamkanal heften können. Alle Teammitglieder können auf das Teamnotizbuch bearbeitend zugreifen.
Gespräche und/oder Telefonate protokollieren	*OneNote*	Je nach Kontext in Ihrem persönlichen Notizbuch, im Teamnotizbuch oder in einem speziell dafür erstellten Notizbuch
Besprechungen protokollieren	*OneNote*	Führen Sie alle Besprechungsprotokolle für einen Bereich in einem OneNote-Notizbuch.
Abhakbare Checklisten	*OneNote*	Solche Checklisten sind in *OneNote* schnell und einfach zu erstellen.
Anleitungen (How-tos)	*OneNote*	Falls Sie kein Intranet oder Wiki im Unternehmen einsetzen
Ressourcenverwaltung	*Lists*	Geräte, Schlüssel, Autos etc.
Problemverfolgung	*Lists*	z. B. als kleiner Lösungsersatz für ein Ticketsystem in der IT
Veranstaltungsplanung	*Lists*	Für das Planen jedweder Veranstaltungen oder Events
Stundenabrechnungen	*Lists*	z. B. Projektstunden
Maßnahmenpläne	*Lists*	z. B. Marketingplan

Tabelle 1.3: Wann nutzen Sie OneNote und wann Lists?

1.5 Mobil auf alle relevanten Daten zugreifen: Dokumente, Mails, Chats, Informationen

An jedem x-beliebigen Ort mit Ihren Office-365-Daten arbeiten zu können, ist eines der Highlights des Cloud Computings. Voraussetzung dafür ist in der Regel ein Internetzugang über ein WLAN oder eine Funkverbindung Ihres Handys. Selbst wenn Sie diesen Zugang einmal nicht haben, können Sie unter bestimmten Voraussetzungen offline mit Ihren Dateien arbeiten. OneNote-Notizbücher sind ohne weiteres Einrichten stets auch offline zu nutzen. Die Offline-Verarbeitung von Ordnern und Dateien muss allerdings zuerst, wie in Kapitel 9 beschrieben, eingerichtet werden. In der nachstehenden Tabelle können Sie erkennen, welche Apps auf welchen Geräten einen mobilen Zugriff auf Ihre Daten ermöglichen.

Anforderung	Gerät	App	Bemerkung
Auf Mails, Kontakte und Kalender zugreifen	Android Phone/Tablet	Android-App **Outlook**	Mit der App ist keine Aufgabenverwaltung möglich.
	iPhone/iPad	iOS-App **Outlook**	Mit der App ist keine Aufgabenverwaltung möglich.
	Surface/Notebook	Desktop-App **Outlook**	Outlook-Aufgaben werden automatisch mit der App *To Do* synchronisiert.
		Online-App **Outlook**	In der Online-App ist *To Do* bereits integriert.
Auf Kanalchats zugreifen	Android Phone/Tablet	Android-App **Teams**	
	iPhone/iPad	iOS-App **Teams**	
	Surface/Notebook	Desktop- oder Online-App **Teams**	
Auf 1:1- oder Gruppenchats zugreifen	Android Phone/Tablet	Android-App **Teams**	
	iPhone/iPad	iOS-App **Teams**	
	Surface/Notebook	Desktop- oder Online-App **Teams**	
Auf Aufgaben (eigene und Teamaufgaben) zugreifen	Android Phone/Tablet	Android-App **To Do**	
	iPhone/iPad	iOS-App **To Do**	
	Surface/Notebook	Desktop- oder Online-App **To Do**	

Tabelle 1.4: Mobiler Zugriff von unterschiedlichen Endgeräten

Anforderung	Gerät	App	Bemerkung
Auf Teamaufgaben zugreifen	Android Phone/Tablet	Android-App **Planner**	
		Android-App **Teams**	Über die integrierte App *Tasks von Planner und To Do*
	iPhone/iPad	iOS-App **Planner**	
		iOS-App **Teams**	Über die integrierte App *Tasks von Planner und To Do*
	Surface/Notebook	Online-App **Planner**	Eine Desktop-App von *Planner* steht nicht zur Verfügung.
		Desktop- oder Online-App **Teams**	Wenn die App *Planner* an eine Kanalregisterkarte geheftet wurde
Auf Ordner und Dateien in einem Team zugreifen	Android Phone/Tablet	Android-App **Teams**	Sie können sowohl die Teamdateien bearbeiten als auch chatten.
		Android-App **SharePoint**	Wenn Sie nur mit den Teamdateien arbeiten wollen
	iPhone/iPad	iOS-App **Teams**	Sie können sowohl die Teamdateien bearbeiten als auch chatten.
		iOS-App **SharePoint**	Wenn Sie nur mit den Teamdateien arbeiten wollen
	Surface/Notebook	Desktop- oder Online-App **Teams**	Sie können sowohl die Teamdateien bearbeiten als auch chatten.
		Windows-Explorer	Wenn die Teamwebsite mit dem Endgerät synchronisiert wurde
Auf Ordner und Dateien im SharePoint zugreifen, die nicht Bestandteil eines Teams sind	Android Phone/Tablet	Android-App **SharePoint**	
	iPhone/iPad	iOS-App **SharePoint**	
	Surface/Notebook	Online-App **SharePoint**	
		Windows-Explorer	Wenn die Teamwebsite mit dem Endgerät synchronisiert wurde
Auf die Daten im OneDrive zugreifen	Android Phone/Tablet	Android-App **OneDrive**	
	iPhone/iPad	iOS-App **OneDrive**	

Tabelle 1.4: Mobiler Zugriff von unterschiedlichen Endgeräten (Forts.)

Anforderung	Gerät	App	Bemerkung
	Surface/Note-book	Online-App **OneDrive**	
		Windows-Explorer	Wenn *OneDrive for Business* mit dem Endgerät synchronisiert wurde
Auf Notizbücher zugreifen	Android Phone/Tablet	Android-App **OneNote**	Offline-Verarbeitung ohne weitere Einrichtung möglich
	iPhone/iPad	iOS-App **OneNote**	Offline-Verarbeitung ohne weitere Einrichtung möglich
	Surface	Windows-App **OneNote**	Die Windows-App ist für die Stift-nutzung optimiert. Offline-Verarbeitung ohne weitere Einrichtung möglich
		Desktop- oder Online-App **Teams**	Wenn das Teamnotizbuch an eine Kanalregisterkarte geheftet wurde
	Notebook	Desktop-App **OneNote**	Die Desktop-App ist für die Arbeit mit der Tastatur optimiert. Offline-Verarbeitung ohne weitere Einrichtung möglich
		Desktop- oder Online-App **Teams**	Wenn das Teamnotizbuch an eine Kanalregisterkarte geheftet wurde
Auf Listen zugreifen	Android Phone/Tablet	Android-App **Lists**	Die Android-App von *Lists* steht bei Drucklegung des Buches noch nicht zur Verfügung, ist aber angekündigt.
	iPhone/iPad	iOS-App **Lists**	
	Surface/Note-book	Online-App **Lists**	
		Desktop-App **Lists**	Eine Desktop-App von *Lists* steht nicht zur Verfügung.

Tabelle 1.4: Mobiler Zugriff von unterschiedlichen Endgeräten (Forts.)

Bevor ich ab Kapitel 3 die aufgelisteten Apps und Speicherorte im Detail bespreche, möchte ich Ihnen zum Einstieg in Kapitel 2 die wichtigsten Grundlagen und Methoden des Selbst- und Zeitmanagements näherbringen.

Verbinden Sie Methoden des Zeitmanagements mit Office 365

Die Verbindung dieser Prinzipien und Methoden mit dem Einsatz der aufgeführten Apps helfen mir schon seit Jahren bei der Bewältigung meiner vielfältigen Aufgaben. Ich bin mir sicher, sie werden auch Ihnen helfen.

Kapitel 2

Selbst- und Zeitmanagement – Basics

Zwar ist alle Theorie grau, dennoch ist es hilfreich, einige Prinzipien zum Selbstmanagement zu kennen. Streng genommen führt uns der Begriff Zeitmanagement ins Abseits, da wir Zeit per se nicht managen können. Für alle Menschen ist eine Stunde gleich lang. Bei den Recherchen zu diesem Buch habe ich ein Zitat des Kabarettisten Wolfgang Neuss gefunden, das diese Tatsache auf eine humoristische und fast schon philosophische Weise treffend beschreibt:

> *»Der Tag ist 24 Stunden lang, aber unterschiedlich breit.«*

Genau an dieser Breite können wir arbeiten. Und dazu möchte ich Ihnen in diesem Kapitel Hilfestellungen an die Hand geben. Da sich der Begriff *Zeitmanagement* allerdings etabliert hat, werde ich ihn auch benutzen.

Im folgenden Abschnitt zeige ich Ihnen, wie Sie sich eine strukturierte und effektive Vorgehensweise bei der Aufgabenbewältigung aufbauen können. Die aus meiner Sicht wichtigsten Tools aus dem Zeitmanagement erläutere ich Ihnen in Abschnitt 2.2.

2.1 Selbstmanagement

Aufgabenmanagement ist immer auch zu einem nicht geringen Teil Selbstmanagement. Und Selbstmanagement hat ebenso immer etwas mit Disziplin zu tun. Sämtliche Methoden aus dem Zeitmanagement laufen ins Leere, wenn Sie diese nicht konsequent und durchgängig anwenden.

Aufgabenmanagement ist eine sehr persönliche Angelegenheit. Die einen schwören auf ihre Kladde, die anderen auf das System X oder das Tool Y. Ob Sie es gerne hören oder nicht – ein effektives Zeitmanagement erreichen Sie nur über eine systematische Vorgehensweise. Das heißt, Sie brauchen ein System.

2.1.1 Entwickeln Sie eine systematische Herangehensweise

Der erste Schritt besteht darin, eine Methode zu entwickeln, die zu Ihnen passt. Bei allen persönlichen Vorlieben – ein funktionierendes System erfordert immer die Verschriftlichung Ihrer Aufgaben (siehe auch Abschnitt 2.2.4). Die Definition einer Aufgabe nach dem Gabler Wirtschaftslexikon lautet: *»Dauerhaft wirksame*

Aufforderung an Handlungsträger, festgelegte Handlungen wahrzunehmen« (`https://wirtschaftslexikon.gabler.de/definition/aufgabe-30139`). Etwas einfacher formuliert, bedeutet der Begriff *Aufgabe*, dass Sie aufgefordert werden, einen Auftrag bis zu einem bestimmten Zeitpunkt fertigzustellen. Der Auftrag kann von einem Vorgesetzten oder einem Kunden kommen, der Auftraggeber können aber auch Sie selbst sein. In allen Fällen haben Sie jedoch »etwas« fristgerecht zu erledigen.

Bereits in den 1960er-Jahren hat David Allen in seinem Buch »Getting Things Done«, kurz *GTD*, Prinzipien beschrieben, wie eine systematische Methode aussehen und wie man danach arbeiten kann. Da es zu dieser Zeit noch keine Mails gab, bezieht sich GTD auf analoge Methoden. Dennoch stellt es eine gute Grundlage dar, um sein eigenes System einzurichten. Der Ablauf nach GTD sieht wie folgt aus:

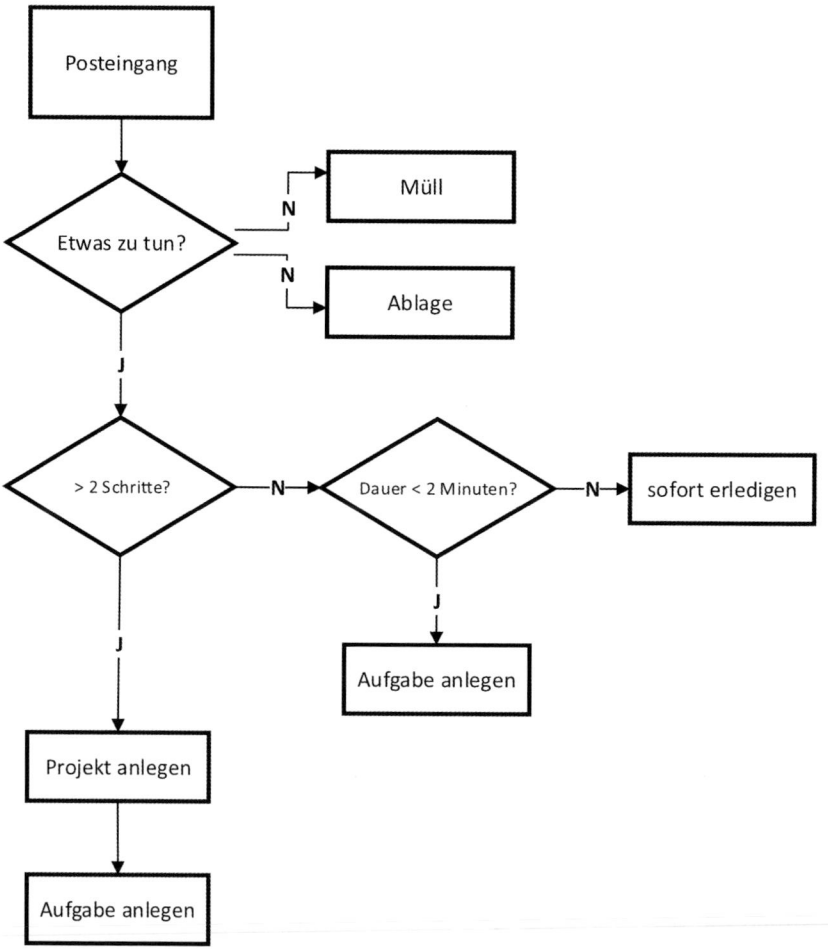

Abb. 2.1: GTD im Original

David Allen bezeichnet alle Informationen, die hereinkommen, als *Zeug*. Nach seinen Prinzipien sammeln Sie das Zeug an einer Stelle und stellen sich die Frage »Ist etwas zu tun?«. Wenn nichts mit dem Zeug zu tun ist, ist es nach Allen entweder *Müll*, oder die Information wird abgelegt. Ist tatsächlich etwas zu tun, fragen Sie sich, ob für die Erledigung mehr als zwei Schritte erforderlich sind. Sind nicht mehr als zwei Schritte erforderlich, steht die nächste Entscheidung an: Dauert die Erledigung nicht länger als zwei Minuten, erledigen Sie es am besten sofort. Das *Sofort-Prinzip* hilft Ihnen sehr dabei, Ihre Aufgabenliste nicht unnötig lang werden zu lassen. Wenden Sie das Sofort-Prinzip konsequent an, Sie werden es zu schätzen lernen. Dauert die Erledigung länger als zwei Minuten, legen Sie eine *Aufgabe* dafür an. Am besten gleich mit einem realistischen Fälligkeitsdatum. Sind mehr als zwei Schritte zur Erledigung nötig, legen Sie nach der Allen'schen Definition ein *Projekt* an, das wiederum mehrere Aufgaben enthalten kann. Für meine tägliche Arbeit mit vielen E-Mails habe ich die Prinzipien von GTD mit der AHA-Methode von Lothar Seiwert kombiniert. Die drei Buchstaben des Akronyms stehen für:

Abfall   = Mails sofort löschen
Handeln = Kleinigkeiten sofort erledigen (Sofort-Prinzip). Alles andere in
                 Termine und Aufgaben umwandeln und terminieren (siehe Kapitel 3)
Ablage   = Mail ablegen oder archivieren (siehe Kapitel 3).

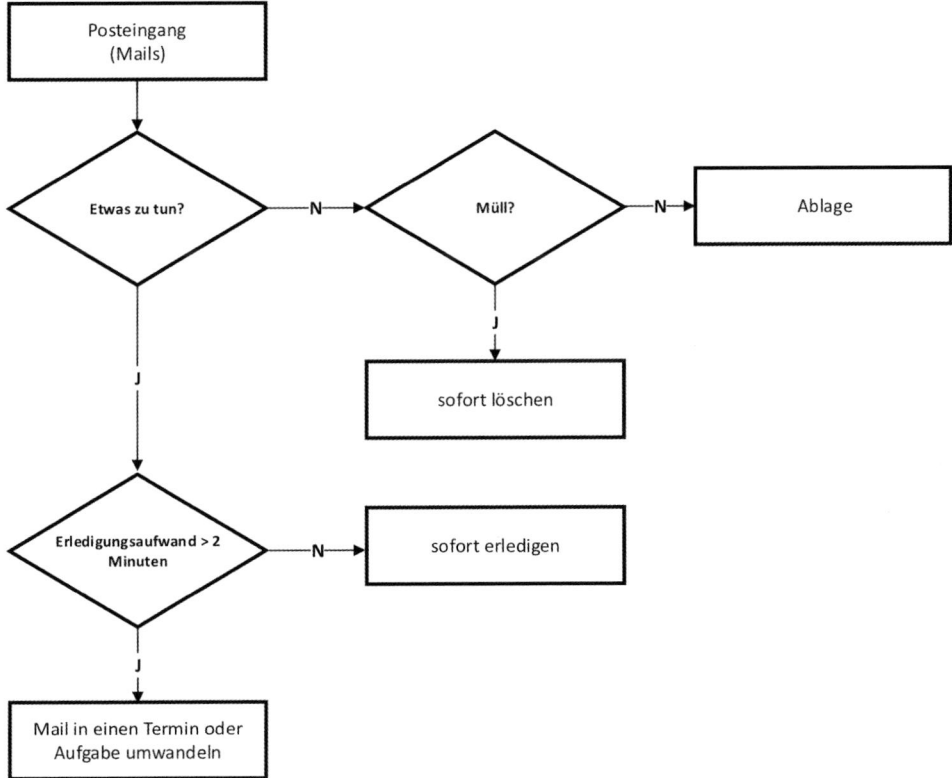

Abb. 2.2: GTD und die AHA-Methode kombiniert

Viele Mails verarbeiten

Wenn Sie viele Mails erhalten, kommen Sie nicht umhin, die Mails, die Sie nicht benötigen, zu löschen. Eine Hilfestellung beim Löschen können die folgenden Fragen sein:

- **Entsteht aus der Mail eine Aufgabe oder ein Termin für mich?**
- **Nein? Muss ich die Mail nur beantworten?**
- **Nein? Muss ich die Mail wirklich ablegen?**
- **Nein? Mail löschen!**

Wer sich schwer damit tut, Mails zu löschen, dem empfehle ich, einen Ordner mit dem Namen Zwischenmüll anzulegen und die Mails dorthin zu verschieben. Schauen Sie unbedingt nach zwei Monaten in diesen Ordner. Sie werden sehr wahrscheinlich feststellen, dass Sie keine dieser Mails in der vergangenen Zeit vermisst oder gar gebraucht haben.

Verlassen Sie sich auf Ihr Unterbewusstsein. Es weiß in aller Regel sehr gut, welche Mails Sie aufheben müssen und welche nicht. Leider wird diese unbewusste Kompetenz durch ein zu stark ausgeprägtes Sicherheitsbedürfnis oft zunichte gemacht.

Eine wichtige Voraussetzung für ein gut funktionierendes Zeitmanagement ist die strikte Trennung zwischen Aufgaben und Terminen. Aufgaben haben selten ein Startdatum, aber so gut wie immer ein Fälligkeitsdatum. Das unterscheidet sie von Terminen. Ein Termin startet zu einer bestimmten Zeit und endet zu einer bestimmten Zeit.

Wichtig

Termine werden in einem Kalender notiert. In aller Regel nutzen die meisten arbeitenden Menschen dafür einen digitalen Kalender, wie z. B. *Outlook*. Aufgaben werden in eine Aufgabenliste eingetragen, auch hier wieder am besten digital. Nur so gelingt es Ihnen, Termine und Aufgaben nicht zu vermischen und immer den Überblick zu behalten.

Office 365 bietet für die Verwaltung Ihrer persönlichen Aufgaben zwei Tools an: Die Outlook-Aufgaben (siehe Kapitel 3) und die App To Do (siehe Kapitel 6).

Jetzt ist aber nicht alles, was auf Ihrem Schreibtisch landet, ein Termin oder eine Aufgabe. Es kann eine Information sein, die Sie festhalten wollen, oder eine Information, die Sie auf einen Gedanken bringt, den Sie notieren möchten. Ich empfehle Ihnen, solche Notizen künftig in *OneNote* digital zu erfassen.

Worauf müssen Sie achten, wenn Sie ein gut funktionierendes System entwickeln wollen?

1. Verschriftlichen Sie alles.
2. Trennen Sie scharf zwischen Notizen/Ideen, Terminen und Aufgaben.
3. Führen Sie nur eine Aufgabenliste für Ihre persönlichen Aufgaben (für Teamaufgaben wird eine spezielle Aufgabenliste mit der App *Planner* geführt, siehe Kapitel 5).
4. Führen Sie nur einen Kalender.
5. Tragen Sie Ihre Notizen und Ideen in ein OneNote-Notizbuch ein.

2.1.2 Etablieren Sie Ihre entwickelte Herangehensweise

Nachdem Sie die für Sie beste persönliche Vorgehensweise gefunden haben, versuchen Sie, diese dauerhaft in Ihren Arbeitsalltag zu etablieren.

Was müssen Sie tun, um Ihr System erfolgreich umzusetzen?

1. Sammeln und verschriftlichen Sie alles: Termine, Aufgaben, Gedanken und Ideen (mehr dazu in Abschnitt 2.2.4).
2. Entscheiden Sie, ob etwas zu tun bzw. was zu tun ist (mehr dazu in Abschnitt 2.2.4).
3. Priorisieren Sie Ihre Aufgaben (mehr dazu in Abschnitt 2.2.3).
4. Wenden Sie konsequent das Sofort-Prinzip an.
5. Planen Sie Ihre Aufgaben schriftlich, z. B. mit der *ALPEN-Methode* (mehr dazu in Abschnitt 2.2.4).
6. Bündeln Sie Ihre Tätigkeiten und bearbeiten Sie diese in Blöcken (mehr dazu in Abschnitt 2.2.6).
7. Löschen Sie konsequent nicht benötigte Mails und Informationen.
8. Nutzen Sie Ihre persönlichen Leistungskurven und versuchen Sie nicht, diese zu ignorieren (mehr dazu in Abschnitt 2.2.8).
9. **Arbeiten Sie konsequent und nur nach Ihrem System.**

2.1.3 Wenden Sie Ihre entwickelte Herangehensweise konsequent an

Die größte Herausforderung ist es, Ihr System konsequent zu »füttern« und zu nutzen. Die strukturierte Vorgehensweise nach dem reinen oder modifizierten GTD hat ein wenig den Charakter einer Checkliste, die Sie top to bottom durchgehen können.

Was können Sie tun, um Ihr System konsequent, strukturiert und durchgängig anzuwenden?

1. Trauen Sie sich und entwickeln Sie eine Vorgehensweise mit Ihren eigenen Ideen, so wie ich es mit einer Kombination aus GTD und der AHA-Methode gemacht habe. Die Umsetzung eigener Ideen erhöht die Wahrscheinlichkeit, dass Sie Ihr System auch durchgehend anwenden.

2. Wandeln Sie ankommende Mails konsequent in Termine und Aufgaben um (siehe Kapitel 3). Eine klare Trennung zwischen Mails und Aufgaben bzw. Terminen hilft Ihnen, den Überblick über zu Erledigendes zu behalten.

3. Arbeiten Sie Ihre Aufgaben ausschließlich und streng nach Fälligkeiten ab. Innerhalb der Fälligkeit bearbeiten Sie die schwersten oder ungeliebten Aufgaben zuerst. Sollte es einmal zeitlich eng werden, haben Sie so die dicksten Brocken schon aus dem Weg geräumt. Außerdem stärkt diese Reihenfolge Ihre Motivation, Ihre entwickelte Vorgehensweise auch einzuhalten.

4. Sorgen Sie bei Aufgaben, bei denen Sie sich konzentrieren müssen, für eine unterbrechungsfreie Zeit. Ja, das geht tatsächlich, aber nur, wenn Sie die zur Verfügung stehende Zeit planen. Ohne Unterbrechungen haben Sie die Aufgabe schneller erledigt. Außerdem steigt mit häufigen Unterbrechungen die Fehlerhäufigkeit.

5. Stellen Sie die Benachrichtigungen Ihrer Tools (*Teams, Outlook* etc.) so ein, dass diese Sie nicht stören oder ablenken. Dazu mehr in Kapitel 3 und Kapitel 8. Auch hier geht es darum, den Fokus auf der Tätigkeit zu belassen, mit der sich gerade beschäftigen.

6. Vermeiden Sie konsequent Aufgaben-Hopping. Das ständige Unterbrechen zwingt Sie dazu, sich immer wieder neu in die Aufgabe eindenken zu müssen. Das kostet viel Zeit, die Ihnen an anderer Stelle fehlt.

7. Belohnen Sie sich, wenn Sie eine Aufgabe erledigt haben. Die Belohnung ist wichtig für Ihre Selbstmotivation.

2.2 Zeitmanagement

Über die klassischen Methoden des Zeitmanagements hinaus, wie das Beurteilen und Priorisieren von Informationen und Aufgaben oder Planungsmethoden, die ich ab Abschnitt 2.2.3 beschreibe, möchte ich Ihnen in diesem Abschnitt auch Methoden aufzeigen, die Ihnen dabei helfen, sich selbst besser kennenzulernen.

Um die verschiedenen Methoden des Zeitmanagements möglichst effektiv nutzen zu können, ist eine gewisse Selbstreflexion sehr hilfreich. Hinterfragen Sie die Art, wie Sie arbeiten und ermitteln Sie Ihre Zeitfresser. Schauen Sie sich in Abschnitt 2.2.2 das Konzept der inneren Antreiber an, um besser verstehen zu können, warum Sie z. B. eventuell dazu neigen, sich zu überfordern. Wie Sie Ihre persönlichen Leistungskurven erkennen und nutzen, beschreibe ich in Abschnitt 2.2.8.

2.2.1 Zeitfresser und -diebe erkennen und eliminieren

Beginnen wir mit den Zeitfressern, auch *Zeitdiebe* genannt. Oft sind das unproduktive Tätigkeiten, die wir meist impulsiv ausführen. Sie entstehen aus dem Wunsch, uns abzulenken und/oder aufgrund einer unstrukturierten Vorgehensweise bei der Erledigung von Tätigkeiten und Aufgaben. Hier eine Auflistung der elf wichtigsten Zeitfresser mit möglichen Lösungsansätzen zum Eliminieren:

Zeitfresser	Lösungsansätze, um sie zu eliminieren
1. Mails »checken«	■ Gehen Sie nach dem reinen oder modifizierten GTD vor (siehe Abschnitt 2.2.1). ■ Wandeln Sie Mails konsequent in Termine und Aufgaben um und terminieren Sie sie (siehe Kapitel 3). ■ Checken und bearbeiten Sie Mails nur in Intervallen von zwei bis drei Stunden (siehe auch Tätigkeiten bündeln und bearbeiten (Abschnitt 2.2.6). ■ Sorgen Sie dafür, dass Sie aus Verteilern genommen werden, die nicht mehr aktuell sind. ■ Bestellen Sie konsequent alle Newsletter ab, die Sie immer wegklicken. ■ Schalten Sie die Desktopbenachrichtigung in *Outlook* ab (DATEI│OPTIONEN│E-MAIL│NACHRICHTENEINGANG), sie lenkt nur ab. ■ Verlagern Sie Ihre interne Mailkommunikation zu einer Chatkommunikation in *Teams*. Dort haben Sie die Informationen sofort im richtigen Kontext (siehe Kapitel 8). ■ Weitere Lösungsansätze finden Sie in Kapitel 3.
2. SmartPhone »checken«	■ Schalten Sie Ihr privates SmartPhone stumm und legen Sie es in die Tasche oder stecken es in Ihre Jacke. ■ Checken Sie ausschließlich in Ihren Arbeitspausen Ihre sozialen Medien. ■ Falls Sie ein Diensthandy haben, schalten Sie auch dieses stumm und checken die Nachrichten nur in Intervallen (so es Ihr Job zulässt).
3. Perfektionismus	■ Arbeiten Sie nach dem Pareto-Prinzip (siehe Abschnitt 2.2.3). ■ Nutzen Sie das Eisenhower-Diagramm (siehe Abschnitt 2.2.3).
4. Keine Priorisierung	■ Verwenden Sie die ABC-Methode (siehe Abschnitt 2.2.3) ■ Arbeiten Sie nach dem Pareto-Prinzip (siehe Abschnitt 2.2.3). ■ Nutzen Sie das Eisenhower-Diagramm (siehe Abschnitt 2.2.3).
5. Zu viel auf einmal bearbeiten wollen, Aufgaben-Hopping	■ Sie arbeiten zu unstrukturiert. Gehen Sie nach dem reinen oder modifizierten GTD vor (siehe Abschnitt 2.2.1). ■ Nutzen Sie die ABC-Methode oder das Eisenhower-Diagramm (siehe Abschnitt 2.2.3).

Zeitfresser	Lösungsansätze, um sie zu eliminieren
	■ Planen Sie Ihre Tätigkeiten mit der ALPEN-Methode (siehe Abschnitt 2.2.4). ■ Bündeln Sie Ihre Tätigkeiten und arbeiten Sie sie in Blöcken ab (siehe Abschnitt 2.2.6).
6. Alles selbst machen wollen	■ Delegieren Sie Aufgaben, wann immer es möglich ist. Siehe auch das Konzept der inneren Antreiber (Abschnitt 2.2.2).
7. Nicht »Nein« sagen können (Helfersyndrom)	■ Grenzen Sie sich stärker ab. Hilfestellungen finden Sie im Konzept der inneren Antreiber (siehe Abschnitt 2.2.2).
8. Ablenkungen	■ Sie arbeiten zu unstrukturiert. Gehen Sie nach dem reinen oder modifizierten GTD vor (siehe Abschnitt 2.2.1). ■ Grenzen Sie sich stärker ab. Hilfestellungen finden Sie im Konzept der inneren Antreiber (siehe Abschnitt 2.2.2).
9. Häufige Störungen	■ Grenzen Sie sich stärker ab. Hilfestellungen finden Sie im Konzept der inneren Antreiber (siehe Abschnitt 2.2.2). ■ Ermitteln Sie Ihre täglichen Leistungskurven und versuchen Sie, die Störungen in die unproduktive Zeit zu verlegen (siehe Abschnitt 2.2.8).
10. Meetings	■ Kategorisieren Sie Ihre Besprechungen und strukturieren Sie sie auch zeitlich. Siehe auch die acht goldenen Tipps für eine zeitsparende Besprechungskultur (Abschnitt 2.2.7.)
11. Suchen	■ Arbeiten Sie konsequent mit Links zu Dateien statt Dateien als Anhang in eine Mail zu legen. So werden keine unnötigen Dateikopien erzeugt, und alle Beteiligten arbeiten mit der Originaldatei. ■ Speichern Sie Dateianhänge aus einer Mail immer im entsprechenden Kontext ab, sei es in einem Team oder in einem Dateiordner. Nur so haben Beteiligte Zugriff auf die benötigten Dateien. Löschen Sie die Anhänge nach dem Speichern aus der Mail oder löschen Sie die komplette Mail. Vermeiden Sie konsequent Doppelablagen und Datenredundanz.
12. Ungeplante (Inbound-)Anrufe	■ Sie nehmen den Anruf an und schlagen dem Anrufer einen für Sie passenderen Termin für das Telefonat vor. So reduzieren Sie die Störzeit wenigstens. ■ Sie nehmen den Anruf nicht an und führen die Tätigkeit, mit der Sie gerade beschäftigt sind, zu Ende. Falls Sie mit einem Anrufbeantworter oder einer Voicemail arbeiten, gestalten Sie die Ansage möglichst konkret, etwa »Vielen Dank für Ihren Anruf. Ich rufe Sie heute zwischen 15 und 17 Uhr zurück.« Anschließend arbeiten Sie in einem Block Ihre Anrufliste ab und rufen zurück. Planen Sie die benötigte Zeit mindestens grob ein. ■ Vereinbaren Sie mit Personen, mit denen Sie häufig Kontakt haben, wöchentliche (oder tägliche) Zeitfenster, in denen Sie angerufen werden können bzw. wollen. Auch diese Zeit planen Sie bitte ein.

Outlook – Mails, Termine und Aufgaben managen

Mails, Termine und Aufgaben bestimmen einen großen Teil unseres Arbeitsalltages. Ich möchte Ihnen in diesem Kapitel Tipps und Tricks zur effektiven Selbstorganisation in *Outlook* zeigen.

In Office 365 stehen Ihnen dazu zwei Outlook-Varianten zur Verfügung:

1. Das installierte Outlook-Programm, das *Desktop-App* genannt wird. Damit können Sie wie gewohnt arbeiten. Ihr Postfach liegt jetzt jedoch in der Cloud.

2. Die Online-App *Outlook*, die immer in Office 365 enthalten ist. Online-App bedeutet, die App kann nur in einem Webbrowser aufgerufen werden und muss nicht auf dem Computer installiert werden. Online-Apps können dadurch auch auf Nicht-Windows-Computern oder Tablets genutzt werden. Sie erreichen sie in einem Webbrowser über zwei mögliche Wege:

   - Rufen Sie mit `https://www.office.com/` die Startseite von Office 365 auf und klicken dort die Online-App *Outlook* an.

   - Geben Sie `https://outlook.office.com/` ein, um *Outlook* direkt online aufzurufen.

Beide Programmvarianten greifen auf Ihr Postfach zu. Sie können also wählen, mit welcher Variante Sie im Moment arbeiten wollen. Leider sind die beiden Varianten nicht mit identischen Funktionalitäten ausgestattet.

3.1 Mails schnell in einen Termin oder eine Aufgabe umwandeln

Viele Benutzer versuchen, eine Art Aufgabenverwaltung in ihrem Posteingang abzubilden. Hier gibt es zwei verbreitete Strategien:

1. Mails werden nach dem Lesen und Sichten wieder auf *ungelesen* gesetzt. Die Idee dahinter: Gelesene Mails sind bereits bearbeitet, ungelesene noch zu bearbeiten.

2. Mails werden über das Menü START|ZUR NACHVERFOLGUNG (Heute, Morgen, Diese Woche, Nächste Woche) mit einem Nachverfolgungsfähnchen gekennzeichnet. Mit dieser Technik werden Mails lediglich gekennzeichnet. Es entsteht keine Outlook-Aufgabe aus dieser Mail.

Beide Methoden haben den Nachteil, Mails und Aufgaben nicht zu differenzieren und getrennt zu verwalten. Insbesondere, wenn Sie täglich viele Mails erhalten, wird es sehr schwierig, mit diesen Methoden den Überblick über *Erledigtes* und *Nicht Erledigtes* zu behalten.

Tipp

Ich empfehle Ihnen daher: Wandeln Sie Mails immer in Termine oder Aufgaben um. So gewährleisten Sie eine saubere Trennung zwischen Mails, Terminen und Aufgaben.

Schauen wir uns das etwas genauer an. Die Mails, die Sie erhalten, können Sie in vier Gruppen aufteilen (siehe auch Abschnitt 2.1.1, die AHA-Methode):

1. Die Mail ist Müll und wird sofort gelöscht.
2. Die Mail enthält Informationen, die Sie später benötigen.
3. Die Mail ist der Auslöser für den Vorgang *Termin erstellen*.
4. Die Mail ist der Auslöser für den Vorgang *Aufgabe erstellen*.

Outlook kann Sie beim Umwandeln von Mails in Termine und Aufgaben unterstützen. Leider ist das Vorgehen in der Desktop-App und in der Online-App von *Outlook* unterschiedlich. Schauen wir uns zuerst einmal die installierte Variante von *Outlook* an, die Desktop-App.

3.1.1 Umwandeln von Mails mit der Desktop-App

Erstellen Sie aus den Mails der Gruppe 3 oder 4 direkt einen **Termin** oder eine **Aufgabe**.

Um eine Mail in eine Aufgabe umzuwandeln, klicken Sie mit der rechten Maustaste auf die Mail, halten Sie die Maustaste gedrückt und ziehen Sie die Mail auf das Aufgabensymbol im unteren Navigationsbalken der Mail-Navigationsleiste auf der linken Seite.

Das Kontextmenü wird nur angezeigt, wenn Sie den Vorgang mit der rechten Maustaste initiiert haben. Es werden Ihnen die folgenden Optionen angeboten. Bei allen Optionen wird eine neue Aufgabe in *Outlook* erstellt und Ihnen angezeigt. Der Betreff entspricht dem Betreff der Mail.

- **Hierhin kopieren als Aufgabe mit Text**
  Der Inhalt der Mail wird als Text in den Textkörper des Aufgabenfensters kopiert. Links bleiben erhalten, Anlagen werden nicht mit übernommen. Die Mail verbleibt im Posteingang.

  Ziehen Sie die Mail mit der linken Maustaste auf ein Aufgabensymbol, wird die Mail immer als Aufgabe mit Text kopiert.

- **Hierhin kopieren als Aufgabe mit Anlage**

  Auch hier findet ein Kopiervorgang statt. Das heißt, die Mail verbleibt im Posteingang. Im Gegensatz zur ersten Option wird die Mail als Anhang in die Aufgabe kopiert. Links und Anlagen in der Mail bleiben erhalten.

- **Hierhin verschieben als Aufgabe mit Anlage**

  Mit dieser Option verschieben Sie die Mail als Anlage in die neu erstellte Aufgabe. Links und Anlagen in der Mail bleiben erhalten. Die Mail wird aus dem Posteingang gelöscht. Bei Bedarf finden Sie sie im Ordner GELÖSCHTE ELEMENTE wieder. Sie schlagen also zwei Fliegen mit einer Klappe: Sie haben die Mail in einen neuen Bearbeitungszustand *Aufgabe* überführt und gleichzeitig Ihren Posteingang bereinigt.

  Falls Sie bisher Ihre Mails in einen passenden Unterordner im POSTEINGANG verschoben haben, ist das mit dieser Methode nicht mehr möglich. Prüfen Sie deshalb bitte immer, ob diese Mail tatsächlich noch in einem Unterordner abgelegt werden muss.

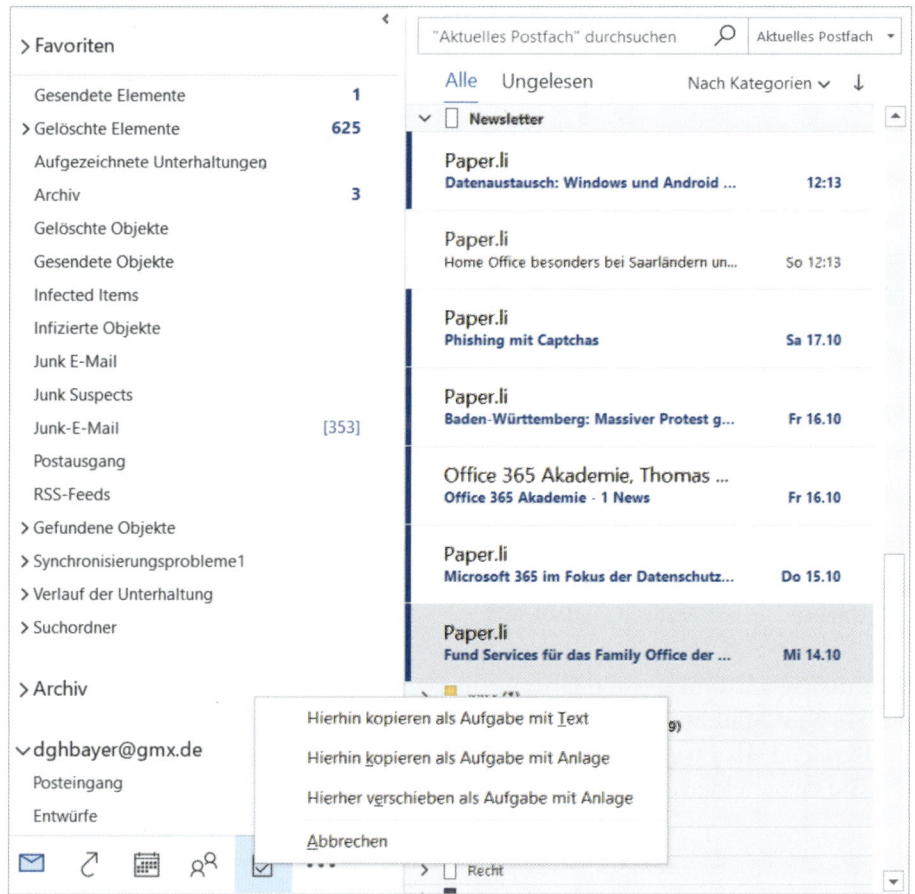

Abb. 3.1: Aus einer Mail eine Aufgabe erstellen

Wollen Sie aus einer Mail einen Termin in Ihrem Kalender erstellen, ist der Ablauf sehr ähnlich. Ziehen Sie die Mail dafür auf ein KALENDERSYMBOL im unteren Navigationsbalken der Mail-Navigationsleiste auf der linken Seite.

Das Umwandeln von Mails in Termine oder Aufgaben ist eine sehr effektive Methode, um Folgendes zu erreichen:

1. Sie überführen die Mail in einen anderen Bearbeitungszustand.
2. Sie trennen schon beim Erstellen der Elemente Termine und Aufgaben, Termine liegen damit im Kalender und Aufgaben im Aufgabenblock.
3. Vorausgesetzt, Sie versehen die neue Aufgabe sofort mit einem Fälligkeitsdatum, erhalten Sie quasi en passant eine terminierte Aufgabenplanung.
4. Für den Fall, dass Sie dem neuen Termin sofort ein Start- und Enddatum geben, erhalten Sie automatisch einen gut gepflegten Kalender.
5. Sie entlasten Ihren Posteingang um diese Mails und haben keinen weiteren Aufwand, um »erledigte« von »unerledigten« Mails trennen zu müssen.

3.1.2   Umwandeln von Mails mit der Online-App

Klicken Sie in *Outlook* online links neben Ihrem Profil auf den Button MEIN TAG.

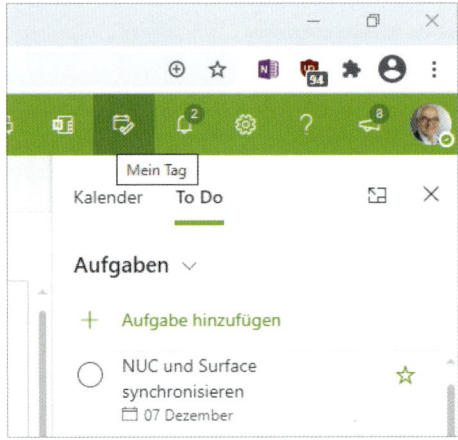

Abb. 3.2: Umwandeln von Mails in Outlook online

Standardmäßig wird immer die Gruppe *To Do* in der Navigationsleiste angezeigt. Ziehen Sie eine Mail in diese Navigationsleiste einfach hinein, werden Ihnen die beiden Bereiche *Als Ereignis hinzufügen* und *Als Aufgabe hinzufügen* angezeigt. So können Sie entscheiden, ob ein Termin oder eine Aufgabe erstellt wird.

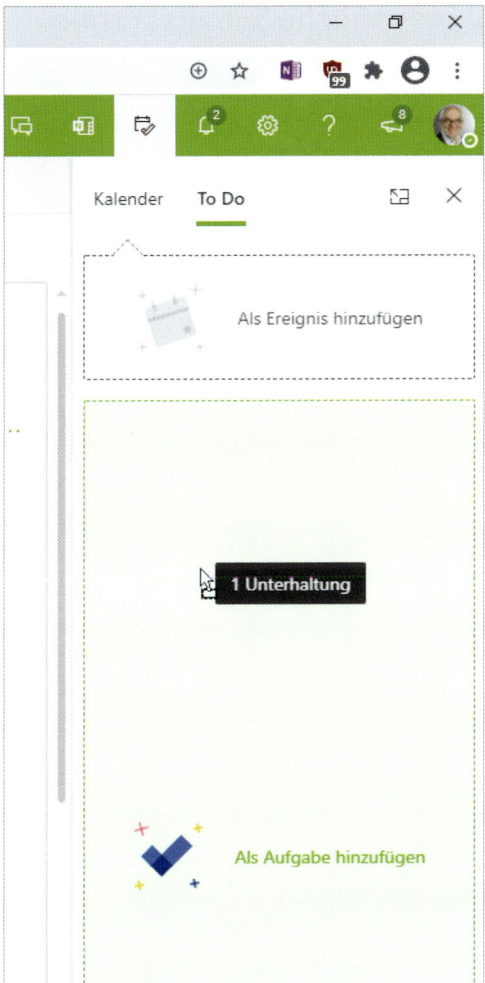

Abb. 3.3: Termin oder Aufgabe in Outlook-Online

Hinweis

In beiden Fällen bleibt die Mail in Ihrem POSTEINGANG erhalten.

Wichtig

Der Aufgabenbereich von *Outlook-Online* unterscheidet sich vom Aufgabenbereich in der Desktop-App. In *Outlook-Online* hat Microsoft bereits die neu entwickelte App *To Do* integriert, in der Desktop-App nicht. Detaillierte Informationen dazu finden Sie in Kapitel 6.

3.2 Verknüpfungsleiste – Ihre persönliche Schaltzentrale in Outlook

Die Verknüpfungsleiste in der Desktop-App von *Outlook* bietet Ihnen die Möglichkeit, eine individuelle Navigationsleiste zu erstellen.

Mit Links zu den wichtigsten Ressourcen Zeit sparen

Das Erstellen von Verknüpfungen (Links) zu den von Ihnen in Ihrem Tagesgeschäft benötigten Ressourcen spart enorm viel Zeit. Es lohnt sich also, den Aufwand zu betreiben.

Sie erreichen die Verknüpfungsleiste mit einem Klick auf die drei Punkte im unteren Bereich der linken Navigationsleiste.

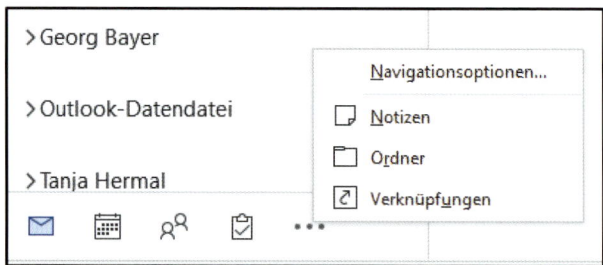

Abb. 3.4: Verknüpfungsleiste aufrufen

Dort können Sie Links zu folgenden Ressourcen erstellen:

1. Eigene Outlook-Ordner
2. Outlook-Ordner von Kollegen
3. Outlook-Ordner von Vorgesetzen
4. Netzlaufwerke auf Ihren Dateiservern
5. Dateiordner (im Dateiserver oder in der Cloud)
6. Dateien (im Dateiserver oder in der Cloud)
7. Webseiten
8. Intranetseiten (falls Ihr Intranet webbasiert aufgebaut ist)

Sollten Sie mit der Verknüpfungsleiste noch nicht gearbeitet haben, sieht sie im Standard so aus:

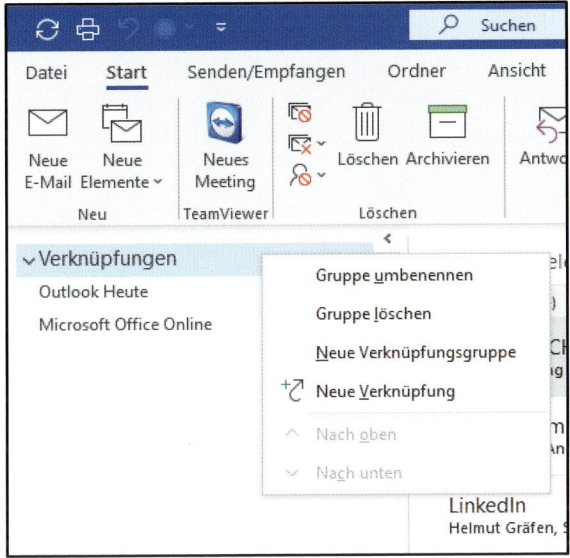

Abb. 3.5: Leere Verknüpfungsleiste

Mit einem Rechtsklick auf Verknüpfungen können Sie aus dem Kontextmenü sowohl eine Neue Verknüpfung als auch eine Neue Verknüpfungsgruppe erstellen. Die Verknüpfungsgruppen haben den großen Vorteil, dass Sie einzelne Gruppen mit dem Drop-down-Pfeil ein- und ausklappen können. Die Verknüpfungsgruppen können Sie individuell benennen, beispielsweise:

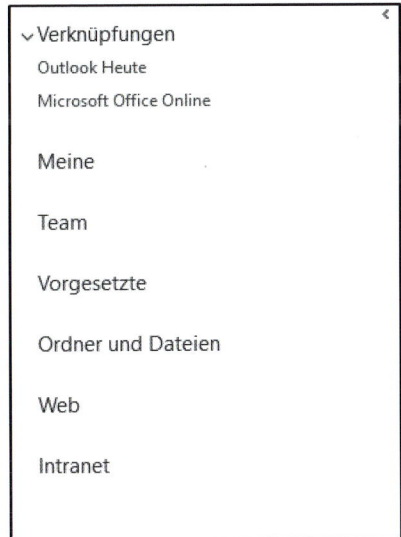

Abb. 3.6: Verknüpfungsleiste mit Gruppen

Links zu Outlook-Ordnern erstellen

Klicken Sie mit der rechten Maustaste auf die Gruppe, die den Link enthalten soll und wählen Sie NEUE VERKNÜPFUNG aus. Sollten Sie noch keine eigenen Verknüpfungsgruppen angelegt haben, muss der Rechtsklick auf die vorhandene Gruppe VERKNÜPFUNGEN erfolgen.

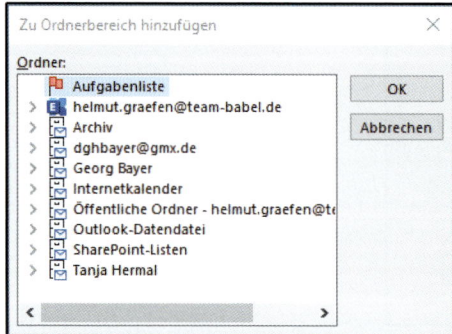

Abb. 3.7: Link zu einer Outlook-Ressource erstellen

Im nächsten Fenster wird Ihnen Ihr Postfach mit allen Ordnern und Unterordnern angezeigt sowie die Postfächer der Personen, die Ihnen ihr Postfach freigegeben haben. Erscheint das gewünschte Postfach nicht in dieser Liste, können Sie keinen Link zu diesem Postfach erzeugen. Weitere Informationen zum Berechtigen von Outlook-Ordnern finden Sie weiter hinten im Kapitel in Abschnitt 3.7.

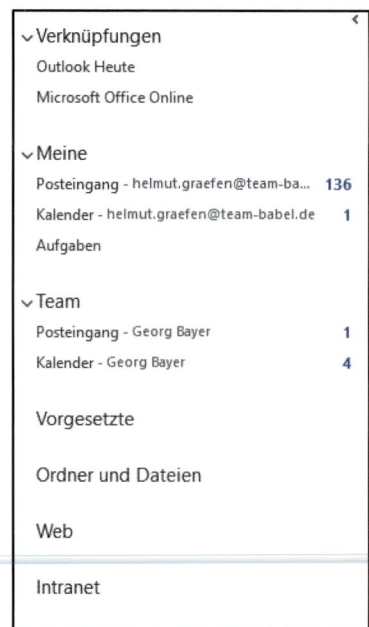

Abb. 3.8: Verknüpfungsgruppen mit Links zu Outlook-Ordner

Klicken Sie den gewünschten Ordner im Postfach an und bestätigen Sie die Auswahl mit OK. Führen Sie den Schritt für jeden Ordner aus, für den Sie einen Link in der Verknüpfungsleiste haben möchten.

Links zu Ordnern und Dateien im Dateisystem erstellen

Um Links zu Ordnern und Dateien zu erstellen, ist die Vorgehensweise eine andere. Rufen Sie den Windows-Explorer auf und reduzieren Sie das Fenster auf Fenstergröße. Legen Sie Outlook- und Explorer-Fenster so nebeneinander, dass Sie sowohl die Verknüpfungsleiste in *Outlook* als auch das Laufwerk, den Ordner oder die Datei im Explorer sehen, zu denen Sie einen Link erzeugen wollen. Klicken Sie im Explorer z. B. ein Laufwerk mit der linken Maustaste, halten die Maustaste gedrückt und ziehen die Maus auf die gewünschte Verknüpfungsgruppe in *Outlook*.

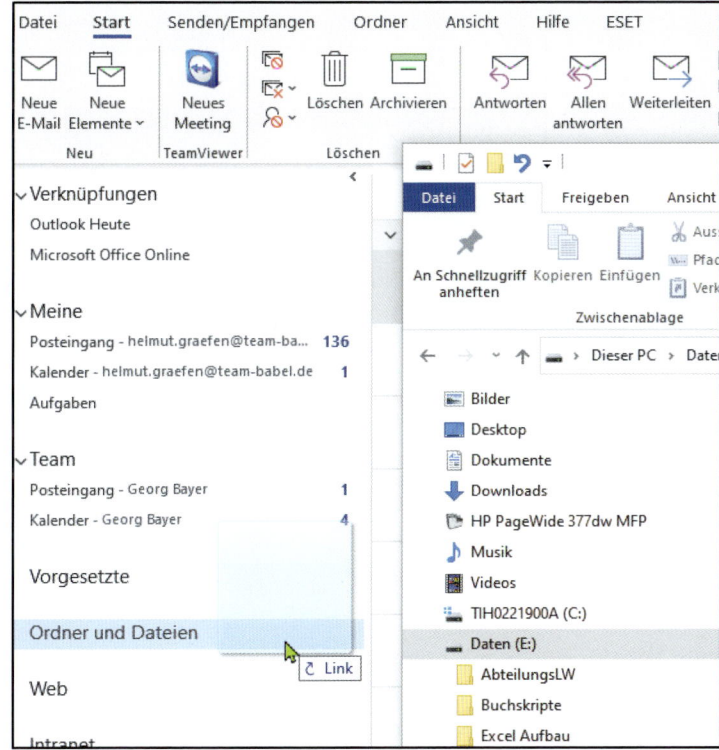

Abb. 3.9: Links zu Dateiressourcen in der Verknüpfungsleiste erstellen

Nachdem Sie die Maus losgelassen haben, wird der Link in der ausgewählten Gruppe erzeugt. Mit dieser Methode können Sie auch Links zu Ordnern und Dateien erzeugen.

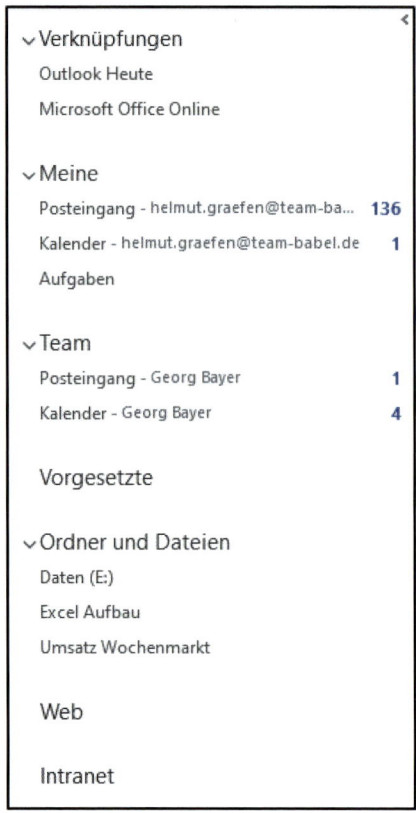

Abb. 3.10: Links zu Dateiressourcen in der Verknüpfungsleiste

In dem in Abbildung 3.10 gezeigten Beispiel wird bei einem Klick auf den Link DATEN (E:), der Windows-Explorer geöffnet und der Inhalt dieses Laufwerkes angezeigt, bei einem Klick auf den Link EXCEL AUFBAU wird der Inhalt dieses Ordners im Windows-Explorer angezeigt. Ein Klick auf den Link UMSATZ WOCHEN-MARKT ruft in diesem Fall Excel mit dieser Datei auf.

Links zu Webseiten oder Intranet erstellen

Auch hier legen Sie zwei Fenster nebeneinander. Statt des Windows-Explorers öffnen Sie einen Webbrowser Ihrer Wahl, z. B. Google Chrome, und reduzieren das Fenster ebenfalls auf Fenstergröße. Rufen Sie die Web- oder Intranetseite Ihrer Wahl auf, klicken Sie im Webbrowser in der Adresszeile mit der linken Maustaste auf das Icon (welches Icon dort dargestellt wird, spielt keine Rolle) links neben der Internetadresse, die Sie aufgerufen haben. Halten Sie die Maustaste gedrückt, ziehen Sie die Maus auf die gewünschte Verknüpfungsgruppe in *Outlook* und lassen Sie die Maustaste los.

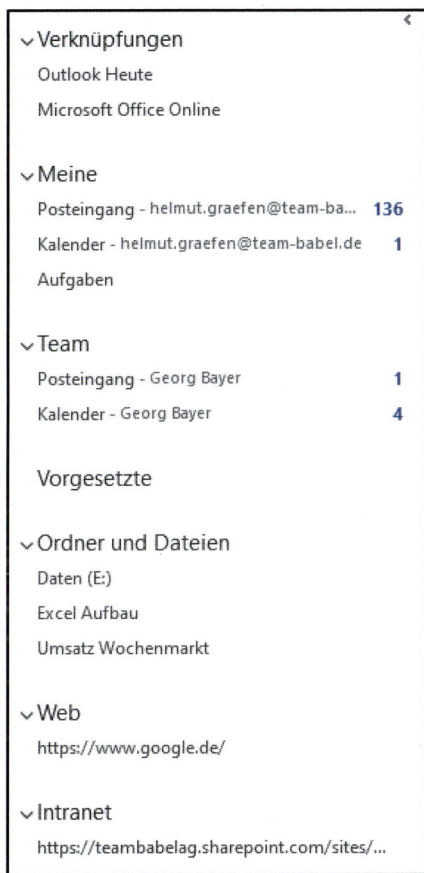

Abb. 3.11: Web- und Intranet-Links in der Verknüpfungsleiste

Wenn Sie nun auf die Links der Gruppe (in diesem Beispiel WEB und INTRANET) klicken, werden die entsprechenden Webseiten nicht in einem Browser, sondern direkt im Outlook-Fenster aufgerufen.

Hinweis

Die Funktionalität der Verknüpfungsleiste stand bei Drucklegung des Buches nicht in der Online-App von *Outlook* zur Verfügung.

3.3 QuickSteps nutzen

Seit der Outlook-Version 2003 gibt es die *QuickSteps* in *Outlook*. Zu finden sind Sie im POSTEINGANG im Menü START. Sie sind mit Makros vergleichbar und ersparen Ihnen viele Klicks, die unnötig Zeit kosten.

Abb. 3.12: QuickSteps im Posteingang

In einem QuickStep können Sie Schritte definieren, die ausgeführt werden, sobald Sie das QuickStep anklicken. Klicken Sie links neben der Bezeichnung auf den Pfeil. Damit rufen Sie die Verwaltung der QuickSteps auf.

Im Folgenden zeige ich Ihnen die Verwendung der Funktion exemplarisch anhand der Erstellung einer Vorlage für E-Mails, deren Inhalt immer weitgehend gleich ist. In der Abbildung ist bereits der Button NEU angeklickt worden. Klicken Sie den Menüpunkt NEUE E-MAIL an. Geben Sie in dem darauf erscheinenden Fenster einen Namen für das QuickStep ein. Dabei sollten Sie nicht mehr als etwa 20 Zeichen verwenden, damit der Name in allen Ansichten vollständig lesbar ist. Klicken Sie anschließend auf den Button OPTIONEN links unten in dem Dialog.

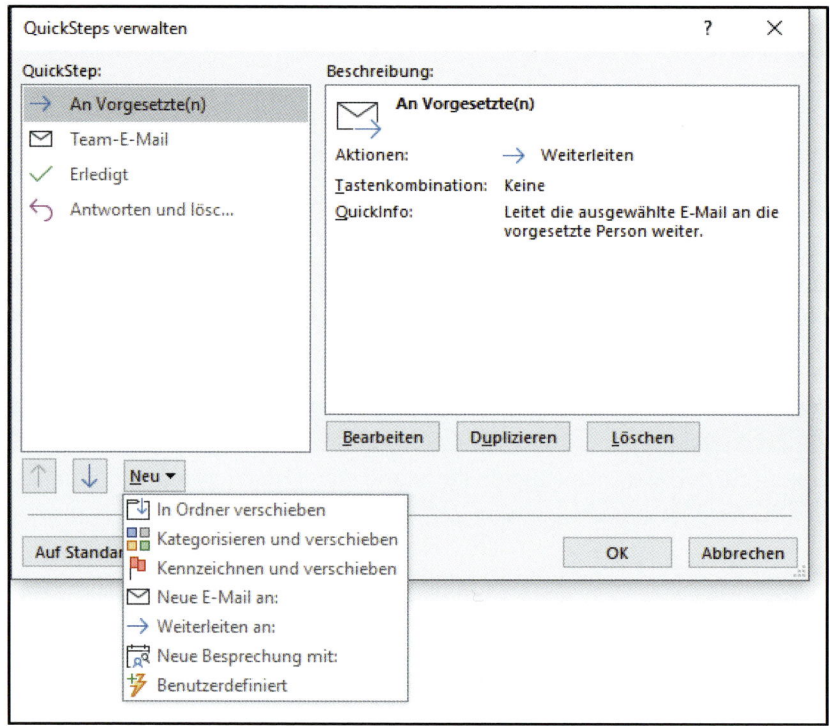

Abb. 3.13: QuickSteps verwalten

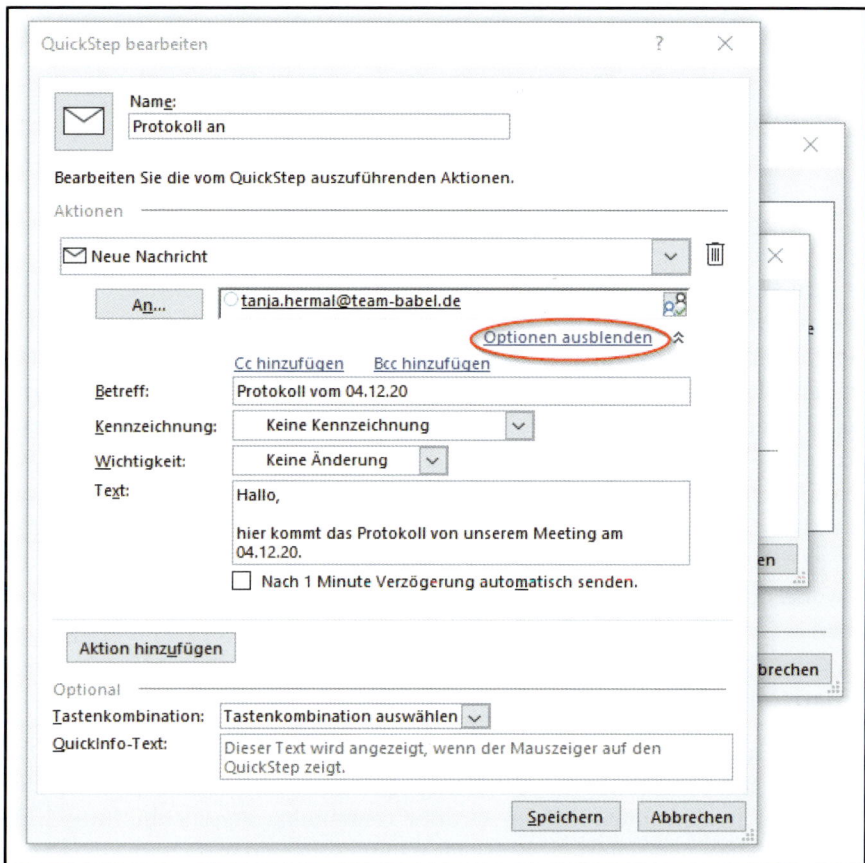

Abb. 3.14: Mailverlage als QuickStep erstellen

Die rot eingekreiste Schaltfläche OPTIONEN AUSBLENDEN ist nach dem Öffnen dieses Dialoges noch mit OPTIONEN EINBLENDEN beschriftet. Mit einem Klick darauf erscheint der Dialog, der in der Abbildung zu sehen ist. Füllen Sie die gewünschten Felder aus und bestätigen Sie SPEICHERN und das folgende Fenster mit OK. Das zuletzt erstellte QuickStep ist immer das erste Element in der QuickStep-Auflistung.

Standardisierte Anwortmail als QuickStep definieren

Außer den in Abbildung 3.13 angezeigten Möglichkeiten können Sie über NEU|BENUTZERDEFINIERT|AKTION AUSWÄHLEN|ANTWORTEN zum Beispiel Standardantworten, die beispielsweise einen standardisierten Antworttext auf Kundenanfragen oder ähnliche Anforderung ausgibt, für Ihre Mails definieren.

Hinweis

Die Funktionalität der Verknüpfungsleiste stand bei Drucklegung des Buches nicht in der Online-App von *Outlook* zur Verfügung.

3.4 E-Mails strukturiert und automatisch ablegen

Wenn Sie Ihre Mails strukturiert ablegen, werden Sie das wahrscheinlich in einer Ordnerstruktur innerhalb Ihres Posteingangs tun. Die Ordnerstruktur kann nach unterschiedlichen Ordnungskriterien aufgebaut sein: nach Kunden, nach Aufträgen, nach Bereichen, nach Personen oder nach anderen Kriterien. Eine Mail wird in aller Regel mit der Maus via Drag & Drop in den passenden Ordner verschoben. Bei einem hohen Mailaufkommen bedeutet dieses Vorgehen einen entsprechend großen manuellen Aufwand. Außerdem kann es passieren, dass Sie beim falschen Ordner die Maustaste loslassen und die Mail ohne weitere Rückfrage dort abgelegt wird. *Outlook* gibt Ihnen Möglichkeiten an die Hand, solche Ablagevorgänge entweder teilweise oder auch komplett zu automatisieren und diese Probleme damit zu umgehen.

Teilautomatisierung

Ein Instrument haben wir bereits im vorhergehenden Abschnitt kennengelernt: die QuickSteps. Sie können einen QuickStep anlegen, der auf Knopfdruck die markierten Mails in den gewünschten Ordner verschiebt, siehe Abbildung 3.13: QuickSteps verwalten. Der Vorteil eines QuickSteps liegt darin, dass die Mails genau in den Ordner verschoben werden, den Sie im QuickStep angegeben haben.

Vollautomatisierung

Mit den *Regeln* in *Outlook* sind Sie in der Lage, z. B. Mails vollautomatisch zu verschieben (oder aber auch zu kopieren). Sie haben mehrere Optionen, eine solche Regel zu erstellen. Falls Sie Mails von einem Absender immer in den gleichen Ordner verschieben wollen, ist die einfachste Möglichkeit der Rechtsklick auf eine Mail (Abbildung 3.15).

Nach der Auswahl REGELN|NACHRICHTEN VON AMAZON.DE IMMER VERSCHIEBEN werden Sie nach dem Ordner gefragt, in den Sie die Mails dieses Absenders künftig automatisch verschieben wollen. Existiert der gewünschte Ordner noch nicht, können Sie ihn hier auch erstellen.

Im zweiten Menüpunkt des Kontextmenüs, REGEL ERSTELLEN, werden Ihnen mehrere Optionen für Bedingungen und Ausführungen angeboten.

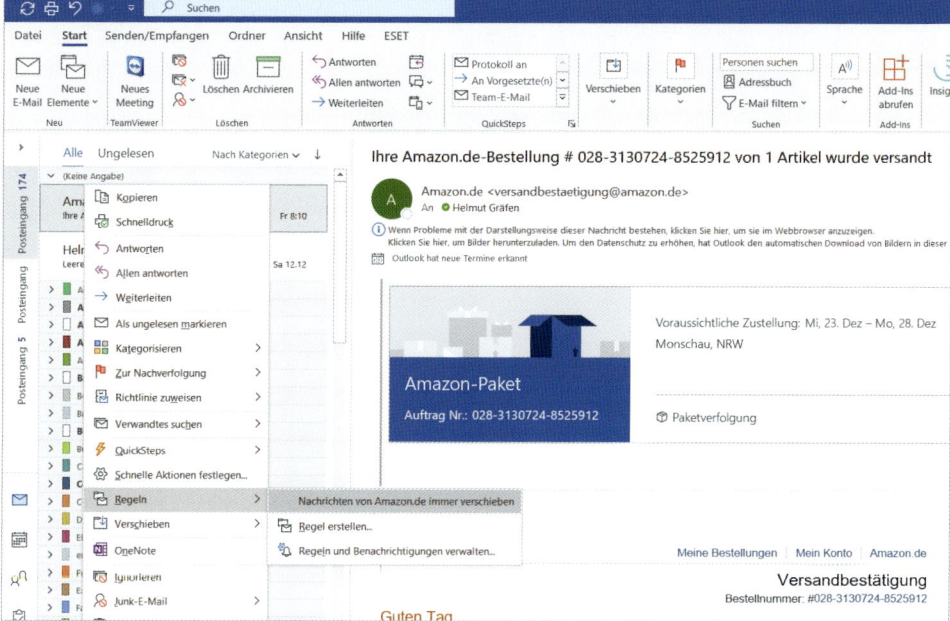

Abb. 3.15: Regel über das Kontextmenü erstellen

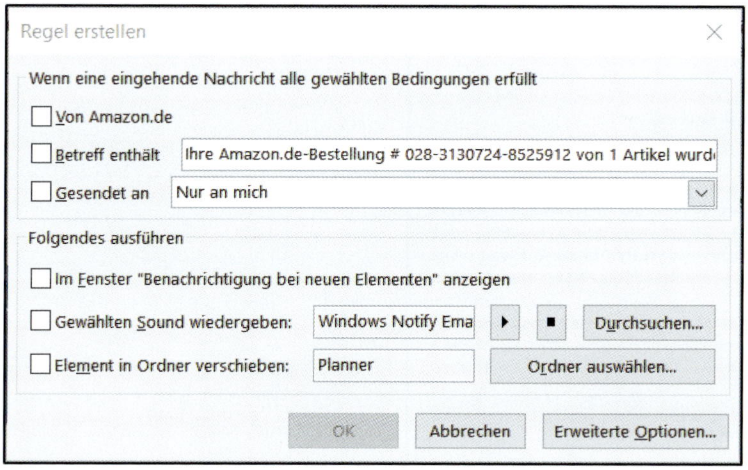

Abb. 3.16: Optionen im Fenster Regel erstellen

Die *Regeln* in *Outlook* sind ein sehr mächtiges Instrument. Mit dem dritten Menü-punkt REGELN UND BENACHRICHTIGUNGEN VERWALTEN rufen Sie ein Fenster auf, in dem alle bereits definierten Regeln angezeigt werden. Dieses Fenster erreichen Sie auch über DATEI|INFORMATIONEN|REGELN UND BENACHRICHTIGUNGEN VER-WALTEN.

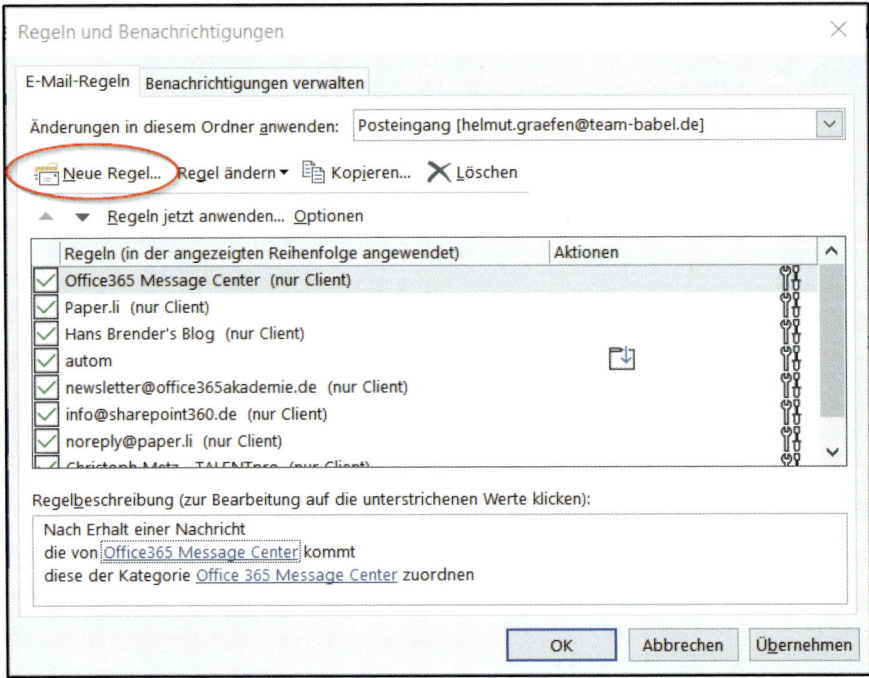

Abb. 3.17: Regeln und Benachrichtigungen

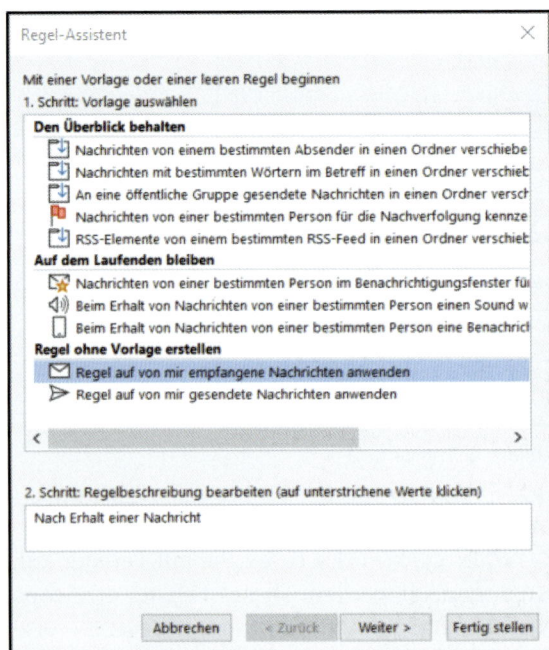

Abb. 3.18: Regel-Assistent

Hier können Sie sowohl vorhandene Regeln bearbeiten als auch neue Regeln erstellen. Die Kachel NEUE REGEL öffnet den *Regel-Assistenten*. Dort können Sie wählen, ob Sie Ihre Regeln mit oder ohne Vorlage anfertigen wollen (Abbildung 3.18).

Wenn Sie REGELN AUF VON MIR EMPFANGE NACHRICHTEN ANWENDEN klicken, führt Sie der Regel-Assistent in mehreren Schritten durch die Erstellung der Regel. Im ersten Schritt definieren Sie eine oder mehrere Bedingungen, die überprüft werden sollen. Im unteren Teil des Fensters sehen Sie den aktuellen Bearbeitungsstand der Regel.

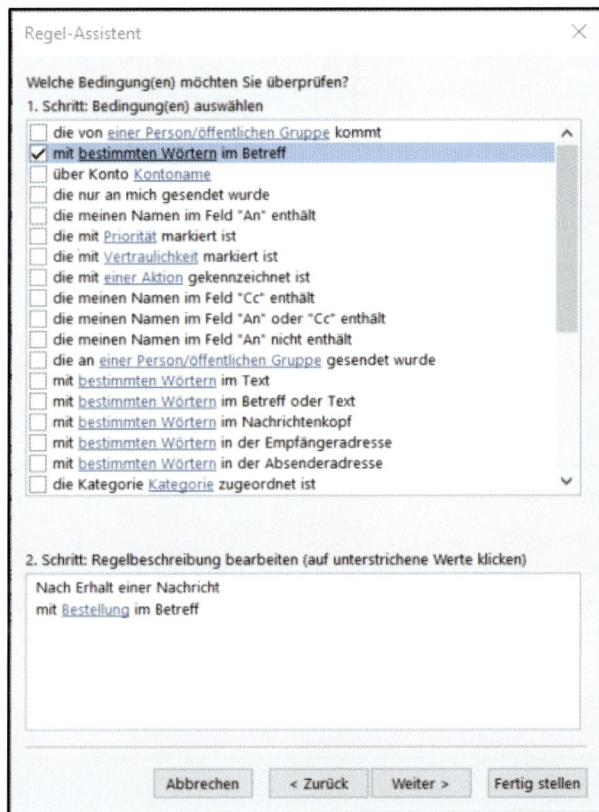

Abb. 3.19: Regel-Assistent – Bedingung(en) auswählen

Die Bedingungen, die einen blau markierten Hyperlink im Text enthalten, müssen nach der Auswahl noch weiter spezifiziert werden. In Beispiel in Abbildung 3.19 erstellen Sie eine Regel, die überprüft, ob das Wort *Bestellung* im Betreff enthalten ist. Mit der Schaltfläche WEITER > gelangen Sie zum nächsten Schritt, in dem Sie eine Aktion auswählen.

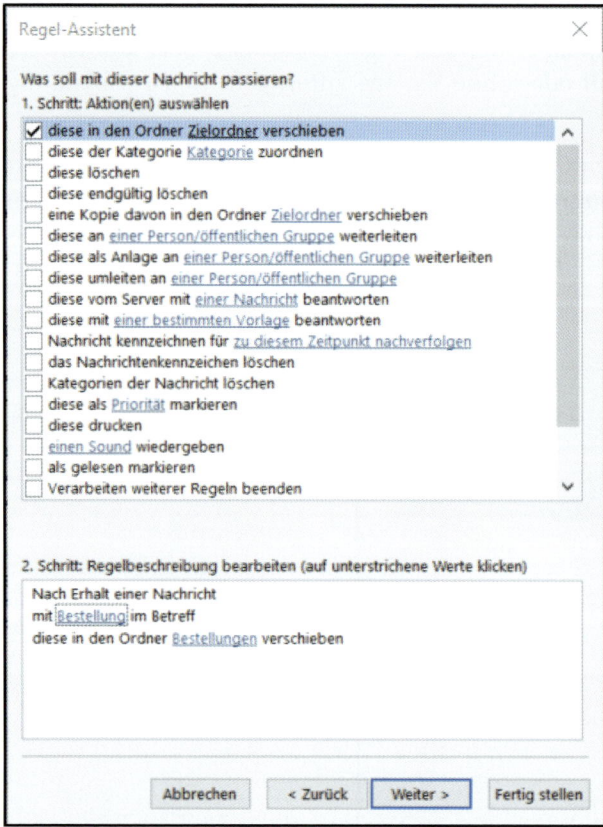

Abb. 3.20: Regel-Assistent – Aktionen(en) auswählen

Auch hier gilt: Die Aktionen, die einen blau markierten Hyperlink im Text enthalten, müssen nach der Auswahl noch weiter spezifiziert werden. Als Aktion wird in diesem Beispiel definiert, dass alle Mails, die das Wort *Bestellung* im Betreff enthalten, in den Ordner *Bestellungen* verschoben werden sollen. Mit WEITER > rufen Sie den nächsten Schritt auf: das Definieren von Ausnahmen.

Tipp

Sollten Sie bisher noch nicht oder nur selten mit dem Regel-Assistenten gearbeitet haben, empfehle ich Ihnen, keine Ausnahmen festzulegen. Warten Sie damit, bis Sie sich im Umgang mit Regeln sicher fühlen.

Nachdem Sie das Fenster mit den Ausnahmen mit WEITER > bestätigt haben, gelangen Sie zum letzten Schritt, in dem Sie unter anderem einen Namen für die Regel vergeben.

Abb. 3.21: Regel-Assistent – Regel fertigstellen

Außerdem können Sie hier Regel-Optionen festlegen. Die Option DIESE REGEL AKTIVIEREN ist standardmäßig immer angehakt. Mit der rot umrandeten Option (Abbildung 3.21) können Sie die Regel nach Fertigstellung sofort ausführen lassen.

Für die korrekte Reihenfolge der Regeln sind Sie selbst verantwortlich

Die zuletzt erstellte Regel ist immer der erste Eintrag in der Regel-Auflistung. Alle erstellten Regeln werden immer *top-to-bottom* ausgeführt. Ist eine Regel nicht ausführbar, weil die entsprechende Mail beispielsweise nicht oder nicht mehr im Posteingang liegt, informiert Sie *Outlook* nicht darüber. Im Fenster *Regeln und Benachrichtigungen,* siehe Abbildung 3.17, können Sie mit den beiden Pfeilen links neben der Schaltfläche REGELN JETZT ANWENDEN ... die Reihenfolge ändern.

Regeln immer sofort nach Fertigstellung testen

Testen Sie Ihre frisch erstellte Regel am besten sofort. Nur so können Sie sicher sein, dass die Regel genau die von Ihnen gewünschten Aktionen durchgeführt.

In *Outlook* online erreichen Sie den Regel-Assistenten über das Kontextmenü einer Mail mit dem Menüpunkt REGEL ERSTELLEN|WEITERE OPTIONEN.

3.5 Alternativen zur klassischen Ablage in Ordnerstrukturen

Mails in *Outlook* in einer wie auch immer gearteten Ordnerstruktur abzulegen, ist nur eine Methode, Mails zu verwalten. Aus meiner Erfahrung heraus kann ich sagen, dass es nicht unbedingt die beste Methode ist. Je mehr Mails Sie auf diese Art verwalten müssen, desto schwieriger wird es, die Übersicht über die ablegten Mails zu behalten. Die Aussage gilt erst recht, wenn Ihre Ordnerstruktur nach unterschiedlichen Ordnungskriterien, wie z. B. Kunden und Projekten, aufgebaut ist. Vielleicht kennen Sie die Situation: Sie wollen eine Mail in einen Ordner verschieben, stellen aber fest, dass die Mail in mehreren Ordnern passend abgelegt werden kann und Sie sich für einen Ordner und damit für nur eine Facette Ihres Ordnungskonzeptes entscheiden müssen.

Welche Alternativen gibt es also zur Ablage in Ordnerstrukturen?

3.5.1 Mails in einer Standardsoftware ablegen, die im Unternehmen genutzt wird

Als Standardsoftware bezeichnet man Programme, die einen klar definierten Anwendungsbereich abdecken, wie z. B. eine *CRM-Software*. Eine *CRM-Software (Customer-Relationship-Management)* dokumentiert und verwaltet die Kundenbeziehungen eines Unternehmens. Diese Programme haben oft eine eingebaute Schnittstelle zu *Outlook*. Über diese Schnittstelle kann man Mails aus *Outlook* direkt einem Kunden im CRM-Programm zuweisen. Die Mail wird aus dem Posteingang gelöscht und liegt nur noch im CRM-System im korrekten Kontext, nämlich Kunde und Ansprechpartner. Die Personen im Unternehmen, die mit der CRM-Software arbeiten, haben sofort Zugriff auf diese Mails, ohne eine Zugriffsberechtigung auf das *Outlook* und den Posteingang einer anderen Person haben zu müssen. Außerdem bietet diese Schnittstelle die Möglichkeit, direkt aus dem CRM-System eine Mail an einen Kunden zu senden, einen Termin mit diesem Kunden oder eine Aufgabe für diesen Kunden anzulegen. Dabei werden die gewählten Aktionen immer in *Outlook* durchgeführt. Die Vorgänge sind aber im CRM im Kontext *Kunde* dokumentiert. Setzen Sie ein CRM ein und kann dieses mit *Outlook* verknüpft werden, sollten Sie dies auch nutzen.

3.5.2 Mit Kategorien Ordnung und Übersicht schaffen

Wenn die Mails in *Outlook* verbleiben sollen oder auch müssen, wenn kein CRM-System mit den oben beschriebenen Funktionen zur Verfügung steht, sind die *Kategorien* in *Outlook* eine interessante Alternative. Mit den *Kategorien* nehmen Sie eine Art Verschlagwortung Ihrer Outlook-Elemente vor, nach denen Sie gruppieren, filtern und suchen können.

Kategorien können

- individuell benannt werden,
- allen Outlook-Elementen zugeordnet werden,
- Farben zugeordnet werden, auch mehrfach,
- sinnvoll zur Strukturierung von Mails, Terminen und Aufgaben eingesetzt werden,
- in der elementübergreifenden Suche verwendet werden.

Die Kategorienverwaltung finden Sie in der Mailnavigation im Menü START ⊞ Kategorisieren ˅ . Folgende Standardkategorien werden Ihnen angeboten:

Abb. 3.22: Standardkategorien

Die Standardkategorien können Sie nach Belieben löschen oder umbenennen. Als Grundlage für die Entwicklung Ihres eigenen Kategoriensystems kann beispielsweise die Benennung der vorhandenen Ordner dienen. Oder Sie legen Kategorien für Tätigkeiten oder Bereiche an.

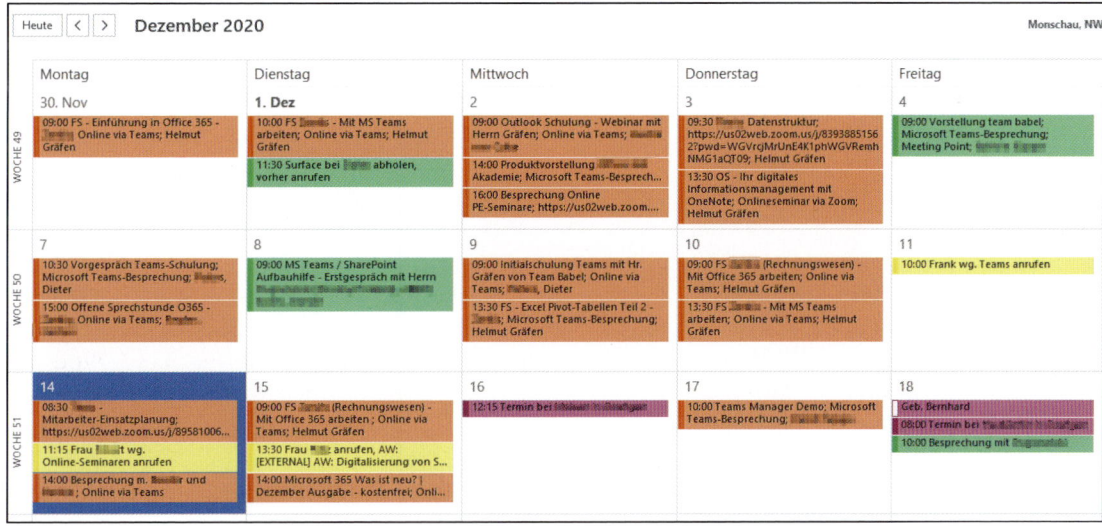

Abb. 3.23: Kategoriennutzung im Kalender

Ich nutzte hier die Kategorien *Termin im Haus* (rot), *Termin außer Haus* (grün), *vereinbarte Telefonate* (gelb) und *Privat* (violett). Durch die farbliche Visualisierung sehe ich sehr schnell, ob ich einer Woche oder einem Monat viel oder wenig unterwegs bin. Dieser rasche Überblick erleichtert mir meine Terminplanung sehr.

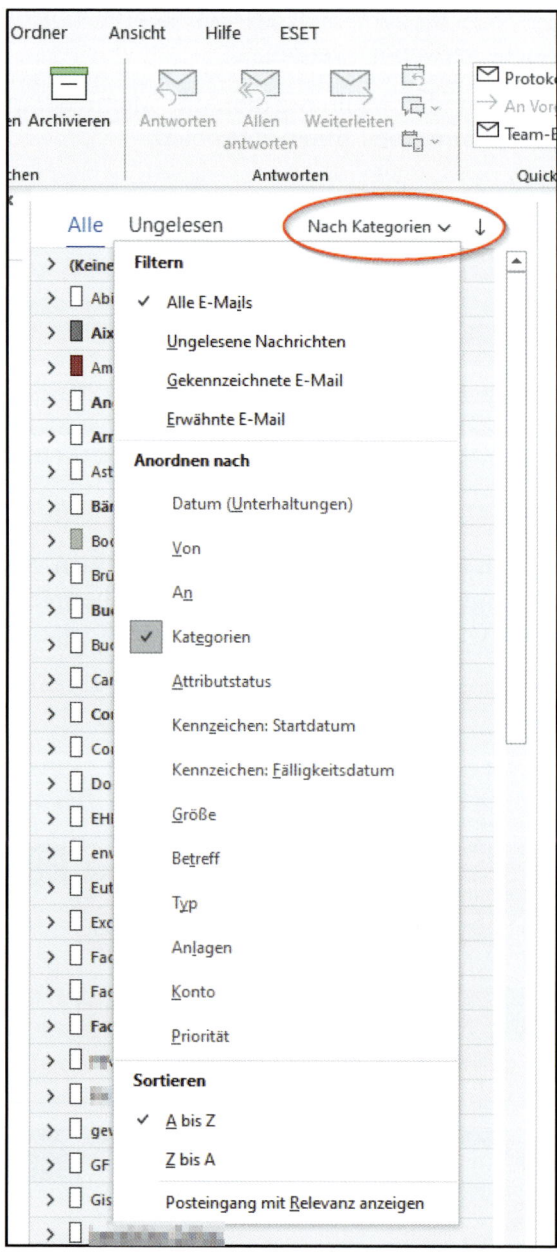

Abb. 3.24: Mails gruppiert nach Kategorien anzeigen

Die Kategorien können Sie entweder manuell über das Kontextmenü des Elements zuordnen, oder Sie automatisieren die Kategorienzuordnung über Regeln, siehe Abbildung 3.20.

Bei der Nutzung von Kategorien für Mails besteht die Idee darin, alle Mails im Posteingang zu belassen und die Strukturierung sowie das Ordnen der Mails durch Kategorien und Ansichten zu gestalten. Einem Element, z. B. einer Mail, können Sie beliebig viele Kategorien zuordnen. Das bedeutet, dass Sie ein und dieselbe Mail unter mehreren Kategorien sehen können, physikalisch ist die Mail aber nur einmal im Posteingang vorhanden. Mit dieser, von mir oft genutzten Möglichkeit, kategorisiere ich alle Mails und lasse sie mir dann gruppiert nach Kategorien anzeigen. Normalerweise werden die Mails im Posteingang nach Datum erhalten angezeigt.

So können Sie mit zwei Mausklicks schnell die Ansicht verändern und die Ansicht wählen, die für den momentanen Arbeitsschritt am besten passt.

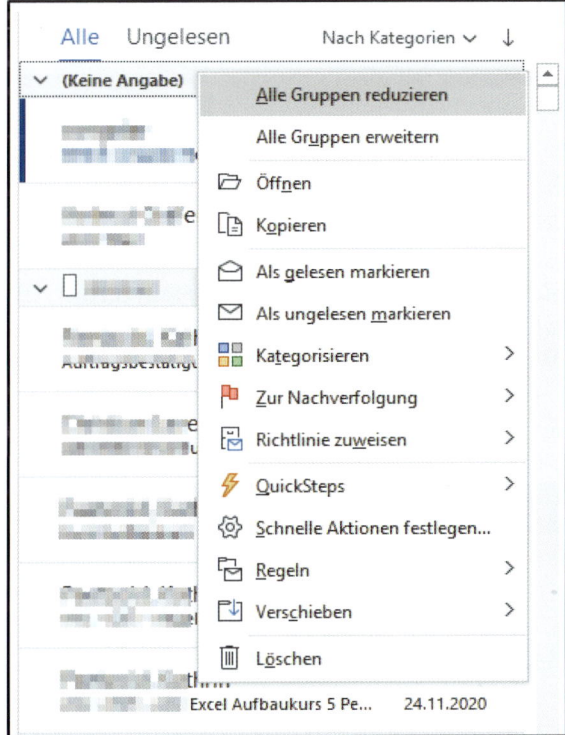

Abb. 3.25: Gruppen reduzieren/erweitern über das Kontextmenü

Wer lieber mit einer Tastenkombination arbeitet: Mit ⎡Strg⎤+⎡-⎤ reduzieren Sie alle Gruppen, mit ⎡Strg⎤+⎡+⎤ erweitern Sie alle Gruppen. Plus- und Minuszeichen müssen zwingend über den Nummernblock eingegeben werden. Das Reduzieren und Erweitern der Gruppen können Sie natürlich in allen gruppierten Ansichten anwenden.

Kategorien können in *Outlook* nicht nur für E-Mails, sondern auch für den Kalender genutzt werden.

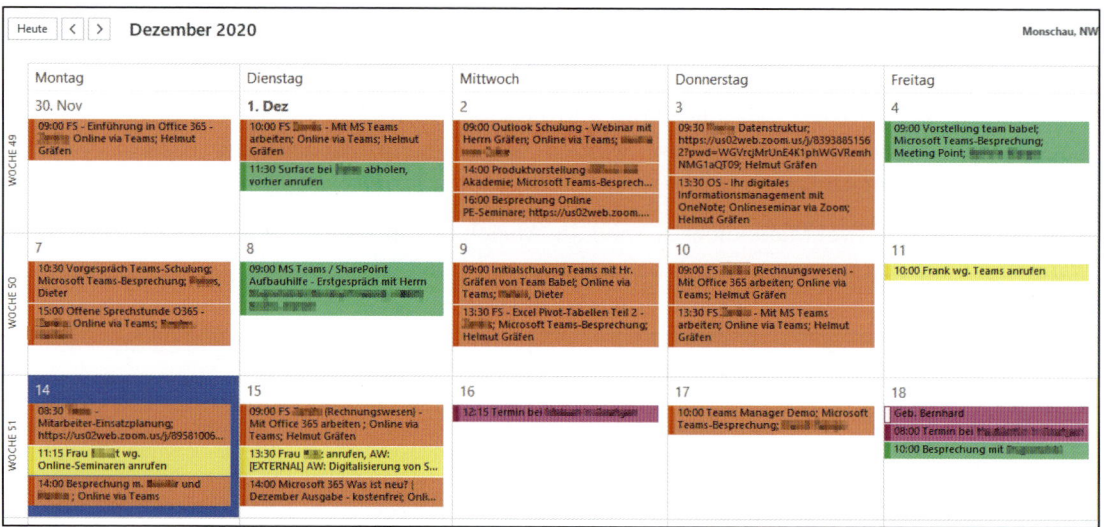

Abb. 3.26: Kategoriennutzung im Kalender

Ich nutze hier die Kategorien *Termin im Haus* (rot), *Termin außer Haus* (grün), *vereinbarte Telefonate* (gelb) und *Privat* (violett). Durch die farbliche Visualisierung sehe ich sehr schnell, ob ich einer Woche oder einem Monat viel oder wenig unterwegs bin. Dieser rasche Überblick erleichtert mir meine Terminplanung sehr. Das gezielte Suchen nach Kategorien bespreche ich in Abschnitt 3.12.

Kategorien im Team nutzen

Die Kategorien, die Sie in *Outlook* eingeben, gelten nur für Ihr eigenes *Outlook*. Leider können Sie, bei Drucklegung des Buches, die eingegebenen Kategorien nicht einer Gruppe von Personen zugänglich machen. Wollen Sie Kategorien z. B. in einem Team nutzen, empfehle ich Ihnen folgende Vorgehensweise: Definieren Sie Pflichtkategorien mit festgelegten Farben, die alle Personen im Team verbindlich wie abgesprochen nutzen.

Jede Person muss diese Pflichtkategorien einmalig in ihrem *Outlook* eingeben. Wer über diese Pflichtkategorien hinaus weitere Kategorien für die persönliche Organisation nutzen möchte, kann dies tun.

In der Online-App von *Outlook* finden Sie den Button KATEGORISIEREN, wenn Sie eine oder mehrere Mails markiert haben.

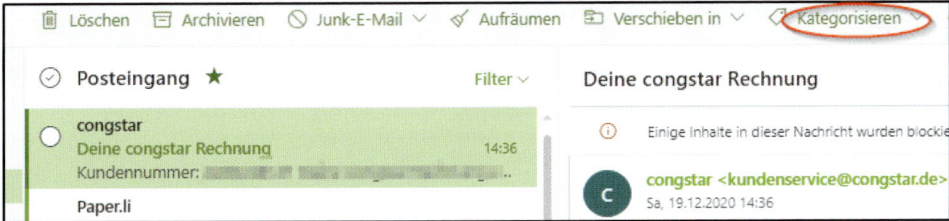

Abb. 3.27: Kategoriennutzung in Outlook online

3.5.3 Mails in einen Teamkanalchat überführen

Erhalten Sie in *Outlook* Mails, die thematisch zu einem Kanal in einem Team gehören, empfehle ich Ihnen, solche Mails konsequent in den passenden Kanal-chat des Teams zu senden. Dafür stehen Ihnen zwei Möglichkeiten zur Verfügung.

Mail an die Mailadresse eines Kanals weiterleiten

Alle Kanäle in einem Team sind automatisch mit einer Mailadresse ausgestattet. Wie Sie die Mailadresse eines Teamkanals abrufen, lesen Sie in Abschnitt 8.4. Falls Sie häufiger Mails an einen bestimmten Kanal senden wollen, lohnt es sich, die Kanal-Mailadresse in *Outlook* als Kontakt anzulegen.

Mail mit einem Team zu teilen

Im April 2021 hat Microsoft eine weitere Möglichkeit geschaffen, Mails aus *Outlook* in einen Teamkanal zu senden: den Button im Menü START.

In Teams teilen

Leider scheint die Funktion noch nicht ganz ausgereift zu sein. In die Box TEILEN MIT können Sie zwar den Namen des gewünschten Teams eingeben, aber nur der Kanal Allgemein (General) wird als Auswahlmöglichkeit angeboten. Die Möglichkeit, eine Liste Ihrer Teams mit allen zugehörigen Kanälen anzuzeigen, existiert zum Zeitpunkt der Drucklegung des Buches nicht.

Ich hoffe sehr, dass Microsoft diese nützliche Funktion zeitig nachbessert und benutzerfreundlicher gestaltet. Bis zu diesem Zeitpunkt ist daher das Senden an die Kanal-Mailadresse die bessere Alternative.

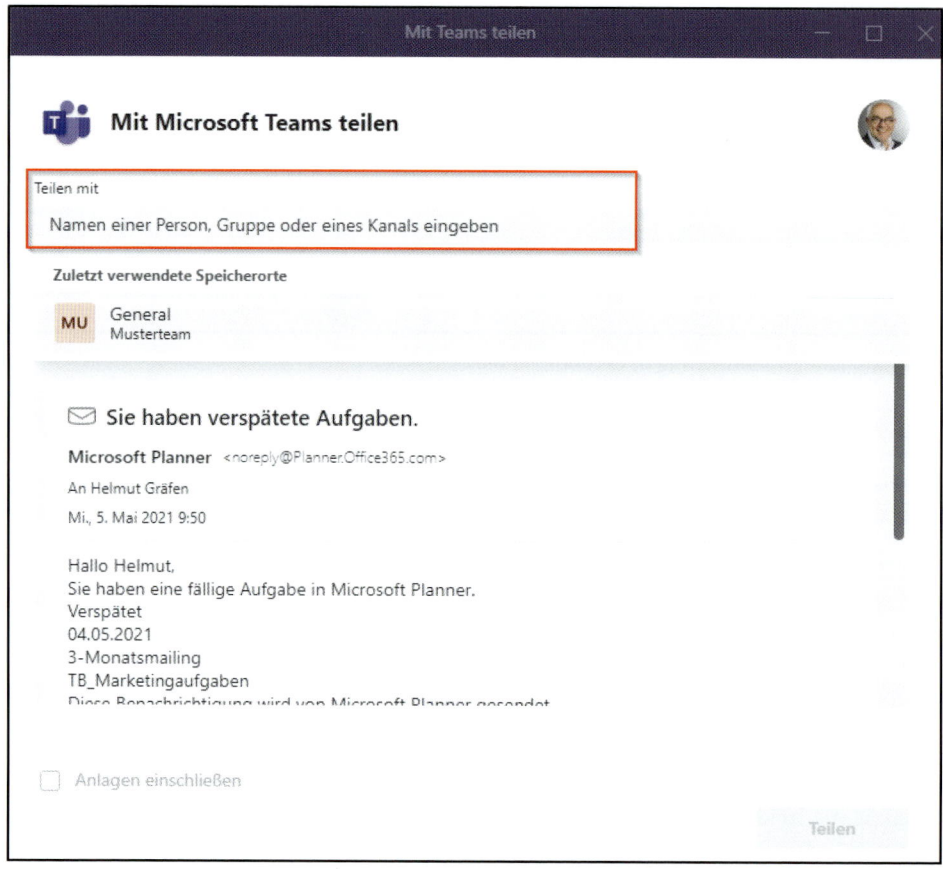

Abb. 3.28: Mail mit Microsoft Teams teilen

3.6 Aufgaben in der Outlook-Desktop-App digital verwalten

Für die Verwaltung von Aufgaben bietet *Outlook* einen eigenen Bereich. Trotzdem wird nach meinen Erfahrungen in der Anwendergemeinde eher selten oder mindestens nicht konsequent mit dem Aufgabenbereich gearbeitet. Es ist eine weitverbreitete Vorgehensweise, Aufgaben als **Termine** in den Outlook-Kalender zu schreiben. Das hat aus meiner Sicht vier entscheidende Nachteile:

1. Geben Sie eine Aufgabe als Termin in Ihrem Kalender ein, können Sie kein Fälligkeitsdatum für die Aufgabe definieren.

2. Eine als Termin eingetragene Aufgabe können Sie nicht einer anderen Person übertragen.

3. Ihr Kalender wird unter Umständen sehr voll.

4. Es besteht keine saubere Trennung zwischen Aufgaben und Terminen.

Wie bereits in Abschnitt 3.1 erwähnt, unterscheidet sich der Aufgabenbereich in der Desktop-App deutlich von dem der Online-App. Während Microsoft in *Outlook-Online* bereits die App *To Do* für die Aufgabenverwaltung einsetzt, verrichtet in der Desktop-App noch die Aufgabenverwaltung der Outlook-Version 1997 ihren Dienst.

Auf *To Do* gehe ich in Kapitel 6 detailliert ein. Schauen wir uns erst einmal die Aufgabenverwaltung in der Desktop-App an.

Aufgaben lassen sich leider nicht in Unteraufgaben aufteilen. Auch sieht das Konzept der Outlook-Aufgaben nicht vor, die Zeit, die Sie für die Erledigung einer Aufgabe benötigen, im Kalender darzustellen, siehe auch Abschnitt »Termine mit sich selbst« weiter unten. Trotz dieser fehlenden Funktionen stellt die Aufgabenverwaltung eine enorme Hilfe beim Managen der Aufgaben dar. Sie bietet Ihnen den Vorteil, dass Sie

1. ein Fälligkeitsdatum definieren können (und sollten).
2. sich erinnern lassen können (gegenüber der Papier-Variante ein entscheidender Vorteil).
3. sich Regel-Aufgaben als Serie anlegen können.
4. die Wahl haben, ob Sie die Aufgabe für sich selbst stellen oder an eine andere Person übertragen wollen.
5. Aufgaben von anderen Personen übernehmen können.
6. Ihre Aufgabenliste gruppiert und strukturiert darstellen lassen können (nach Fälligkeit, Priorität, Status, Zuständigkeit und/oder Kategorien).
7. Ihre Aufgaben mobil nutzen können.

In der linken Navigationsleiste des Aufgabenbereichs werden Ihnen in der Gruppe MEINE AUFGABEN mindestens zwei Links angezeigt: AUFGABENLISTE und AUFGABEN – `Ihrname@IhrUnternehmen.de`. Um zum Aufgabenbereich zu gelangen, klicken Sie in der linken Navigationsleiste ganz unten auf das Symbol des Klemmbrettes: ✉ 📅 𝖱ᴿ 🗹 ⋯

Aufgabenliste

Der Name AUFGABENLISTE ist irreführend, da hier nicht nur Ihre Aufgaben, sondern alle mit einem Nachverfolgungsfähnchen 🚩 gekennzeichneten Outlook-Elemente (Aufgaben und Mails) gruppiert angezeigt werden. Aufgaben werden beim Erstellen automatisch mit einem Fähnchen versehen Darüber hinaus können Sie aber auch Mails mit einem solchen Fähnchen versehen, wie die Abbildung 3.29 zeigt.

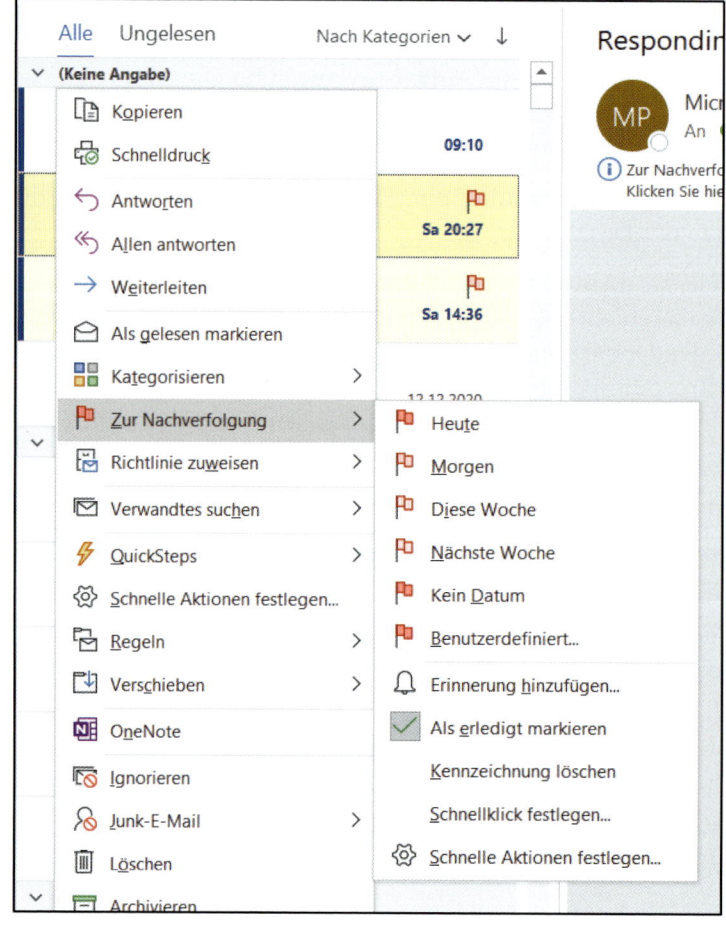

Abb. 3.29: Mails mit einem Fähnchen zur Nachverfolgung kennzeichnen

Die gekennzeichneten Mails werden im Posteingang gelb unterlegt und sind nach der Kennzeichnung in der Aufgabenliste im Aufgabenbereich zu finden.

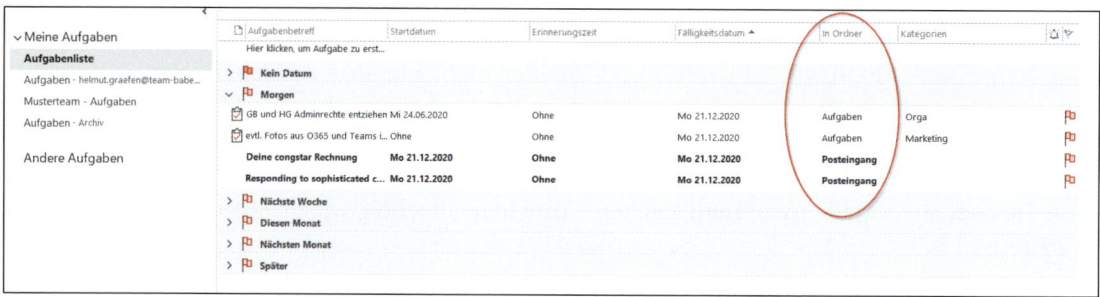

Abb. 3.30: Aufgabenliste im Aufgabenbereich

Sollten Sie bisher schon mit den Nachverfolgungsfähnchen gearbeitet haben, ist diese Darstellung sicher sehr hilfreich. Wenn man jedoch, wie in Abschnitt 3.1 beschrieben, konsequent seine Mails in Aufgaben oder Termine umwandelt, hat die AUFGABENLISTE keinen sonderlichen Nutzen mehr. Ich selbst arbeite nicht mit den Kennzeichnungen und verwende daher die AUFGABENLISTE nicht. Leider gibt es zum Zeitpunkt der Drucklegung des Buches keine Möglichkeit, diese aus der Navigationsleiste zu löschen.

Aufgaben – IhrName@IhrUnternehmen.de

Hier legen Sie die Aufgaben an, die Sie selbst erledigen, sowie die Aufgaben, die Sie anderen Personen übertragen wollen. Sehen wir uns das Aufgabenfenster etwas genauer an.

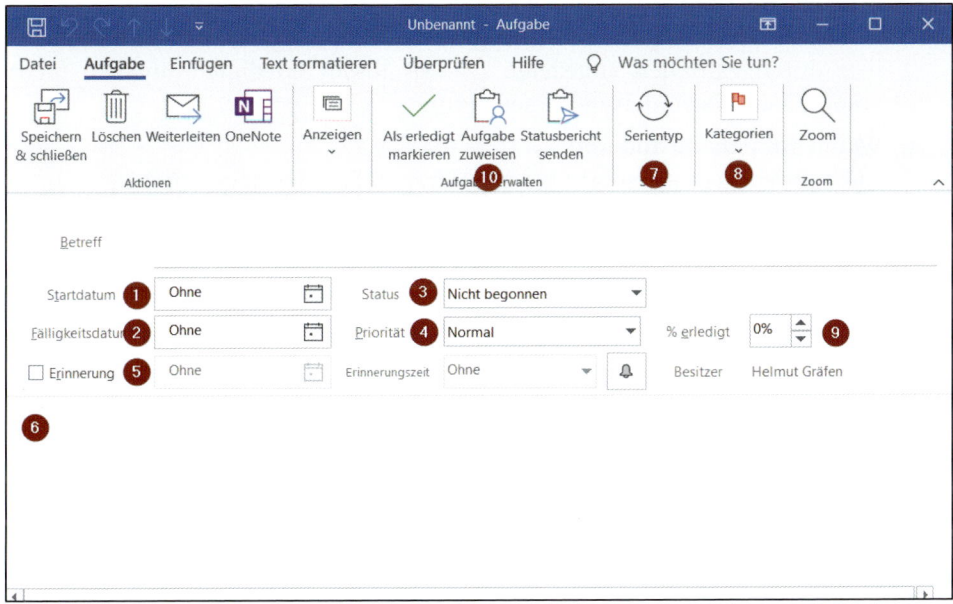

Abb. 3.31: Aufgabenfenster in der Desktop-App

Nachdem Sie einen aussagekräftigen Betreff für die neue Aufgabe eingegeben haben, können Sie die folgenden Einstellungen vornehmen:

❶ STARTDATUM

Hier kann ein Eintrag sinnvoll sein, um beispielsweise Informationen darüber zu bekommen, über welchen Zeitraum Sie die Aufgabe verschoben bzw. neu geplant haben, oder seit wann Sie von einem Gesprächspartner immer wieder vertröstet werden.

❷ FÄLLIGKEITSDATUM

Je konsequenter Sie Ihre Aufgaben mit Fälligkeitsdaten versehen und die Fälligkeiten auch möglichst einhalten, desto besser gelingt eine funktionierende Aufgabenplanung.

❸ STATUS

Das Statusfeld hat die Ausprägungen:

▨ **Nicht begonnen**
Das ist die Standardbelegung nach dem Erstellen einer Aufgabe.

▨ **In Bearbeitung**
Eine Aufgabe auf diesen Status zu setzen, ist vor allem sinnvoll und hilfreich, wenn Aufgaben an andere Personen übertragen wurden. Damit sparen sich zusätzliche Statusnachfragen per Mail oder Telefon.

▨ **Erledigt**
Setzen Sie eine Aufgabe auf **Erledigt**, wird diese Aufgabe in Ihrer Aufgabenliste durchgestrichen angezeigt. *Outlook* löscht erledigte Aufgaben nicht automatisch. Das müssen Sie selbst tun.

▨ **Wartet auf jemand anderen**
Auch dieser Status erspart Statusnachfragen bei übertragenen Aufgaben.

▨ **Zurückgestellt**
Dieser Status kann sowohl bei übertragenen als auch für die eigenen Aufgaben nützlich sein. Beispielsweise für die Aufgaben, die zurzeit doch keine Priorität mehr haben, aber zu einem späteren Zeitpunkt erledigt werden müssen.

❹ PRIORITÄT

Outlook kennt die drei Prioritätsstufen *Niedrig*, *Normal* und *Hoch*. *Normal* ist die Standardbelegung nach der Erstellung einer Aufgabe.

ABC-Analyse mit dem Prioritäten-Feld abbilden

Falls Sie Ihre Aufgaben mit der ABC-Analyse (Abschnitt 2.2.3) bewerten, können Sie das Feld PRIORITÄT dazu nutzen, die Wertigkeit der Aufgaben darzustellen.

A (sehr wichtig) = Priorität *Hoch*

B (wichtig) = Priorität *Normal*

C (unwichtig) = Priorität *Niedrig*

Die Prioritätsstufen lassen sich in *Outlook* leider nicht umbenennen. Wem diese Umsetzung zu ungenau ist, kann auch die Wertigkeitsstufen der ABC-Analyse als Kategorien abbilden und diese den Aufgaben zuordnen.

❺ ERINNERUNG

Aktivieren Sie die Erinnerung, wird das Fälligkeitsdatum mit der Erinnerungszeit 8:00 Uhr eingestellt. Das ist nicht schön gelöst, da die Erinnerung am Fälligkeitstag meist zu spät ist. Wollen Sie sinnvoll mit der Erinnerungsfunktion arbeiten, bleibt Ihnen nur, manuell ein Erinnerungsdatum einzusetzen.

❻ TEXTKÖRPER

Im sogenannten TEXTKÖRPER der Aufgabe können Sie außer Text weitere sehr unterschiedliche Informationen definieren, die für die Erledigung der Aufgabe erforderlich oder nützlich sind.

- Dateien
- Outlook-Elemente
- Visitenkarten
- Tabellen
- Bilder
- Screenshots
- Links zu Dateien, Web-, SharePoint- oder Intranetseiten
- etc.

Die aufgelisteten Objekte finden Sie alle im Menü EINFÜGEN. So stellen Sie sich alle benötigten Ressourcen an einer zentralen Stelle zusammen. Gerade wenn Sie die Aufgabe an andere Personen übertragen wollen, ist diese Vorgehensweise sehr hilfreich.

❼ SERIENTYP

Die Serienfunktion eignet sich hervorragend dafür, Ihre sämtlichen Regel-Aufgaben auf einen Schlag als Serienaufgaben einzustellen. Wie schon in Kapitel 2 erwähnt, erzeugen Sie mit den Regel-Aufgaben als Aufgabenserie ganz nebenbei schon die Grundstruktur einer Wochen-, Monats- und Jahresaufgabenplanung. Das gilt ebenso für Regel-Termine. Serientermine legen Sie im Kalender auch mit diesem Icon an.

❽ KATEGORIEN

Nutzen Sie die Kategorien auch in den Aufgaben, lässt sich eine strukturierte und gruppierte Darstellung der Aufgaben nach Ihren Ordnungsprinzipien erstellen.

❾ % ERLEDIGT

Hier können Sie den Erledigungsgrad einer Aufgabe in Prozentzahlen eingeben. Klicken Sie rechts neben dem Feld auf den nach oben zeigenden Pfeil, wird der Erledigungsgrad um jeweils 25 % erhöht. Sie können jedoch auch einen individuellen Wert eingeben.

❿ Aufgabe zuweisen

Mit dem Button Aufgabe zuweisen können Sie die Aufgabe einer anderen Person übertragen bzw. zuweisen.

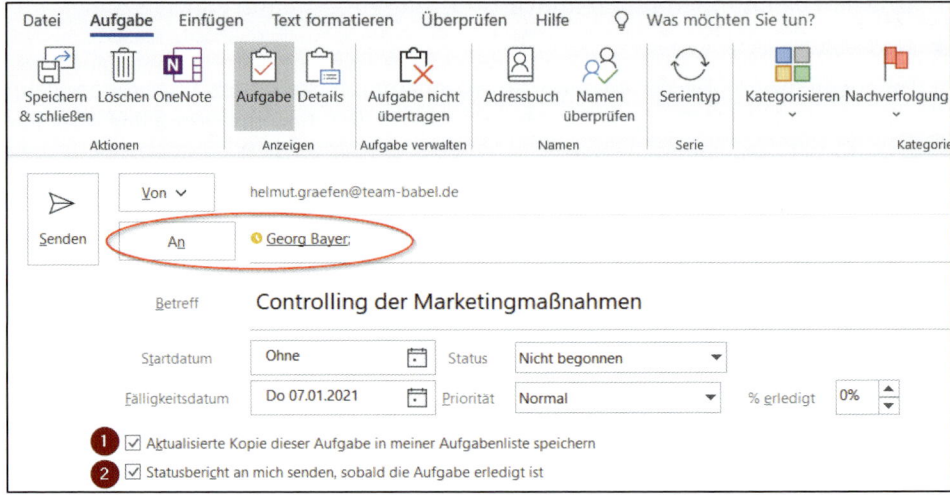

Abb. 3.32: Aufgabe einer anderen Person zuweisen

Nachdem Sie eine Person in das Feld An eingetragen haben, können Sie unten im Dialog steuern, wie sich die zugewiesene Aufgabe im Workflow, der hier im Hintergrund erstellt wird, verhalten soll.

❶ Aktualisierte Kopie dieser Aufgabe in meiner Aufgabenliste speichern

Der Haken ist standardmäßig immer gesetzt. Beim Senden der Aufgabe werden in diesem Beispiel im Hintergrund folgende Aktionen ausgeführt:

1. Die Aufgabe wird als Kopie in Ihrer Aufgabenliste gespeichert. Zuständig ist Georg Bayer.

2. Die Aufgabe wird in die Aufgabenliste von Georg Bayer eingetragen. Zeitgleich erhält Georg Bayer eine Mail mit dem Betreffpräfix **Aufgabenanfrage**. Georg Bayer kann nun entscheiden, ob er die Aufgabe annimmt oder nicht.

3. Lehnt er die Aufgabe ab, werde ich als der Aufgabenzuweisende per Mail darüber informiert. Zeitgleich wird die Aufgabe aus der Aufgabenliste von Georg Bayer gelöscht. Aus der Kopie in meiner Aufgabenliste wird ein Original. Ich bin nun für diese Aufgabe zuständig.

4. Nimmt er die Aufgabe an, werde ich auch darüber per Mail informiert. An den erstellen Aufgabenelementen ändert sich nichts.

5. Sobald Georg Bayer eine Änderung an der Aufgabe vornimmt, wird diese Änderung dynamisch in die Kopie meiner Aufgabenliste geschrieben. Für

diesen Aktualisierungsprozess ist weder das Klicken eines Buttons noch das Drücken einer Tastenkombination erforderlich. Kennzeichnet Georg Bayer die Aufgabe als erledigt, wird die Aufgabe sowohl in seiner Aufgabenliste als auch die Kopie in meiner Aufgabenliste durchgestrichen darstellt.

6. Die Person, die die Aufgabe zugewiesen hat, wird zusätzlich per Mail über Änderungen und über die Erledigung der Aufgabe informiert.

Wenden Sie diese Art der Aufgabenverteilung konsequent an, erübrigen sich fast alle Statusnachfragen.

Beim Übertragen von Aufgaben denkt man vermutlich zuerst an hierarchische Situationen, in denen der Vorgesetzte einem Mitarbeiter eine Aufgabe zuweist. Das greift aber zu kurz. Die Möglichkeit der Aufgabenübertragung an Personen auf der gleichen Hierarchiestufe sollte nicht unterschätzt werden.

❷ STATUSBERICHT AN MICH SENDEN, SOBALD DIE AUFGABE ERLEDIGT IST

Auch dieser Haken ist im Standard gesetzt. Der Statusbericht wird zusätzlich zu einer Mail versendet, die darüber informiert, dass die Aufgabe erledigt wurde.

In meiner Arbeit wähle ich beim Aufgabenzuweisen den Statusbericht ab, da sein Inhalt für mich keinen Zusatznutzen bedeutet.

Der Aufgabenbereich: Gruppierte Ansichten erstellen

Einer der Gründe, warum der Aufgabenbereich in *Outlook* eher selten genutzt wird, liegt in der Darstellung der Aufgabenliste. Im Standard werden die Aufgaben in der bereits vordefinierten Ansicht *Einfache Liste* angezeigt.

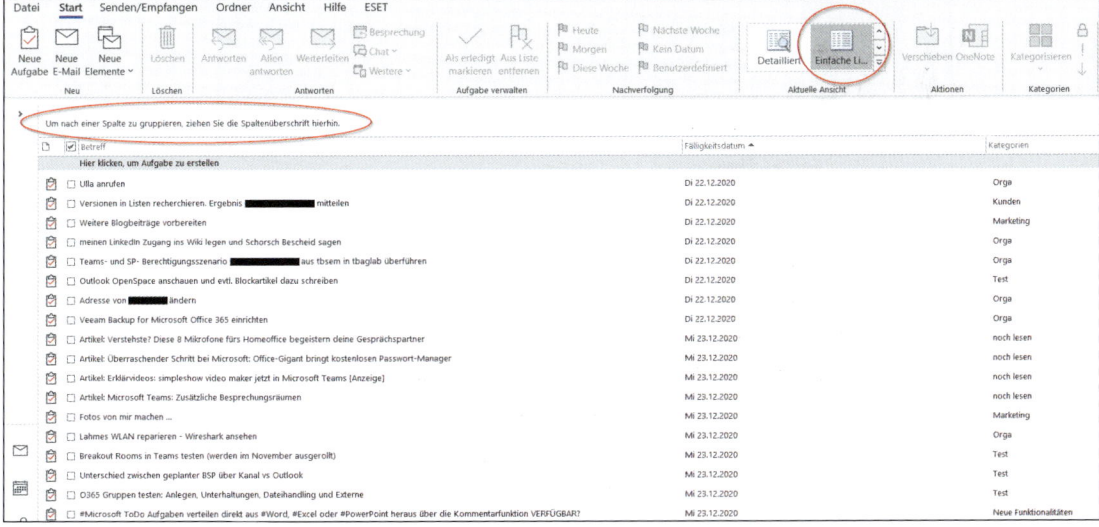

Abb. 3.33: Ansicht Einfache Liste

Die Einträge werden als unstrukturierte Liste nach Fälligkeit aufsteigend sortiert angezeigt. Das ist nicht sonderlich hilfreich bei der täglichen Arbeit mit der Aufgabenliste. Aus meiner Erfahrung heraus braucht es hier eine gruppierte Darstellung. Gruppierte Listen haben den großen Vorteil, dass Sie die Inhalte der Gruppen, mit denen Sie gerade nicht arbeiten, schnell auf die Gruppenüberschrift reduzieren und so ein Maximum an Übersichtlichkeit bekommen können. *Outlook* bietet Gruppierungen bis zu einer Tiefe von maximal vier Ebenen.

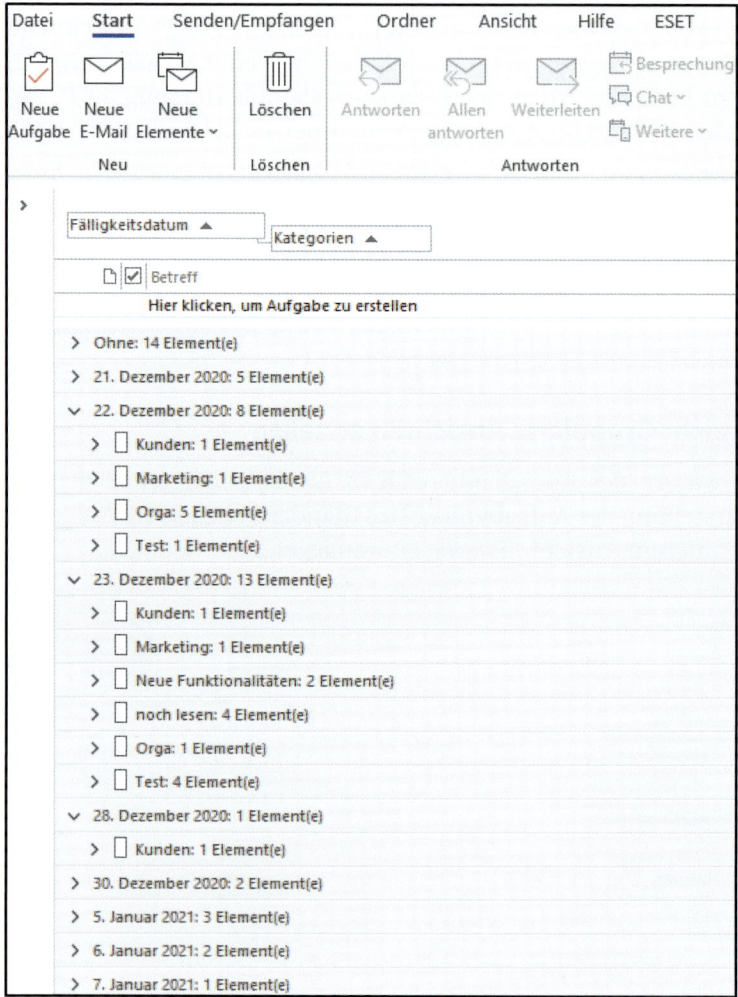

Abb. 3.34: Aufgabenliste gruppiert nach Fälligkeit und Kategorien

Die einfachste Möglichkeit, die bestehende Ansicht zu gruppieren, besteht darin, die Spalten, nach denen Sie gruppieren wollen, nacheinander links oben auf den Text *Um nach einer Spalte zu gruppieren, ziehen Sie die Spaltenüberschrift hierhin* zu ziehen. Wenden Sie anschließend die Tastenkombination ⌜Strg⌟+⌜-⌟ an, haben Sie Ihre erste gruppierte Darstellung erzeugt. Mit einem Linksklick auf den Pfeil links neben der Gruppenüberschrift öffnen Sie eine Gruppe. Das Ergebnis könnte so aussehen:

Bei dieser Vorgehensweise wird die vorhandene Ansicht *Einfache Liste* durch Ihre Änderungen überschrieben. Wollen Sie zwischen mehreren selbst erstellten Ansichten wechseln, müssen Sie Ihre individuellen Ansichten speichern. Im Menü START wird Ihnen die Kachel *Aktuelle Ansicht* angezeigt. Mit einem Klick auf den Drop-down-Pfeil ⌷ am rechten Rand der Kachel erweitert sich das Menü wie folgt:

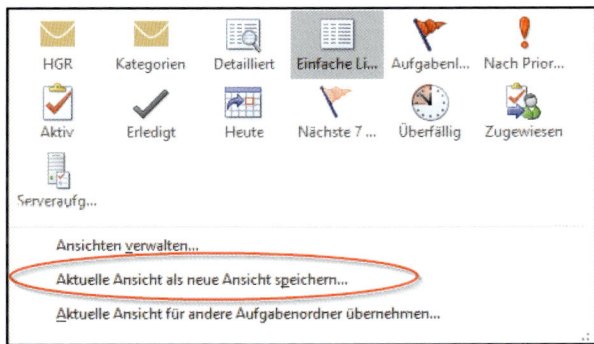

Abb. 3.35: Ansicht speichern

Nachdem Sie AKTUELLE ANSICHT ALS NEUE ANSICHT SPEICHERN angeklickt und Sie einen prägnanten Namen vergeben haben, erscheint das Fenster *Ansicht kopieren*.

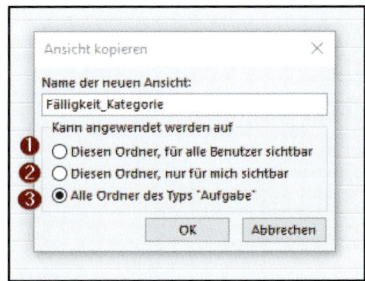

Abb. 3.36: Ansicht kopieren

Hier steuern Sie, wer die neu erstellte Ansicht nutzen kann:

❶ DIESEN ORDNER, FÜR ALLE BENUTZER SICHTBAR

Haben Sie Ihren Aufgabenordner für andere Personen im Unternehmen frei-gegeben und wollen Sie, dass diesen Personen ebenfalls die neue Ansicht zur Verfügung gestellt wird, dann aktivieren Sie diese Option.

❷ DIESEN ORDNER, NUR FÜR MICH SICHTBAR

Wählen Sie diese Option, wenn nur Ihnen und nur in diesem Ordner die neue Ansicht angeboten werden soll.

❸ ALLE ORDER DES TYPS »AUFGABE«

Diese Option ist im Standard ausgewählt und dann die richtige Wahl, wenn die neue Ansicht in allen Aufgabenordnern in Ihrem Postfach angezeigt werden soll.

Schauen Sie auch die von Microsoft vordefinierten Ansichten an. Dort finden Sie z. B. die Ansicht NACH PRIORITÄT. Haben Sie konsequent Ihre Aufgaben mit den Prioritätsstufen *Normal*, *Niedrig* und *Hoch* gekennzeichnet, bekommen Sie mit dieser Ansicht einen schnellen Überblick über die Verteilung der Aufgabenprioritäten.

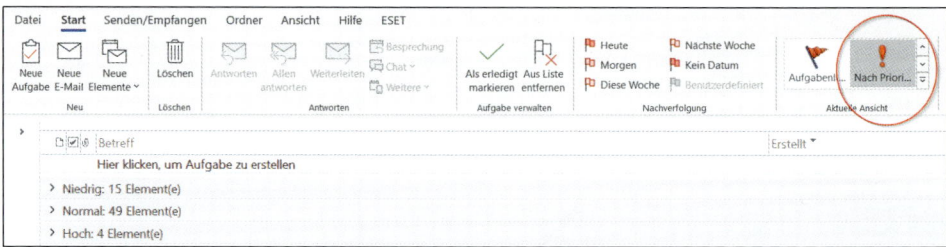

Abb. 3.37: Aufgaben gruppiert nach Priorität

Darstellung der Aufgaben im Kalender

Im Kalender haben Sie im Menü ANSICHT zwei Möglichkeiten, die Aufgaben anzeigen zu lassen.

1. TÄGLICHE AUFGABENLISTE

   Die tägliche Aufgabenliste ist unter dem Kalendertag zu sehen.

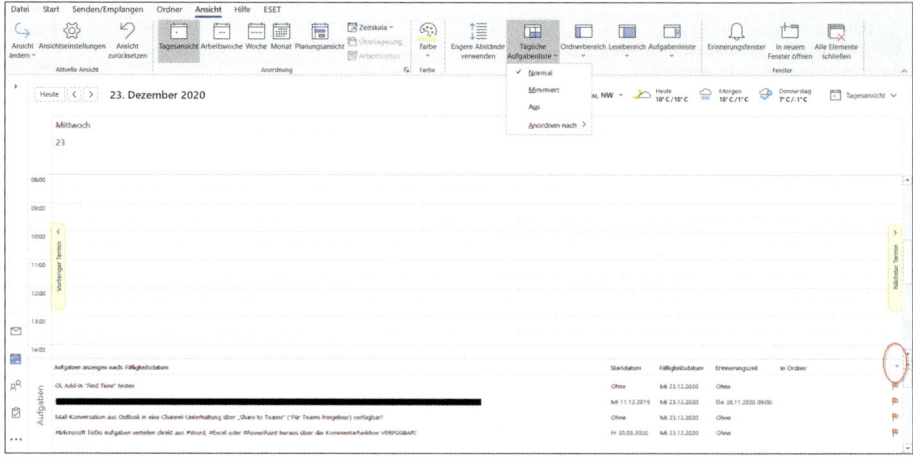

Abb. 3.38: Tägliche Aufgabenliste im Kalender

Ob die Aufgabenliste *Normal* (alle Aufgaben) und *Miniminiert* (nur die Anzahl der Aufgaben) angezeigt werden soll, steuern Sie entweder mit dem Drop-Down-Pfeil unten rechts im Bild oder im Menü ANSICHT über die Kachel TÄG-LICHE AUFGABENLISTE. Dort können Sie die tägliche Aufgabenliste auch ganz ausschalten.

2. AUFGABENLEISTE

Die zweite Möglichkeit besteht darin, sich am rechten Bildschirmrand die AUF-GABENLEISTE anzeigen zu lassen.

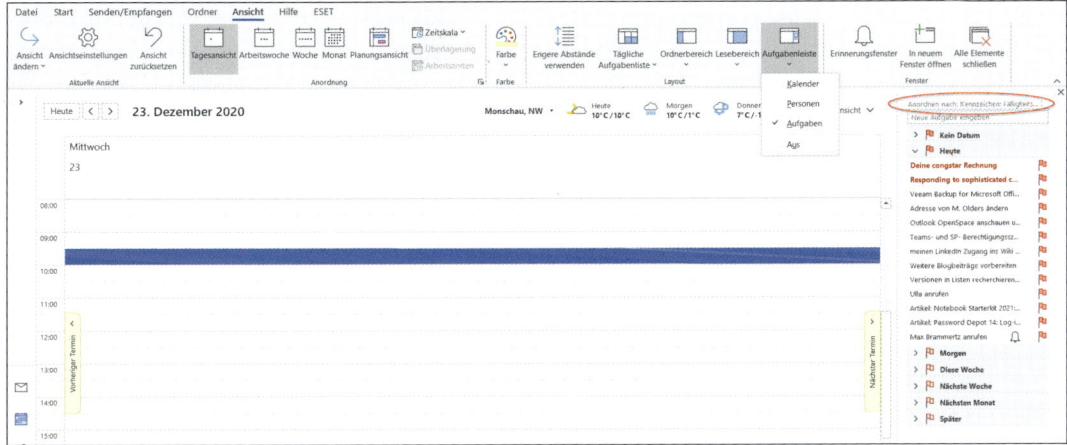

Abb. 3.39: Aufgabenleiste im Kalender

Die Aufgaben werden gruppiert nach dem Nachverfolgungskennzeichnen aufgelistet. Im Gegensatz zur täglichen Aufgabenliste sehen Sie hier auch die Mails, die Sie mit einem Nachverfolgungskennzeichen versehen haben.

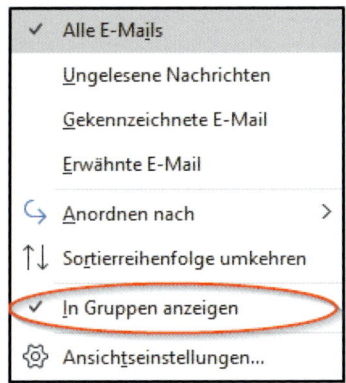

Abb. 3.40: Aufgabenleiste in Gruppen anzeigen

Wird die Aufgabenliste nicht gruppiert angezeigt, klicken Sie mit der linken Maustaste in dem rot eingekreisten Bereich auf ANORDNEN NACH: … Anschließend klicken Sie auf den Menüpunkt IN GRUPPEN ANZEIGEN.

Mit dem Menüpunkt ANSICHTSEINSTELLUNGEN können Sie die Aufgabenleiste auch nach Ihren individuellen Vorstellungen umgestalten.

Termine mit sich selbst

Wie bereits erwähnt, kann man die Aufgaben nicht als plan- bzw. buchbare Zeit im Kalender darstellen. Um die Zeit, die Sie für die Erledigung Ihrer Aufgaben brauchen, besser planen zu können, empfiehlt es sich, dafür in Ihrem Kalender *Termine mit sich selbst* als gebuchte (geblockte) Zeit 🔲 Anzeigen als: 🔲 Gebucht einzutragen. Weisen Sie diesen Terminen auch noch eine farbige Kategorie zu, können Sie in Ihrem Kalender sehr schnell erkennen, wann Sie Zeiten für die Aufgabenbearbeitung geblockt haben.

3.7 Outlook-Ordner für andere Personen im Unternehmen freigeben

In *Outlook* werden nicht nur E-Mails, sondern auch Termine, Aufgaben und Kontakte in Ordnern organisiert. In einem Unternehmen gibt es unterschiedliche Gründe, diese Ordner für andere Personen im Unternehmen freizugeben:

- Vorgesetzte geben z. B. ihren Kalender und Posteingang für das Sekretariat oder die Assistenz frei, damit diese Personen den Kalender eines Chefs und/ oder den Posteingang pflegen.

- Kollegen geben ihren Kalender, Posteingang und die Aufgaben frei, um eine Stellvertretungssituation abbilden zu können.

- Viele Unternehmen verfügen über ein allgemeines Postfach mit einer allgemeinen Mailadresse, wie z. B. *info@team-babel.de*. Solche Postfächer werden *Funktionspostfächer* genannt. Denjenigen Personen, die die allgemeinen Mails bearbeiten, wird dieses Funktionspostfach vom Administrator dann freigegeben.

Die Philosophie von *Outlook* geht davon aus, dass Outlook-Ordner in der Regel von dem Inhaber des Postfaches berechtigt werden. In *Outlook* können Sie Berechtigungen nur auf der Ordnerebene vergeben. Einzelne Mails, Termine oder Aufgaben können nicht freigegeben werden. Von Outlook-Version zu Outlook-Version nimmt Microsoft an dem Bearbeitungsweg einer Ordnerberechtigung Änderungen vor. Deshalb beschreibe ich hier einen Weg der Ordnerfreigabe, der in allen Outlook-Versionen auf die gleiche Art und Weise funktioniert.

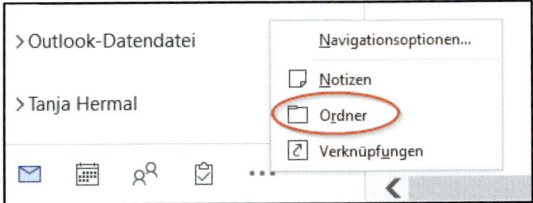

Abb. 3.41: Ordnerliste anzeigen

Klicken Sie in der linken Navigationsleiste rechts auf ••• und auf ORDNER. Nun wird dort statt der Mail-Navigation die *Ordnerliste* angezeigt. Sie sehen Ihr eigenes Postfach mit allen Unterordnern, die für Sie freigegeben sind, sowie die eingebundenen Postfächer und ein Archiv, falls Sie mit der automatischen Archivierung von *Outlook* arbeiten. Zum *Einbinden von Postfächern* und zur *AutoArchivierung* erfahren Sie in Abschnitt 3.8 und Abschnitt 3.11 mehr.

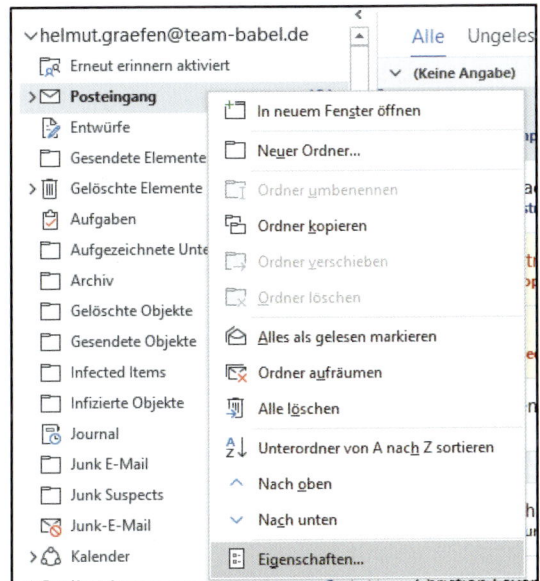

Abb. 3.42: Kontextmenü des Posteingangs

Mit einem Rechtsklick rufen Sie das Kontextmenü des Ordners auf, den Sie freigeben möchten, z. B. den Posteingang. Im Kontextmenü klicken Sie auf den Menüpunkt EIGENSCHAFEN. In dem darauffolgenden Fenster dann auf die Lasche BERECHTIGUNGEN.

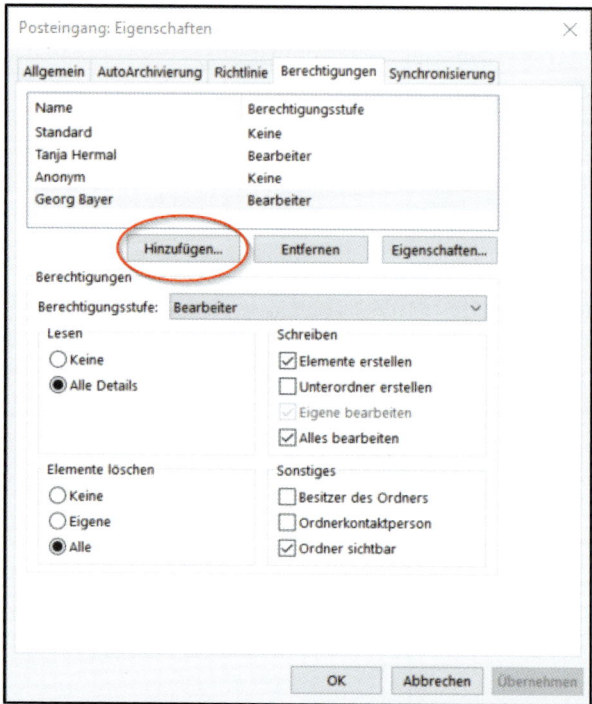

Abb. 3.43: Berechtigungsfenster in den Eigenschaften des Posteingangs

Über den Button HINZUFÜGEN wird Ihnen das globale Adressbuch Ihres Unternehmens angezeigt, aus dem Sie eine oder mehrere Personen auswählen können. Die ausgewählten Personen werden automatisch markiert und bekommen die Berechtigungen, die Sie über das Drop-down-Menü BERECHTIGUNGSSTUFE: festlegen.

Insgesamt können Sie zwischen neun *Berechtigungsstufen* wählen:

Besitzer

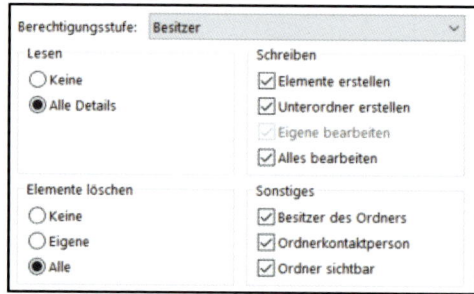

Abb. 3.44: Berechtigungsstufe Besitzer

Mit dieser Berechtigungsstufe können Sie eine weitere Person zum Mitbesitzer Ihres Postfaches berechtigen. Das bringt aber für Postfächer, hinter denen Personen stehen, keinen sinnvollen Nutzen. Daher empfehle ich, diese Berechtigungsstufe nie zu vergeben.

Die Stufe *Veröffentlichender Bearbeiter* reicht völlig aus, um einem Kollegen zu erlauben, produktiv mit Ihren Daten zu arbeiten. Die Berechtigungsstufe *Besitzer* dient zur Berechtigung von Funktionspostfächern.

Veröffentlichender Bearbeiter

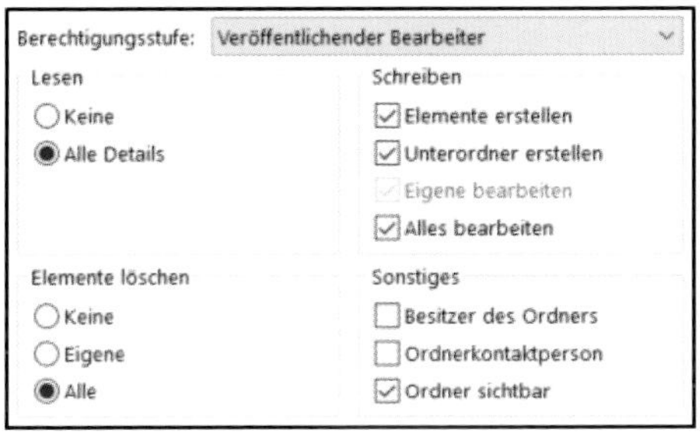

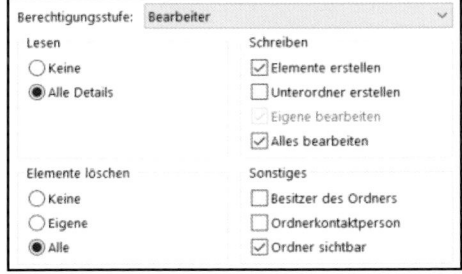

Abb. 3.45: Berechtigungsstufe Veröffentlichender Bearbeiter

Mit der Berechtigung erlauben Sie einer Person, sowohl die vorhandenen Elemente in diesem Ordner zu lesen als auch neue Elemente zu erstellen, alle Elemente zu bearbeiten und alle Elemente zu löschen. Außerdem ist das Erstellen von Unterordnern erlaubt.

Bearbeiter

Abb. 3.46: Berechtigungsstufe Bearbeiter

Die Berechtigungsstufe *Bearbeiter* hat dieselben Berechtigungen wie die Berechtigungsstufe *Veröffentlichender Bearbeiter*, allerdings ist es nicht möglich, Unterordner zu erstellen. Berechtigungsstufe für die Zusammenarbeit mit Kollegen. Vergeben Sie diese Berechtigung für die Personen, die ständig auf Ihr Postfach zugreifen müssen oder für die Personen, die Sie in Ihrer Abwesenheit vertreten.

Veröffentlichender Autor

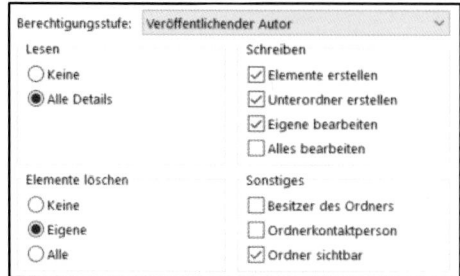

Abb. 3.47: Berechtigungsstufe Veröffentlichender Autor

Diese Berechtigungsstufe vergeben Sie, wenn andere Personen alle Elemente (auch Ihre) lesen und Elemente erstellen, aber nur ihre eigenen Elemente bearbeiten und löschen können sollen. Zusätzlich ist das Erstellen von Unterordnern erlaubt.

Autor

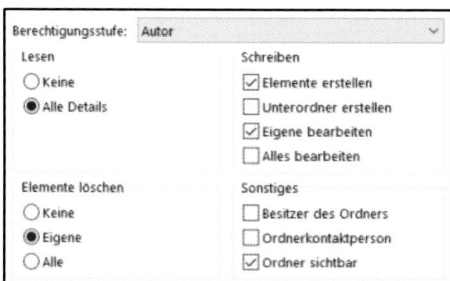

Abb. 3.48: Berechtigungsstufe Autor

Die Berechtigungsstufe *Autor* entspricht weitestgehend der Berechtigungsstufe *Veröffentlichender Autor*. Allerdings ist es nicht möglich, Unterordner zu erstellen.

Nicht bearbeitender Autor

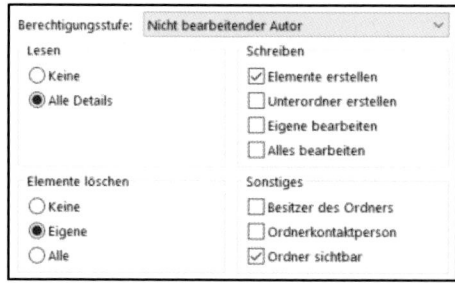

Abb. 3.49: Berechtigungsstufe Nicht bearbeitender Autor

In Gegensatz zur Berechtigungsstufe *Autor* dürfen Personen mit dieser Berechtigungsstufe zwar selbst Elemente in diesem Ordner erstellen, diese aber nicht bearbeiten. Das ist eine spezielle und ungewöhnliche Berechtigung, die Sie sehr wahrscheinlich in Ihrem Tagesgeschäft nie brauchen werden.

Prüfer

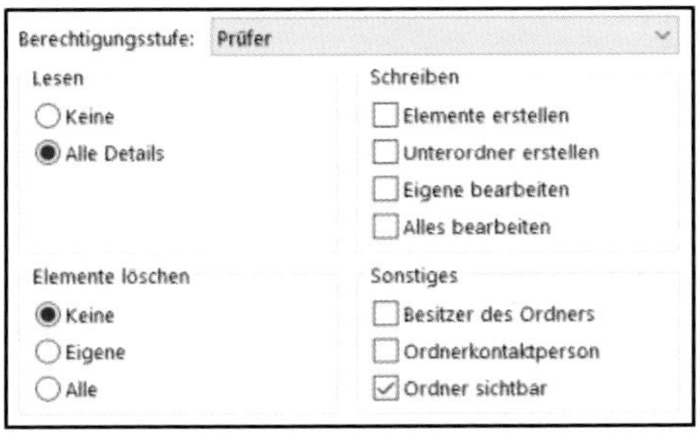

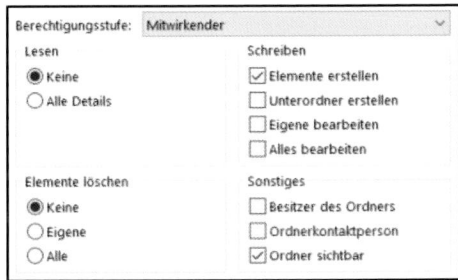

Abb. 3.50: Berechtigungsstufe Prüfer

Die Berechtigungsstufe *Prüfer* ist das klassische Leserecht. Diese Stufe vergeben Sie, wenn Sie Personen zwar erlauben wollen, alle Elemente zu lesen, aber weder das Erstellen noch das Löschen von Elementen zulassen möchten.

Mitwirkender

Abb. 3.51: Berechtigungsstufe Mitwirkender

Ähnlich wie die Berechtigungsstufe *Nicht bearbeitender Autor* eine spezielle und ungewöhnliche Berechtigung. Personen, denen Sie diese Stufe vergeben, dürfen zwar Elemente in diesem Ordner erstellen, diese aber weder lesen, noch bearbeiten, noch löschen. Auch diese Stufe werden Sie sehr wahrscheinlich niemals vergeben.

Keine

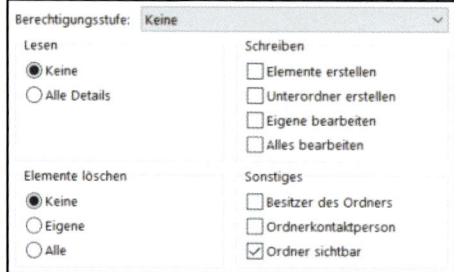

Abb. 3.52: Berechtigungsstufe Keine

Mit dieser Stufe vergeben Sie keinerlei Zugriffsberechtigung auf Ihr Postfach. Die Berechtigungsstufe *Keine* ist die Standardeinstellung, nachdem Sie eine Person im Berechtigungsfenster hinzugefügt haben.

Berechtigte Personen werden nicht informiert

Berechtigen Sie einen oder mehrere Ihrer Outlook-Ordner für eine andere Person auf die beschriebene Weise, wird die berechtigte Person **nicht** darüber informiert.

Besonderheiten beim Berechtigen des Kalenders

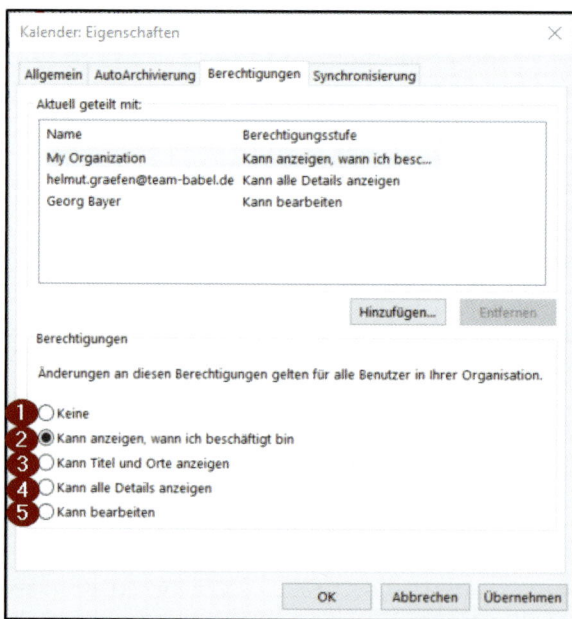

Abb. 3.53: Berechtigung eines Kalender-Ordners

Im Herbst 2020 hat Microsoft die Berechtigung von Kalender-Ordnern gründlich umgebaut. In der Box *Aktuell geteilt mit* sehen Sie den Eintrag MY ORGANIZATION mit der Berechtigungsstufe *Kann anzeigen, wann ich beschäftigt bin*. Damit haben Sie die Möglichkeit, dem ganzen Unternehmen Ihren Kalender dahingehend freizugeben, dass alle unternehmenszugehörigen Personen zwar Ihre eingetragenen Termine mit der angegebenen Dauer, aber nicht den Betreff Ihrer Termine sehen. Wenn Sie das nicht möchten, wählen Sie aus der untenstehenden Auflistung KEINE. Folgende Berechtigungen stehen zur Auswahl:

❶ KEINE

Sie vergeben keinerlei Zugriffsberechtigungen auf Ihren Kalender.

❷ KANN ANZEIGEN, WANN ICH BESCHÄFTIGT BIN

Personen, denen Sie diese Berechtigung zugewiesen haben, dürfen zwar Ihre eingetragenen Termine mit der angegebenen Dauer, aber nicht den Betreff Ihrer Termine sehen.

❸ KANN TITEL UND ORTE ANZEIGEN

Hier sehen die berechtigten Personen nur den Titel und Ort des Termins, jedoch nicht die Eintragungen, die Sie im Textkörper des Termins vorgenommen haben.

❹ KANN ALLE DETAILS ANZEIGEN

Personen, denen Sie diese Berechtigung zugewiesen haben, können alle Informationen in Ihrem Termin sehen.

❺ KANN BEARBEITEN

Wenn Sie möchten, dass Personen Termine in Ihrem Kalender eintragen, bearbeiten und löschen können sollen, dann vergeben Sie diese Berechtigung.

Vererbung der Berechtigungen auf Unterordner

Die Vererbung der Berechtigungen auf Unterordner findet immer automatisch statt und kann nicht beeinflusst werden.

Vererbung: Auf vorhandene Unterordner nie – auf neu hinzugekommene Unterordner immer

Berechtigen Sie einen Ordner, der bereits Unterorder hat, so wird die Berechtigung **nie** auf die Unterordner vererbt. Fügen Sie einem berechtigten Ordner neue Unterordner hinzu, erben die neuen Unterordner **immer** die Berechtigungen des darüberliegenden Ordners.

Auf der einen Seite ist das lästig, weil Sie unter Umständen die gewünschten Berechtigungen auf mehreren vorhandenen Unterordnern vornehmen müssen. Auf der anderen Seite geben Sie weniger schnell einen Ordner frei, den Sie eigentlich nicht für den Zugriff für andere Personen berechtigten wollten.

3.8 Auf freigegebene Ordner von anderen Personen zugreifen

Sind Outlook-Ordner von anderen Personen für den Zugriff durch Sie berechtigt worden, haben Sie zwei Möglichkeiten, auf diese Ordner zuzugreifen.

Bei Bedarf

Wenn Sie nur gelegentlich auf einen freigegebenen Ordner einer anderen Person zugreifen müssen, tun Sie dies über DATEI|ÖFFNEN UND EXPORTIEREN. Dort wählen Sie die Kachel ORDNER EINES ANDEREN BENUTZERS. Es öffnet sich ein Fenster, in dem Sie eine Person und den Ordner auswählen können, den Sie öffnen möchten.

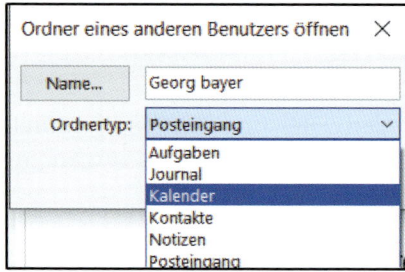

Abb. 3.54: Ordner eines anderen Benutzers öffnen

Das Feld NAME ist nach dem Öffnen des Fensters immer leer und muss von Ihnen gefüllt werden. Im Feld *Ordnertyp* wird immer der Ordner angezeigt, aus dem Sie diese Funktionalität aufgerufen haben. Über den Drop-down-Pfeil können Sie aber einen anderen Ordner auswählen.

Der Nachteil bei dieser Zugriffsvariante ist der, dass beim Wechsel auf einen anderen Ordner der freigegebene Ordner geschlossen wird. Wollen Sie den freigegebenen Ordner wieder öffnen, müssen Sie die ganze Prozedur wiederholen.

Haben Sie keinen Zugriff auf den Ordner der ausgewählten Person, zeigt *Outlook* Ihnen das folgende Fenster an.

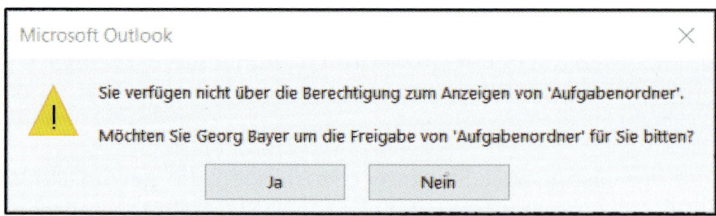

Abb. 3.55: Berechtigungen für einen Ordner anfordern

Klicken Sie auf den Button JA, wird die Person per Mail über die Bitte informiert. Sollte diese Person Ihnen eine Freigabe erteilen, erhalten beide Personen die Freigabebestätigung per Mail.

Ständiger Zugriff

Wenn Sie regelmäßig auf freigegebene Ressourcen zugreifen müssen, z. B. auf den Posteingang oder die Aufgaben Ihres Vorgesetzten, sollten Sie sich das gewünschte Postfach in Ihre Ordnerliste einbinden, um schneller darauf zugreifen zu können. Nehmen wir als Beispiel das Postfach meiner Kollegin Tanja Hermal.

Abb. 3.56: Ordnerliste mit Postfach von Tanja Hermal

In dem aufgeklappten Postfach TANJA HERMAL sehen Sie Links zu den freigegeben Ordnern POSTEINGANG, AUFGABEN und KALENDER. Alle anderen Ordner in ihrem Postfach hat sie nicht freigegeben. Welche Berechtigungsstufe Sie vergeben hat, sehen Sie, wenn Sie mit der rechten Maustaste z. B. auf den POSTEINGANG klicken und aus dem Kontextmenü den Punkt EIGENSCHAFTEN wählen. In dem daraufhin angezeigten Eigenschaftenfenster klicken Sie dann auf die Lasche ORDNERÜBERSICHT.

Hier sehen Sie detailliert, was Sie in diesem Ordner dürfen und was nicht.

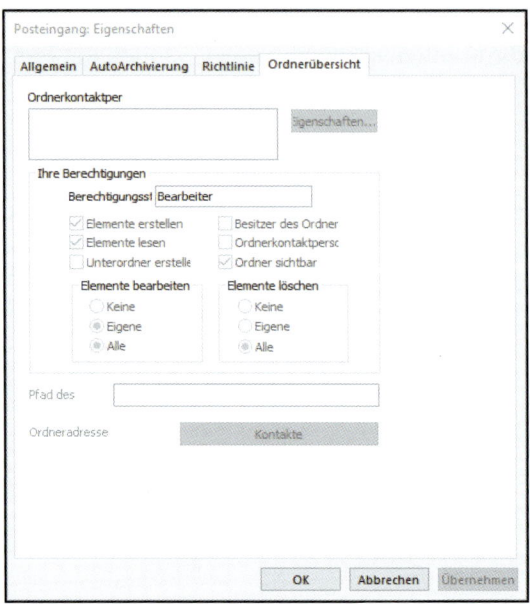

Abb. 3.57: Eigenschaften eines freigegebenen Ordners

Damit Sie das Postfach einer anderen Person in Ihre Ordnerliste einbinden dürfen, muss der Besitzer dieses Postfachs Ihnen dafür auf der Ebene seines Postfaches die Berechtigungsstufe *Prüfer* vergeben. Das Postfach wird auf die gleiche
Weise berechtigt, wie die darin liegenden Ordner, siehe auch Abschnitt 3.7.

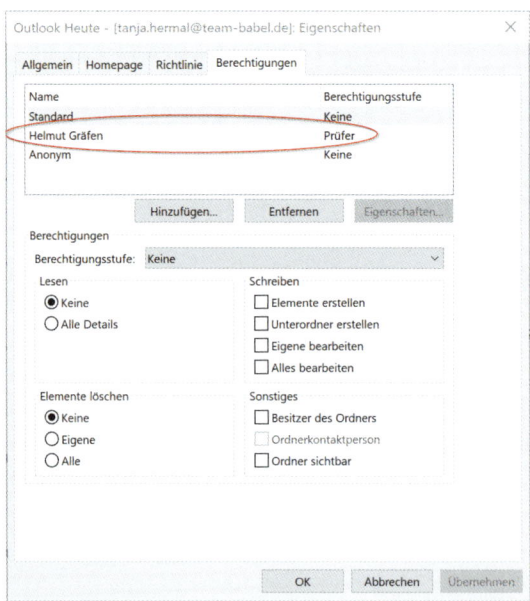

Abb. 3.58: Freigabe des Postfaches aus Sicht des Benutzers Tanja Hermal

Fehlende Postfachberechtigung

Wurde Ihnen die Berechtigungsstufe *Prüfer* für das Postfach nicht erteilt, können Sie es trotzdem in Ihre Ordnerliste einbinden. Wenn Sie das eingebundene Postfach öffnen wollen, wird diese Fehlermeldung angezeigt:

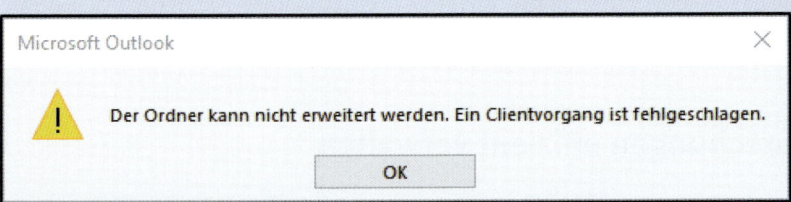

Abb. 3.59: Fehlermeldung bei fehlender Postfachberechtigung

Wird Ihnen die Postfachberechtigung im Nachhinein erteilt, können Sie das Postfach in Ihrer Ordnerliste spätestens nach dem nächsten Neustart Ihres *Outlooks* öffnen.

3.9 Abwesenheiten (geplante und ungeplante) effizient managen

Woher wissen Sie, welche Aufgaben zu erledigen sind, wenn der Kollege, den Sie vertreten, nicht im Hause ist? Bei einer geplanten Abwesenheit wie z. B. Urlaub kann das zuvor problemlos in einem Übergabetermin besprochen werden. Deutlich schwieriger ist die Situation, wenn der Kollege plötzlich krank wird, unter Umständen auch für einen längeren Zeitraum. Per Mail, Telefon oder auch WhatsApp wird mehr oder weniger aus dem Stegreif eine Übergabe improvisiert. Wenn in Krankheitsfällen eine solche Stegreifübergabe überhaupt noch möglich ist.

Ich möchte Ihnen eine Vorgehensweise für das reibungslose Managen von Abwesenheiten vorstellen, sowohl für geplante als auch für ungeplante. Drei Voraussetzungen müssen dafür erfüllt sein:

1. Es muss klar geregelt und definiert sein, wer Sie in Ihrer Abwesenheit vertritt.
2. Ihren Aufgabenordner müssen Sie für diese Person freigeben, am besten mit der Berechtigungsstufe *Bearbeiter*, siehe auch Abschnitt 3.7.
3. Machen Sie diese Freigabe zu einem möglichst frühen Zeitpunkt, noch bevor die erste Abwesenheit eintritt.

Sind diese drei Voraussetzungen erfüllt, kann Ihre Stellvertretung sofort auf Ihren Aufgabenordner zugreifen, sobald sie erfahren hat, dass Sie abwesend sind. Haben Sie in Ihrem Aufgabenordner konsequent mit Fälligkeiten und Prioritäten gearbeitet, kann Ihre Stellvertretung ohne weitere Rückfragen Ihre Tätigkeit aufnehmen.

Geben Sie auch Ihren Posteingang und Kalender frei

Geben Sie Ihrer Stellvertretung nicht nur Ihren Aufgabenordner frei, sondern auch Ihren Posteingang und Kalender, ebenfalls beide mit der Berechtigungsstufe *Bearbeiter*. In unserem Unternehmen funktioniert das so gut, dass wir schon seit vielen Jahren auch keine Urlaubsübergabe mehr machen. Schlicht, weil wir sie nicht mehr brauchen.

3.10 Besprechungen effizient verwalten

Das Organisieren von Besprechungen und den erforderlichen Ressourcen kann aus meiner Erfahrung heraus in den meisten Unternehmen noch verbessert werden. Besprechungsanfragen für das Einladen, Zusagen oder Ablehnen zu nutzen, ist in vielen Unternehmen längst gängige Praxis. An zwei Stellen sehe ich in diesem Prozess noch Verbesserungspotenziale.

Die Beantwortung einer Besprechungsanfrage

Hinter dem Einladen zu einer Besprechung und der Antwort auf diese liegt ein definierter Workflow. Nur wenn alle Beteiligten innerhalb dieses Workflows agieren, läuft der Prozess der Besprechungsanfrage störungsfrei ab. Der Workflow wird dadurch eingehalten, dass die eingeladenen Personen ausschließlich die folgenden vier Buttons bei der Beantwortung der Einladung nutzen:

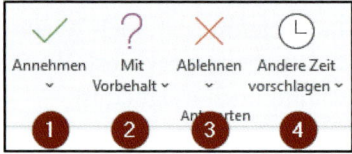

Abb. 3.60: Antwortbutton im Besprechungs-Workflow

❶ ANNEHMEN

Mit dem Button sagen Sie **verbindlich** zu, dass Sie an der Besprechung teilnehmen.

❷ MIT VORBEHALT

Auch wenn es rein technisch diese Möglichkeit gibt, empfehle ich Ihnen, in Ihrem Team zu vereinbaren, dass niemand eine Besprechung MIT VORBEHALT beantwortet. Die Art von Unverbindlichkeit macht das Planen von Besprechungen nur unnötig aufwendig.

❸ ABLEHNEN

Wählen Sie diese Antwort, wenn Sie Ihre Teilnahme **verbindlich** ablehnen wollen.

❹ ANDERE ZEIT VORSCHLAGEN

Sollten Sie zu der eingeladenen Zeit nicht teilnehmen können, aber auch die Teilnahme nicht grundsätzlich absagen wollen, so schlagen Sie mit diesem Button eine Zeit vor, die Ihnen besser passt. Sämtliche Zeitvorschläge laufen bei der Person zusammen, die zur Besprechung eingeladen hat. Diese Person wird in *Outlook* als *Besprechungsorganisator* bezeichnet. Nur die Besprechungsorganisation plant und legt letztendlich fest, zu welchem Termin die Besprechung stattfindet.

Verwaltung der Besprechungsressourcen Agenda und Protokoll

Für eine Besprechung sollten Sie immer eine Agenda vorbereiten. Sie sorgt, wenn sie auch eingehalten wird, für einen strukturierten Ablauf der Besprechung. Sie wird oft entweder direkt als Text in die Besprechungsanfrage eingetippt oder als Worddatei angehängt. Ändert sich die Agenda bis zum Besprechungstermin, muss die Besprechungsorganisation die geänderte Agenda wieder allen Beteiligten zukommen lassen. In Abschnitt 4.6.11 möchte ich Ihnen eine smartere Lösung vorstellen. In diesem Lösungsvorschlag zeige ich Ihnen auch eine einfache Möglichkeit, Besprechungsprotokolle zentral abzulegen und schnell wiederzufinden.

3.11 Mit der AutoArchivierung Platz im Postfach schaffen

Im Laufe der Zeit sammeln sich mehr und mehr Daten in Ihrem Postfach an. Je voller das Postfach, desto langsamer die Verarbeitungsgeschwindigkeit. Suchanfragen dauern deutlich länger, und es wird schwierig, den Überblick zu behalten. Viele der Informationen in einem prall gefüllten Postfach benötigen Sie für das Erledigen aktueller Projekte, Anfragen und Aufgaben aber nicht.

Outlook bietet Ihnen mit der *AutoArchivierung* die Möglichkeit, Ihr Postfach zeitgesteuert automatisch zu archivieren. Dabei können Sie zwischen einer Altersgrenze in Monaten, Wochen und Tagen auswählen. Erreichen die Elemente die definierte Altersgrenze, werden sie aus Ihrem Postfach in eine Datei namens *archive.pst* verschoben. Diese Datei wird automatisch in dem Ordner angelegt, den Sie in der *AutoArchivierung* angegeben haben. In vielen Unternehmen lautet die Richtlinie, dass Sie die Archivdatei in Ihrem persönlichen Benutzerlaufwerk ablegen. Bitte fragen Sie in Ihrer IT-Abteilung nach, wie die Archivierungsrichtlinie in Ihrem Unternehmen definiert ist.

Bei der *AutoArchivierung* wird Ihr Postfach entlastet und die Archivdatei belastet. Die Archivdatei übernimmt automatische die individuelle Ordnerstruktur aus Ihrem Postfach. Beim Konfigurieren der *AutoArchivierung* können Sie festlegen, ob die Archivdatei in Ihrem Ordnerliste angezeigt wird.

Um die *AutoArchivierung* zu aktivieren, klicken Sie Menü DATEI|OPTIONEN an. Im Optionsfenster wählen Sie in der linken Navigationsleiste ERWEITERT.

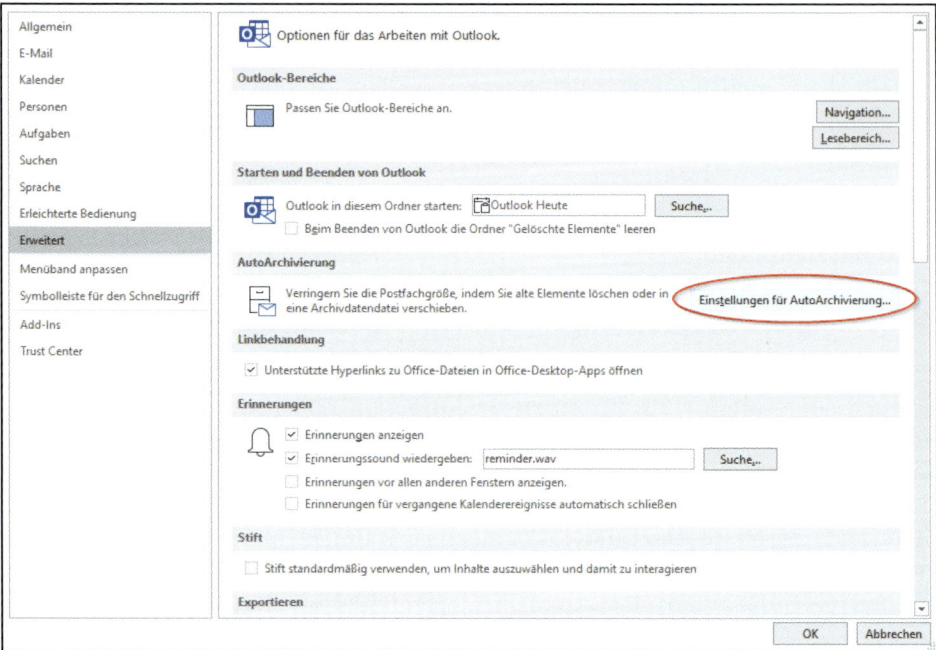

Abb. 3.61: Einstellungen für die AutoArchivierung aufrufen

In der Gruppe *AutoArchivierung* klicken Sie dann auf den Button Einstellungen für AutoArchivierung.

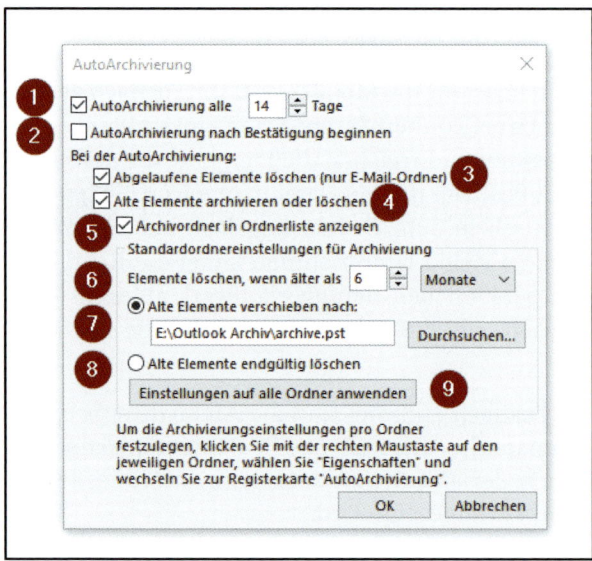

Abb. 3.62: AutoArchivierung konfigurieren

❶ AUTOARCHIVIERUNG

Das Häkchen aktiviert die *AutoArchivierung*. In einem Intervall von 14 Tagen werden alte Elemente von Ihrem Postfach in die Archivdatei verschoben.

❷ AUTOARCHIVIERUNG NACH BESTÄTIGUNG BEGINNEN

Im Standard ist die Bestätigung aktiviert. Wenn Sie aber ernsthaft mit der *Auto-Archivierung* arbeiten wollen, sollten Sie die Option deaktivieren.

❸ ABGELAUFENE ELEMENTE LÖSCHEN (NUR E-MAIL-ORDNER)

Outlook bietet die Möglichkeit, einer Mail ein Ablaufdatum mit auf den Weg zu geben. Sobald dieses Datum erreicht ist, wird die Mail im Posteingang des Empfängers durchgestrichen dargestellt. Wenn Sie diese Funktionalität nicht nutzen, können Sie die Option deaktivieren.

❹ ALTE ELEMENTE ARCHIVIEREN ODER LÖSCHEN

Nur wenn der Haken gesetzt ist, verschiebt oder löscht die *AutoArchivierung* alte Elemente. In der Standardeinstellung ist der Haken immer aktiviert.

❺ ARCHIVORDNER IN ORDNERLISTE ANZEIGEN

Mit dieser Option steuern Sie, ob das Archiv in Ihrer Ordnerliste angezeigt wird. Standardmäßig ist der Haken immer gesetzt.

❻ ELEMENTE LÖSCHEN, WENN ÄLTER ALS ...

Hier legen Sie die Altersgrenze für Ihre Outlook-Elemente fest. Die Standardeinstellung ist 6 Monate. Legen Sie den Wert so fest, dass er zu Ihrem Alltagsgeschäft passt. Arbeiten Sie z. B. in Projekten, die in der Regel erst nach 12 Monaten abgeschlossen sind, sollten Sie die Altersgrenze für die Archivierung auch auf 12 Monate setzen.

❼ ALTE ELEMENTE VERSCHIEBEN NACH:

Hier können Sie einen Speicherort für Ihr E-Mail-Archiv angeben. In der Standardeinstellung wird die Archivdatei *archive.pst* immer in Ihrem Benutzerprofil abgelegt.

Standardeinstellung für den Ablageort der Archivdatei ändern

Prüfen Sie diese Einstellung, bevor Sie die *AutoArchivierung* scharf schalten. Ändern Sie auf jeden Fall die Standardeinstellung dergestalt ab, dass die Archivdatei nicht in Ihrem Benutzerprofil gespeichert wird. Zum einem dauert das An- und Abmelden bei serverbasierten Benutzerprofilen länger. Zum anderen wird in den meisten Unternehmen das Benutzerprofil des Users nicht gesichert. Unter Umständen hat Ihre IT-Abteilung diese Einstellung bereits auf die Unternehmensrichtlinien angepasst. Dann brauchen Sie nichts weiter zu tun.

❽ ALTE ELEMENTE ENDGÜLTIG LÖSCHEN

Sie können die *AutoArchivierung* auch dazu nutzen, die alten Elemente nicht zu archivieren, sondern gleich dauerhaft zu löschen. Die Einstellung gilt allerdings dann für alle alten Elemente. Eine Differenzierung, dass nur bestimmte alte Elemente gelöscht werden sollen, ist nicht möglich.

❾ EINSTELLUNGEN AUF ALLE ORDNER ANWENDEN

Klicken Sie auf diesen Button, werden die Einstellungen, die Sie für die Auto-Archivierung in diesem Fenster definiert haben, auf *fast alle* Ordner und Unterordner in Ihrem Postfach übertragen. Fast deshalb, weil der Kontaktordner in einem Postfach, in dem Sie Ihre persönlichen Kontakte speichern, nie archiviert wird. Im Kontaktordner Ihres Postfaches speichern Sie Ihre persönlichen Kontakte ab. Wenn Sie das AutoArchivierungs-Fenster mit einem Klick auf OK verlassen haben, können Sie im Nachgang für jeden Ordner die AutoArchivierungs-Einstellungen individuell anpassen, wenn Sie das möchten. Dazu rufen Sie aus dem Kontextmenü des gewünschten Ordners den Menüpunkt EIGENSCHAFTEN auf und klicken im Eigenschaftenfenster die Lasche AUTOARCHIVIERUNG an.

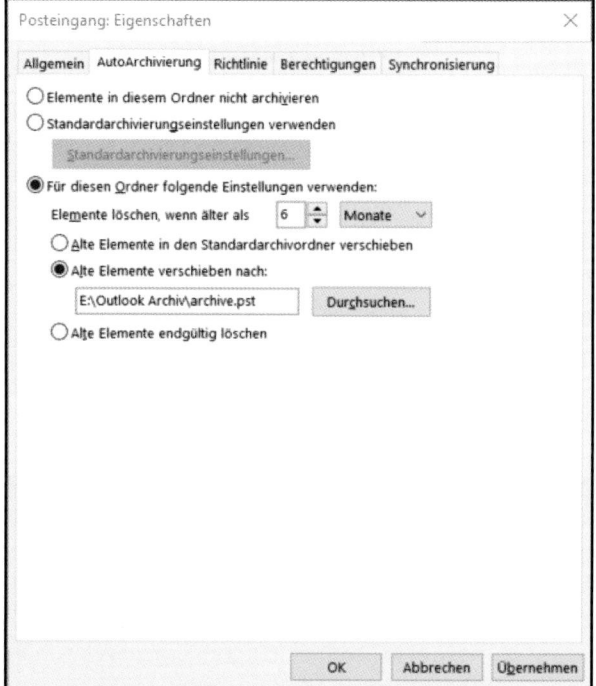

Abb. 3.63: AutoArchivierungs-Einstellungen auf Ordnerebene

3.12 Elemente suchen

Das Suchen in *Outlook* wurde von vielen Anwendern lange Zeit als unzureichend empfunden. Microsoft hat daraufhin in den letzten Jahren die Suche in *Outlook* kontinuierlich verbessert. Sie ist mittlerweile, wie ich finde, sehr leistungsfähig geworden. Sie können nach Mails, Terminen, Aufgaben und Kontakten suchen. In der aktuellen Outlook-Version ist der Suchschlitz ganz nach oben in die Titelleiste gewandert. Klickt man hinein, öffnet sich ein Pull-down-Menü.

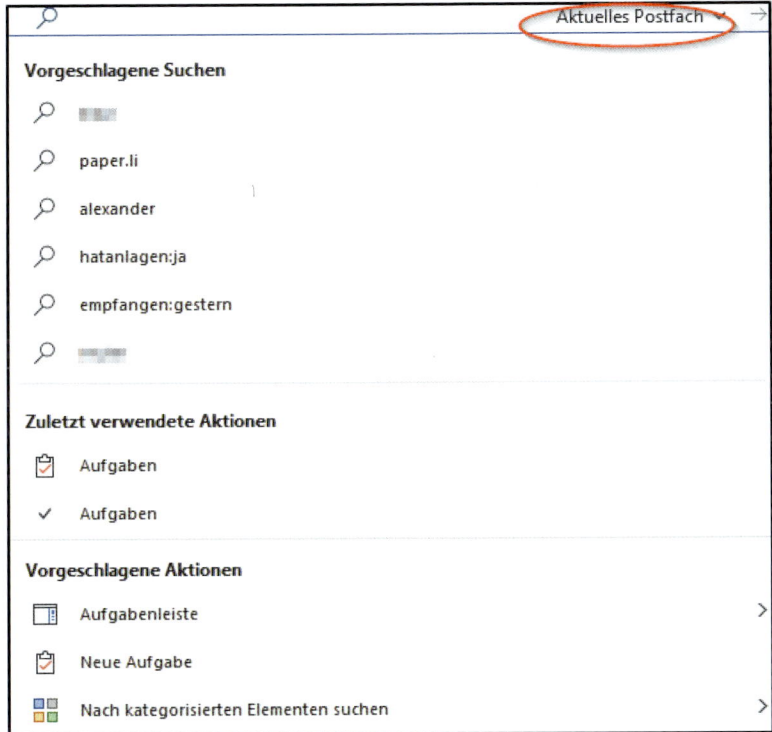

Abb. 3.64: Pull-down-Menü im Suchschlitz

Im Menü werden Ihnen die drei Gruppen *Vorgeschlagene Suchen, Zuletzt verwendete Aktionen* und *Vorgeschlagene Aktionen* angezeigt. Geben Sie einen Suchtext in den Suchschlitz ein und bestätigen ihn mit Enter, wird Ihnen die Trefferliste angezeigt. *Outlook* sucht dabei in drei Bereichen nach dem eingegebenen Suchtext, und zwar immer in der gleichen Reihenfolge:

1. In der Absender-Mailadresse
2. Im Betreff
3. Im Textkörper

Die Trefferliste fällt in der Regel sehr lang und eher unspezifisch aus. Der eigentliche Clou der Suche öffnet sich erst, wenn Sie links oben auf AKTUELLES POSTFACH klicken.

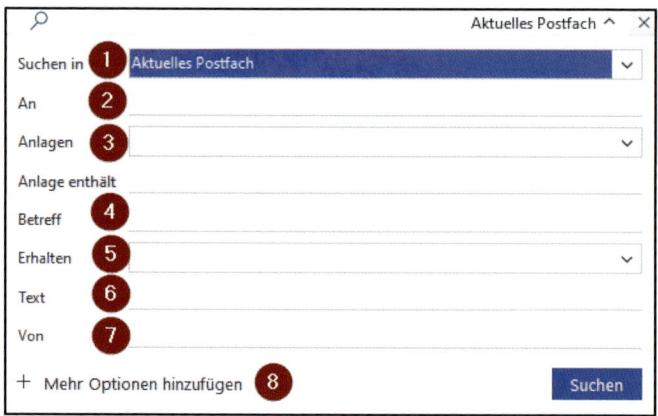

Abb. 3.65: Suchoptionen

Outlook sucht immer nach den Elementtypen des Bereiches, aus dem Sie die Suche aufgerufen haben. Sie können also nicht nur nach E-Mails, sondern auch nach Kontakten oder im Kalender nach Terminen suchen.

❶ *Suchen in*

Hier legen Sie fest, in welchem Ablageort *Outlook* suchen soll:

▪ *Aktueller Ordner*
Bei dieser Auswahl suchen Sie in dem Ordner, in dem Sie sich gerade befinden.

▪ *Untergeordnete Ordner*
Es werden zusätzlich auch die enthaltenen Unterordner durchsucht.

▪ *Aktuelles Postfach*
Das ist die Standardeinstellung. Das Postfach, in dem Sie sich gerade befinden, wird komplett durchsucht.

▪ *Alle Postfächer*
Wählen Sie diese Option, wenn Sie alle Postfächer durchsuchen wollen, die in Ihrer Ordnerliste angezeigt werden. Dabei wird auch das Archiv mit in die Suche einbezogen. Allerdings nur, wenn es in der Ordnerliste aufgeführt wird.

▪ *Alle Outlook-Elemente*
Mit dieser Auswahl weisen Sie *Outlook* an, elementübergreifend nach dem eingegebenen Suchtext zu suchen. Die Ergebnisse werden gruppiert nach gefundenen Mails, Terminen, Aufgaben usw. aufgelistet.

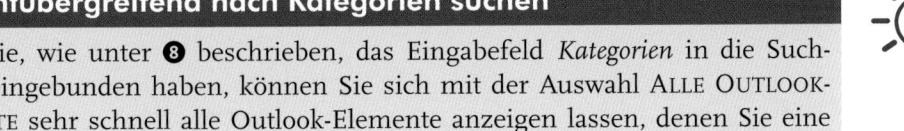

Elementübergreifend nach Kategorien suchen

Wenn Sie, wie unter ❽ beschrieben, das Eingabefeld *Kategorien* in die Such-maske eingebunden haben, können Sie sich mit der Auswahl ALLE OUTLOOK-ELEMENTE sehr schnell alle Outlook-Elemente anzeigen lassen, denen Sie eine Kategorie zugeordnet haben.

❷ *An*

Geben Sie hier einen Namen oder den Teil des Namens ein, sucht *Outlook* aus-schließlich in der Empfänger-Mailadresse der Mails, die Sie versendet haben.

❸ *Anlagen*

Über den Drop-down-Pfeil legen Sie fest, ob nur nach Elementen mit oder ohne Anlagen gesucht werden soll.

❹ *Betreff*

Outlook sucht nur im Betreff des Elements nach dem Suchwert.

❺ *Erhalten*

Über den Drop-down-Pfeil können Sie nach Datum erhalten suchen. Sie haben die Wahl zwischen: *Heute, Gestern, Diese Woche, Letzte Woche, Diesen Monat, Letzten Monat, Dieses Jahr* und *Letztes Jahr.*

❻ *Text*

Geben Sie hier eine Zeichenfolge ein, sucht *Outlook* ausschließlich im Textkör-per eines Elements.

❼ *Von*

Outlook sucht nur in der Absender-Adresse nach dem Suchwert.

❽ *+ Mehr Optionen hinzufügen*

Über diesen Button können Sie weitere Eingabefelder in die Suchmaske dauer-haft einbinden oder vorhandene abwählen. Wenn Sie mit Kategorien arbeiten, empfehle ich Ihnen, das Eingabefeld *Kategorien einzubinden.*

3.13 Outlook im Zusammenspiel mit den anderen Apps in Office 365

Outlook kommuniziert mit einigen anderen Apps in Office 365. Die wichtigsten sind:

- *OneNote* (mehr dazu in Kapitel 4)
- *To Do* (mehr dazu in Kapitel 6)

Wie *Outlook* mit der App *To Do* in Verbindung steht, wird in der folgenden Grafik deutlich.

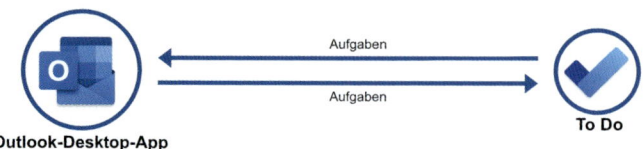

Abb. 3.66: Verbindung von Outlook zu To Do

Outlook kommuniziert dynamisch mit *To Do*. Konkret bedeutet dies:

■ Erstellen Sie eine Aufgabe in der Desktop-App von *Outlook*, ist diese Aufgabe auch in *To Do* zu sehen.

■ Erstellen Sie eine Aufgabe in *To Do*, ist diese Aufgabe auch in der Desktop-App von *Outlook* zu sehen

■ Ändern oder löschen Sie eine Aufgabe in einer der beiden Apps, wird diese Änderung automatisch in die jeweils andere App synchronisiert.

Sie können also ohne Datenverlust parallel mit beiden Apps arbeiten.

3.14 Die mobile Nutzung von Outlook

Sind Sie viel unterwegs, empfehle ich Ihnen, die Outlook-App von Microsoft auf Ihrem SmartPhone zu installieren. Sie finden die App in Ihrem App-Store. Die Outlook-App gibt es sowohl für Android- als auch für iOS-Geräte. Nachdem Sie die App installiert haben, melden Sie sich dort mit Ihrem Office-365-Konto an.

Mit der Outlook-App können Sie zum einen Ihre Mails und zum anderen auch Ihre Termine Ihres Postfachs mobil verwalten. Um ebenfalls die Aufgaben mobil im Griff zu haben, brauchen Sie die App *To Do* auf Ihrem SmartPhone. Mehr zu der App *To Do* finden Sie in Kapitel 6.

Kapitel 4

OneNote – Informationen zusammenhalten

Auch *OneNote* existiert schon länger als Office 365, nämlich seit dem Jahr 2003. Damals war das Produkt tatsächlich nicht viel mehr als ein digitaler Notizblock. Heute ist *OneNote* ein vielseitiger Helfer für Ihre persönliche Organisation von Notizen, Gedanken, Ideen und Ähnlichem. Ebenso wie *Outlook* hat Microsoft die Anwendung clever in die Cloud integriert. Dank Office 365 ist *OneNote* ideal für das mobile Arbeiten geeignet, ob für die persönliche Organisation oder für die Teamorganisation. In *OneNote* notieren Sie schnell digital Gedanken und Ideen, unabhängig vom Endgerät, mit dem Sie gerade arbeiten, und vom Ort, an dem Sie sich gerade befinden.

In einem OneNote-Notizbuch in Office 365 haben Sie die Möglichkeit, Informationen abzulegen und *OneNote* für verschiedene Zwecke zu nutzen:

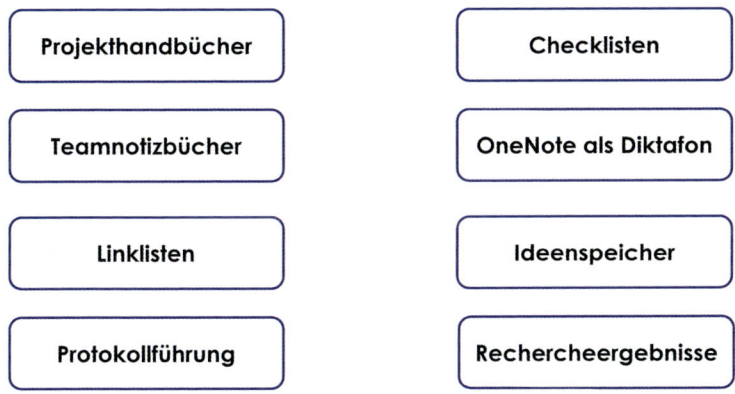

Projekthandbücher	Checklisten
Teamnotizbücher	OneNote als Diktafon
Linklisten	Ideenspeicher
Protokollführung	Rechercheergebnisse

Abb. 4.1: Anwendungsmöglichkeiten für OneNote

Was OneNote nicht ist

Wichtig ist aber auch festzuhalten, was *OneNote* nicht ist:

- Es ist kein Dateiablagesystem.
- Es ist kein Ersatz für den Outlook-Kalender.
- Es ist kein Ersatz für die Outlook-Aufgaben oder für die App *To Do*.

OneNote ist unter anderem deshalb eine enorme Bereicherung, weil Sie ein Notizbuch, z. B. Ihr persönliches Notizbuch, auf mehreren Endgeräten bearbeiten können. Dafür muss auf jedem Endgerät die OneNote-App installiert und das entsprechende Notizbuch auf diesem Gerät einmal geöffnet worden sein:

- **PC/Notebook**
  Auf Ihrem PC oder Notebook ist *OneNote* in der Regel als Programm installiert (z. B. *OneNote 2016*). Falls auf Ihrem Rechner Windows 10 läuft, steht Ihnen automatisch auch zusätzlich die Windows-App *OneNote* zur Verfügung.

- **Surface**
  Für ein Surface oder ein ähnliches Gerät, auf dem Windows 10 läuft, gilt dasselbe wie für den PC oder das Notebook.

- **Smartphone oder Tablet (Android oder iOS)**
  Bei diesen Geräten müssen Sie oder Ihre IT-Abteilung dafür Sorge tragen, dass die App *OneNote* installiert ist.

Das OneNote-Notizbuch, mit dem Sie aktuell arbeiten, sollten Sie auf all Ihren Endgeräten zumindest einmal öffnen, damit Sie anschließend jederzeit geräteunabhängig mit den dort abgelegten Informationen arbeiten können. Da das Notizbuch in der Cloud von Office 365 gespeichert ist, wird es immer automatisch aktualisiert, alle beteiligten Personen sind also jederzeit auf demselben Stand.

4.1   Die Philosophie von OneNote

Alle Informationen, die Sie in *OneNote* eingeben, werden in einem Notizbuch gespeichert. Auf dieses Notizbuch können sowohl unterschiedliche Endgeräte als auch mehrere Personen zugreifen. Ist auf einem Endgerät keine OneNote-App installiert, kann das Notizbuch über eine Webanwendung, die in jedem gängigen Browser läuft, bearbeitet werden. Zu den gängigen Browsern gehören: *Edge, Google Chrome, Firefox* sowie *Safari* aus der Mac-Welt.

OneNote speichert Eingaben in allen Versionen und auf allen Geräten immer automatisch. Sie werden also in den OneNote-Apps keinen Button für das Speichern finden. Dieses Konzept kann nur funktionieren, wenn das Notizbuch in der Cloud, sprich Office 365, liegt und die Inhalte des Notizbuchs automatisch mit den jeweiligen Geräten synchronisiert werden. Stellt das Notizbuch eine Änderung durch ein Gerät oder einen Webbrowser fest, werden die Inhalte vom System ohne weiteres Zutun des Benutzers synchronisiert. Voraussetzung dafür ist eine Internetverbindung.

Sollten Sie einmal nicht mit dem Internet verbunden sein, können Sie mit Ihrem Notizbuch auch offline arbeiten, und zwar mit jedem Endgerät, auf dem dieses Notizbuch geöffnet ist. Die Inhalte des Notizbuchs werden auf jedem Gerät in einer *Offlinekopie* gespeichert. Sobald sich Ihr Gerät wieder mit einem WLAN verbunden hat, synchronisiert *OneNote* die Inhalte automatisch. *OneNote* schaltet selbsttätig zwischen Online- und Offlinebenutzung um.

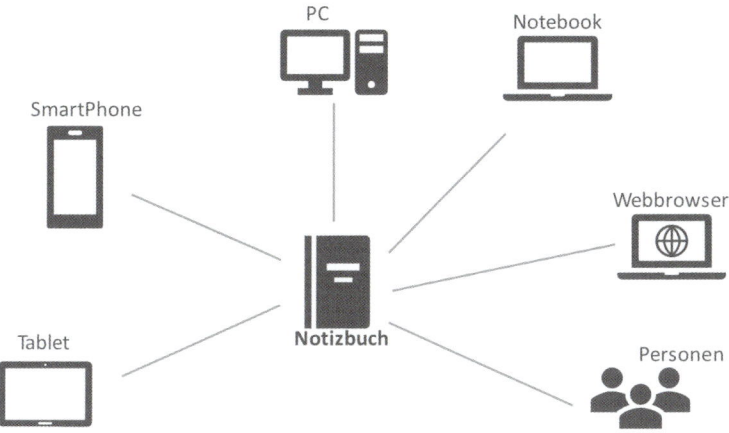

Abb. 4.2: Philosophie von OneNote

4.2 Welche unterschiedlichen Versionen von OneNote gibt es?

Um in verschiedenen Arbeitssituationen möglichst optimal mit *OneNote* arbeiten zu können, sind unterschiedliche Versionen entwickelt worden:

- **OneNote 2016 – für das Arbeiten am stationären PC**
  OneNote 2016 ist auf Ihrem PC in der Regel bereits als Programm installiert (möglicherweise auch eine frühere Version). *OneNote 2016* ist optimiert für das Arbeiten an einem stationären PC mit großem Monitor.

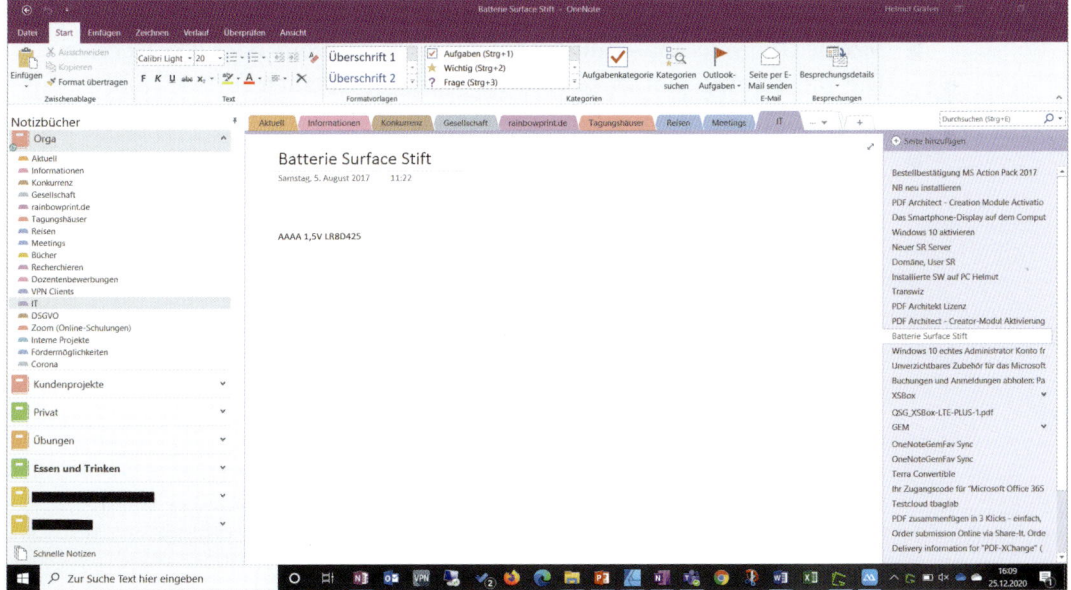

Abb. 4.3: OneNote 2016

- **OneNote für Windows 10 – für das Arbeiten mit einem Surface oder einem ähnlichen Gerät**
  Gehört zum Betriebssystem Windows 10 und ist damit automatisch verfügbar, wenn auf Ihrem Endgerät, z. B. einem Surface, Windows 10 läuft. Die Windows-App ist für das Arbeiten mit Stift auf einem Tablet optimiert.

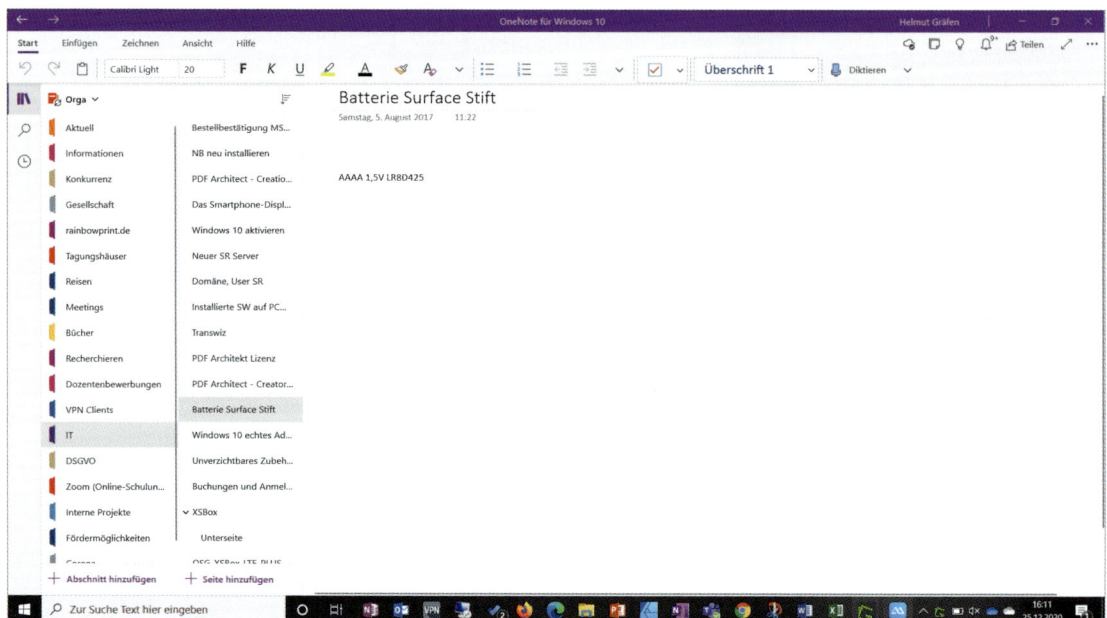

Abb. 4.4: OneNote für Windows 10

- **Mobile OneNote-App – für das Arbeiten mit Android- oder iOS-Geräten**
  Die mobile App gibt es sowohl für Android als auch für iOS und ist für das Arbeiten mit dem Smartphone sowie Tablet ausgelegt (Abbildung 4.5).

- **OneNote Webversion – für das Arbeiten mit einem Webbrowser**
  Ist für das Arbeiten in einem Webbrowser optimiert. Mit der Webversion kann ein OneNote-Notizbuch selbst dann bearbeitet werden, wenn auf Ihrem Endgerät *OneNote* weder installiert ist noch die App zur Verfügung steht (Abbildung 4.6).

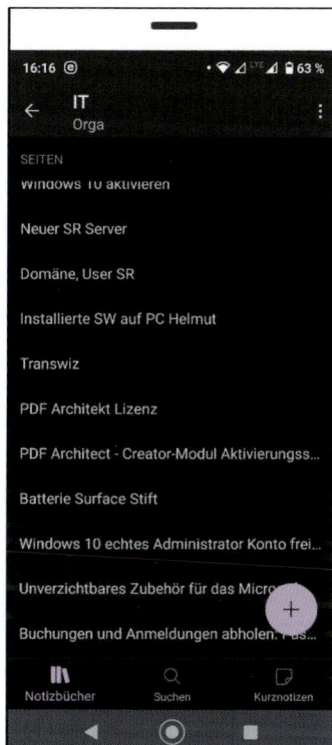

Abb. 4.5: OneNote SmartPhone

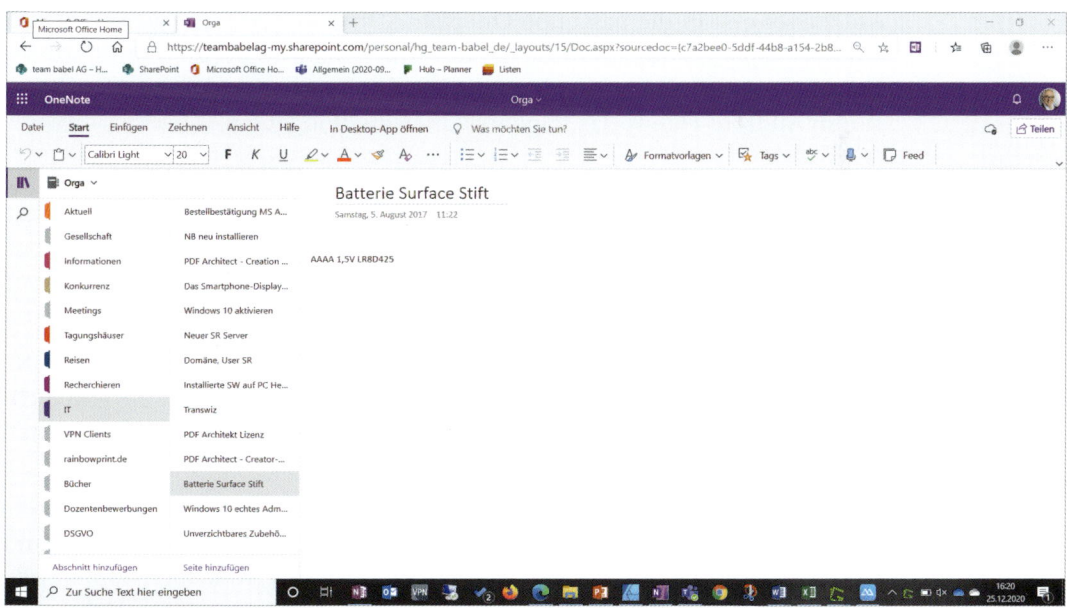

Abb. 4.6: OneNote Webanwendung

4.3 Welche Notizbücher sind sinnvoll?

Wenn Sie produktiv mit *OneNote* arbeiten wollen, werden Sie mehr als ein Notizbuch benötigen. Aus meinen Erfahrungen heraus sind das mindestens zwei: eines für Ihre persönliche Organisation und eines für die Teamorganisation.

4.3.1 Das persönliche Notizbuch – OneNote für die Selbstorganisation

Das persönliche Notizbuch wird automatisch nach der Installation von *OneNote* angelegt und in Ihrem *OneDrive* im Ordner `Notizbücher` (der Ordner kann auch `Notebooks` heißen) gespeichert. Das Notizbuch bekommt den Namen *Vorname@ Firmenname* und wird automatisch angezeigt, wenn das Programm *OneNote* gestartet wird. Sie können es nutzen, um Ihre persönlichen Daten und Notizen damit zu organisieren.

Das Notizbuch *Vorname@ Firmenname* enthält einen Abschnitt namens SCHNELLE NOTIZEN.

Abschnitt »Schnelle Notizen« nicht löschen

Löschen Sie bitte den Abschnitt SCHNELLE NOTIZEN nicht. Mit ihm sind zwei wichtige und sehr nützliche Funktionalitäten verknüpft.

---

1. **Mobile Nutzung von OneNote mit dem SmartPhone**

   Angenommen, Sie sind unterwegs und wollen in *OneNote* etwas notieren, die Notiz aber erst in die passende OneNote-Struktur zuordnen, wenn Sie wieder am Arbeitsplatz sind. Für diese Art des Arbeitens wird der Abschnitt SCHNELLE NOTIZEN genutzt. Dazu blenden Sie nach der Installation der OneNote-App auf Ihrem Android-Handy das folgende OneNote-Widget ein.

Abb. 4.7: OneNote-Widget auf einem Android-SmartPhone

Klicken Sie im Widget ganz rechts auf 🔾. Daraufhin wird eine neue OneNote-Seite erstellt und automatisch im Abschnitt SCHNELLE NOTIZEN gespeichert. Vergeben Sie einen Seitennamen und tippen Sie die gewünschte Information ein (Abbildung 4.8).

Das Notizbuch *Vorname@ Firmenname* erkennt eine Änderung und startet die automatische Synchronisation. Die im SmartPhone erstellte Seite ist nun auf jedem anderen Gerät zu sehen, wenn in *OneNote* das Notizbuch *Vorname@ Firmenname* geöffnet ist (Abbildung 4.9).

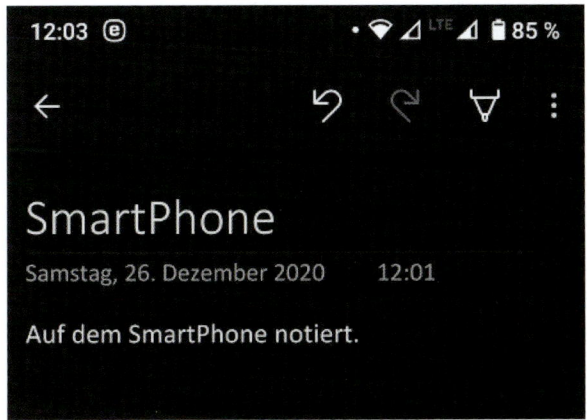

Abb. 4.8: OneNote-Seite in der Android-SmartPhone-App

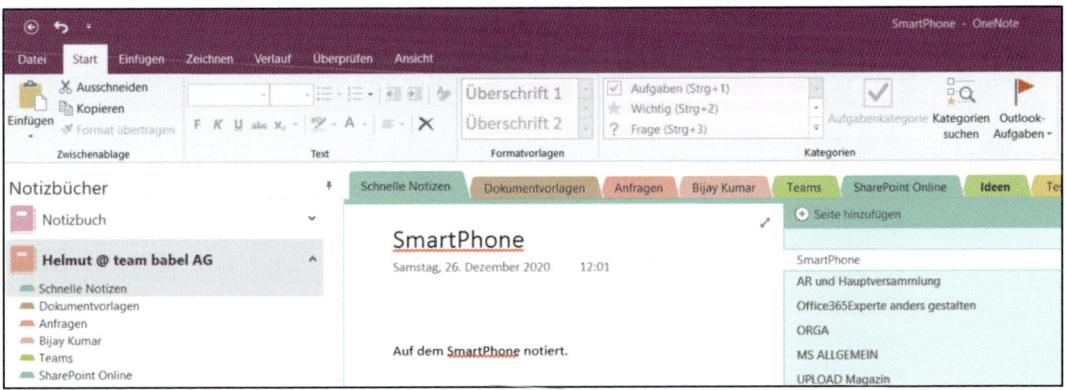

Abb. 4.9: Im SmartPhone erstellte Seite in OneNote 2016 zu sehen

2. **Digitale Notizen statt Notizen auf Papier (nur OneNote 2016)**

Bis vor gut zwei Jahren hatte ich neben meiner Tastatur immer einen College-Block liegen, in den in meine Notizen schrieb. Egal, ob es sich um einen Gedanken, eine Idee oder die Protokollierung eines Anrufs handelte. Diese analogen Notizen musste ich zu einem späteren Zeitpunkt digitalisieren, sprich abtippen. Das habe ich schon immer als eine unnötige Zeitverschwendung angesehen. Als ich die im Folgenden beschriebene OneNote-Funktion kennenlernte, habe ich mich sofort auf digitale Notizen umgestellt.

Angenommen, Sie arbeiten gerade in einer Excel-Datei, und es geht Ihnen ein Gedanke durch den Kopf, den Sie notieren wollen. Drücken Sie die Tastenkombination $\boxed{\text{Win}}$+$\boxed{\text{N}}$. Es öffnet sich das Fenster *Schnelle Notizen*, in das Sie Ihre Notiz schreiben.

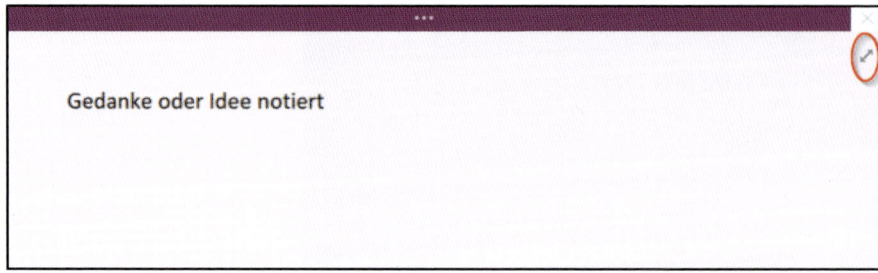

Abb. 4.10: Fenster Schnelle Notizen

Mit dem Pfeilsymbol rechts oben können Sie das Fenster auf Bildschirmgröße vergrößern. Sobald Sie das Fenster *Schnelle Notizen* schließen, wird im Abschnitt SCHNELLE NOTIZEN eine neue Seite mit diesen Informationen angelegt. Das digitale Notieren von Informationen auf diese Art und Weise hat meine Produktivität auf ein ganz neues Level angehoben.

Führen Sie Ihre Tagesnotizen mit OneNote

Wie gerade beschrieben, wird immer eine neue Seite angelegt, wenn Sie das Fenster *Schnelle Notizen* schließen. Sie können die schnellen Notizen aber auch dazu nutzen, um damit eine Seite mit Ihren Tagesnotizen anzulegen. Dafür drücken Sie zu Beginn Ihres Arbeitstages ⌨Win + ⌨N und schreiben als Titel **Tagesnotizen tt.mm.jj** in die Seite. Die Seite schließen Sie bitte nicht. Fahren Sie mit Ihren täglichen Arbeiten fort. Wann immer Sie jetzt etwas festhalten wollen, wechseln Sie in das Fenster *Schnelle Notizen* und notieren Ihre Gedanken. Sie schließen das Fenster erst am Ende Ihres Arbeitstages. Das Ergebnis im Abschnitt SCHNELLE NOTIZEN könnte wie folgt aussehen:

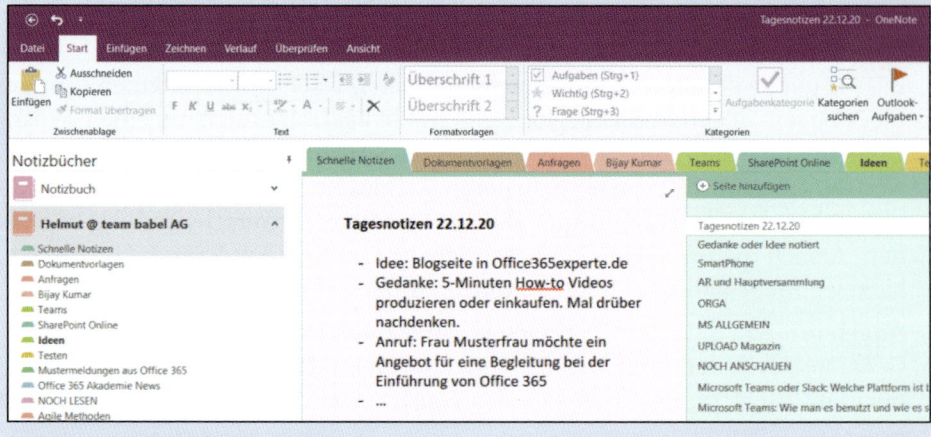

Abb. 4.11: Tagesnotizen mit OneNote führen

4.3.2 OneNote für die Teamorganisation

Ihr persönliches Notizbuch werden Sie nicht für andere Personen freigeben wollen. Informationen, die ein Team betreffen, jedoch schon. Wenn Sie mit *Microsoft Teams* arbeiten und dort ein Team anlegen, wird im Hintergrund automatisch ein OneNote-Notizbuch angelegt. Es bekommt den Namen *Notizbuch für Teamname*. Wie Sie das Teamnotizbuch in Ihr Team einbinden, erkläre ich in Abschnitt 8.6.

Folgende Informationen lassen sich in einem Notizbuch sehr gut in Abschnitten abbilden:

- **Teamregeln**
  Für die Kommunikation und das gemeinsame Bearbeiten von Dateien in einem Team empfehle ich, Regeln zu definieren, z. B. Reaktionszeiten auf Chats, welche Informationen werden überhaupt gechattet, welche Informationen werden über den *Kanalchat* und welche über den *1:1-Chat* gechattet etc. Detaillierte Information zum Chatten finden Sie in Kapitel 8. Werden diese Regeln im Teamnotizbuch gespeichert, sind alle bestehenden und auch hinzukommende Teammitglieder immer auf dem aktuellen Stand.

- **Verbesserungsvorschläge**
  Viele gute Ideen, die aus dem Tagesgeschäft entstehen, gehen allein deswegen verloren, weil es dafür häufig keine standardisierte Form der Dokumentation gibt. Wenn hier alle Verbesserungsvorschläge konsequent niedergeschrieben werden, entsteht mit der Zeit ein wahrer Schatz an Ideen und Anregungen, wie das Team produktiver arbeiten kann.

  Falls Sie es nicht ohnehin schon tun, empfehle ich Ihnen, regelmäßige *KVP*-Runden in Ihrem Team einzurichten. *KVP* steht für kontinuierlicher Verbesserungsprozess und ist ein effektives und leicht umzusetzendes Instrument, um die Produktivität von *Teams* ständig zu verbessern. Solche *KVP*-Runden können Sie beispielsweise alle zwei oder drei Monate als Regelbesprechung planen.

- **Offene Fragen**
  Auch hier ist es, ähnlich wie bei den Verbesserungsvorschlägen, oft nicht geklärt, wo solche Fragen gesammelt werden. Legen Sie einen Abschnitt für offene Fragen an. Stichwörter können zum Beispiel das Handling von Teams und Fragen zu Abläufen oder Vorgehensweisen sein. Nach einer Sammelphase lassen sich die Antworten auf diese Fragen in einer *FAQ-Liste (häufig gestellte Fragen)* zusammenfassen, die ebenfalls in *OneNote* veröffentlicht werden kann.

- **Virtuelle Ausdrucke**
  Ob wir jemals das papierlose Büro erleben werden, ist mehr als ungewiss. Mit *OneNote* können Sie aber einen großen Schritt in diese Richtung machen. In Abschnitt 4.6.5 zeige ich Ihnen, wie Sie Dokumente virtuell in eine OneNote-Seite drucken.

- **How-tos**
  Einen Schritt weiter als mit *FAQ-Listen* gehen Sie mit *How-Tos (Kurzanleitung)*.
  Bebilderte Anleitungen sind in *OneNote* einfach und schnell mit Screenshots
  (Bildschirmausschnitte) erstellt. Mehr dazu finden Sie in Abschnitt 4.6.6.

- **Checklisten**
  Um zu überprüfen, ob alle anstehenden Arbeiten erledigt sind, haben sich
  Checklisten schon seit Langem bewährt. Wie Sie in *OneNote* abhakbare Check-
  listen anlegen, beschreibe ich in Abschnitt 4.6.10.

- **Linklisten**
  Die Suche nach Informationen nimmt in unserem Tagegeschäft oft viel Zeit
  in Anspruch. Eine effektive Möglichkeit, die Suche nach relevanten digitalen
  Informationen deutlich zu verkürzen, besteht darin, *Linklisten* in *OneNote*
  anzulegen. Das Erstellen von Linklisten beschreibe ich in Abschnitt 4.6.9.

- **Dokumentationen von Besprechungen**
  In vielen Unternehmen ist nicht verbindlich geregelt, wie mit einer Agenda zu
  einer Besprechung und dem dazugehörigen Protokoll umgegangen werden
  und/oder an welchem Ort sie abgespeichert werden sollen. Legen Sie sowohl
  die Agenden als auch die Besprechungsprotokolle (To-do-Liste) im Teamnotizbuch ab. Damit sind diese Information zentral an einer Stelle gespeichert, die
  schnell von allen Teammitgliedern erreicht und eingesehen werden kann. Weitere Informationen dazu in Abschnitt 4.6.11.

4.4 Die passende Datenstruktur für das Notizbuch finden

Ein OneNote-Notizbuch strukturieren Sie mit Abschnitten. In Abschnittsgruppen
können Sie bei Bedarf mehrere Abschnitte zusammenfassen. Abschnittsgruppen
können reduziert oder erweitert angezeigt werden. Innerhalb eines Abschnitts ist
es möglich, Seiten anzulegen und innerhalb der Seiten nochmals Unterseiten.
Sobald eine Seite eine Unterseite enthält, wird sie als Gruppe dargestellt. Rein
technisch betrachtet, können Sie in einer Unterseite weitere Unterseiten erstellen.
Und in diesen Unterseiten wiederum Unterseiten. Die Übersichtlichkeit ist, wie
ich finde, aber nicht mehr gegeben, wenn Sie mehr als eine Unterseitenebene pro
Seite erstellen.

Der OneNote-Bereich	Entspricht in der analogen Welt ...
Notizbuch	einem Ringbuch
Abschnitt	einer Ringbucheinlage
Seite	einer Papierseite
Unterseite	am ehesten einem Post-it

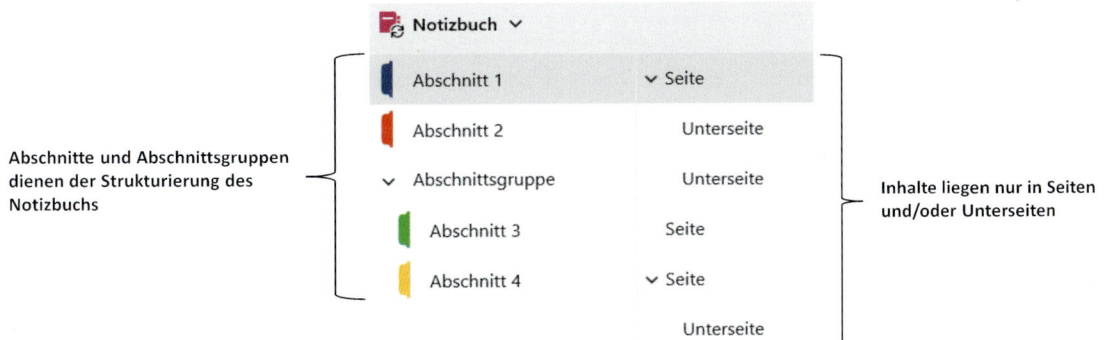

Abb. 4.12: Datenstruktur eines Notizbuchs

In meiner Arbeit wende ich zum Beispiel in meinem Notizbuch *Kundenprojekte* Abschnittsgruppen an.

Abb. 4.13: Abschnittsgruppen

Zwischen den beiden Abschnittsgruppen kann ich die enthaltenen Abschnitte inklusive der Seiten und Unterseiten problemlos verschieben. Da die Abschnittsgruppen mit einem Mausklick reduziert sowie erweitert werden können, haben Sie die Möglichkeit, schnell zwischen Übersichts- und Detaildarstellung zu wechseln.

> ## Abschnittsgruppen können nur in OneNote 2016 erstellt werden
>
> Abschnittsgruppen können, zum Zeitpunkt der Drucklegung des Buchs, nur in *OneNote 2016* erstellt werden. Alle anderen OneNote-Versionen stellen sie aber korrekt dar, weiterhin funktioniert die Gruppierungsfunktion dort auch.

Die einmal gewählte Struktur kann nicht so ohne Weiteres geändert werden. Seiten können nicht mit einem Mausklick zu Abschnitten und Abschnitte zu Notizbüchern gemacht werden oder umgekehrt. Seiten können hingegen zu Unterseiten und Unterseiten zu Seiten gemacht werden.

Innerhalb eines Notizbuchs und zwischen Notizbüchern ist es möglich, dass alle Ebenen beliebig kopiert und verschoben werden können.

Arbeiten Sie nach dem KISS-Prinzip

Gehen Sie beim Erstellen einer Datenstruktur in einem Notizbuch nach dem *KISS-Prinzip (Keep it simple and stupid = mache es so einfach wie möglich)* vor. Starten Sie mit einer überschaubaren Abschnittstruktur und bauen Sie diese erst dann aus, wenn eine detailliertere Struktur unbedingt erforderlich ist. Das spart Arbeit und damit Zeit. Außerdem verfügt *OneNote* über eine hervorragende Volltextsuche. Über die Suche finden Sie eine gewünschte Information deutlich schneller als über das Durchklicken einer Abschnittsstruktur. Weitere Informationen zur Suche finden Sie in unter Abschnitt 4.7.1.

4.5 Notizbücher speichern und für andere freigeben

Idealerweise speichern Sie Ihre Notizbücher in Office 365, um möglichst ortsunabhängig und mit unterschiedlichen Geräten arbeiten zu können. Innerhalb von Office 365 gibt es zwei Speicherorte, zwischen denen Sie wählen können:

OneDrive for Business

In *OneDrive* speichern Sie in Office 365 Ihre persönlichen Daten, auf die nur Sie zugreifen dürfen. Detaillierte Informationen zu *OneDrive* finden Sie in Kapitel 9. Speichern Sie hier ein Notizbuch, müssen Sie es manuell für die Personen freigeben, die damit arbeiten sollen.

Klicken Sie hierzu in *OneNote 2016* mit der rechten Maustaste auf ein Notizbuch und wählen Sie aus dem Kontextmenü DIESES NOTIZBUCH FREIGEBEN (siehe Abbildung 4.14).

Sollten Sie Ihr Notizbuch doch einmal anderen zur Verfügung stellen wollen, können Sie es sowohl für unternehmenszugehörige als auch externe Personen freigeben. Mit dem Drop-down-Pfeil ganz rechts wählen Sie aus, ob die Person(en) nur lesen (KANN ANZEIGEN) oder auch Änderungen im Notizbuch vornehmen dürfen (KANN BEARBEITEN). Die Freigabe ist nur für das komplette Notizbuch möglich. Abschnitte, Abschnittsgruppen, Seiten sowie Unterseiten können nicht separat freigegeben werden.

Geben Sie im Freigabefenster einen kurzen Text ein und klicken Sie auf den Button FREIGEBEN. Die Person, der Sie das Notizbuch freigegeben haben, erhält eine Mail mit dem Link zu dem freigegeben Notizbuch.

Notizbuch nicht bei der Erstellung freigeben

Beim Erstellen eines neuen Notizbuchs werden Sie beim Bestätigen der Erstellung gefragt, ob Sie das Notizbuch gleichzeitig freigeben wollen. Ich empfehle Ihnen, es an dieser Stelle nicht zu tun. Anderenfalls klickt der Empfänger auf den Einladungslink in der Mail und sieht lediglich ein leeres Notizbuch. Das führt unweigerlich zu Rückfragen, die wieder unnötig Zeit binden.

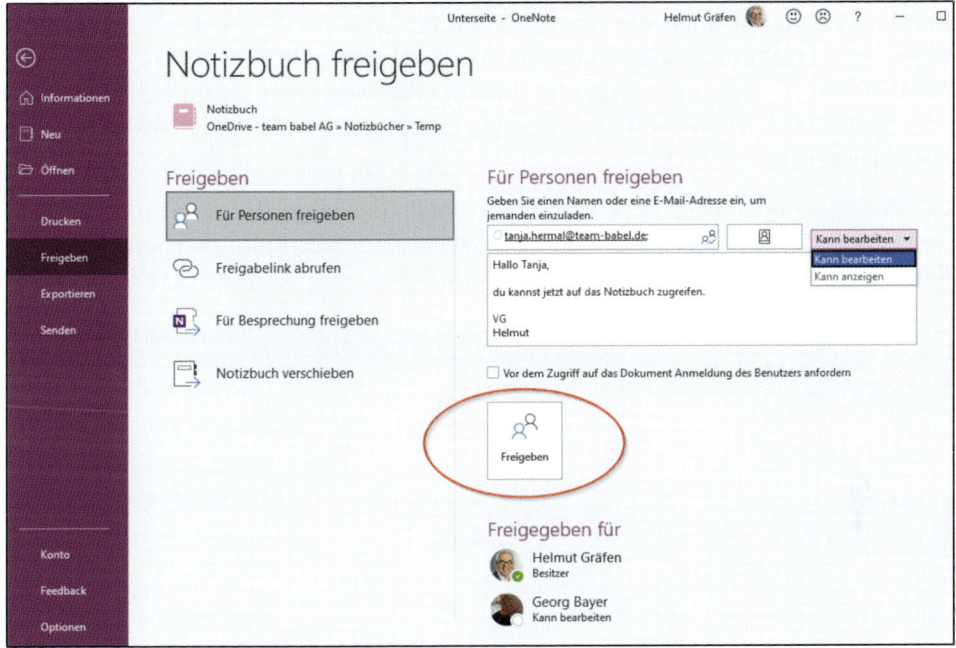

Abb. 4.14: Notizbuch freigeben

SharePoint Online

Die Daten im *SharePoint* sind in Bereichen organisiert und zwar so, dass mehrere Benutzer darauf zugreifen und mit darin liegenden Daten arbeiten können. Haben Sie ein Notizbuch in einen dieser Bereiche abgelegt, können alle Personen mit dem Notizbuch arbeiten, die Zugriffsberechtigungen auf den Bereich haben. Weitere Informationen zum *SharePoint* finden Sie in Kapitel 9.

4.6   18 Funktionen, die Sie effektiver werden lassen

Mit welchen Endgeräten kann ich die Funktionen von *OneNote* effektiv in meinen Arbeitsalltag integrieren? Dieser Frage sollten Sie nachgehen, wenn Sie *OneNote* möglichst effektiv nutzen wollen. Die Endgeräte können in drei Gruppen einge- teilt werden:

1. PCs/Notebooks
2. SmartPhones/Tablets
3. Microsoft Surfaces/Surface-Alternativen von anderen Herstellern

Jedes der erwähnten Geräte dient einem bestimmten Nutzungszweck mit entsprechend spezifischen Anforderungen.

Auf einem PC oder Notebook ist in aller Regel *OneNote 2016* als Bestandteil der Microsoft Office-Suite installiert. Läuft auf Ihrem Computer Windows 10 als Betriebssystem, ist auch die App *OneNote für Windows 10* an Bord. Leider sind bestimmte Funktionalitäten entweder nur in *OneNote 2016* oder nur in *OneNote für Windows 10* vorhanden. Sind Sie häufig unterwegs und haben kein Notebook oder Surface zur Hand, kann das Arbeiten mit *OneNote* auf dem Handy eine große Hilfe darstellen.

In der folgenden Tabelle gebe ich Ihnen einen Überblick, welche Funktionen auf welchen Geräten mit welcher OneNote-Version zur Verfügung stehen. Anschließend beschreibe ich die Funktionen ausführlicher.

Funktion	Geräte	OneNote-Version
Notizencontainer	PC	*OneNote 2016*
	Notebook	*OneNote für Windows 10*
	Surface	
Tabellen	PC	*OneNote 2016*
	Notebook	*OneNote für Windows 10*
	Surface	
Excel-Tabellen als Objekt in einer One-Note-Seite	PC	*OneNote 2016*
	Notebook	
	Surface	
Mails aus *Outlook* nach *OneNote* senden	PC	*OneNote 2016*
	Notebook	
	Surface	
Virtueller Dateiausdruck	PC	*OneNote 2016*
	Notebook	*OneNote für Windows 10*
	Surface	
Bildschirmausschnitt einfügen	PC	*OneNote 2016*
	Notebook	
	Surface	
Teile einer Webseite einfügen	PC	*OneNote 2016*
	Notebook	*OneNote für Windows 10*
	Surface	
Bilder einfügen und nach Texten darin suchen	PC	*OneNote 2016*
	Notebook	*OneNote für Windows 10*
	Surface	

Tabelle 4.1: Endgeräte und zur Verfügung stehende Funktionen

Funktion	Geräte	OneNote-Version
Linklisten zu häufig genutzten Ressourcen anlegen	PC Notebook Surface Android Phone/Tablet iPhone/iPad	*OneNote 2016* *OneNote für Windows 10* mobile OneNote-Apps
Mit abhakbaren Checklisten arbeiten	PC Notebook Surface Android Phone/Tablet iPhone/iPad	*OneNote 2016* *OneNote für Windows 10* mobile OneNote-Apps
Besprechungsinfos aus *Outlook* holen	PC Notebook Surface	*OneNote 2016* *OneNote für Windows 10*
Outlook-Aufgaben aus *OneNote* erstellen	PC Notebook Surface	*OneNote 2016*
Diktieren und eingesprochenen Text als MP4-Datei speichern	PC Notebook Surface Android Phone/Tablet iPhone/iPad	*OneNote 2016* mobile OneNote-Apps
Diktieren und eingesprochenen Text in Schrift umwandeln	PC Notebook Surface Android Phone/Tablet iPhone/iPad	*OneNote für Windows 10* mobile OneNote-Apps
Text in eine andere Sprache übersetzen	PC Notebook Surface	*OneNote für Windows 10*
Fotos in einer OneNote-Seite aufnehmen	PC Notebook Surface Android Phone/Tablet iPhone/iPad	*OneNote für Windows 10* mobile OneNote-Apps
Mit dem Finger handschriftliche Notizen machen	Android Phone/Tablet iPhone/iPad	mobile OneNote-Apps
Mit dem Stift Texte und Anmerkungen notieren	Surface Android Phone/Tablet iPhone/iPad	*OneNote für Windows 10* mobile OneNote-Apps

Tabelle 4.1: Endgeräte und zur Verfügung stehende Funktionen (Forts.)

4.6.1 Mit dem Notizencontainer arbeiten (OneNote 2016/OneNote für Windows 10)

Sobald Sie in einer OneNote-Seite zu schreiben beginnen, wird automatisch ein Notizencontainer erzeugt, der sich ähnlich wie ein Textfeld in Word verhält. Je nach eingegebenem Text erweitert er sich dynamisch nach rechts und nach unten. Sie können an jede beliebige Stelle in der OneNote-Seite doppelklicken, um dort zu schreiben und einen Notizencontainer zu erstellen. Da OneNote-Seiten keinerlei vorgegebene Struktur haben, können Sie die vorhandenen Notizencontainer beliebig auf der Seite positionieren oder verschieben.

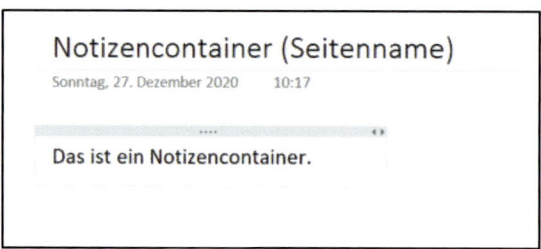

Abb. 4.15: Notizencontainer in OneNote

4.6.2 Tabellen nutzen – Informationen in einer Matrix darstellen (OneNote 2016/OneNote für Windows 10)

Tabellen helfen beim strukturierten Eingeben von Texten in *OneNote*. Im Nachhinein sind sie in der Regel auch leichter zu ändern und anzupassen als Fließtext.

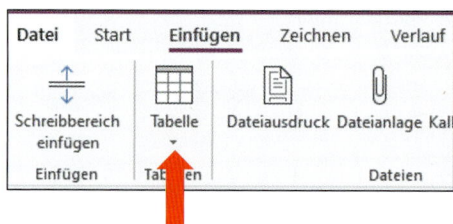

Abb. 4.16: Tabelle in eine OneNote-Seite einfügen

In beiden OneNote-Varianten finden Sie den Button TABELLE in dem Menü EINFÜGEN. OneNote-Tabellen lassen sich sortieren und nach Inhalten durchsuchen.

4.6.3 Excel-Tabellen als Objekt in eine OneNote-Seite einfügen (OneNote 2016)

Sie können entweder eine vorhandene Excel-Tabelle als Anhang oder eine neue Excel-Tabelle als Objekt einfügen. Ich möchte Ihnen hier die zweite Möglichkeit vorstellen: NEUE EXCEL-TABELLE einfügen. Die wichtigste Information wird leider im Menü nicht aufgeführt: Die neue Excel-Tabelle wird ausschließlich als Objekt in die OneNote-Seite eingefügt. Das bedeutet, es wird keine Excel-Datei im Dateisystem abgespeichert. In dem Excel-Objekt steht trotzdem die komplette Excel-Funktionalität zur Verfügung. Diese schöne Funktionalität nutze ich für meine Stundenzettel in der Projektarbeit. Wenn das Projekt abgearbeitet und die Rechnung dazu gestellt ist, muss ich lediglich die OneNote-Seite mit dem Excel-Objekt löschen.

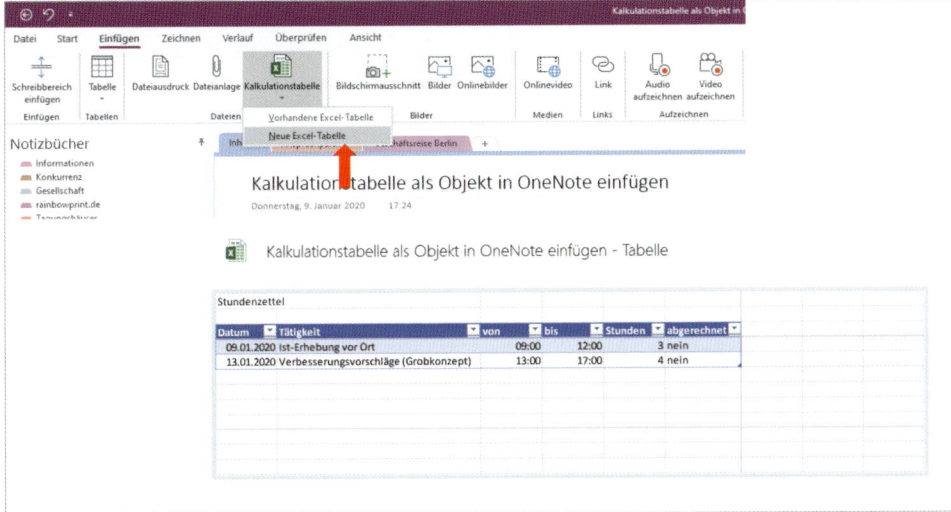

Abb. 4.17: Kalkulationstabelle als Excel-Objekt in OneNote-Seite einfügen

4.6.4 Mails von Outlook nach OneNote senden (OneNote 2016)

Haben Sie eine Mail aus *Outlook* in eine OneNote-Seite gesendet, können Sie dort an beliebigen Stellen Ihre Gedanken und Anmerkungen eintragen. In Situationen, wo Tippgeräusche stören, so z. B. in einer Besprechung oder bei einem Kundentermin, können Sie handschriftliche Notizen in der Seite machen, sofern Sie ein Endgerät mit Stifteingabe, z. B. ein Surface, besitzen. Beim Senden nach *One-Note* bleiben Links und Anhänge erhalten und können in *OneNote* geöffnet werden. Die Mail verbleibt nach dem Senden in *Outlook*.

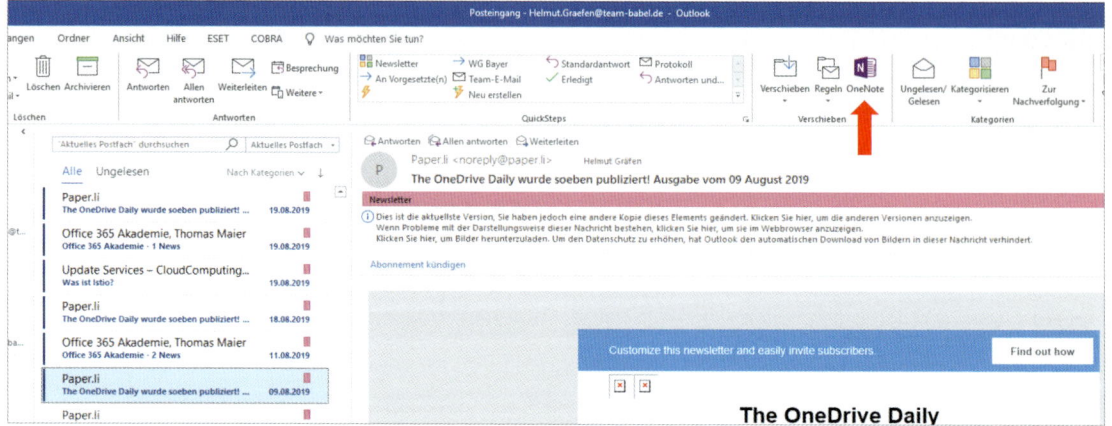

Abb. 4.18: Mail aus Outlook nach OneNote senden

Nachdem Sie in *Outlook* den Button ONENOTE angeklickt haben, werden Sie gefragt, in welchen Abschnitt bzw. in welche Seite Ihres Notizbuchs Sie die Mail senden wollen.

> ### Hinweis
>
> Diese Funktion steht nur in *OneNote 2016* zur Verfügung, in der App leider nicht. Allerdings können Sie in der App mit den in *OneNote 2016* erstellten Seiten arbeiten.

4.6.5 Virtuellen Dateiausdruck einfügen (OneNote 2016/OneNote für Windows 10)

OneNote 2016 (PC, Notebook, Surface)

Wenn auf Ihrem PC oder Notebook *OneNote* als Programm installiert ist, wird automatisch ein Drucker mit dem Namen Send to OneNote 2016 oder OneNote (Desktop) eingerichtet.

OneNote für Windows 10 (PC, Notebook, Surface)

Arbeiten Sie mit *OneNote für Windows 10 PC*, nehmen Sie den Drucker OneNote for Windows 10.

So wird es Ihnen ermöglicht, aus jeder Anwendung, die auf Ihrem PC installiert ist, einen Ausdruck einer Datei in *OneNote* zu erzeugen. Der virtuelle Ausdruck wird als Bild in die OneNote-Seite eingefügt. Diese Funktion lässt sich sehr gut einsetzen, um zum Beispiel Besprechungen smarter vor- und nachzubereiten.

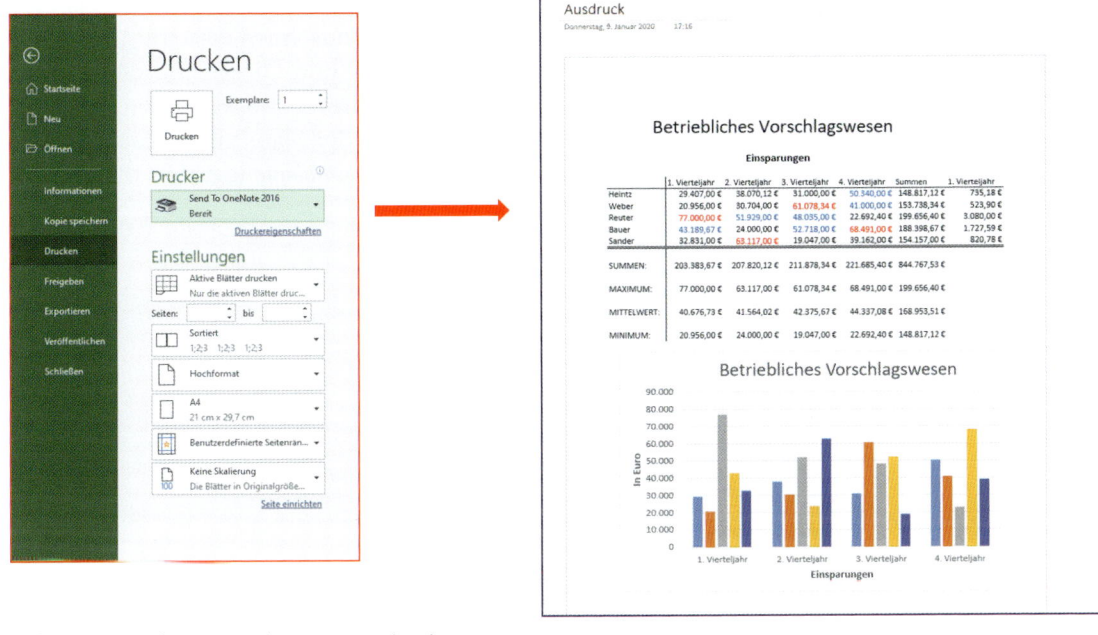

Abb. 4.19: Excel-Datei nach OneNote drucken

Beim Klicken auf den Button DRUCKEN werden Sie gefragt, in welchen Abschnitt bzw. in welche Seite der Ausdruck abgelegt werden soll.

4.6.6 Einen Bildschirmausschnitt einfügen (OneNote 2016)

Diese Funktion gibt es auch in den anderen Office-Programmen. Damit können Sie schnell bebilderte Anleitungen (How-tos) in *OneNote* zu erstellen. Sie funktioniert ähnlich wie das *Snipping Tool* aus Windows. Während das *Snipping Tool* vor allem dafür gedacht ist, aus Screenshots Grafikdateien zu erzeugen, legt die Funktion BILDSCHIRMAUSSCHNITT den Bereich, den Sie in einem Fenster mit der Maus aufgezogen haben, als Bild in der OneNote-Seite ab.

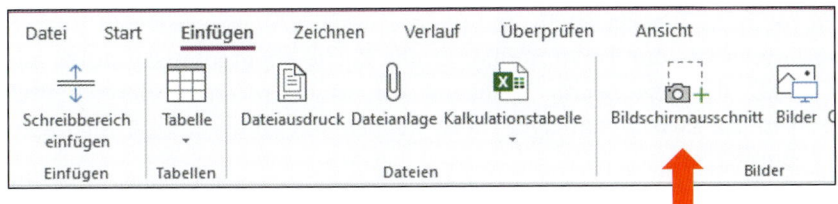

Abb. 4.20: Bildschirmausschnitt erstellen

Bevor Sie den Button BILDSCHIRMAUSSCHNITT anklicken, wechseln Sie in das Programmfenster (z. B. *MS Teams*), aus dem Sie den Bildschirmausschnitt erstellen wollen. Dann kehren Sie wieder zu *OneNote* zurück und klicken auf den Button BILDSCHIRMAUSSCHNITT. *OneNote* wechselt nun in dieses Programmfenster (z. B. *MS Teams*) und blendet den Bildschirm weiß ab. Mit der Maus ziehen Sie jetzt den gewünschten Bereich auf und lassen die Maus los. *OneNote* legt den markierten Bereich als Bild in die OneNote-Seite ab.

Abb. 4.21: Bildschirmausschnitt aus MS Teams

> **Hinweis**
>
> Die Funktion BILDSCHIRMAUSSCHNITT EINFÜGEN steht nur in *OneNote 2016* zur Verfügung, in der App leider nicht. Allerdings können Sie in der App mit den in *OneNote 2016* erstellten Seiten arbeiten.

4.6.7 Teile einer Webseite einfügen (OneNote 2016/OneNote für Windows 10)

Es gehört zu meinem Tagesgeschäft, im Web zu recherchieren, wie sich unsere Mitbewerber aufstellen. Zur Dokumentation der Rechercheergebnisse nutze ich *OneNote*. Ich rufe die gewünschte Webseite auf, markiere einen Bereich und kopiere diesen in die Zwischenablage. Dann wechsle ich zu einer OneNote-Seite und füge den Bereich ein.

Das Beispiel zeigt einen Ausschnitt der Trainingsseite von *team babel*. Wie Sie in der Abbildung erkennen, bleiben alle Links der Webseite erhalten. Zusätzlich wird am Ende des Bereichs noch der Link zur Quell-Webseite angezeigt.

Abb. 4.22: Teile einer Webseite einfügen

4.6.8 Bilder einfügen und nach Texten darin suchen (OneNote 2016/OneNote für Windows 10)

OneNote bietet natürlich auch die Möglichkeit, Bilder einzufügen. In beiden One-Note-Varianten finden Sie den Button BILDER in dem Menü EINFÜGEN.

Abb. 4.23: OneNote-Seite mit eingefügtem Bild

Im dargestellten Kontextmenü werden leider außer REIHENFOLGE und DREHEN keine Bildbearbeitungsoptionen angeboten. Das ist sehr schade, aber auch, wenn die Möglichkeiten, das Bild zu bearbeiten, sehr reduziert sind, versteckt sich doch eine sehr praktische Funktionalität in den eingefügten Bildern: *OneNote* kann nach den Texten im Bild suchen. So können Sie Vorgänge und Abläufe in *OneNote* mit Fotos und Bildern dokumentieren, ohne diese in einem zusätzlichen Schritt verschlagworten zu müssen.

Wenn ich in diesem Beispiel in der Suchbox rechts oben in *OneNote* den Suchbegriff `Praxis-Handbuch` eingebe, findet *OneNote* alle Seiten, die diesen Begriff enthalten. Auch die Seite mit dem Buchcover.

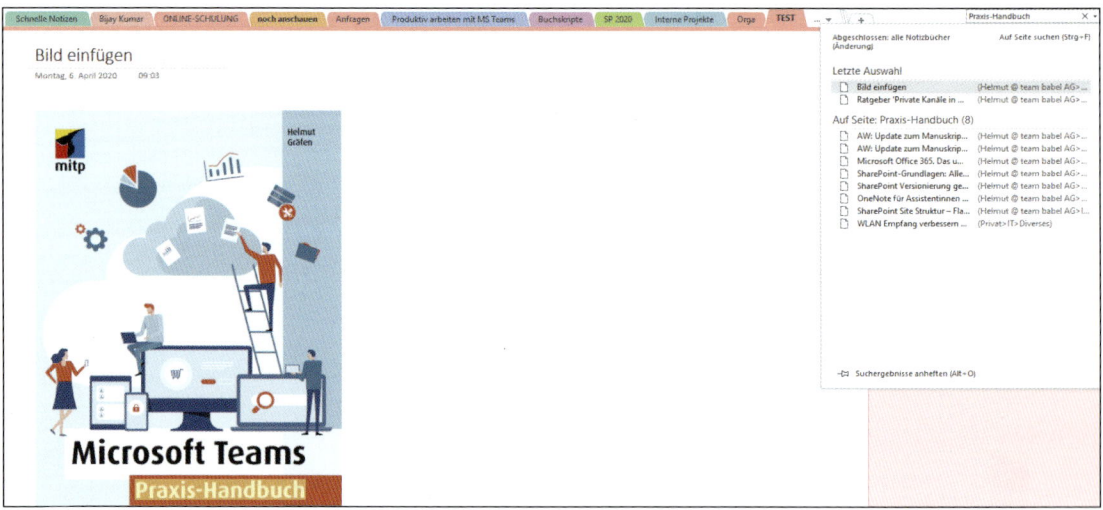

Abb. 4.24: Textsuche in einem Bild

4.6.9 Linkliste zu häufig genutzten Ressourcen anlegen (alle Versionen)

Arbeiten Sie, wo und wann immer es geht, mit Links zu benötigten Ressourcen.

Links haben gegenüber Dateianlagen zwei entscheidende Vorteile:

■ Alle Beteiligten arbeiten immer mit der Originaldatei. Nachfragen, welche der Dateianlagen die aktuelle Version ist, entfallen.

■ Ein Link beansprucht keinen nennenswerten Speicherplatz, ein Dateianhang dagegen verbraucht zusätzlichen Speicherplatz.

In *OneNote* eine Seite anzulegen, die Links zu den wichtigsten Ressourcen eines Teams beherbergt, erspart Ihnen und den anderen Teammitglieder unnötiges Suchen.

OneNote 2016 und OneNote für Windows 10 (PC, Notebook, Surface)

In beiden OneNote-Varianten finden Sie den Button LINK in dem Menü EINFÜGEN. Die Linkliste können Sie im Fließtext oder in einer Tabelle (siehe Abbildung 4.25) abbilden. Tabellen haben den Vorteil, dass Sie die Spalten sortieren können.

Wichtige Links

Mittwoch, 25. Mai 2016   09:36

Ressource	Link	Ort	Zeitstempel
OneNote Blog, S. Wischner	http://onenote-blog.de/blog-2/	Internet	19.10.2016
OneDrive Zeitung	https://paper.li/e-1476871820	Internet	21.10.2016
OfficeBlog.at	http://www.officeblog.at/default.aspx	Internet	21.10.2016
Intranet Startseite	http://███████doku.php	Intranet	25.05.2016
Preislisten	http:██████/doku.php?id=li_preise_beratung_seminare_aus_kalkulationstool&s[]=preislisten	Intranet	25.05.2016
Anmeldungen zu Vorträgen	file://████/B_2020/Marketing%20(rot)/_Veranstaltung_2015-16/Anmeldungen%20Vortragsreihe%20BPR.xlsx	Intranet	25.05.2016
Marketing Mediaplan	http://████/doku.php?id=in_mediaplan_fuer_mailings	Intranet	25.05.2016
Bildner Verlag	http://www.bildner-verlag.de/	Web	25.05.2016
Herdt-Verlag	http://www.herdt-verlag.de	Web	25.05.2016
Büromaterial bestellen	http://████/doku.php?id=aa_bueromaterial_bestellen	Intranet	25.05.2016
Anmeldedaten buecher.de	http://████/doku.php?id=in_buch.de_buecher_bestellen	Intranet	25.05.2016
Feedbackbogen drucken	Vo_Feedbackbogen Teilnehmer Seminare	Intranet	25.05.2016
Anmeldung Bing Ads	https://bingads.microsoft.com/?mkt=de-de	Web	10.06.2016
Anmeldung Office 365	https://login.microsoftonline.com/	Cloud	27.09.2016
Teamsite Office 365	https:█████████_layouts/15/touchapp.aspx?Mode=TeamSite&Page=ListOfApps&Path=	Cloud	27.09.2016
Dateiserver	\\████	Dateiserver	27.09.2016

Abb. 4.25: Beispiel für eine Linkliste

Android Phone

Tippen Sie einmal in die OneNote-Seite. Daraufhin erscheinen die Bildschirmtastatur und ein Menüband.

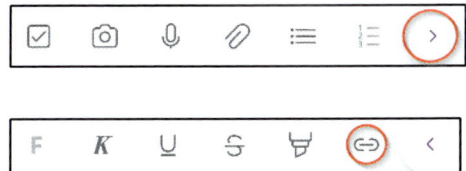

Abb. 4.26: Link erstellen in einem Android-Gerät

Drücken Sie dort auf den Pfeil nach rechts. Anschließend tippen Sie auf das Linksymbol.

iPhone

Tippen Sie einmal in die OneNote-Seite. Auch hier sehen Sie die Bildschirmtastatur und ein Menüband.

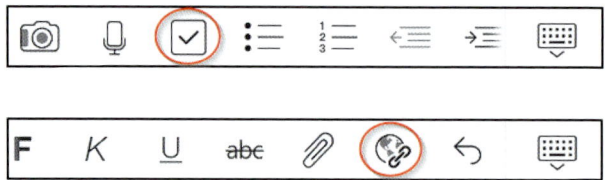

Abb. 4.27: Link erstellen in einem iPhone

Wischen Sie im Menüband einmal nach links und tippen anschließend auf das Linksymbol.

4.6.10 Mit abhakbaren Checklisten arbeiten (alle Versionen)

In meinem Tagesgeschäft arbeite ich konsequent mit dieser Möglichkeit. Diese abhakbaren Checklisten lassen sich in *OneNote* sehr schnell erstellen, indem Sie vor einen beliebigen Text in der OneNote-Seite eine klickbare Checkbox setzen.

OneNote 2016 (PC, Notebook, Surface)

Diese Funktion ist im Menü START angesiedelt. Der Button ist mit AUFGABENKATE-GORIE beschriftet.

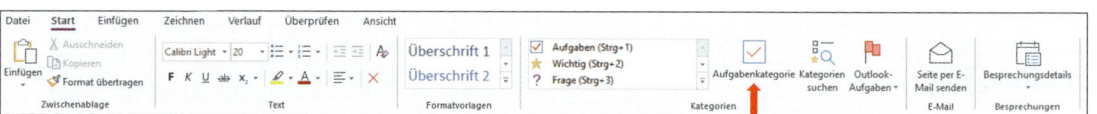

Abb. 4.28: Menü START|AUFGABENKATEGORIE in OneNote 2016

OneNote für Windows 10 (PC, Notebook, Surface)

In der App finden Sie die Funktion ebenfalls im Menü START. Hier heißt der Button aber nur AUFGABEN.

Abb. 4.29: Menü START|AUFGABEN in OneNote für Windows 10

In beiden Varianten können Sie auch wieder im Fließtext oder in einer Tabelle arbeiten.

Abb. 4.30: Beispiel für eine Checkliste

Android Phone

Tippen Sie einmal in die OneNote-Seite. Daraufhin erscheint die Bildschirmtastatur und ein Menüband.

Abb. 4.31: Symbol zum Erstellen einer Checkliste in einem Android-Gerät

Anschließend tippen Sie auf das Haken-Symbol.

iPhone

Tippen Sie einmal in die OneNote-Seite. Auch hier werden die Bildschirmtastatur und ein Menüband angezeigt.

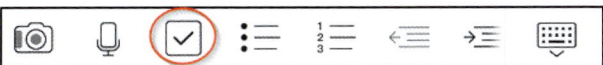

Abb. 4.32: Symbol zum Erstellen einer Checkliste im iPhone

Tippen Sie anschließend auf das Haken-Symbol.

Auf Ihrem Smartphone und Tablet können Sie die Checkboxen auch mit dem Finger abhaken.

4.6.11 Besprechungsressourcen (OneNote 2016/OneNote für Windows 10)

Ich empfehle Ihnen, die Agenda und das Protokoll einer Besprechung in einem Teamnotizbuch abzulegen. Die Informationen zu einer Besprechung lassen sich entweder in *OneNote* aus *Outlook* holen oder von *Outlook* nach *OneNote* senden.

OneNote 2016: aus Outlook holen (PC, Notebook, Surface)

Klicken Sie im Menü START auf die Kachel *Besprechungsdetails*.

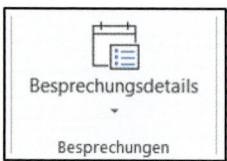

Abb. 4.33: Button in OneNote, um Besprechungsinformationen aus Outlook zu holen

Es werden Ihnen die Outlook-Besprechungen des aktuellen Tages aufgelistet. Mit dem Menüpunkt BESPRECHUNGEN EINES ANDEREN TAGES AUSWÄHLEN können Sie Besprechungen anderer Tage auswählen.

OneNote für Windows 10: aus Outlook holen (PC, Notebook, Surface)

Hier befindet sich die Funktion im Menü EINFÜGEN. Klicken Sie dort den Button Besprechungsdetails . Rechts öffnet sich eine Navigationsleiste, in der die Besprechungen des aktuellen Tages angezeigt werden. Ein Klick auf Heutige Besprechungen ∨ zeigt einen Datumsnavigator an, aus dem Sie andere Tage wählen können. Die Informationen der angeklickten Besprechung werden direkt in die OneNote-Seite eingefügt.

Aus Outlook nach OneNote senden

Öffnen Sie in *Outlook* die Besprechung, deren Informationen Sie nach *OneNote* senden möchten. Klicken Sie im Menü BESPRECHUNG auf den Button *Besprechungsnotizen*.

Abb. 4.34: Button in Outlook, um Besprechungsinformationen nach OneNote zu senden

Wählen Sie aus dem daraufhin angezeigten Fenster die Auswahl NOTIZEN FÜR DIE BESPRECHUNG FREIGEBEN. Anschließend bestimmen Sie in dem angezeigten One-Note-Fenster den Ablageort in *OneNote*.

Erstellen Sie in *OneNote* für jede Besprechung eine Seite, in die Sie die Besprechungsinformationen aus *Outlook*, die Agenda und das Protokoll der Besprechung ablegen. Das Protokoll wird in der Regel als To-do-Liste geführt. Eine solche Seite könnte wie folgt aussehen:

2020-12-17 Besprechung "Einführung Office 365"

Donnerstag, 17. Dezember 2020   13:00

Besprechungsbetreff: Besprechung "Einführung Office 365"
Besprechungsdatum: 17.12.2020 13:00
Ort: Konferenzraum
Link zu Outlook-Element: *klicken Sie hier*
Einladungsnachricht (Erweitern)
Teilnehmer (Reduzieren)
- Helmut Gräfen (Besprechungsorganisator)
- Georg Bayer
- Tanja Hermal

Agenda

- [ ] **Top 1:** Aufgabenreview letzte Besprechung
- [ ] **Top 2:** Welche Daten speichern wir in Cloud und welche bleiben auf dem Dateiserver?
- [ ] **Top 3:** Für welche Zwecke wollen wir Teams einrichten?
- [ ] **Top 4:** Terminierung und Agenda nächste Besprechung

Protokoll

ToDo	Prio	wer	Fällig	Status
SMT - SharePoint Migration Tool installieren und testen	A	HGR	11.01.21	☐
Richtlinien für die Arbeit mit MS Teams entwickeln	A	THE	18.01.21	☐
...				

Abb. 4.35: Besprechungen in OneNote dokumentieren

Tipp für häufig wechselnde Agenda

Üblicherweise ist das Verteilen der Agenda in den meisten Unternehmen eine Bringschuld der Besprechungsorganisation. Ändert sich die Agenda häufig, ist es für diese Person ein erheblicher Mehraufwand, die geänderte Agenda den Besprechungsteilnehmern zukommen zu lassen.

> Daher empfehle ich Ihnen, daraus eine Holschuld der Besprechungsteilnehmer zu machen, indem Sie den Link zur Dokumentationsseite in *OneNote* in die Besprechungsanfrage kopieren. Gehen Sie dazu wie folgt vor:
>
> - Klicken Sie mit der rechten Maustaste auf den Seitennamen in der Seitenauflistung am rechten Bildschirmrand.
> - Wählen Sie aus dem Kontextmenü 🔗 Link zu Seite kopieren .
> - Wechseln Sie in die Outlook-Besprechung und fügen Sie den Link aus der Zwischenablage in den Textkörper des Besprechungstermins, bevor Sie die Besprechungsanfrage versenden.
>
> Nun können alle beteiligten Personen direkt aus der Besprechung über den Link in die OneNote-Seite gelangen und entweder die Agenda ändern oder sich lediglich über die Agenda informieren.

Konsequent genutzt, bietet die Funktion für alle beteiligten Teammitglieder einen enormen Mehrwert.

4.6.12 Outlook-Aufgaben aus OneNote heraus erstellen (OneNote 2016)

In Abbildung 5.36 sehen Sie in der Protokoll-Tabelle vor dem ersten To-do ein ⚑. Das Fähnchen zeigt an, dass von diesem To-do in *Outlook* eine Aufgabe erstellt wurde. Klicken Sie zum Erstellen einer Aufgabe auf den Text des To-dos und dann auf MENÜ START|OUTLOOK-AUFGABEN.

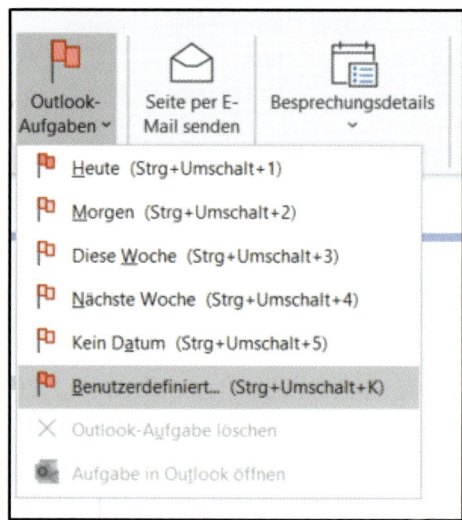

Abb. 4.36: Outlook-Aufgabe aus OneNote erstellen

Wählen Sie nun den Menüpunkt BENUTZERDEFINIERT aus. Im Hintergrund wird anschließend eine Outlook-Aufgabe erzeugt und Ihnen angezeigt.

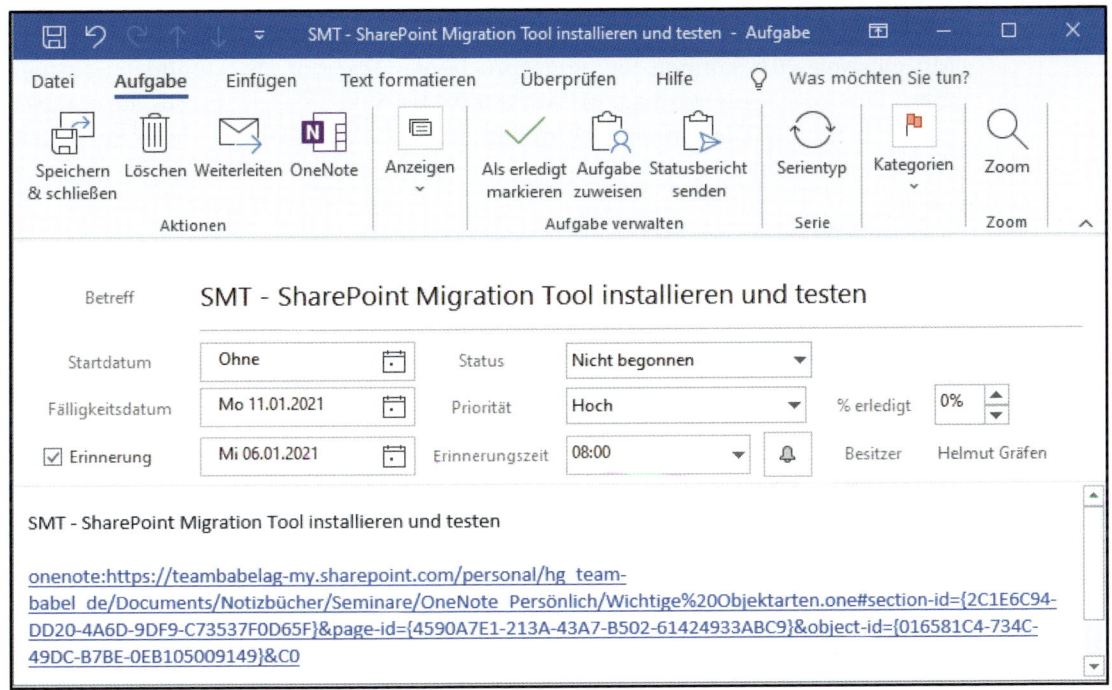

Abb. 4.37: Erstellte Outlook-Aufgabe

Der Zeilentext aus *OneNote* wird in der Outlook-Aufgabe als Betreff übernommen, der Link zur OneNote-Seite in den Textkörper abgelegt. Vergeben Sie ein Fälligkeitsdatum, eine Erinnerung und eine Priorität, und speichern Sie die Aufgabe.

Wird die Aufgabe in *Outlook* als erledigt gekennzeichnet, ändert sich auch die Darstellung in *OneNote*. Aus dem Fähnchen wird ein grüner Haken.

Protokoll

ToDo	Prio	wer	Fällig	Status
✓ SMT - SharePoint Migration Tool installieren und testen	A	HGR	11.01.21 ☐	
⚑ Richtlinien für die Arbeit mit MS Teams entwickeln	A	THE	18.01.21 ☐	
...				

Abb. 4.38: Darstellung einer erledigten Outlook-Aufgabe

4.6.13 Diktieren und eingesprochenen Text als MP4-Datei speichern (OneNote 2016/mobile OneNote-Apps)

OneNote 2016 (PC, Notebook, Surface)

Mit *OneNote 2016* können Sie eingesprochenen Text nur als Sounddatei aufnehmen. Die Aufnahme wird als MP4-Datei in der Seite gespeichert, in der Sie sich gerade befinden. Die Aufnahmefunktion erreichen Sie über das Menü EINFÜGEN| AUDIO AUFZEICHNEN.

Android Phone

🎤 Das angezeigte Icon finden Sie im OneNote-Widget, welches ich im Abschnitt 4.3.1 beschrieben habe. Mit diesem Icon können Sie Ihr SmartPhone als Diktafon nutzen. Die aufgezeichnete Sprachnotiz wird als MP4-Datei IN EINER NEU ERSTELLEN SEITE im Abschnitt SCHNELLE NOTIZEN GESPEICHERT.

iPhone

Tippen Sie einmal in die OneNote-Seite. Sie sehen anschließend die Bildschirmtastatur und ein Menüband.

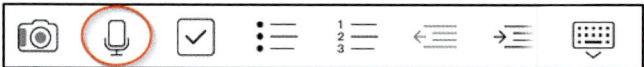

Abb. 4.39: iPhone als Diktafon nutzen

Die Sprachaufnahme beginnt, nachdem Sie das Mikrofon-Symbol gedrückt haben. Mit diesem Icon können Sie Ihr iPhone als Diktafon nutzen. Die aufgezeichnete Sprachnotiz wird als MP4-Datei IN DER AKTUELLEN ONENOTE-SEITE GESPEICHERT.

4.6.14 Diktieren und eingesprochenen Text in Schrift umwandeln (OneNote für Windows 10/mobile OneNote-Apps)

OneNote für Windows 10 (PC, Notebook, Surface)

Möchten Sie schon bei der Spracheingabe das eingesprochene Wort in Schrift umwandeln lassen, nutzen Sie *OneNote für Windows 10*. Das Diktiersymbol finden Sie im Menü START | 🎤 Diktieren ∨. Über den Drop-down-Pfeil legen Sie die Diktiersprache fest.

Android Phone

Möchten Sie das gesprochene Wort auf einem Android-SmartPhone sofort beim Einsprechen in Schrift umwandeln lassen, müssen Sie anders vorgehen. Denn auch auf einem Android-Gerät erzeugt das Mikrofon-Symbol aus OneNote immer nur eine Sounddatei. Erstellen Sie daher eine neue OneNote-Seite.

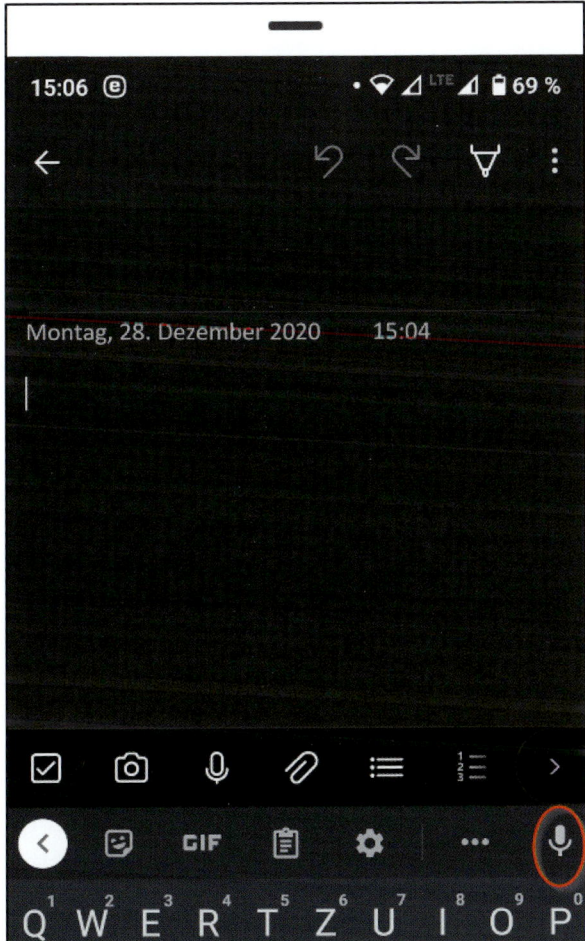

Abb. 4.40: Gesprochenes Wort auf einem Android-SmartPhone transkribieren

Wählen Sie dann das Mikrofon der Tastatur aus. Im angezeigten Beispiel sehen Sie die Standardtastatur von Google.

iPhone

Um das gesprochene Wort auf dem iPhone sofort beim Einsprechen in Schrift umwandeln zu lassen, erstellen Sie eine neue OneNote-Seite und tippen Sie einmal hinein. Die Tastatur und das Menüband werden eingeblendet.

Abb. 4.41: Gesprochenes Wort auf einem iPhone transkribieren

Die Aufnahme beginnt, nachdem Sie auf das Mikrofon-Symbol in der Tastatur getippt haben. Nur die Nutzung des Tastatur-Mikrofons transkribiert die eingesprochenen Worte.

4.6.15 Text in eine andere Sprache übersetzen (OneNote für Windows 10)

Bereits vorhandener Text lässt sich in akzeptabler Qualität in eine andere Sprache übersetzen. Obwohl auch *OneNote 2016* diese Funktion beherrscht, rate ich Ihnen, sie nur in *OneNote für Windows 10* zu nutzen, da sie dort deutlich komfortabler ist. Unter anderem können Sie in der Windows-App beim Menüpunkt SPRACHE FEST-LEGEN auswählen, ob die Sprache des vorhandenen Textes automatisch erkannt werden soll oder ob Sie die Sprache auswählen wollen. Außerdem haben Sie an dieser Stelle zusätzlich die Möglichkeit, einen individuellen Text zur Übersetzung einzugeben. Zu finden ist sie im Menü ANSICHT.

Klicken Sie den Button ÜBERSETZEN an, so können Sie wählen, ob Sie eine markierte Textstelle oder die ganze Seite übersetzen möchten. Vorher müssen Sie allerdings die SPRACHE FESTLEGEN, in die übersetzt werden sollen.

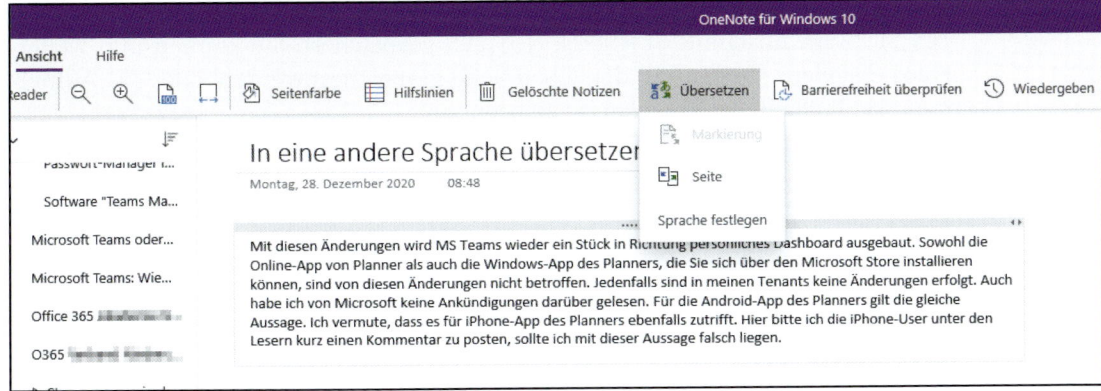

Abb. 4.42: Menü ÜBERSETZEN in OneNote für Windows 10

4.6.16 Fotos mit OneNote aufnehmen (OneNote für Windows 10/mobile OneNote-Apps)

OneNote für Windows 10 (PC, Notebook, Surface)

Die Möglichkeit, innerhalb einer OneNote-Seite mit der Gerätekamera ein Foto aufzunehmen, finden Sie in der Menüleiste EINFÜGEN.

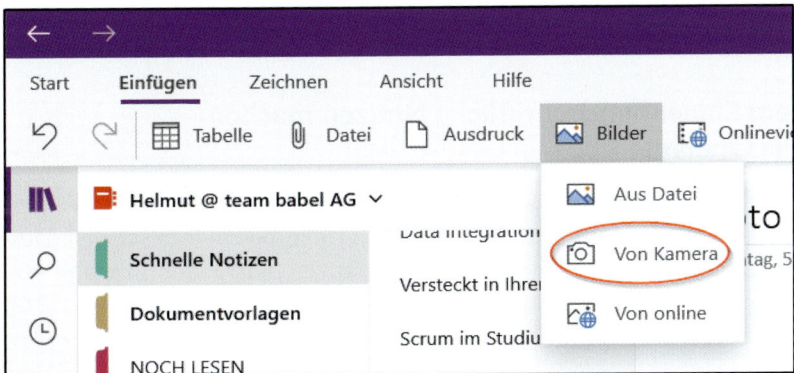

Abb. 4.43: Foto mit der App OneNote für Windows 10 aufnehmen

Das aufgenommene Foto wird in der OneNote-Seite gespeichert, in der Sie sich gerade befinden.

Android Phone

Das angezeigte Icon finden Sie ebenfalls im bereits erwähnten OneNote-Widget. Das mit diesem Icon gemachte Foto WIRD SOFORT IN DER ONENOTE-SEITE

ANGEZEIGT UND nicht nur in der Fotogalerie, sondern auch in EINER NEU ERSTELL-
TEN SEITE im Abschnitt SCHNELLE NOTIZEN gespeichert. Sie können nun weitere
Fotos erstellen, die dann in derselben Seite gespeichert werden, oder das Aufneh-
men von Fotos in der OneNote-Seite beenden.

iPhone

Tippen Sie einmal in die OneNote-Seite, sodass nachfolgend die Bildschirmtastatur und ein Menüband zu sehen sind.

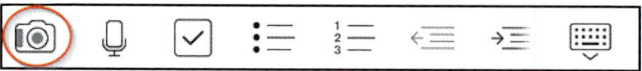

Abb. 4.44: Foto in einer OneNote-Seite im iPhone aufnehmen

Drücken Sie das Kamera-Symbol und wählen Sie anschließend BILD AUFNEHMEN.
Sie können ein oder mehrere Fotos aufnehmen. Diese werden in der aktuellen
OneNote-Seite und in der Fotogalerie gespeichert.

Situationen schnell und unkompliziert dokumentieren

Nutzen Sie diese Features beispielsweise, um schnell und unkompliziert Orts-
begehungen jedweder Art, z. B. Produktionsräume, Lager, Baustellen u. Ä., zu
dokumentieren.

4.6.17 Mit dem Finger handschriftliche Notizen machen (mobile OneNote-Apps)

Wenn ich auf der Bildschirmtastatur meines Handys Texte eingebe, ist die Fehler-
quote ziemlich hoch. Außerdem bin ich dabei auch nicht besonders schnell. Deshalb habe ich schon frühzeitig nach einer alternativen Form der Eingabe von
Texten gesucht.

Android Phone

Um bei einem Android-Gerät mit dem Finger in *OneNote* Texte schreiben zu können, benötigen Sie eine Handschriftenerkennungs-App, z. B. *Google Handschrifteingabe*. Installieren Sie die App über den *Google Play Store*, rufen Sie sie auf und
folgen den Anweisungen in der App.

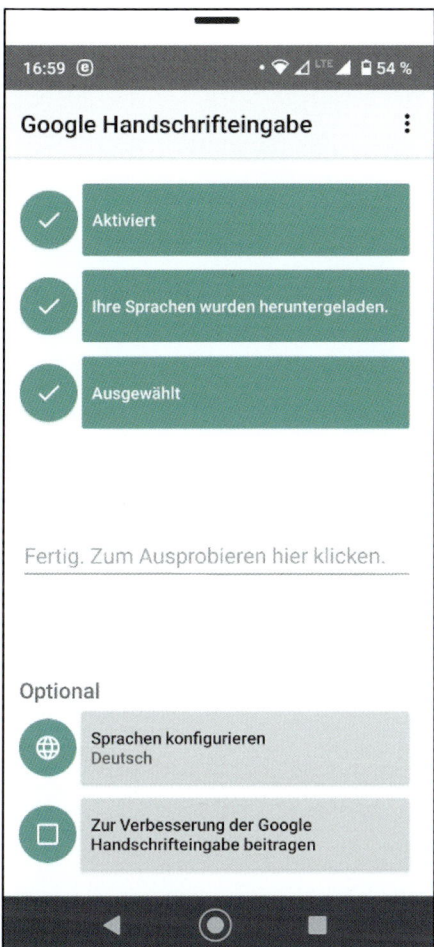

Abb. 4.45: Google-App Handschrifteneingabe

Danach ist die Handschrifteingabe betriebsbereit. Erstellen Sie eine neue One-Note-Seite. Statt der herkömmlichen Bildschirmtastatur wird nun die Handschrift-eingabe angezeigt. Ganz rechts unten im Fenster können Sie mit dem Tastatur-symbol auswählen, mit welcher Tastatur Sie arbeiten möchten.

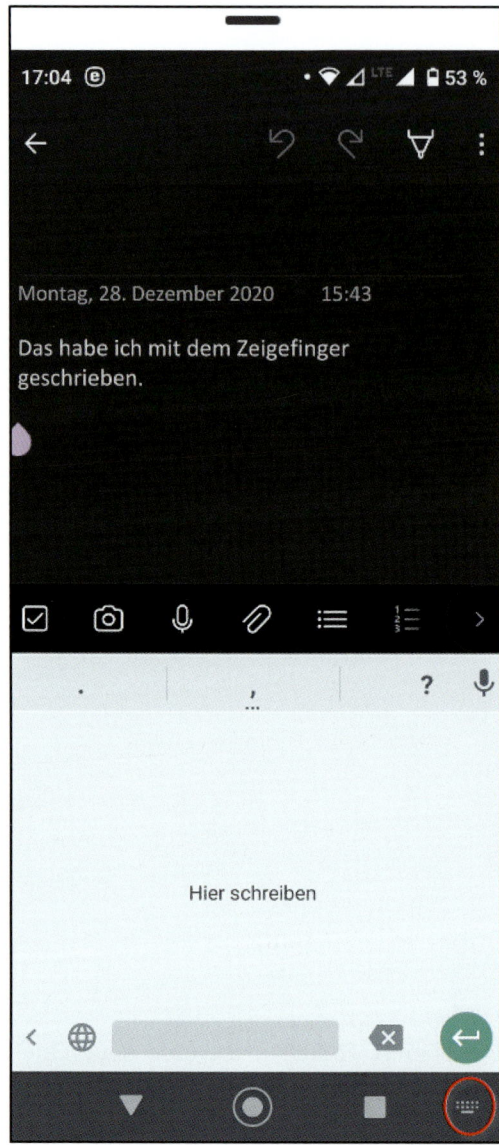

Abb. 4.46: Handschrifteingabe in OneNote-Seite

iPhone

Die Vorgehensweise auf dem iPhone ist deutlich einfacher und benutzerfreundlicher. Öffnen oder erstellen Sie eine OneNote-Seite.

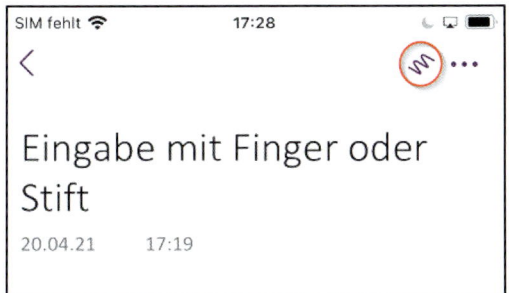

Abb. 4.47: Handschriftsymbol rechts oben in der OneNote-Seite

Tippen Sie auf das Handschrift-Symbol rechts oben, öffnet sich direkt über dem Seitennamen ein Menüband mit Auswahlmöglichkeiten.

Abb. 4.48: Handschrifteingabe im iPhone mit Finger oder Stift

Nachdem Sie auf das Stift-Symbol gedrückt haben, können Sie wahlweise mit einem Finger oder einem passenden Stift handschriftliche Eingaben vornehmen.

4.6.18 Mit dem Stift Texte und Anmerkungen notieren (OneNote für Windows 10/mobile OneNote-Apps)

OneNote für Windows 10 (Surface)

Auf einem Surface oder einer Surface-Alternative stehen Ihnen mit der App *One-Note für Windows 10* mehrere Möglichkeiten der Handschrifteingabe zur Verfügung. Im Gegensatz zu einem SmartPhone oder Tablet müssen hier keine zusätzlichen Apps installiert werden.

Variante 1: Als handschriftliches Dokument in OneNote belassen

Klicken Sie in der App auf das Menü ZEICHNEN und wählen Sie aus der angezeigten Palette eine Stiftvariante. Im Anschluss daran können Sie über den Drop-down-Pfeil unten rechts die Strichstärke sowie die Farbe verändern. Im Menü ANSICHT|HILFSLINIEN steht eine Auswahl an unterschiedlichen Hilfslinien bereit. Nachdem Sie die gewünschten Hilfslinien ausgewählt haben, können Sie nun mit dem mitgelieferten Pen den Bildschirm beschreiben.

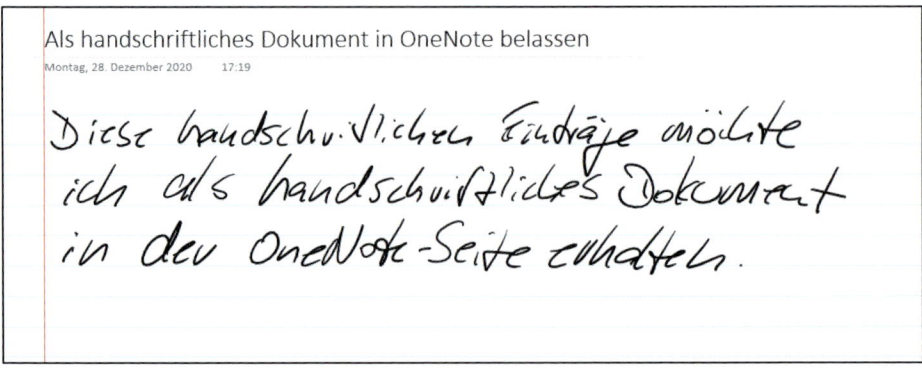

Abb. 4.49: Handschriftliche Einträge in der Form belassen

Diese Variante wähle ich z. B. bei Kundengesprächen vor Ort. Selbst wenn ich nach Jahren eine solche Gesprächsdokumentation betrachte, habe ich die damalige Gesprächssituation plastisch vor Augen. Das gelingt mir nicht, wenn ich die handschriftlichen Notizen in maschinenlesbaren Text umwandele. Probieren Sie es einmal aus, vielleicht funktioniert das bei Ihnen auch.

Variante 2: Handschriftliche Notizen in maschinenlesbaren Text umwandeln

Die überwiegende Zahl meiner handschriftlichen Notizen in *OneNote* wandele ich allerdings zu einem späteren Zeitpunkt in maschinenlesbaren Text um. Um Handschrift in Maschinenschrift umzuwandeln, klicken Sie im Menü ZEICHNEN auf das Lassosymbol ⬚. Anschließend kreisen Sie den Text, den Sie umwandeln wollen, mit der Maus oder dem Surface-Pen ein und wählen im selben Menü FREIHAND IN TEXT.

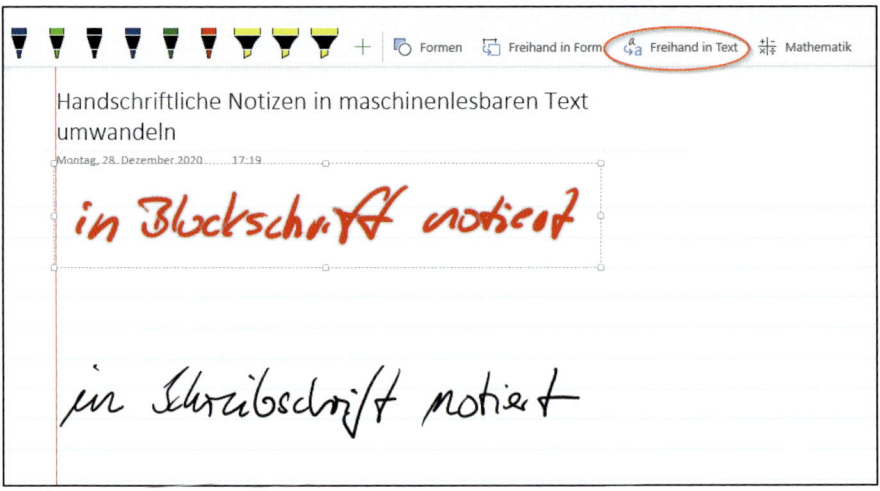

Abb. 4.50: Handschrift in Text umwandeln

Den Text habe ich sowohl in Blockschrift als auch in meiner Handschrift aufgeschrieben, um Ihnen das Ergebnis der Umwandlung zu zeigen.

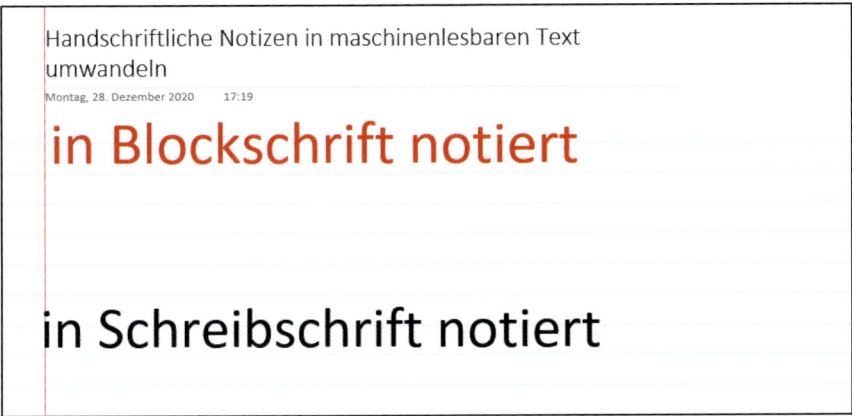

Abb. 4.51: Ergebnis der Umwandlung von Handschrift in Text

Das Beispiel zeigt sehr schön, wie gut die Handschrifterkennung arbeitet.

Variante 3: Handschrift während der Eingabe in Maschinenschrift umwandeln

In bestimmten Situationen möchte ich zwar meine Notizen handschriftlich eingeben, sie aber sofort vom Gerät in Maschinenschrift umwandeln lassen, ohne mit dem Lasso arbeiten zu müssen. *OneNote für Windows 10* bietet Ihnen auf dem Surface oder einem ähnlichen Gerät für diesen Zweck unterschiedliche Tastaturen im Tablet-Modus an. Wechseln Sie in den Tablet-Modus, und rufen Sie die Bildschirmtastatur mit dem Tastatursymbol ⌨ rechts unten in der Taskleiste auf.

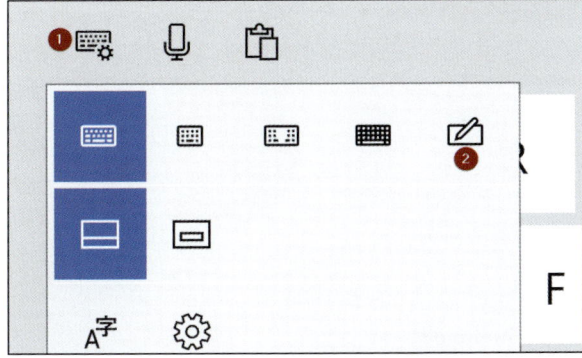

Abb. 4.52: Tastaturauswahl in Bildschirmtastatur

Klicken Sie danach auf das Tastatursymbol rechts oben ❶. Anschließend wählen Sie aus der Tastaturauswahl die Tastatur mit dem Stift ❷.

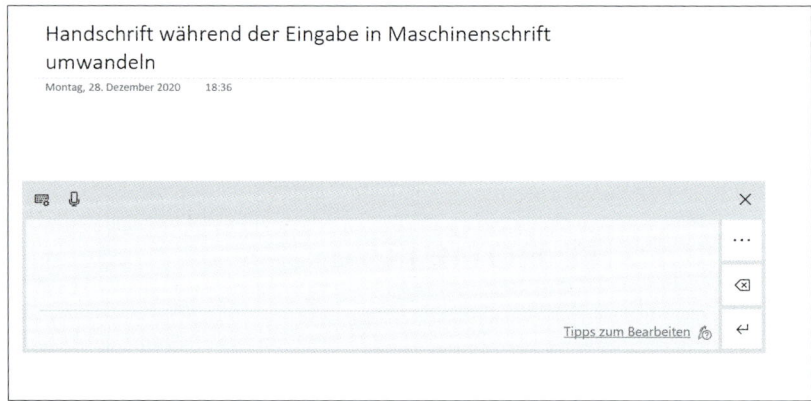

Abb. 4.53: Handschrift während der Eingabe in Maschinenschrift umwandeln

Die Texte, die Sie mit dem Surface-Pen eingeben, werden nach einer kurzen Verzögerung von etwa 15 Sekunden umgewandelt und in einen Notizencontainer abgelegt. Am Anfang ist es sehr gewöhnungsbedürftig, mit dieser Art der Eingabe zu arbeiten. Es lohnt sich jedoch, sich nicht davon abschrecken zu lassen.

Android Phone

Öffnen Sie in der mobilen App die OneNote-Seite, in die Sie handschriftliche Notizen eintragen möchten, oder legen Sie eine neue Seite dafür an.

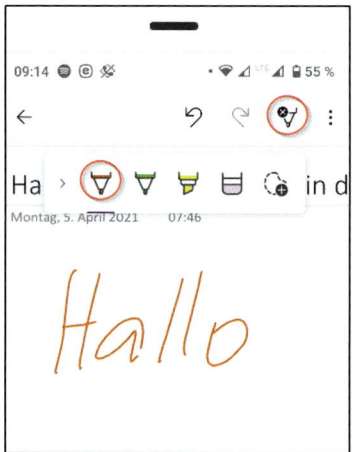

Abb. 4.54: Handschriftliche Notiz mit einem Android-Gerät

Tippen Sie in der Seite zuerst oben auf das Stift-Symbol. Damit aktivieren Sie Zeichnen-Funktion. Wählen Sie anschließend ein Stiftsymbol, und schreiben Sie mit dem Stift den Text. Der Eintrag wird als Handschrift gespeichert.

iPhone

Die Vorgehensweise bei der handschriftlichen Eingabe mit einem Stift im iPhone ist identisch mit der Eingabe mit einem Finger, die ich in Abschnitt 4.6.17 beschrieben habe.

4.7   Nützliche Helfer in OneNote

In Abschnitt 4.6 habe ich erläutert, mit welchen Funktionen Sie Inhalte in ein Notizbuch aufnehmen können. In diesem Abschnitt möchte ich Ihnen die Möglichkeiten vorstellen, wie Sie in den Inhalten suchen und diese einfach verwalten können. Auch hier unterscheiden sich *OneNote 2016* und *OneNote für Windows 10* deutlich voneinander. Ich werde im Folgenden zunächst die Funktionen beschreiben, die für beide Versionen verfügbar sind. Nützliche Helfer, die nur in *OneNote 2016* verfügbar sind, finden Sie in Abschnitt 4.7.5.

4.7.1   Die Volltextsuche

Beide Versionen verfügen über eine sehr leistungsfähige Volltextsuche. Gesucht wird immer nur in Notizbüchern, die in der jeweiligen Version geöffnet sind. Ein besonderes Highlight der Volltextsuche ist das Suchen nach Maschinen- und Handschrifttexten in Bildern.

Suchen in OneNote 2016

Das Suchfeld befindet sich auf Höhe der Abschnittsregisterkarten ganz rechts.

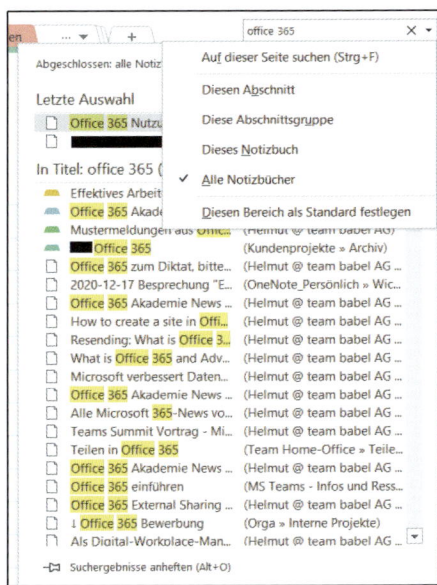

Abb. 4.55: Suche in OneNote 2016

Über den Drop-down-Pfeil rechts neben dem Suchfeld können Sie den Suchraum bestimmen. Setzen Sie den Suchtext in Anführungszeichen, wird exakt nach dem eingegebenen Text gesucht. Diese Art der Suche wird als *Ausdrucksuche* bezeichnet. Die dargestellte Trefferliste wird nur angezeigt, wenn Sie nach der Eingabe nicht ⌈Enter⌉ drücken. Ansonsten zeigt *OneNote* die erste gefundene Seite an.

Suchen in OneNote für Windows 10

Die Lupe als Symbol für die Suche finden Sie in der schmalen Navigationsleiste ganz links.

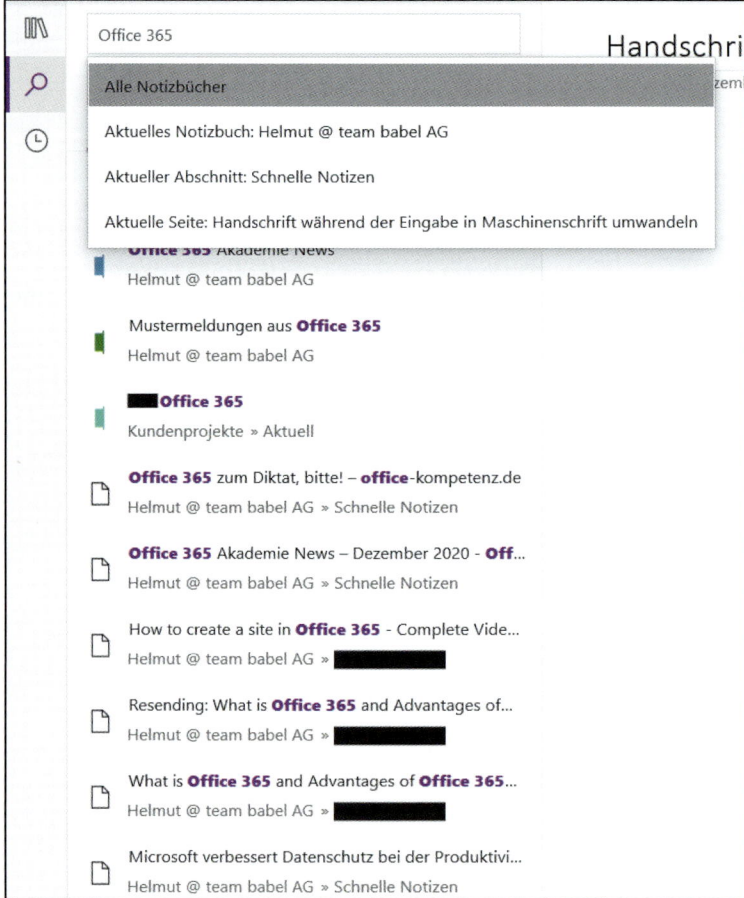

Abb. 4.56: Suche in OneNote für Windows 10

Hier müssen Sie nach der Eingabe des Suchbegriffes ⌈Enter⌉ drücken, damit die Trefferliste angezeigt wird. In der Auswahlbox unter der Suchbegriff-Eingabe können Sie den Suchraum bestimmen.

4.7.2 Autoren ein- und ausblenden

OneNote protokolliert, welche Person (Autor) eine Information eingegeben oder verändert hat. Insbesondere in Notizbüchern, die von mehreren Personen bearbeitet werden, kann das eine nützliche Funktion sein. Das Kürzel der Person, die zuletzt eine Änderung vorgenommen hat, wird neben dem entsprechenden Text angezeigt. Verharren Sie mit der Maus auf dem Kürzel, werden Detailinformationen angezeigt.

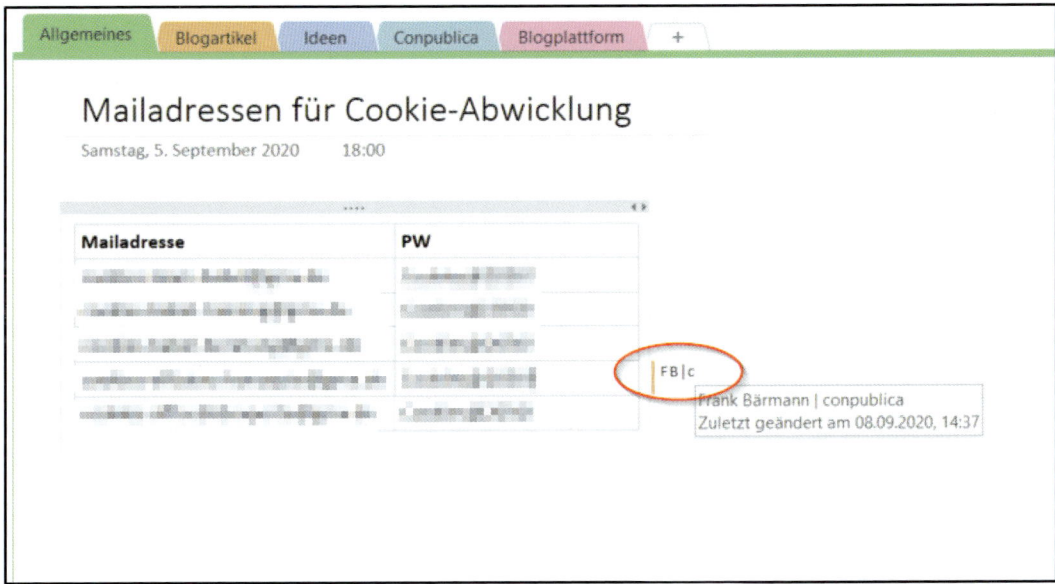

Abb. 4.57: Anzeige der Autoren in OneNote 2016

Die Anzeige der Autoren kann aber auch störend sein, wenn z. B. die Informationen in einer Seite häufig geändert werden. Sowohl *OneNote 2016* als auch *OneNote für Windows 10* bieten die Möglichkeit, die Anzeige der Autoren ein- und auszublenden.

- **In OneNote 2016 finden Sie den Wechselschalter im Menü** VERLAUF .
- In **OneNote für Windows 10** ist die Funktion im Menü ANSICHT Autoren ausblenden aufrufbar.

4.7.3 Zusätzlichen Schreibbereich auf einer bereits gefüllten Seite einfügen

Mit der Funktion SCHREIBBEREICH EINFÜGEN können Sie den kompletten Seiteninhalt in einem Block auf einer Seite nach unten schieben und damit Platz für weitere Notizen schaffen.

- **In OneNote 2016 finden Sie die Funktion im Menü** EINFÜGEN (Abbildung 4.58).

- **In OneNote für Windows 10 befindet sich die Funktion im Menü** ZEICHNEN (Abbildung 4.59).

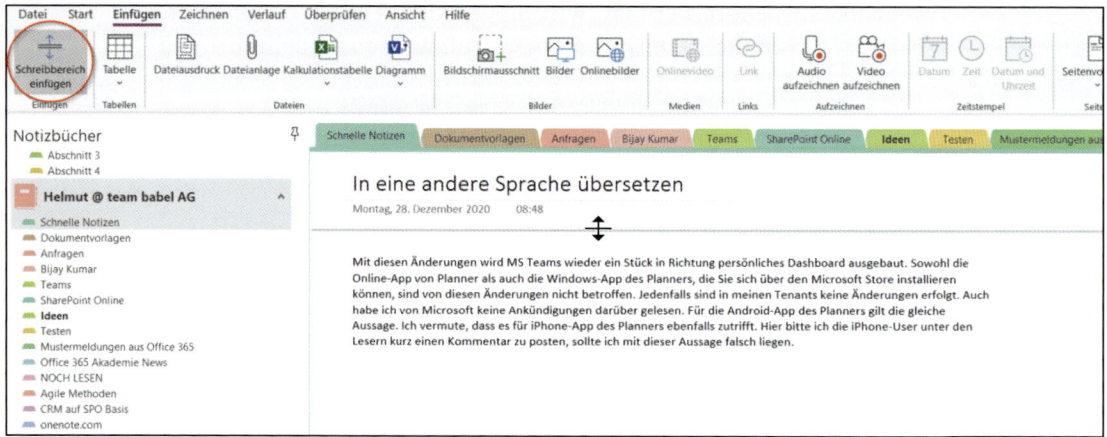

Abb. 4.58: Schreibbereich in OneNote 2016 einfügen

Abb. 4.59: Schreibbereich in OneNote für Windows 10 einfügen

In beiden Fällen klicken Sie den in der Seite angezeigten Doppelpfeil an, halten die Maustaste gedrückt und ziehen einen beliebig großen Bereich auf.

4.7.4 Link zur Seite kopieren

Möchten Sie einer Person, die bereits Zugriff auf das Notizbuch besitzt, einen Link zu einer OneNote-Seite zukommen lassen, gehen Sie wie folgt vor:

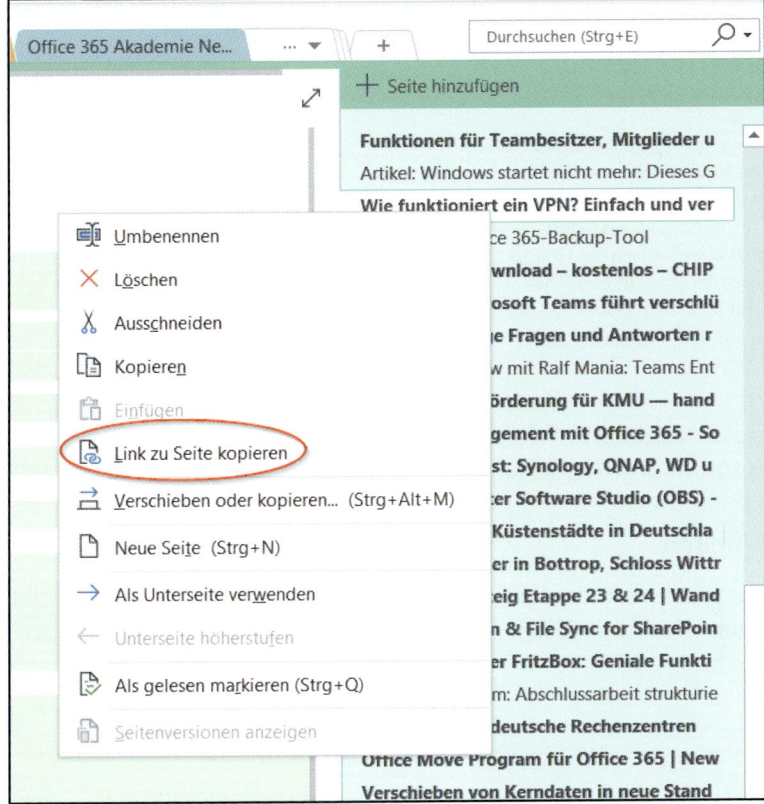

Abb. 4.60: Link zu einer Seite kopieren aus dem Kontextmenü einer Seite

Klicken Sie mit der rechten Maustaste auf die gewünschte Seite, und wählen Sie aus dem Kontextmenü LINK ZU SEITE KOPIEREN. Der Link wird in die Zwischenablage kopiert. Jetzt können Sie ihn beispielsweise in eine Mail oder einen Chat kopieren.

4.7.5 Nur in OneNote 2016 verfügbare Helfer

Der angedockte Modus

Mit dem *angedockten Modus* reduzieren Sie die OneNote-Anzeige auf einen schmalen Bereich, der am rechten Rand des Bildschirms angezeigt wird. Sie schalten ihn über das Menü ANSICHT | ein.

Mit den Doppelpfeil rechts oben in angedockten Modus kehren Sie zur Vollbilddarstellung von *OneNote* zurück. Den angedockten Modus können Sie mit allen anderen Programmen nutzen. Links werden allerdings nur in der Kombination mit PowerPoint erstellt.

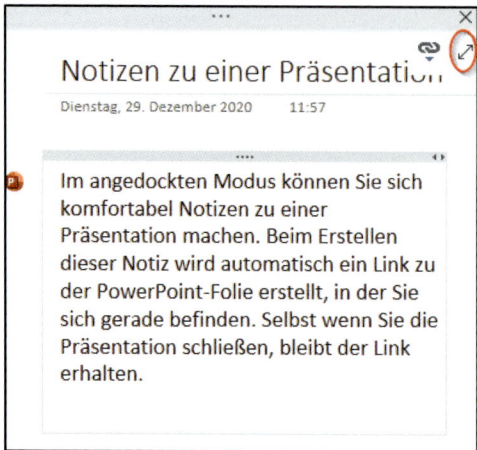

Abb. 4.61: OneNote 2016 im angedockten Modus

Mit Vorlagen arbeiten

Erstellen Sie neue Seiten mit identischem Layout häufiger, können Sie dafür Seitenvorlagen anlegen. Die Funktionen finden Sie im Menü EINFÜGEN|SEITENVORLAGEN.

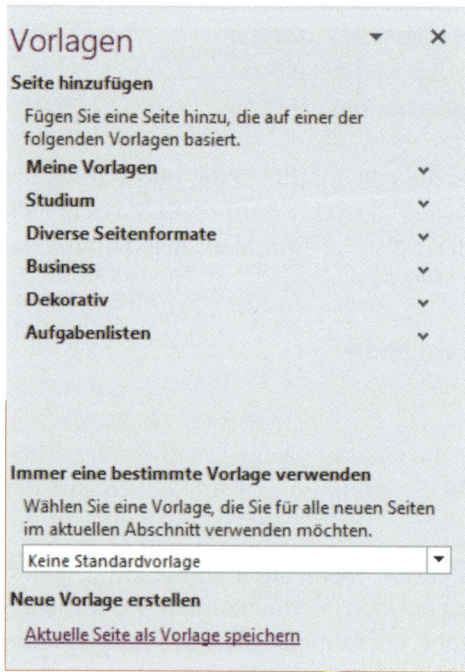

Abb. 4.62: Vorlagen in OneNote 2016 erstellen

Wählen Sie aus einer der Gruppen eine Seitenvorlage aus, wird diese angezeigt. Entweder entspricht die Seite bereits Ihren Vorstellungen, oder Sie modifizieren sie noch. Mit der Schaltfläche AKTUELLE SEITE ALS VORLAGE SPEICHERN können Sie diese Seite als Vorlage mit einem von Ihnen gewählten Namen speichern. Die Vorlagen, die Sie erstellt haben, werden als Liste angezeigt, wenn Sie künftig auf den Button SEITENVORLAGEN klicken. Mit einem Klick auf eine der Vorlagen erstellt *OneNote* eine neue Seite auf Basis dieser Vorlagen.

Alle Seitenversionen einsehen

In *OneNote* ist eine Versionierung der Seiten automatisch inbegriffen. Bei Bedarf können Sie alle Versionen einer Seite einsehen sowie frühere Versionen auch wiederherstellen. Sie finden die Funktion im Menü VERLAUF|SEITENVERSIONEN.

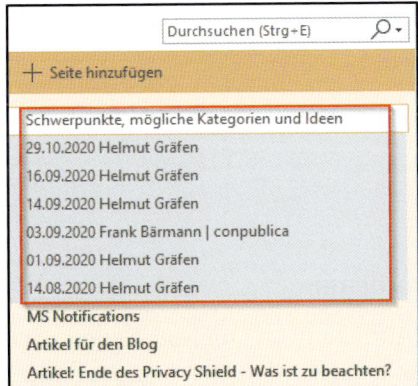

Abb. 4.63: Seitenversionen in OneNote 2016

Die vorhandenen Versionen werden in der Seitennavigationsleiste auf der rechten Seite unmittelbar unter der geänderten Seite mit Datum und Autor der Veränderungen anzeigt. Die Versionen werden grau unterlegt. Klicken Sie auf eine der Versionen mit der linken Maustaste, wird diese Version anstelle der aktuellen Seite angezeigt. Alle Veränderungen gegenüber der aktuellen Seite werden grün unterlegt. Klicken Sie mit der rechten Maustaste auf eine Version, können Sie aus dem Kontextmenü unter anderem den Menüpunkt VERSION WIEDERHERSTELLEN auswählen.

Nach Autoren suchen

Um schnell einen Überblick darüber zu bekommen, welche Personen in einem Notizbuch welche Seiten geändert haben, können Sie aus dem Menü VERLAUF die Kachel NACH AUTOR SUCHEN aufrufen. Die Autoren werden daraufhin in einer Navigationsleiste auf der rechten Seite gruppiert aufgelistet.

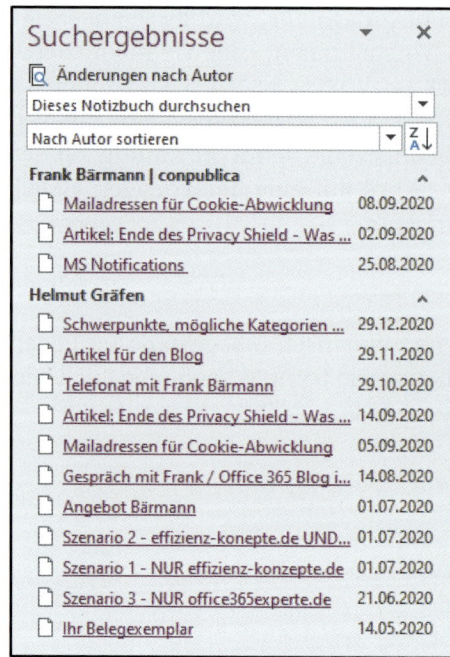

Abb. 4.64: Nach Autoren in OneNote 2016 suchen

OneNote-Seiten nach Änderungsdatum auflisten

Ebenfalls eine sehr nützliche Funktion ist das Auflisten von OneNote-Seiten nach ihrem Änderungsdatum. Sie ist im Menü VERLAUF|LETZTE ÄNDERUNGEN zu finden.

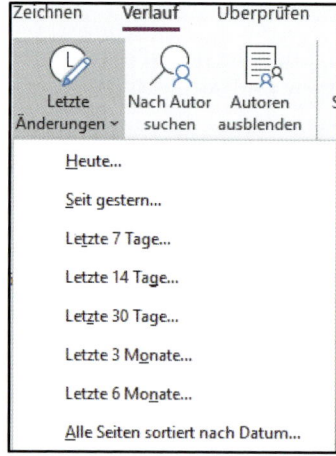

Abb. 4.65: Menü LETZTE ÄNDERUNGEN in OneNote 2016

Nachdem Sie eine Wahl getroffen haben, wird das Suchergebnis in einer Navigationsleiste auf der rechten Seite des Bildschirms angezeigt.

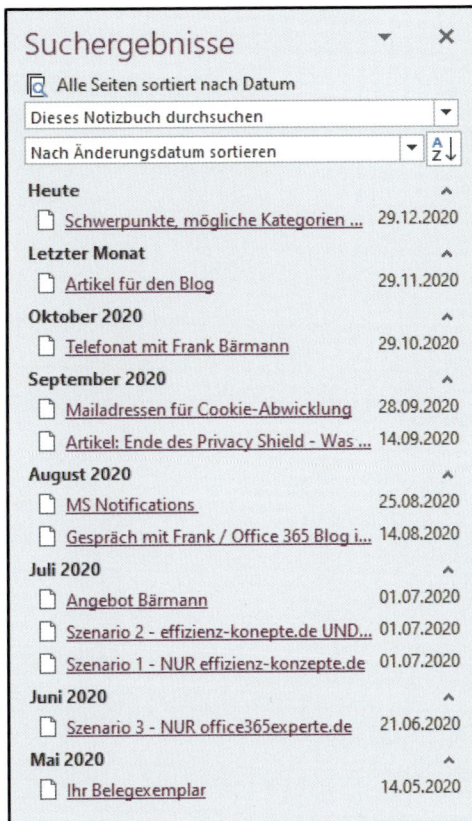

Abb. 4.66: Auflistung der OneNote-Seiten nach Änderungsdatum (OneNote 2016)

Notizen mit einem Datum-/Zeitstempel versehen

Wie bereits erwähnt, bekommt jede neu erstellte Seite einen *Datum- und Zeitstempel* für das Erstellungsdatum sowie die Erstellungszeit. Falls Sie dokumentieren wollen, dass einzelne Einträge an einem anderen Datum in die Seite eingetragen wurden, können Sie jedem Eintrag in der Seite einen gesonderten *Datum- und Zeitstempel* vergeben. Klicken Sie dazu auf Menü EINFÜGEN. Dort finden Sie eine Kachel *Zeitstempel*. Sie können wählen zwischen DATUM, ZEIT und DATUM UND ZEIT.

Kapitel 5

Planner – Teamaufgaben managen

Diese App gab es vor Office 365 nicht – Sie können sie ausschließlich im Rahmen der Cloud nutzen. Der *Planner* ist ein einfach aufgebauter und damit leicht zu bedienender Aufgabenplaner für die Aufgaben in einem Team. An die Leistungsfähigkeit von klassischer Projektmanagement-Software wie *Microsoft Projekt* oder Jira von Atlassian reicht er nicht heran. Dennoch halte ich den *Planner* für ein sehr wertvolles Tool, das das kollaborative Arbeiten im Team unterstützt und fördert.

Die App *Planner* ist dazu gedacht, eine effektive Aufgabenverwaltung innerhalb einer Gruppe zu ermöglichen. Der *Planner* ist vergleichbar mit Produkten wie *Trello* und *Asana*, die Funktionsvielfalt ist ähnlich. Der große Vorteil des *Planners*: Er ist nahezu perfekt in Office 365 integriert, kommuniziert mit anderen Programmen in Office 365 und kann in *Microsoft Teams* als Registerkarte in ein Team eingebunden werden. Dort heißt die App aber mittlerweile *Tasks von Planner und To Do*. Bei der Entwicklung des *Planners* legte Microsoft den Schwerpunkt allerdings nicht auf eine große Funktionsvielfalt, sondern auf eine einfache Bedienung der App. Viele Aktionen im *Planner* können via Drag & Drop ausgeführt werden. Mit dem *Planner* lassen sich Teamaufgaben leicht managen und für das ganze Team übersichtlich darstellen.

5.1 Einsatzmöglichkeiten des Planners

Um die Einsatzmöglichkeiten des *Planners* aufzeigen zu können, ist er deutlich gegen *To Do*, ein weiteres Aufgabentool in Office 365, abzugrenzen. Während *Planner* für das Managen von Gruppen- bzw. Teamaufgaben konzipiert ist, setzen Sie *To Do* für die Verwaltung Ihrer persönlichen Aufgaben ein. Sobald Ihnen über *Planner* eine Aufgabe zugewiesen wurde, erhalten Sie eine Mailbenachrichtigung. Gleichzeitig wird die Ihnen zugewiesene Aufgabe auch in *To Do* in der Gruppe *Ihnen zugewiesen* zu sehen sein. Eine detaillierte Beschreibung von *To Do* finden Sie in Kapitel 6, weitere Informationen zum Zusammenspiel des *Planners* mit anderen Apps in Office 365 nachfolgend in Abschnitt 5.5.

Tipp

Die Funktionen und Darstellungsmöglichkeiten des *Planners* eignen sich sehr gut für die Aufgabenverwaltung in kleinen und mittleren Teams sowie für kleinere Projekte. Er ist aber definitiv kein Ersatz für eine Projektmanagementsoftware wie z. B. *MS Projekt*.

In der folgenden Tabelle sehen Sie eine Übersicht darüber, was der *Planner* zu leisten vermag und was nicht und was ihn von professionellen Projektmanagementtools unterscheidet:

Funktion	Ja	Nein
Abhängigkeiten zwischen den Aufgaben, z. B. Vorgänger- und Nachfolgeraufgaben		X
Ressourcenverwaltung		X
Neuberechnungen nach Änderungen im Terminplan		X
Als Kalender darstellen	X	
Als Kalender in *Outlook* einbinden	X	
Darstellung in einem *Gantt-Diagramm*[a]		X
Fälligkeits- und Startdatum zuweisen	X	
Einer Person zuweisen	X	
Mehreren Personen zuweisen	X	
Dateien anhängen	X	
Links einfügen	X	
Notizen einfügen	X	
Kommentare einfügen	X	
Aufgabengruppierung nach Themen, Bereichen etc.. (über *Buckets*)	X	
Prioritäten vergeben	X	
Status (Nicht begonnen, In Arbeit, Erledigt)	X	
Teilaufgaben innerhalb einer Aufgabe (über Checklisten)	X	
Teilaufgaben anderen bzw. unterschiedlichen Personen zuweisen		X
Über mobile App nutzbar (Android und iOS)	X	
Aus *MS Teams* aufrufbar	X	
Synchronisierung mit *To Do*	X	
Synchronisierung mit den Outlook-Aufgaben		X
Automatisierbar (mit *Power Automate*[b])	X	

Tabelle 5.1: Was kann der Planner, und was kann er nicht?

a   Ein Gantt-Diagramm ist eine gängige Methode im Projektmanagement, das die zeitliche Abfolge von Aktivitäten grafisch in Form von Balken auf einer Zeitachse darstellt.
b   *Power Automate* ist eine weitere App, die in vielen Plänen von Office 365 enthalten ist. Damit haben Sie die Möglichkeit, interne Abläufe mit Workflows zu automatisieren.

Ob der Einsatz für Sie und Ihr Team also hilfreich ist, hängt stark von Ihren Anforderungen ab.

5.2 Aufbau des Planners

Die App *Planner* arbeitet mit Aufgabenplänen, kurz *Pläne* genannt. Sobald Sie die Online-App oder die mobile App starten, wird Ihnen Ihr *Planner-Hub* angezeigt.

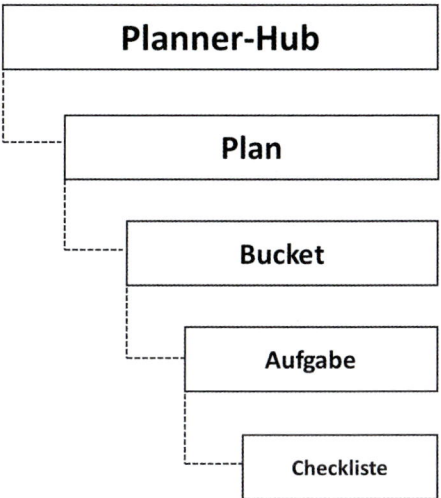

Abb. 5.1: Aufbau des Planners

Planner-Hub

Der Planner-Hub ist eine Übersicht über Ihre Aufgaben. Hier sehen Sie nur die Pläne, die Sie dort selbst angelegt haben, und diejenigen, die von anderen Personen erstellt wurden, beispielsweise von einem Teamleiter.

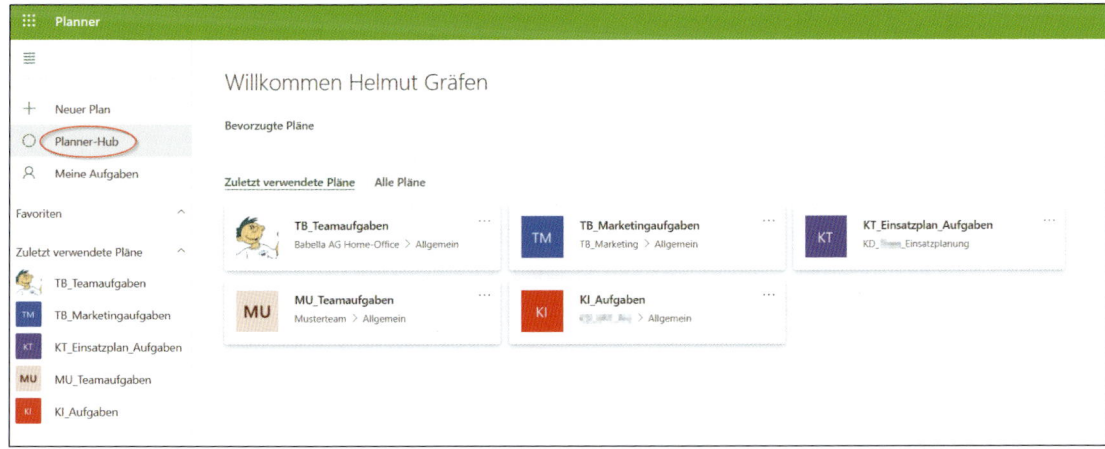

Abb. 5.2: Darstellung des Planner-Hubs in der Online-App des Planners

Plan

In einem Plan fassen Sie Aufgaben zusammen, die zu einem Bereich, einem Projekt, einer Abteilung oder ähnlichen Ordnungskriterien gehören, z. B. ein Plan für die Aufgaben im Marketing.

Wichtig

Innerhalb eines Plans können Sie keine unterschiedlichen Berechtigungen (Zugriffsrechte) vergeben.

Ein Plan ist immer einer *Microsoft-365-Gruppe* zugeordnet. *Microsoft-365-Gruppen* werden Personen und Programme aus Office 365 zugeordnet. Sie dienen auch dazu, den Mitgliedern die erforderlichen Berechtigungen für das Arbeiten mit bestimmten Ressourcen zuzuweisen. Eine *Microsoft-365-Gruppe* kann die Ausprägung *Öffentlich* oder *Privat* haben. In öffentlichen Gruppen sieht jede Person in der Organisation den Inhalt, in privaten Gruppen dagegen nur die Mitglieder der Gruppe. Nur der Gruppenbesitzer kann Mitglieder in die Gruppe aufnehmen oder aus der Gruppe entfernen.

Microsoft-365-Gruppen können an unterschiedlichen Stellen in Office 365 erstellt werden. Mit der Erstellung werden im Hintergrund weitere Ressourcen automatisch erzeugt:

- Eine Gruppenmailadresse und ein Gruppenkalender in einem verborgenen Postfach
- Eine *SharePoint-Teamwebsite* mit einer *Dokumentenbibliothek* zum Speichern von Ordnern und Dateien
- Ein OneNote-Notizbuch
- Ein Plan im *Planner*

Unter anderem wird eine *Microsoft-365-Gruppe* automatisch bei der Erstellung eines neues Teams angelegt.

Microsoft-365-Gruppen sind mehr als Mail-Verteilergruppen

Microsoft-365-Gruppen sind ein sehr mächtiges Instrument und nicht mit Verteilergruppen in *Outlook*, mit denen Sie eine Mail gleichzeitig an mehrere Empfänger schicken können, zu verwechseln. Wenden Sie sich an Ihre IT, wenn Sie mehr über den Einsatz der *Microsoft-365-Gruppen* in Ihrem Unternehmen wissen möchten.

Bucket

Die deutsche Übersetzung für *Bucket* lautet Eimer. Er ist also ein Behältnis, der Aufgaben aufnehmen kann. *Buckets* dienen dazu, den Aufgabenplan zu strukturieren. Sie werden in Spalten dargestellt, die Sie individuell benennen können. Ein *Bucket kann* maximal 100 Aufgaben aufnehmen. Ähnliche Aufgaben ordnen Sie dem jeweils passenden *Bucket* zu. Je nachdem, wie Sie Ihre Arbeit organisieren wollen, könnten *Buckets* in einem Marketingaufgabenplan z. B. wie folgt aussehen:

- **Nach Themen:**
  SocialMedia, Website, Blog, ...
- **Nach Sparten:**
  fachlich, technisch, organisatorisch, ...
- **Nach Projektphasen:**
  Vorbereitungsphase, Durchführungsphase, Nachbereitungsphase oder auch eine differenziertere Unterteilung
- **Nach einem Veröffentlichungsplan:**
  z. B. für jede Kalenderwoche ein *Bucket*

Planen Sie Ihre Buckets sorgfältig

Die *Buckets* eines Plans sind mit zwei Mausklicks schnell angelegt. Die eigentliche Arbeit liegt in der Planung der *Buckets*. Im Idealfall bildet die Bucketstruktur das Tagesgeschäft Ihres Teams zu 100 % ab.

Aufgabe

Eine Aufgabe wird immer in einem *Bucket* erstellt. Sie kann einer Person, mehreren Personen oder auch gar keiner Person zugeordnet werden. Wird die Aufgabe zugewiesen, erhält die jeweilige Person eine Mail mit einem Link zu dieser Aufgabe. Außerdem wird die Aufgabe in die App *To Do* dieser Person eingetragen. Weitere Merkmale, die Sie außer der Zuweisung in einer Aufgabe definieren können, sind:

- *Aufgabentitel*
- *Bezeichnung*
  Sie haben die Auswahl zwischen sechs farblich unterschiedlichen *Bezeichnungen*, deren Benennung Sie frei wählen können.

Abb. 5.3: Aufgabenmerkmal Bezeichnung

Leider hat Microsoft im *Planner* keine Kategoriennutzung vorgesehen. Die *Bezeichnungen* sind definitiv kein Ersatz für Kategorien, können aber trotzdem beim Strukturieren der Planner-Aufgaben helfen.

■ *Bucket*
In diesem Feld wird immer der Name des *Buckets* übernommen, in dem Sie die Aufgabe erstellen. Die Information kann aber jederzeit abgeändert werden. Das Feld muss einen Bucketnamen enthalten und kann nicht leer bleiben.

■ *Status*
Das Feld hat drei unterschiedliche Ausprägungen.

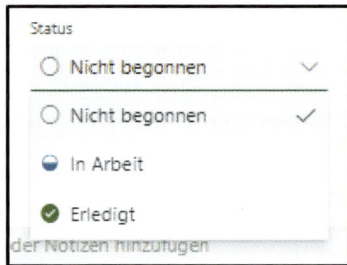

Abb. 5.4: Aufgabenmerkmal Status

In den reduzierten Aufgabenkarten im Board wird nur das Icon des Status angezeigt. Der Text dazu ist erst zu sehen, wenn Sie die Aufgabe öffnen.

■ *Priorität*
Das Feld hat vier unterschiedliche Ausprägungen.

Abb. 5.5: Aufgabenmerkmal Priorität

Ich empfehle Ihnen, im Team Verabredungen darüber zu treffen, wie mit den Prioritätsstufen umgegangen werden sollen. Wenn nicht alle beteiligten Personen das Gleiche unter z. B. *Dringend* verstehen, hilft das Priorisieren der Aufgaben nicht weiter.

- *Startdatum*
  Standardbelegung ist *Jederzeit beginnen*.

- *Fälligkeitsdatum*
  Standardbelegung ist *Jederzeit fällig*.

- *Notizen*
  Auch hier machen Verabredungen darüber Sinn, welche Art von Informationen als Notizen für die Erledigung der Aufgabe hilfreich sind.

- *Checkliste*
  Hier können Sie eine abhakbare *Checkliste* erstellen, die Sie wie Teilaufgaben innerhalb der Aufgabe verwenden werden können.

- *Anlagen*
  Es stehen drei Auswahlmöglichkeiten bereit: Mit Datei können Sie eine Datei aus dem Windows-Explorer auswählen. Mit Link ist es möglich, in der Aufgabe einen Link zu einer Ressource, wie z. B. einer Datei oder einer OneNote-Seite, zu hinterlegen. Mit *SharePoint* können Sie eine Datei aus einer SharePoint-Site auswählen. Detaillierte Informationen zu *SharePoint* finden Sie in Kapitel 9.

- *Kommentare*
  Die Kommentare, die Sie hier versenden, werden nicht an einzelne Personen geschickt, sondern an die *Microsoft-365-Gruppe*, der dieser Plan zugeordnet ist. Außerdem werden die Kommentare in der Aufgabe aufgelistet. Ein Plan kann maximal 2.500 Kommentare aufnehmen.

5.3 Darstellung der Aufgaben im Planner

Die Aufgaben im *Planner* lassen sich in drei verschiedenen Darstellungen anzeigen:

1. Als *Board*
2. Als *Diagramme*
3. Als *Zeitplan*

5.3.1 Aufgabendarstellung im Board

Die Darstellung in einem *Board* ist dem *agilen Projektmanagement* entlehnt. Dort wird für jede Aufgabe eine Karte erstellt und auf einem Board in eine Spalte platziert.

Das Status-Board ist die einfachste und wahrscheinlich auch bekannteste Darstellung. Dazu werden drei Spalten definiert: *Nicht begonnen*, *In Arbeit* und *Erledigt*. Jede neue Aufgabenkarte wird in die Spalte *Nicht begonnen* gepinnt. Ist die Aufgabe in der Bearbeitung, wird die Karte in die Spalte *In Arbeit* verschoben und nach Erledigung in die Spalte *Erledigt*. Auf diese Weise haben alle Teammitglieder einen guten Überblick über die Aufgabenlandschaft des Teams.

Die bekanntesten Methoden des agilen Projektmanagement sind *Kanban* und *SCRUM*. Microsoft greift im *Planner* die Grundidee des agilen Projektmanagements auf und stellt die Spalten als *Buckets* dar.

Innerhalb des *Boards* stehen Ihnen verschiedene Gruppierungsmöglichkeiten zur Verfügung.

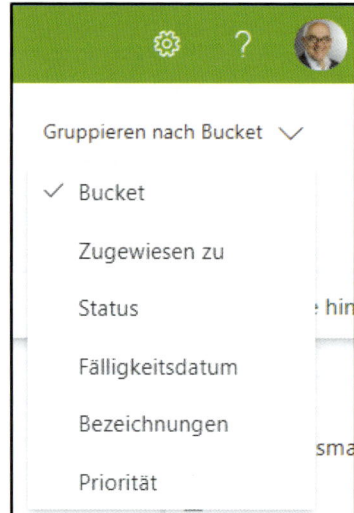

Abb. 5.6: Gruppierungen in der Board-Darstellung

Nach Bucket

Die Darstellung der Aufgaben im *Board* nach *Buckets* ist die Standardansicht, die nach dem Öffnen eines Plans angezeigt wird. Hier werden die *Buckets* und die darin zugeordneten Aufgaben nebeneinander abgebildet. Bei Bedarf können die *Buckets* via Drag & Drop beliebig angeordnet werden.

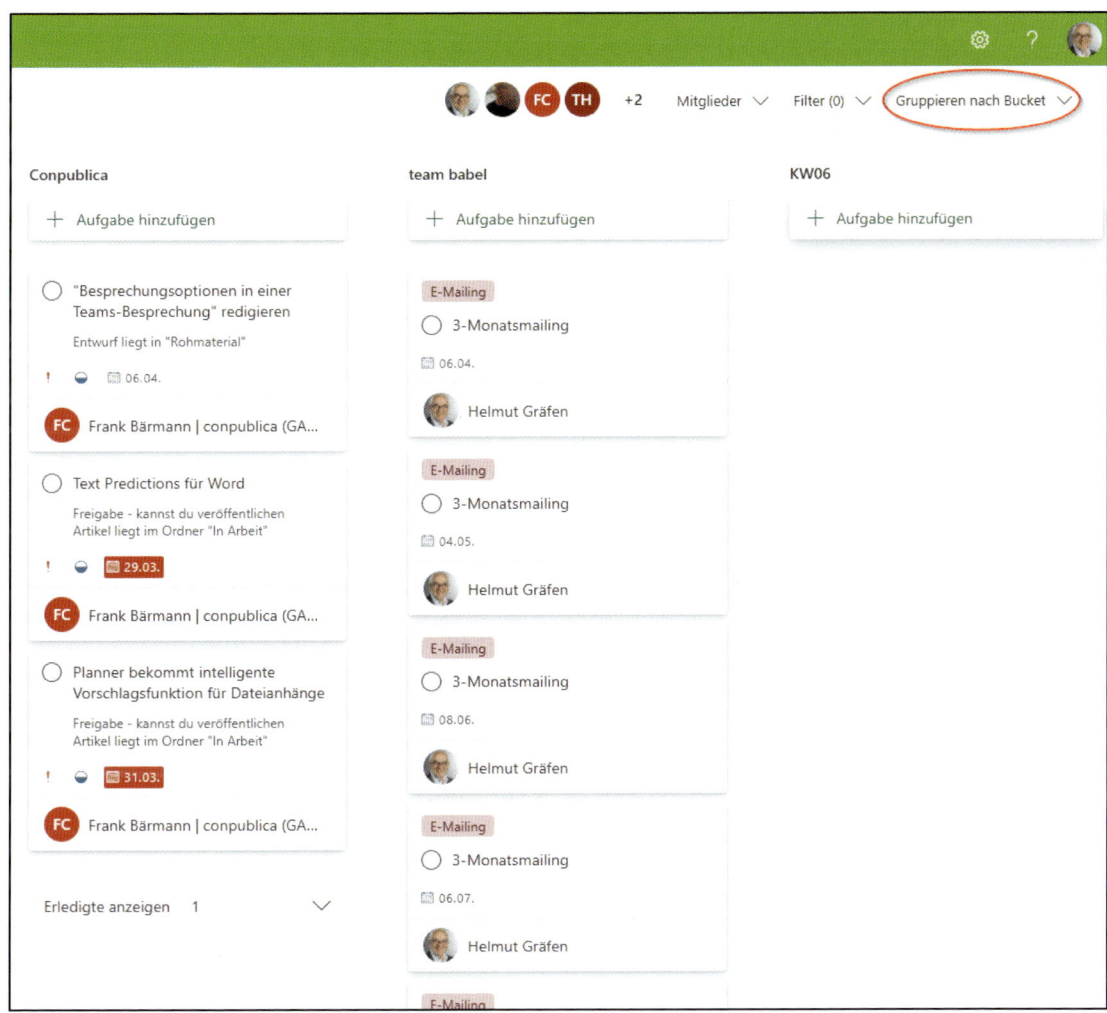

Abb. 5.7: Gruppiert nach Bucket

Nach Zugewiesen zu

Diese Gruppierungsmöglichkeit zeigt Ihnen an, welche Aufgaben noch nicht zugewiesen und welcher Person welche Aufgaben zugeordnet sind.

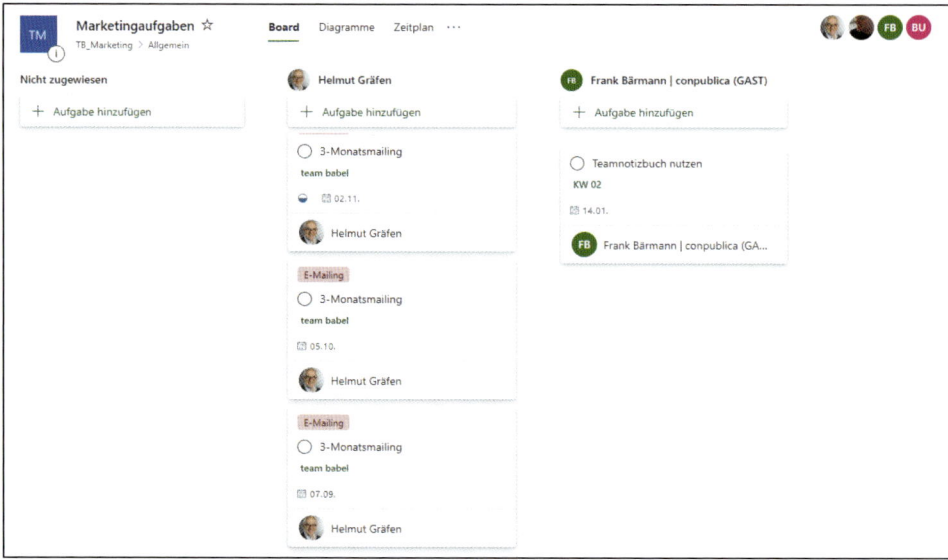

Abb. 5.8: Gruppiert nach Zugewiesen

Nach Status

Gruppierte Darstellung nach *Nicht begonnen, In Arbeit* und *Erledigt*.

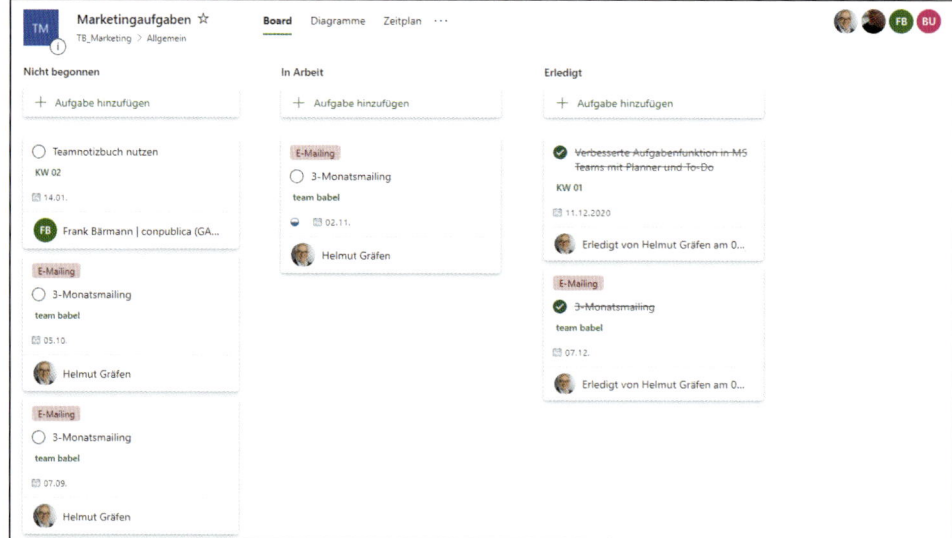

Abb. 5.9: Gruppiert nach Status

Nach Fälligkeitsdatum

Die Darstellung ist grob gruppiert nach *Verspätet, Nächste Woche* und *Zukünftig*.

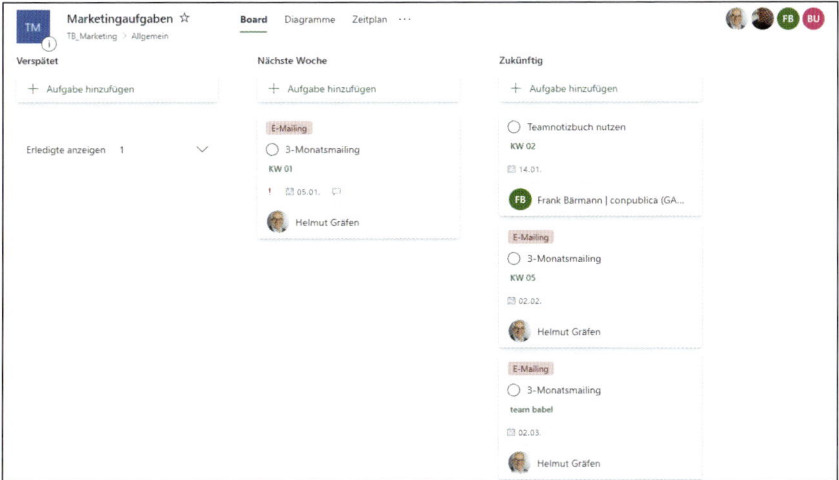

Abb. 5.10: Gruppiert nach Fälligkeit

Nach Bezeichnungen

Gruppierte Darstellung nach den zugeordneten Bezeichnungen. Für jede Bezeichnung wird eine Spalte angezeigt und zusätzlich eine Spalte *Keine Bezeichnung*.

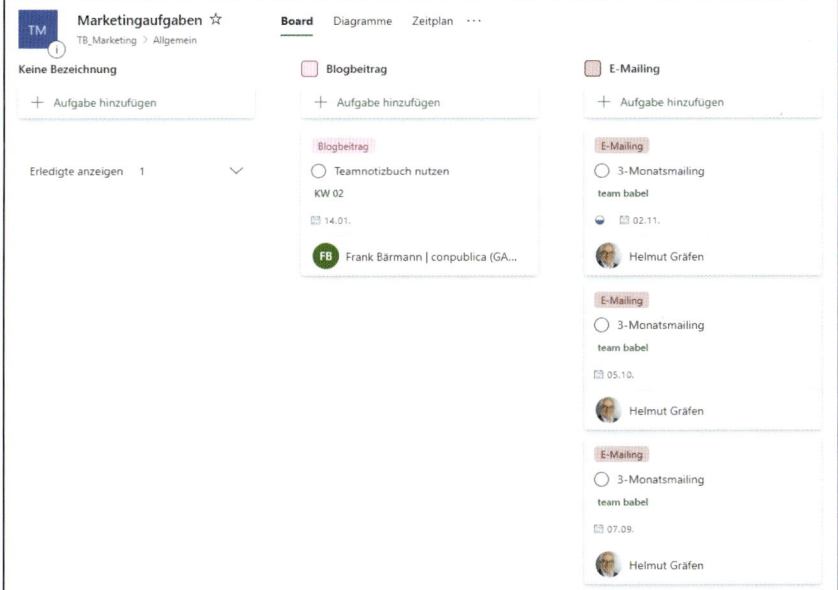

Abb. 5.11: Gruppiert nach Bezeichnungen

Nach Priorität

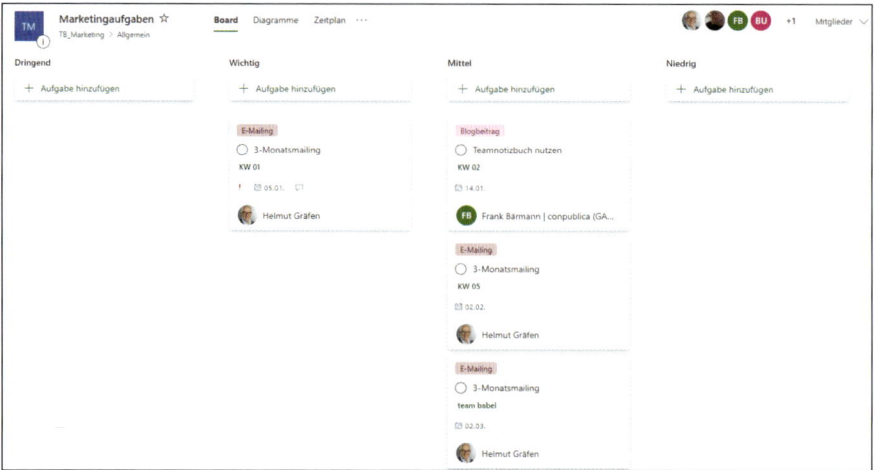

Abb. 5.12: Gruppiert nach Priorität

> **Hinweis**
>
> Verschieben Sie innerhalb der gruppierten Ansicht eine Aufgabenkarte in eine andere Spalte, wird die Aufgabenkarte automatisch mit den Informationen der Zielspalte aktualisiert.

5.3.2 Einfaches Nachhalten durch die Diagramm-Darstellung

Über die Diagrammdarstellung erhalten Sie per Mausklick einen guten Überblick über die Aufgaben im Plan. Sie sehen z. B. sehr schnell die Anzahl der verspäteten Aufgaben. Folgende Informationen werden visualisiert: *Status, Bucket, Priorität* und *Mitglieder*.

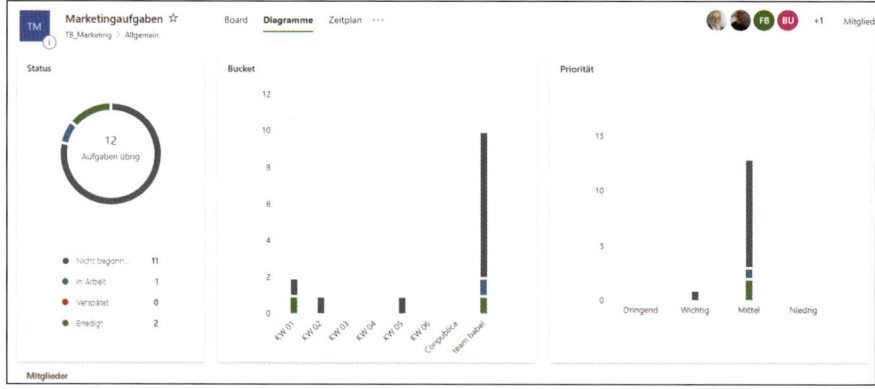

Abb. 5.13: Auszug aus der Diagrammdarstellung

5.3.3   Aufgabendarstellung im Zeitplan

Eine dritte Möglichkeit besteht in der Darstellung der Aufgaben im Zeitplan. Dort
können Sie zwischen einer Wochen- und Monatsdarstellung auswählen. Überfäl-
lige Aufgaben werden hier rot markiert angezeigt.

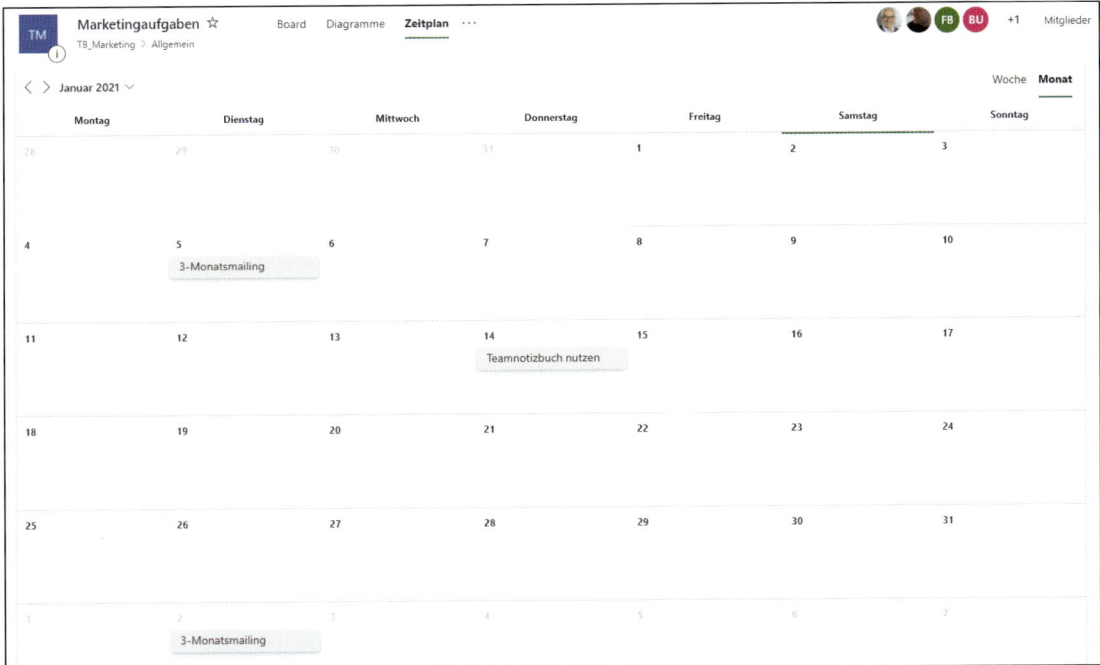

Abb. 5.14: Zeitplandarstellung

5.3.4   Filter- und Hervorhebungsmöglichkeiten

Sowohl in der Board- als auch in der Diagramm- und Zeitplanansicht haben Sie
Möglichkeit, nach verschiedenen Kriterien zu filtern oder Mitglieder hervorzuhe-
ben.

Mitglieder hervorheben

Die Aufgaben werden nicht nach dem ausgewählten Mitglied gefiltert, sondern in
der aktuellen Gruppierung grau markiert. Alle anderen Mitglieder bleiben sichtbar.

Abb. 5.15: Mitglieder hervorheben

Filter

Die Filtermöglichkeiten entsprechen der Gruppierungsauswahl. Darüber hinaus können Sie hier aber auch nach Schlüsselwörtern filtern.

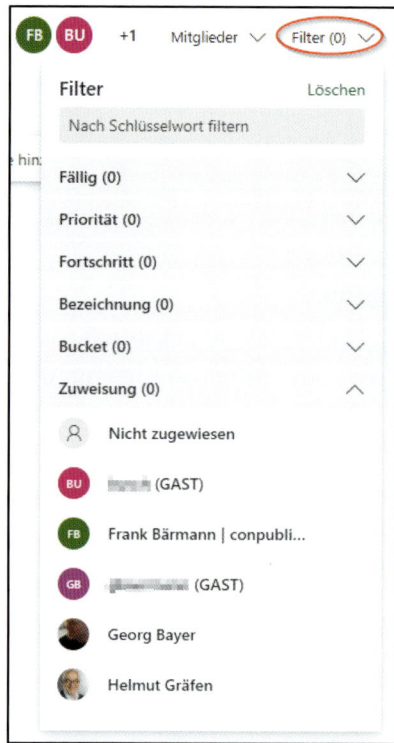

Abb. 5.16: Filtermöglichkeiten im Board

5.4 Programmvarianten des Planners

Für den *Planner* gibt es zum Zeitpunkt der Drucklegung des Buches keine Windows-App, die man auf dem PC installieren kann. Sie können mit den folgenden Programmvarianten arbeiten:

1. *Online-App* im Browser
2. *Mobile App* auf einem SmartPhone oder Tablet
3. *Registerkarte* in *Microsoft Teams*
4. *App* in *Microsoft Teams*

5.4.1 Die Online-App

Rufen Sie entweder die Startseite von Office 365 auf, `https://www.office.com/`, und wählen dort die App *Planner* aus, oder geben Sie in die Adressleiste Ihres Browsers die Adresse `https://tasks.office.com/planner` ein. Mit dieser Methode wird die App direkt aufgerufen.

Die *Online-App* verfügt auf der rechten Seite über eine *Navigationsleiste*. Sie startet immer mit dem *Planner-Hub*, in dem Ihre Pläne aufgelistet werden.

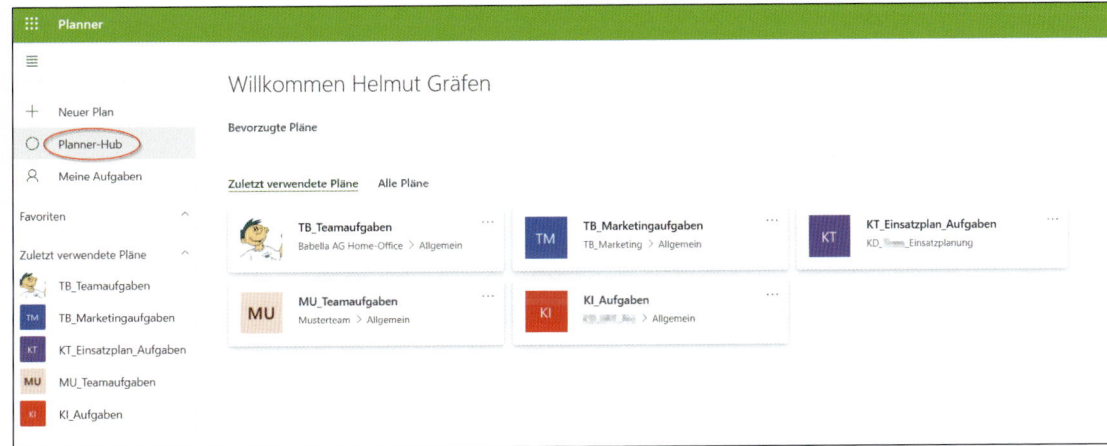

Abb. 5.17: Startbildschirm der Online-App

Einen neuen Plan mit Buckets und Aufgaben erstellen

Um einen Plan zu erstellen, klicken Sie in der linken Navigationsleiste auf

+ Neuer Plan .

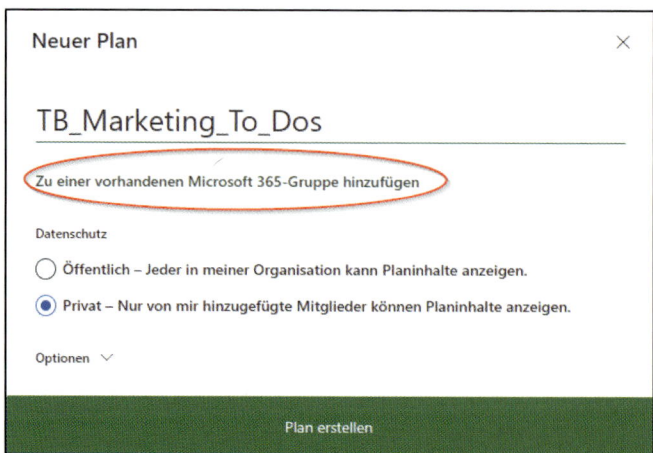

Abb. 5.18: Neuen Plan erstellen

Vergeben Sie einen Namen für den *Plan* und klicken Sie auf den Button ZU EINER VORHANDENEN MICROSOFT 365-GRUPPE hinzufügen.

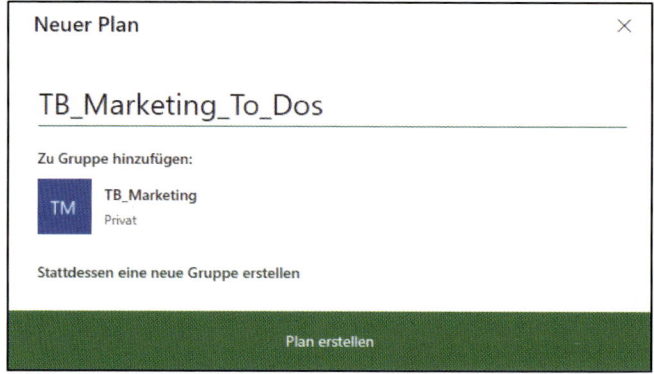

Abb. 5.19: Zuordnen des Plans zu einer Microsoft 365-Gruppe

Der neue Plan wird jetzt angezeigt. Ein *Bucket* mit dem Namen AUFGABE wird immer automatisch mit erstellt.

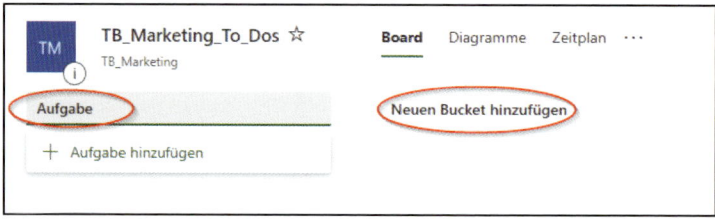

Abb. 5.20: Buckets hinzufügen

Mit einem Klick auf AUFGABE können Sie dem automatisch erzeugten *Bucket* einen anderen Namen geben. Mit der Schaltfläche NEUEN BUCKET HINZUFÜGEN, die immer rechts neben dem zuletzt angelegten *Bucket* angezeigt wird, erstellen Sie weitere *Buckets*.

Mit einem vorhandenen Plan arbeiten

Klicken Sie den Plan an, mit dem Sie arbeiten wollen. In der linken oberen Ecke des aufgerufenen Plans wird Ihnen eine farbige Kachel mit dem Kürzel des Plans angezeigt.

Abb. 5.21: Anzeige der Planinformationen

Mit einem Klick auf das Ausrufezeichen am Rande der farbigen Kachel erfahren Sie, ob der Plan die Ausprägung *Öffentlich* oder *Privat* hat. Außerdem werden Sie darüber informiert, ob in dem Aufgabenplan *Gäste* mitwirken. Der Status *Gast* ist organisationsfremden Personen, also Externen, vorbehalten. Ein Gast kann alle Aufgaben im Plan bearbeiten und auch löschen.

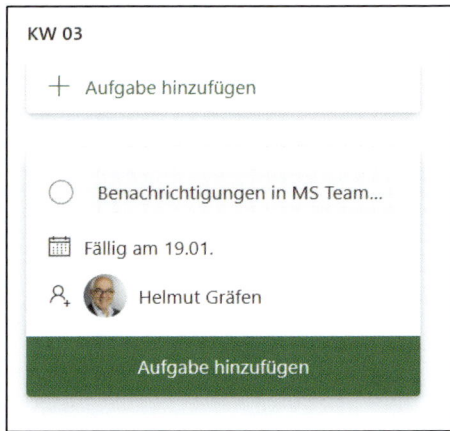

Abb. 5.22: Aufgaben zu einem Bucket hinzufügen

Alle in diesem Plan bereits erstellten *Buckets* werden angezeigt. Unter jedem *Bucket* finden Sie den Button AUFGABE HINZUFÜGEN. Nach dem Klick auf diesen Button wird eine reduzierte Form der Aufgabenkarte angezeigt. Nur die Eingabe des Aufgabennamens ist eine Pflichteingabe in diesem Dialog. Klicken Sie auf den grünen Button AUFGABE HINZUFÜGEN, um den Erstellvorgang abzuschließen.

Eine vorhandene Aufgabe bearbeiten

Mit einem Klick auf die vorhandene Aufgabe öffnet sich die komplette Aufgabenkarte, in der Sie alle Merkmale dieser Aufgabe definieren können.

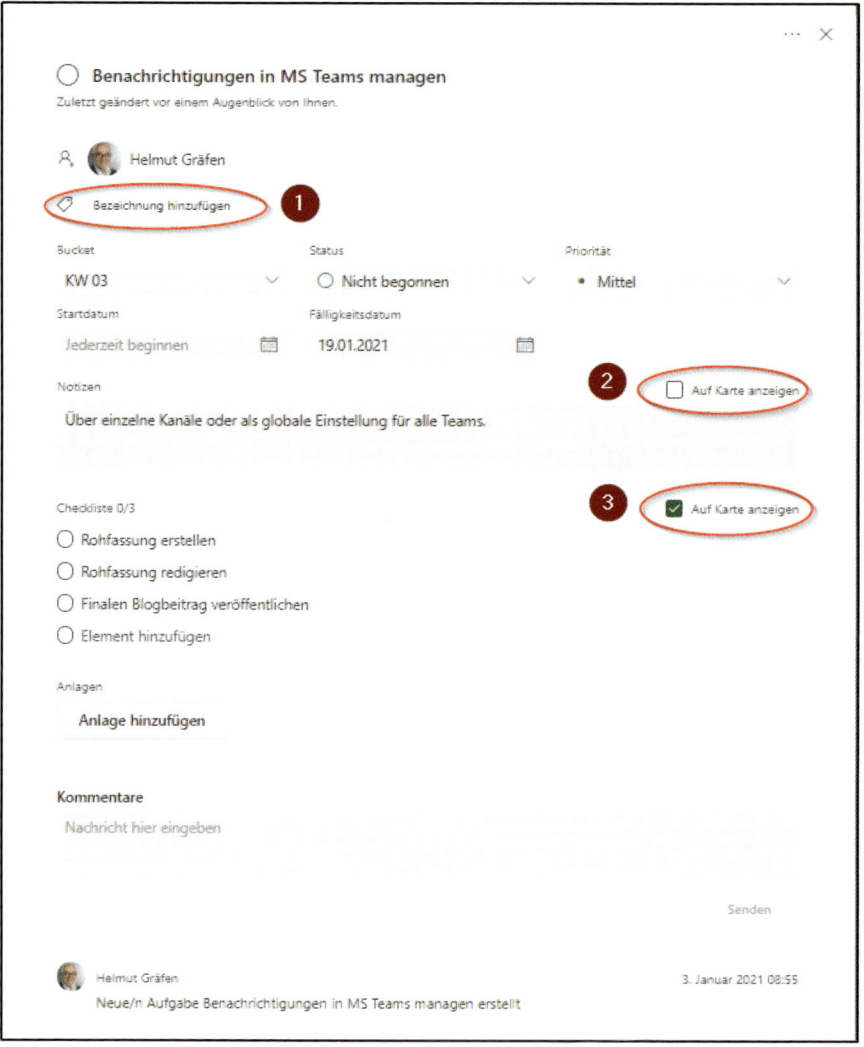

Abb. 5.23: Vollständige Aufgabenkarte

❶ BEZEICHNUNG HINZUFÜGEN

Wie bereits in Abschnitt 5.2 erwähnt, haben Sie hier die Möglichkeit, der Aufgabe *Bezeichnungen zuzu*weisen. Klicken Sie auf die hinzugefügte *Bezeichnung*, können Sie den Namen der *Bezeichnung* ändern.

❷ *Notizen*

Geben Sie hier eine *Notiz* ein, erscheint eine Checkbox AUF KARTE ANZEIGEN. Wenn Sie diese Checkbox aktivieren, wird die *Notiz* in der reduzierten Aufgabenkarte angezeigt.

❸ *Checkliste*

Sobald Sie eine Teilaufgabe in die *Checkliste* eingetragen haben, erscheint auch hier die Checkbox AUF KARTE ANZEIGEN. Nach Aktivierung der Checkbox sehen Sie die *Checkliste* in der reduzierten Aufgabenkarte.

> **Notiz oder Checkliste in der reduzierten Aufgabenkarte**
>
> Leider müssen Sie sich entscheiden, ob die *Notiz* oder die *Checkliste* in der reduzierten Aufgabenkarte angezeigt werden soll. Beides ist nicht möglich.

Einen Plan kopieren

Eine Vorlagenfunktion für Pläne existiert leider nicht. Allerdings besteht die Möglichkeit, einen vorhandenen Plan zu kopieren.

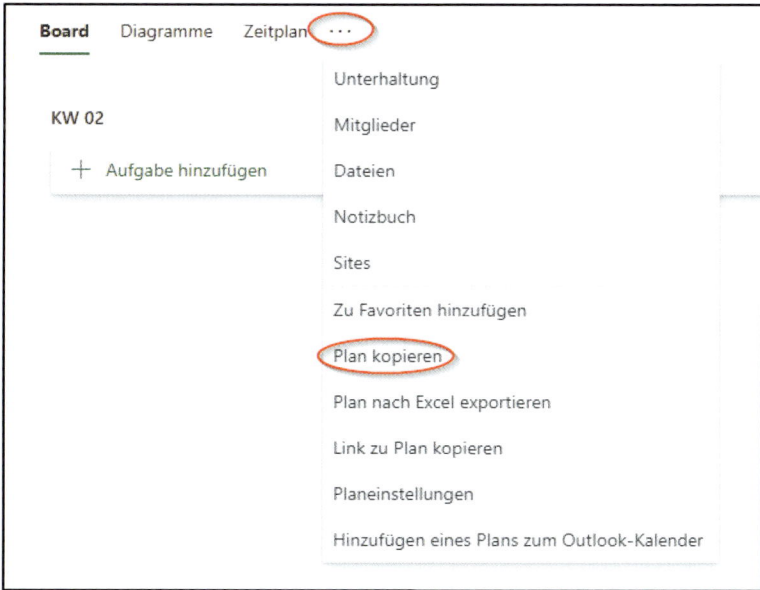

Abb. 5.24: Einen Plan kopieren

In dem daraufhin angezeigten Fenster *Plan kopieren* vergeben Sie einen Namen, ordnen eine *Microsoft-365-Gruppe* zu und aktivieren die Merkmale, die in den neuen *Plan* kopiert werden sollen. Klicken Sie dann auf den grünen Button PLAN KOPIEREN.

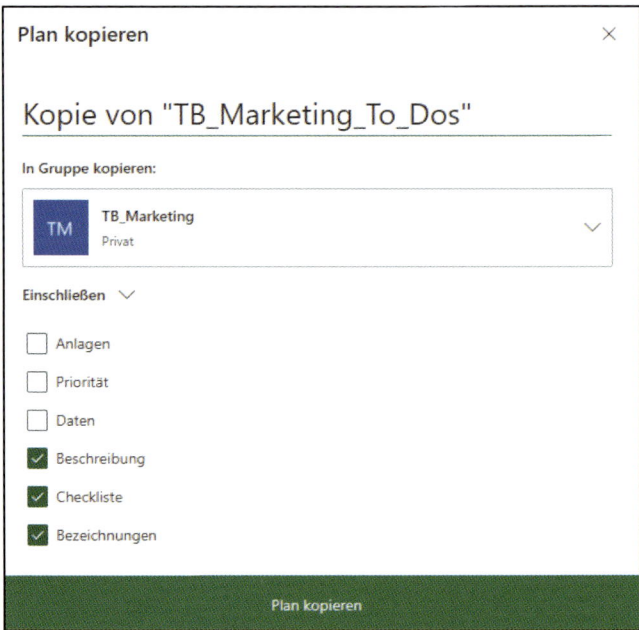

Abb. 5.25: Namen, Gruppe und Merkmale definieren

Kopiervorlagen erstellen

Erstellen Sie den Plan, der als Kopiervorlage dienen soll, mit den gewünschten *Buckets*, lassen die *Buckets* aber leer. Vergeben Sie einen Namen nach dem Muster **Temp_Marketingaufgaben** und speichern den Plan ab. So erkennen Sie schnell, welche Pläne im *Planner-Hub* als Templates (Vorlagen) angelegt wurden.

Einen Plan umbenennen oder löschen

Über die PLANEINSTELLUNGEN können Sie einen Plan umbenennen oder löschen.

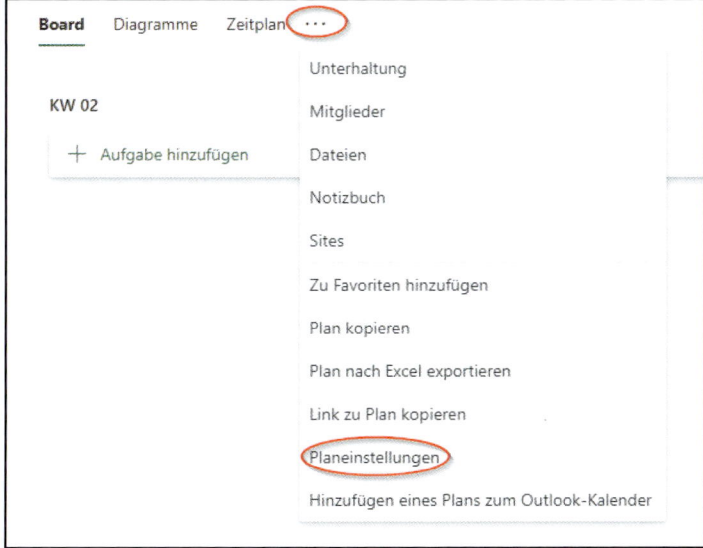

Abb. 5.26: Planeinstellungen

Nach Auswahl des Menüpunkts wird das Fenster *Planeinstellungen* geöffnet.

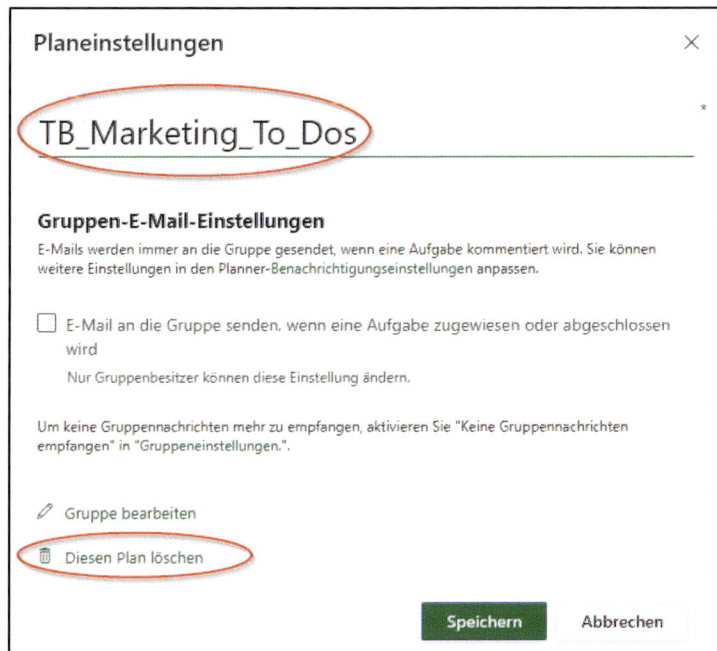

Abb. 5.27: Das Fenster Planeinstellungen

Möchten Sie den Plan umbenennen, überschreiben Sie einfach den vorhandenen Namen und klicken auf SPEICHERN. Zum Löschen des Plans klicken Sie links unten auf die Schaltfläche DIESEN PLAN LÖSCHEN. Im Fenster, das anschließend zu sehen ist, müssen Sie den Löschvorgang bestätigen.

Einen Plan im Outlook-Kalender anzeigen lassen

Sie können einen Plan auch als Kalender in *Outlook* anzeigen lassen. Dazu wählen Sie aus dem unten angezeigten Menü HINZUFÜGEN EINES PLANS ZUM OUTLOOK-KALENDER.

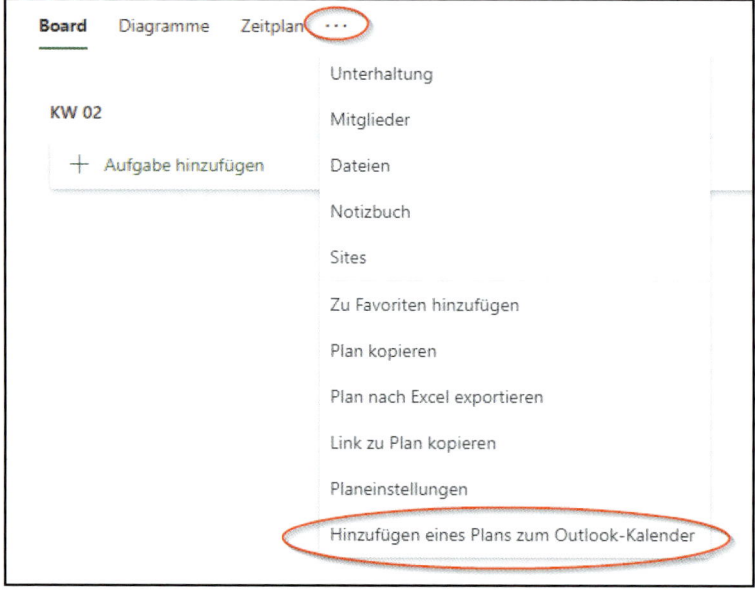

Abb. 5.28: Hinzufügen eines Plans zum Outlook-Kalender

Nachdem Sie den Menüpunkt angeklickt haben, wird das folgende Fenster angezeigt (Abbildung 5.29).

Um den *Plan* zu Ihrem Outlook-Kalender hinzuzufügen, müssen Sie in diesem Fenster wie folgt vorgehen:

❶ Klicken Sie zuerst auf die Option VERÖFFENTLICHEN. Damit ist ausschließlich die Veröffentlichung des Planner-Kalenders in Ihrem *Outlook* gemeint.

❷ Es wird eine zusätzliche Box eingeblendet. Dort klicken Sie dann auf die Schaltfläche ZU OUTLOOK HINZUFÜGEN.

Hinzufügen eines Plans zum Outlook-Kalender mit einem iCalendar-Feed
Als Planbesitzer können Sie Teammitgliedern den Zugriff auf Planaufgaben in Outlook gewähren, indem Sie diesen Plan in einem iCalendar-Feed veröffentlichen.
Veröffentlichung aufheben
Veröffentlichen
1
Jeder mit diesem Link kann Aufgabeninformationen für diesen Plan anzeigen.
Dies umfasst jeden innerhalb und außerhalb Ihrer Organisation.
iCalendar-Link
2
Zu Outlook hinzufügen
https://tasks.office.com/87eefb3f-db07-4d4f-8f94-67775dd010fa/Calendar/Plan/Sh9TvAyZXUGZVjqzi...

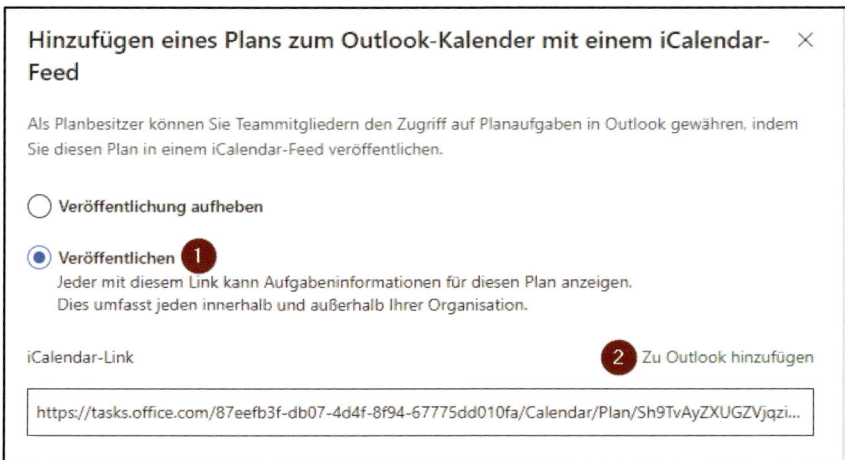

Abb. 5.29: Plan zu Outlook hinzufügen

Outlook wird gestartet und zeigt dieses Fenster an:

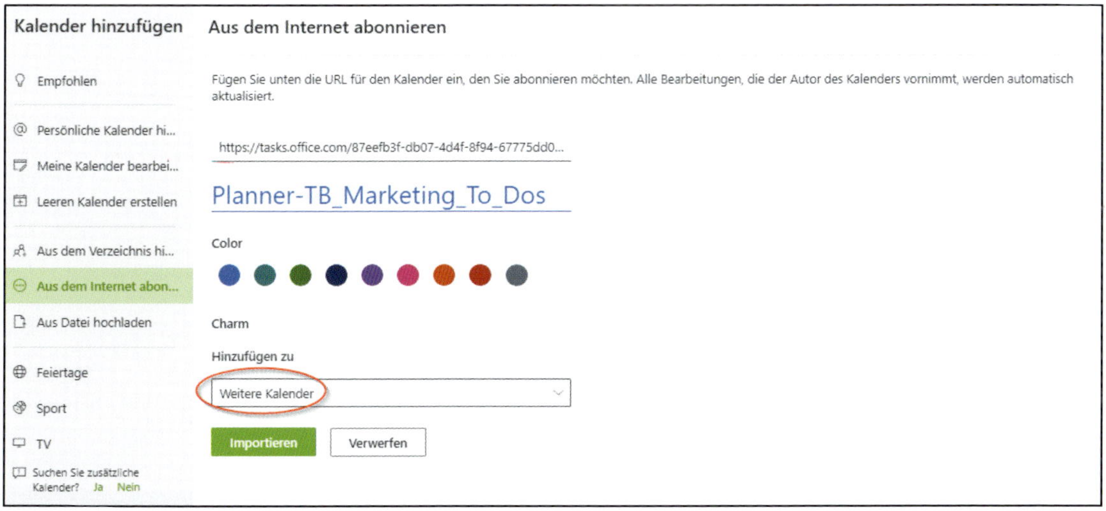

Kalender hinzufügen
Empfohlen
Persönliche Kalender hi...
Meine Kalender bearbei...
Leeren Kalender erstellen
Aus dem Verzeichnis hi...
Aus dem Internet abon...
Aus Datei hochladen
Feiertage
Sport
TV
Suchen Sie zusätzliche Kalender? Ja Nein
Aus dem Internet abonnieren
Fügen Sie unten die URL für den Kalender ein, den Sie abonnieren möchten. Alle Bearbeitungen, die der Autor des Kalenders vornimmt, werden automatisch aktualisiert.
https://tasks.office.com/87eefb3f-db07-4d4f-8f94-67775dd0...
Planner-TB_Marketing_To_Dos
Color
Charm
Hinzufügen zu
Weitere Kalender
Importieren
Verwerfen

Abb. 5.30: Zu welcher Kalendergruppe hinzufügen?

Wählen Sie die Kalendergruppe (*Weitere Kalender* oder *Meine Kalender*), und bestätigen Sie den Vorgang mit dem Button IMPORTIEREN. Der Aufgabenplan wird nun in *Outlook* angezeigt.

Meine Aufgaben

Mit der Schaltfläche MEINE AUFGABEN in der linken Navigationsleiste werden Ihre Planner-Aufgaben planübergreifend angezeigt.

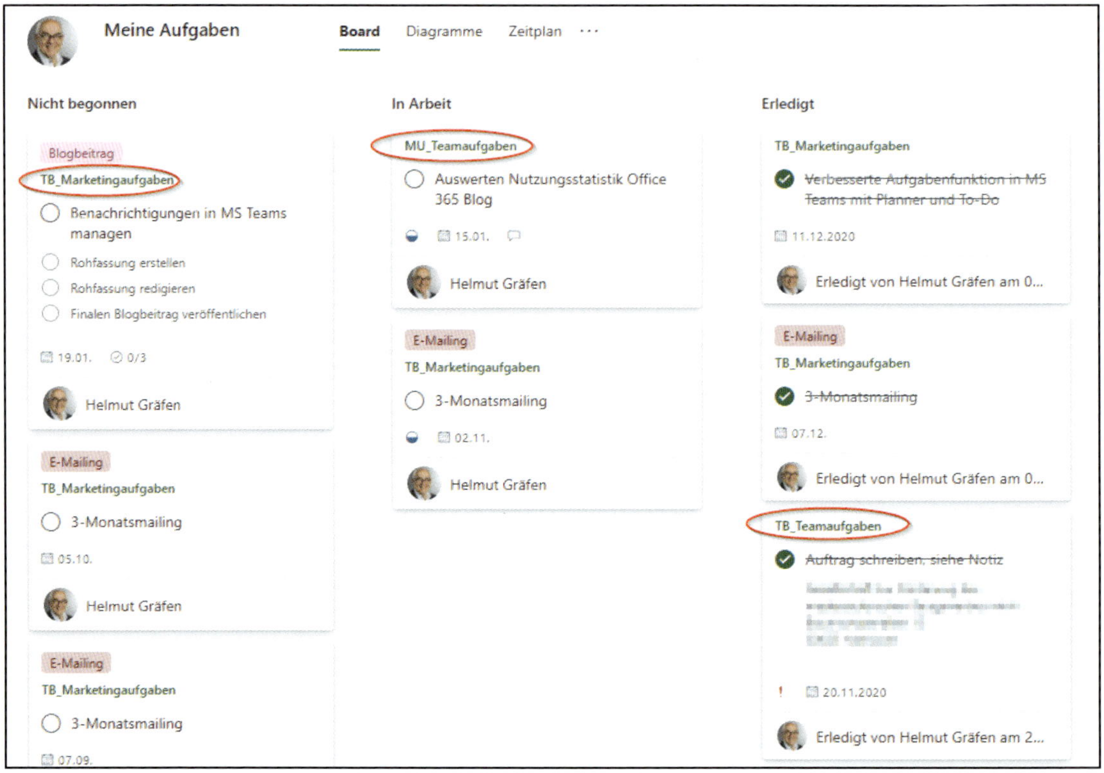

Abb. 5.31: Meine Aufgaben, planübergreifend

Hier sehen Sie alle Ihnen zugewiesenen Aufgaben, unabhängig davon, aus welchem Aufgabenplan sie Ihnen übertragen wurden.

Tipp

Setzen Sie beim Benennen Ihrer Pläne dem eigentlichen Plannamen ein Präfix voraus, aus dem sich erkennen lässt, in welchem Kontext der Plan angesiedelt ist. Wenn Sie das nicht tun, wimmelt es in Ihrem Planner-Hub wahrscheinlich irgendwann vor Plänen, die alle »Aufgaben«, »Teamaufgaben« oder ähnlich heißen.

5.4.2 Die mobile App

Die mobile App Planner ist weitgehend so aufgebaut wie die Online-App und lässt sich intuitiv bedienen. Allerdings gibt es in beiden mobilen Apps keine Zeitplan-Ansicht und keine Filtermöglichkeiten. In der Android-App fehlt in der Diagramm-Ansicht gegenüber der Online-App auch die Visualisierung nach Priorität, in der iPhone-App steht sie jedoch zur Verfügung.

Android Phone/iPhone

Abb. 5.32: Mobile Android-App

Die Navigationen für MEINE AUFGABEN, PLANNER-HUB und EINSTELLUNGEN sind in den mobilen Apps am unteren Bildschirmrand angesiedelt. Bis auf den oben erwähnten Unterschied sind Android- und iPhone-App sowohl von Aussehen, Bedienung und Funktionalitäten her fast identisch.

5.4.3 Als Registerkarte in Microsoft Teams

Die App *Planner* lässt sich in einem Team an eine Registerkarte anheften. So kann ohne weiteres Suchen nach der passenden App der Aufgabenplan des Teams aufgerufen und bearbeitet werden. Wie Sie Planner an eine Registerkarte anheften, beschreibe ich in Kapitel 8.

In unserem Unternehmen wird der Aufgabenplan TB_Marketingaufgaben auch im Team TB_Marketing genutzt und bearbeitet.

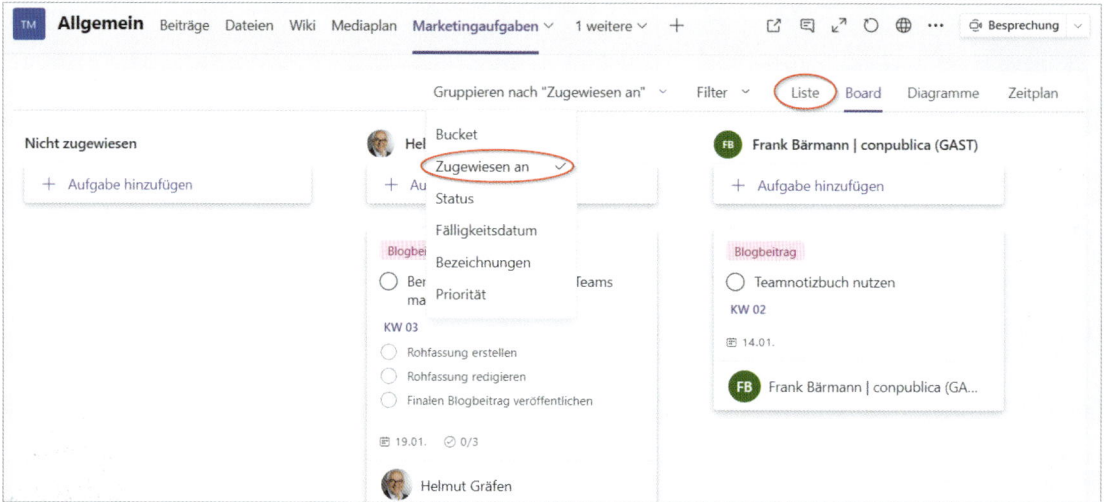

Abb. 5.33: Aufgabenplan in MS Teams eingebunden

Sie erstellen und bearbeiten Aufgaben im Team nach der gleichen Vorgehensweise, wie in Abschnitt 5.4.1 beschrieben. Das Erzeugen neuer Pläne ist hier jedoch nicht möglich.

Im Gegensatz zur Online-App steht Ihnen in der Registerkartendarstellung des Aufgabenplans noch eine weitere Gruppierung zur Verfügung: ZUGEWIESEN AN. Hierbei wird Ihnen angezeigt, welche Aufgaben noch nicht zugewiesen und welcher Person welche Aufgaben zugeordnet sind. Außerdem wird hier neben BOARD, DIAGRAMME und ZEITPLAN noch eine weitere Darstellungsmöglichkeit angeboten, die LISTE.

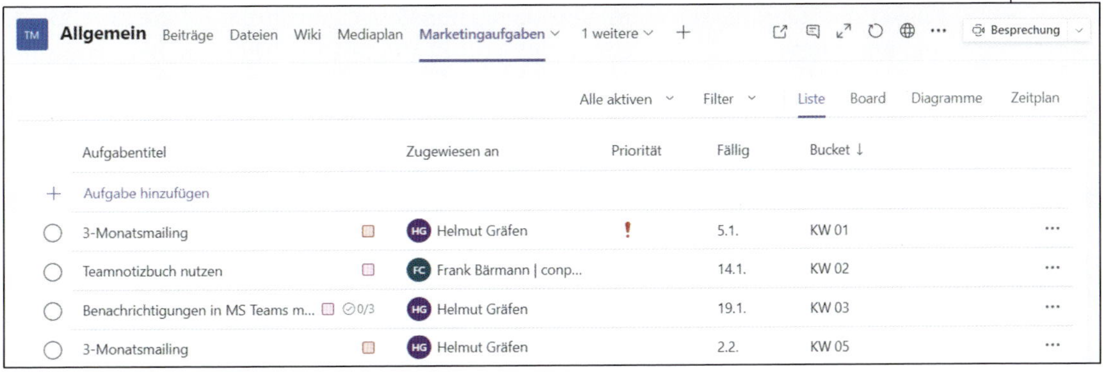

TM
Allgemein
Beiträge
Dateien
Wiki
Mediaplan
Marketingaufgaben
1 weitere
Besprechung
Alle aktiven
Filter
Liste
Board
Diagramme
Zeitplan
Aufgabentitel
Zugewiesen an
Priorität
Fällig
Bucket
Aufgabe hinzufügen
3-Monatsmailing
Helmut Gräfen
5.1.
KW 01
Teamnotizbuch nutzen
Frank Bärmann | conp...
14.1.
KW 02
Benachrichtigungen in MS Teams m...
0/3
Helmut Gräfen
19.1.
KW 03
3-Monatsmailing
Helmut Gräfen
2.2.
KW 05

Abb. 5.34: Darstellung des Aufgabenplans in Listenform

5.4.4 Als App in Microsoft Teams

Neben der Möglichkeit, einen Aufgabenplan im Team an eine Registerkarte zu heften, können Sie auch die App *Planner (Tasks von Planner und To Do)* in die Benutzeroberfläche von *Teams* einbinden. Diese App zeigt Ihnen sowohl die Ihnen zugewiesenen Aufgaben aus allen Aufgabenplänen an als auch Ihre persönlichen Aufgaben, die Sie entweder in *To Do* oder in den Outlook-Aufgaben eingetragen haben. Rufen Sie *Teams* auf, um die App einzubinden.

Teams
Kalender
Anrufe
Dateien
Apps
Eine App suchen
Letzte
Tasks von Planner un...
Asana
Hilfe
Jira Cloud
OneNote
Polly
Power Apps
Schichten
Stream
Who
Wiki
Weitere Apps

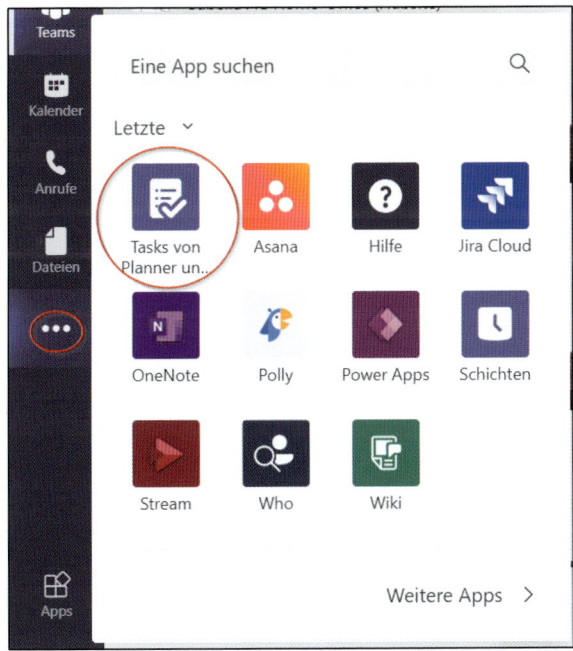

Abb. 5.35: Tasks von Planner und To Do in MS Teams einbinden

Klicken Sie zuerst in der schmalen Navigationsleiste ganz links auf die drei Punkte und anschließend auf das Icon TASKS VON PLANNER UND TO DO in dem daraufhin erscheinenden Fenster. Die App wird eingebunden und angezeigt.

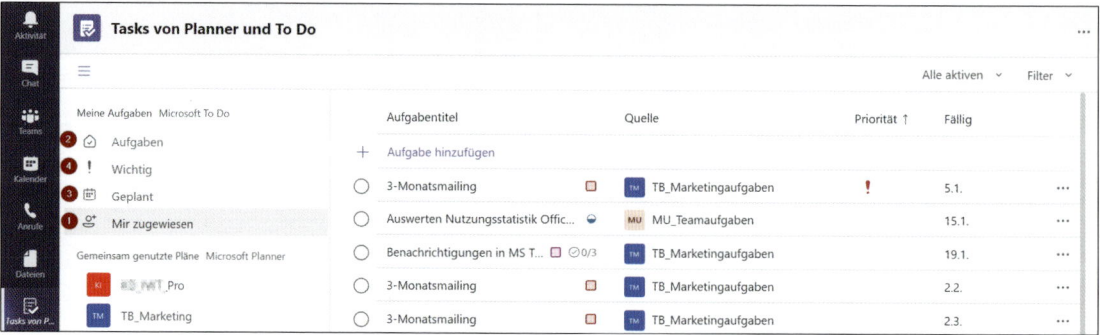

Abb. 5.36: App Tasks von Planner und To Do in Teams eingebunden

In der Navigationsleiste können Sie vier Bereiche auswählen.

❶ MIR ZUGEWIESEN

Dieser Bereich ist die Standardanzeige, wenn Sie die App aufrufen. In MIR ZUGEWIESEN werden nur die Aufgaben angezeigt, die Ihnen über *Planner* über alle Aufgabenpläne hinweg zugewiesen wurden. In der Spalte rechts neben dem *Aufgabentitel* ist die *Quelle* (also der Aufgabenplan) aufgeführt, aus der die Aufgabe entstanden ist.

❷ AUFGABEN

In diesem Bereich sehen Sie nur die Aufgaben, die Sie entweder in *To Do* oder im Aufgabenbereich der Outlook-Desktop-App eingegeben haben.

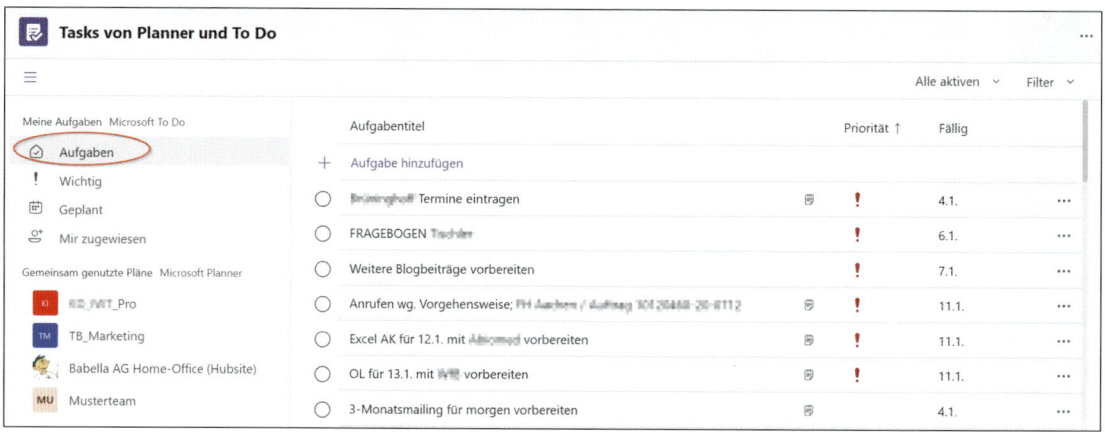

Abb. 5.37: Aufgaben auf To Do und den Outlook-Aufgaben

❸ GEPLANT

Im Bereich GEPLANT werden Ihnen alle Aufgaben aus allen *Aufgabenplänen, To Do* und den Outlook-Aufgaben angezeigt, aufsteigend sortiert nach dem Fälligkeitsdatum.

❹ WICHTIG

Hier sehen Sie die Aufgaben, die Sie mit der Priorität *Dringend* oder *Wichtig* gekennzeichnet haben.

5.5 Planner im Zusammenspiel mit anderen Apps in Office 365

Abb. 5.38: Planner im Zusammenspiel mit anderen Apps in Office 365

Planner kommuniziert dynamisch mit *To Do*. Konkret bedeutet dies:

- Wird Ihnen aus einem Aufgabenplan in *Planner* eine Aufgabe zugewiesen, wird diese Aufgabe automatisch in der App *To Do* in die Gruppe *Ihnen zugewiesen* eingetragen.
- Ändern oder löschen Sie eine Aufgabe in einer der beiden Apps, wird diese Änderung automatisch mit der jeweils anderen App synchronisiert.
- Erstellen Sie eine Aufgabe in *To Do*, wird diese Aufgabe nicht in einen Aufgabenplan in *Planner* übertragen, da die App *To Do* ausschließlich Ihre Aufgaben anzeigt.

Planner kann in die Oberfläche von *Microsoft Teams* eingebunden werden. Konkret bedeutet dies:

- Die App *Planner* kann in einem Team an eine Registerkarte angeheftet werden. So sparen Sie sich die Suche nach der App.
- *Tasks von Planner und To Do* lässt sich als App in die schmale Registerkarte an linken Rand in *Microsoft Teams* einbinden, siehe auch Abschnitt 5.4.4.

Kapitel 6

To Do – Persönliche Aufgaben managen

To Do kommt in Office 365 eine besondere Bedeutung zu: Die App konsolidiert Ihre eigenen Aufgaben sowie die Aufgaben, die Ihnen über die App *Planner* aus einem Team zugewiesen wurden.

Auch *To Do* hat das Licht der Welt erst mit Office 365 erblickt. Microsoft hat dafür 2015 kurzerhand das Berliner Unternehmen *6 Wunderkinder GmbH* mit deren Produkt *Wunderlist* gekauft. Auf Basis von Wunderlist haben die ehemaligen Wunderkind-Mitarbeiter die App *To Do* entwickelt.

Die App dient dazu, Ihre persönlichen Aufgaben zu verwalten. Solche Aufgaben also, die Sie sich selbst gestellt haben, die Ihnen aus einem Aufgabenplan eines *Planners* zugewiesen worden sind oder die Ihnen über den Aufgabenbereich der Outlook-Desktop-App von einer anderen Person übertragen wurden.

Sie ist in verschiedenen Programmvarianten verfügbar und in *Outlook-Online* als Aufgabenverwaltung bereits integriert. Im Gegensatz dazu arbeitet die Outlook-Desktop-App nach wie vor mit dem Aufgabenbereich, der in seiner Grundfunktionalität schon seit *Outlook 97* besteht. Ich vermute, dass Microsoft auch in der Outlook-Desktop-App den Aufgabenbereich gegen *To Do* austauschen wird. Eine offizielle Verlautbarung dazu gibt es allerdings bisher nicht.

To Do und Outlook-Aufgaben kombinieren

Nutzen Sie beide Programme, um Ihre Aufgaben zu verwalten. Die beiden Apps haben unterschiedliche Funktionalitäten, die sich sehr gut ergänzen. Da *To Do* und die Outlook-Desktop-App untereinander synchronisiert werden, haben Sie in beiden Programmen immer Ihren aktuellen Auftragsbearbeitungstand.

To Do wird Ihnen in drei Programmvarianten angeboten:

- Die Online-App
- Die Windows-App
- Die mobile App

Die genannten Programmvarianten beschreibe ich in Abschnitt 6.3.

6.1 Funktionsübersicht

In der unten abgebildeten Tabelle habe ich aufgelistet, mit welchen Funktionen *To Do* aufwartet und auf welche Funktionen Sie gegenüber den Outlook-Aufgaben verzichten müssen. Trotz der fehlenden Funktionen lassen sich mit der App Ihre Aufgaben einfach, effektiv und zuverlässig verwalten.

Funktion	Ja	Nein
Fälligkeitsdatum zuweisen	X	
Erinnerungen einrichten	X	
Serienaufgaben erstellen	X	
Kategorien aus *Outlook* nutzbar (nur in der Online-App)	X	
Dateien anhängen	X	
Links einfügen	X	
Notizen einfügen	X	
Prioritäten (nur eine Ausprägung: Wichtig)	X	
Statusfeld/-anzeige		X
Eine einzelne Aufgabe einer Person zuweisen		X
Aufgabenlisten einer oder mehreren Personen freigeben	X	
Teilaufgaben innerhalb einer Aufgabe (über *Schritte hinzufügen*)	X	
Teilaufgaben anderen bzw. unterschiedlichen Personen zuweisen		X
In *Outlook-Online* als Online-App integriert	X	
In Aufgabenbereich der Outlook-Desktop-App integriert		X
Synchronisierung mit dem Aufgabenbereich der Outlook-Desktop-App	X	
Über mobile App benutzbar (Android und iOS)	X	
Aus *MS Teams* aufrufbar (mit der App *Tasks aus Planner und To Do*)	X	
Synchronisierung mit *Planner*	X	
Automatisierbar (mit *Power Automate*)	X	

Tabelle 6.1: Was kann To Do, und was kann es nicht?

6.2 Darstellung der Aufgaben und Arbeiten mit Aufgabenlisten

Im oberen Bereich der Navigationsleiste auf der linken Seite werden die Aufgaben in Gruppen dargestellt, die Microsoft *intelligente Listen* nennt. Im unteren Bereich wird unter einem Trennungsstrich eine weitere Gruppe angezeigt: MEINE AUFGABEN, die jedoch keine intelligente Liste ist. In dieser Gruppe können Sie zu unterschiedlichen Zwecken eigene Listen erstellen. Weitere Informationen zu diesen Listen finden Sie in Abschnitt 6.2.2.

6.2.1 Darstellung in automatisierten Übersichtsgruppen (intelligente Listen)

Hinter den *intelligenten Listen* verbergen sich automatisierte Übersichten, die Aufgaben in einem bestimmten Kontext zusammenfassen und Ihnen so beim Fokussieren Ihrer Aufgaben helfen sollen.

Die Darstellung in diese gruppierten Übersichten ist in allen Programmvarianten und damit auch auf allen Endgeräten identisch.

To Do bietet Ihnen acht *intelligente Listen* zur Auswahl an.

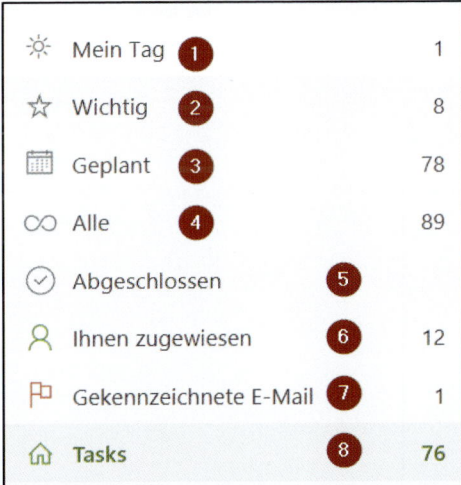

Abb. 6.1: Aufgabendarstellung in Intelligenten Listen

❶ Mein Tag

Klicken Sie auf eine vorhandene Aufgabe, erscheinen auf der rechten Bildschirmseite die Details der Aufgabe.

Mit der Schaltfläche ☀ Zu "Mein Tag" hinzufügen wird die Aufgabe zusätzlich in der Gruppe Mein Tag angezeigt. So können Sie sich aus den Gruppen Ihnen zugewiesen und Tasks Aufgaben, die Sie erledigen wollen, für einen Tag zusammenstellen. Leider geht das nur für den aktuellen Tag. Ob Mein Tag in dieser Form für Sie tatsächlich eine Arbeitserleichterung darstellt, sollten Sie genau prüfen. Ich habe mich gegen diese Nutzung entschieden, da der Aufwand für die Zuordnung höher ist als der Nutzen von Mein Tag.

❷ WICHTIG

To Do verfügt leider nicht über die Möglichkeit, die Priorität einer Aufgabe zu differenzieren. Sie können eine Aufgabe lediglich mit einem Mausklick auf ☆ als **Wichtig** markieren. Die so gekennzeichneten Aufgaben werden dann in der Gruppe WICHTIG angezeigt.

Prioritäten Ihrer Aufgaben in der Outlook Desktop-App pflegen

Priorisieren Sie Ihre Aufgaben in der Outlook-Desktop-App und erstellen dort eine gruppierte Ansicht nach Prioritäten, wie in Abschnitt 3.6. beschrieben. Von den dort eingetragenen Prioritätsstufen wird in To Do leider nur **Wichtig** angezeigt. Das ist eindeutig ein Manko der App.

❸ GEPLANT

In der intelligenten Liste GEPLANT werden Ihre Aufgaben grob nach der Fälligkeit gruppiert.

Abb. 6.2: Intelligente Liste Geplant

Aufgabenfälligkeiten gruppiert in der Outlook-Desktop-App darstellen

Mir persönlich ist diese Gruppierung zu grob. Wenn Sie der gleichen Ansicht sind, empfehle ich Ihnen, die Betrachtung der Aufgabenfälligkeiten in der Outlook-Desktop-App mit einer eigens dafür erstellen Ansicht vorzunehmen. Siehe auch Abschnitt 3.6.

❹ ALLE

Hier sehen Sie sowohl die Ihnen zugewiesenen Aufgaben als auch die, die Sie sich selbst gestellt haben. Sie werden gruppiert nach Herkunftsort aufgelistet. Diese intelligente Liste ist ideal, um den Gesamtüberblick der von Ihnen zu erledigenden Aufgaben im Fokus zu haben.

Abb. 6.3: Intelligente Liste Alle

Hinweis

Standardmäßig wird die Gruppe ALLE nicht angezeigt. Die Anzeige dieser intelligenten Liste muss in den Einstellungen der Online-App aktiviert werden. Weitere Informationen dazu finden Sie in Abschnitt 6.3.1.

---

❺ ABGESCHLOSSEN

Hier werden, wie der Name schon vermuten lässt, alle erledigten Aufgaben angezeigt, gruppiert nach dem Herkunftsort.

Abb. 6.4: Intelligente Liste Abgeschlossen

Erledigte Aufgaben werden in der App als **Abgeschlossen** bezeichnet und durchgestrichen dargestellt.

Hinweis

Standardmäßig wird die Gruppe ABGESCHLOSSEN nicht angezeigt. Die Anzeige dieser intelligenten Liste muss in den Einstellungen der Online-App aktiviert werden. Weitere Informationen dazu finden Sie in Abschnitt 6.3.1.

❻ IHNEN ZUGEWIESEN

In dieser Gruppe sehen Sie alle Aufgaben, die Ihnen entweder aus einem Aufgabenplan in *Planner* zugewiesen oder die Ihnen über den Aufgabenbereich der Outlook-Desktop-App übertragen wurden (siehe auch Abschnitt 3.6. »Aufgaben in der Outlook-Desktop-App digital verwalten«. Sollten dort keine Aufgaben angezeigt werden, prüfen Sie bitte in den Einstellungen der App unter *verbundene Apps*, ob die Funktion aktiviert ist. Weitere Informationen zu den Einstellungen finden Sie im Abschnitt 6.3.1.

❼ GEKENNZEICHNETE E-MAIL

Mails, die Sie in *Outlook* mit einem Nachverfolgungsfähnchen gekennzeichnet haben, werden in dieser intelligenten Liste in *To Do* angezeigt. Aufgaben werden in dieser Gruppe dagegen nicht aufgeführt. Den Unterschied zwischen Aufgaben und gekennzeichneten Mails habe ich im Abschnitt 3.6. »Aufgaben in der Outlook-Desktop-App digital verwalten« beschrieben. Sollten hier keine gekennzeichneten Mails angezeigt werden, gilt die gleiche Aussage wie bei der Gruppe IHNEN ZUGEWIESEN.

Abb. 6.5: Intelligente Liste Tasks

❽ TASKS

Hier werden die Aufgaben aufgelistet, die Sie entweder in *To Do* oder im Aufgabenbereich der Outlook-Desktop-App eingetragen haben. Die Aufgabeninhalte beider Programme werden automatisch miteinander synchronisiert (Abbildung 6.5).

6.2.2 Mit Listen arbeiten

Die Möglichkeit, eine einzelne Aufgabe einer anderen Person zuzuweisen, gibt es in *To Do* leider nicht. Sie können jedoch *Listen* erstellen, mit Aufgaben füllen und diese *Liste mit einer* oder mehreren Personen teilen. Diese Aufgabenlisten können Sie aber auch für sich selbst nutzen. Den Listenbereich finden Sie direkt unterhalb der intelligenten Listen.

Jenseits von Teams und Planner Aufgaben teilen

Das Teilen von Aufgabenlisten macht immer dann Sinn, wenn die Personen, mit denen Sie Aufgaben teilen möchten, nicht bereits über eine vorhandene Gruppe, beispielsweise ein Team, erreichbar sind.

Listen erstellen und bearbeiten

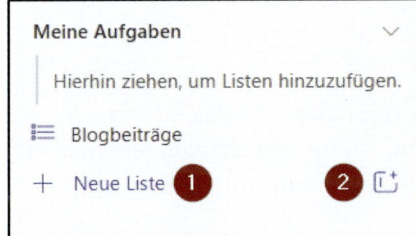

Abb. 6.6: Listen erstellen

❶ NEUE LISTE

Mit diesem Button erstellen Sie neue Listen und benennen diese entsprechend.

❷ GRUPPE ERSTELLEN

Wenn Sie mit mehreren Listen arbeiten, können Sie hier Gruppen anlegen, denen Sie die vorhandenen Listen zuordnen.

Nach einem Klick auf die neu erstellte Liste legen Sie mit dem Button
╋ Aufgabe hinzufügen Aufgaben in dieser Liste an. Leider müssen Sie nach dem Eingeben des Titels ⌷Enter⌷ drücken und die Aufgabe wieder anklicken, um ihre Merkmale zu bearbeiten.

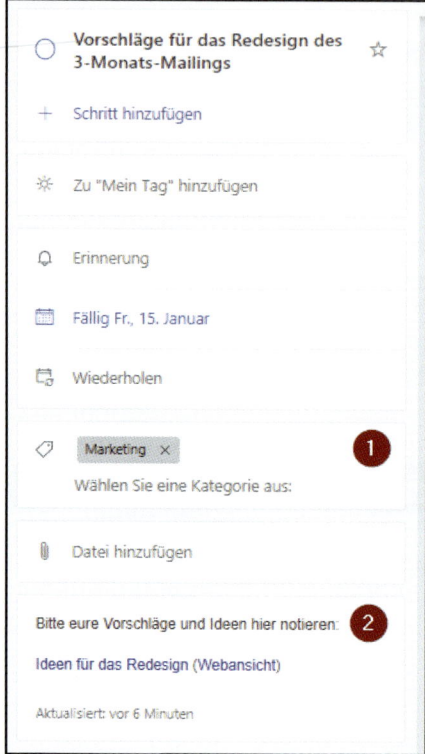

Abb. 6.7: Merkmale einer To-Do-Aufgabe

In diesem Beispiel bitte ich meine Kollegen um Vorschläge für das Redesign unserer Marketingmaßnahme **3-Monats-Mailing** und nutze sowohl die Möglichkeit, Kategorien zuzuordnen, als auch die mit Links zu arbeiten.

❶ KATEGORIEN

Die Kategorie **Marketing**, die ich dieser Aufgabe zugeordnet habe, ist in *Outlook* erstellt worden. In *To Do* können Sie auf diese Kategorien zugreifen und sie zuordnen. Kategorien lassen sich nur in *Outlook* ändern, erstellen und löschen. Weitere Informationen zum Ordnungsinstrument **Kategorien** finden Sie in Abschnitt 3.5 »Alternativen zur klassischen Ablage in Ordnerstrukturen«.

❷ NOTIZFELD

Arbeiten Sie, wo immer es möglich ist, mit Links zu benötigten Ressourcen. Im NOTIZFELD dieser Aufgabe habe ich einen Link zu einer Seite in einem One-Note-Notizbuch eingefügt. So erreichen Sie, dass Ihre Kollegen ihre Ideen und Vorschläge an einem zentralen Ablageort eintragen können. Die Vorteile liegen auf der Hand: Sie müssen keinen Aufwand betreiben, um die Anmerkungen von verschiedenen Personen zu konsolidieren, und alle Beteiligten sind jederzeit auf dem gleichen Informationsstand. Das Erzeugen eines Links zu einer OneNote-Seite habe ich in Abschnitt 4.7 »Nützliche Helfer in OneNote« beschrieben.

Einzelne Aufgaben in der Outlook-Desktop-App zuweisen

Weisen Sie einzelne Aufgaben einer anderen Person im Aufgabenbereich der Outlook-Desktop-App zu, und verwalten Sie dort auch die zugewiesenen Aufgaben. Mit der vordefinierten Ansicht ZUGEWIESEN, die Sie im Menü START|AKTU-ELLE ANSICHT finden, haben Sie einen guten Überblick über die zugewiesenen Aufgaben. Die App *To Do* unterstützt Sie bei dieser Anforderung nicht.

Listen mit einer oder mehreren Personen teilen

Sobald Sie eine *Liste* erstellt haben, können Sie diese mit anderen Personen in Ihrer Organisation teilen. Klicken Sie dazu in der *Liste* rechts auf ♁ Teilen .

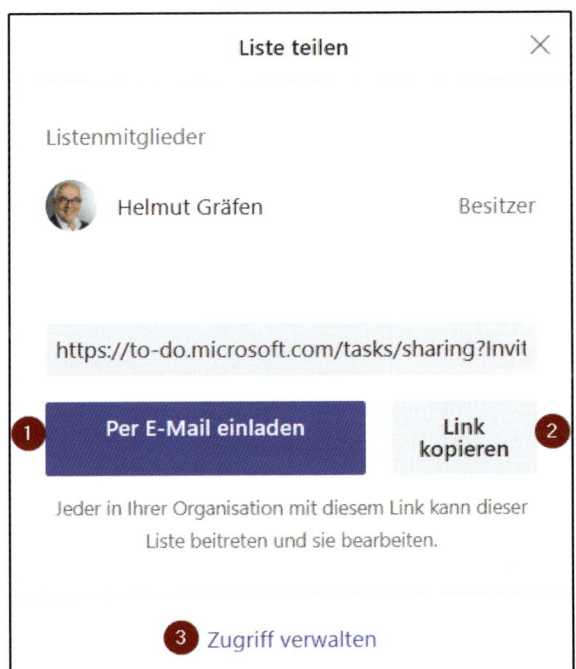

Abb. 6.8: Liste in To Do teilen

Im Fenster *Liste teilen* werden Sie als Besitzer der Liste angezeigt und gleichzeitig drei Optionen angeboten:

❶ PER E-MAIL EINLADEN

Entscheiden Sie sich für diese Variante des Teilens, wird an die Person, die Sie ausgewählt haben, eine Mail mit dem folgenden Wortlaut gesendet:

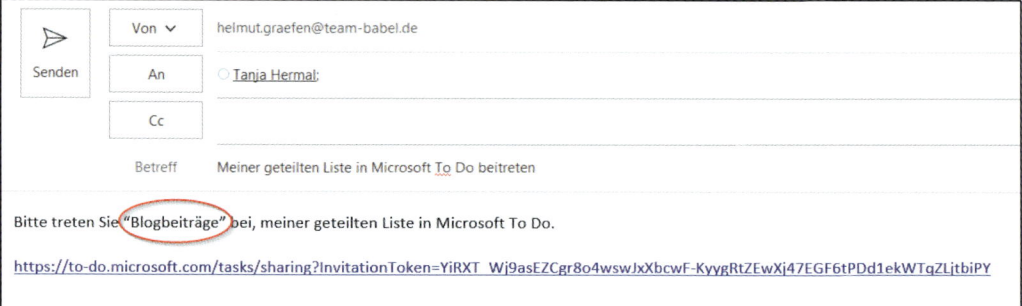

Abb. 6.9: Mail mit Beitrittsaufforderung und Link

Die Mail enthält einen Link zu der *Liste Blogbeiträge* und eine Aufforderung, der *Liste* beizutreten. So wie hier abgebildet, kommt die Mail auch beim Empfänger an. Klickt der Empfänger auf den Link, wird er aufgefordert, sich mit seinem Office-365-Account anzumelden. Mit einem Klick auf den anschließend angezeigten Button tritt die Person der *Liste* bei.

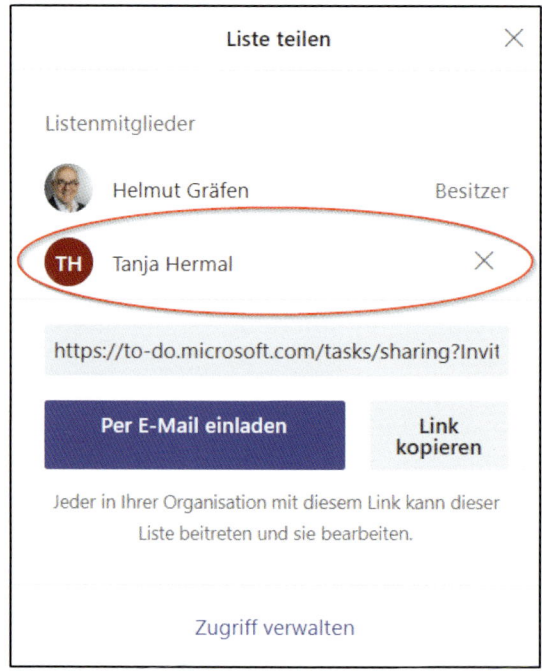

Abb. 6.10: Mit welchen Personen wurde die Liste geteilt?

Mit einem Banner, das kurz rechts in unten in Bildschirm angezeigt wird, werden Sie über den Beitritt informiert. In der Navigationsleiste wird die *Liste* nun so dargestellt: ▤ Blogbeiträge ⌖   2 . In der *Liste* selbst wird neben dem Listennamen auf der rechten Seite die Anzahl der Personen angezeigt, mit der Sie die *Liste* geteilt haben: ⌖ 2 . Klicken Sie auf dieses Icon, so erhalten Sie im daraufhin eingeblendeten Fenster detaillierte Informationen.

Teilen mit Externen nicht möglich

Listen in *To Do* können zum Zeitpunkt der Drucklegung des Buches nicht mit Personen außerhalb des Unternehmens geteilt werden.

❷ LINK KOPIEREN

Mit dieser Option kopieren Sie den Link zur Liste lediglich in die Zwischenablage, um ihn anschließend in eine Mail oder in einem Chat einfügen zu können.

❸ ZUGRIFF VERWALTEN

In dem Fenster *Zugriff verwalten* beschränken Sie die gewährten Zugriffe oder beenden das Teilen.

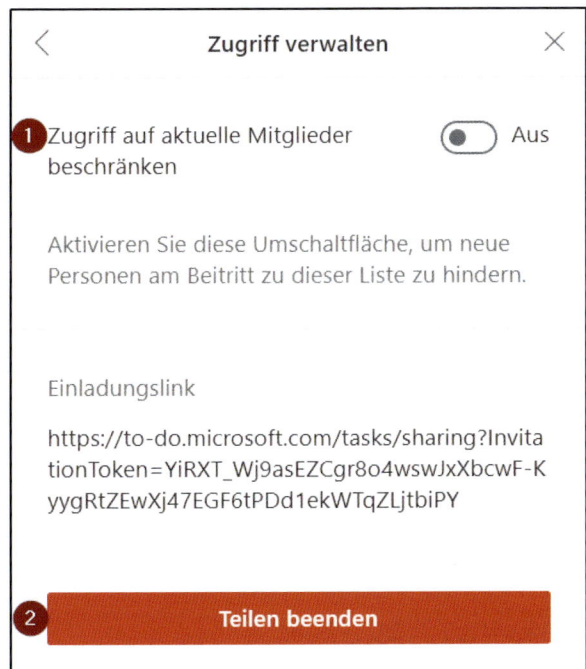

Abb. 6.11: Zugriff für geteilte Liste verwalten

❶ *Zugriff auf aktuelle Mitglieder beschränken*

Der Einladungslink, den Sie versendet haben, kann von dieser Person ohne Weiteres an eine weitere Person weitergeleitet werden. Diese Person kann dann auf den Link klicken, sich anmelden und der Liste beitreten. Falls Sie das nicht möchten, setzen Sie den Schieberegler *Zugriff auf aktuelle Mitglieder beschränken* auf *An*. Anschließend funktioniert der Einladungslink nicht mehr. Haben Sie zu diesem Zeitpunkt noch keine Person zum Teilen ausgewählt, können Sie keinen Einladungslink erzeugen.

❷ TEILEN BEENDEN

Klicken Sie diesen Button, werden Sie gefragt, ob alle Mitglieder aus dieser Liste entfernt und der Einladungslink deaktiviert werden soll. Das Beenden des Teilens für einzelne Mitglieder ist leider nicht möglich. Nach Bestätigung durch einen Klick auf den Button TEILEN BEENDEN haben nur noch Sie Zugriff auf diese Liste.

6.3 Programmvarianten von To Do

Um die Online-App aufzurufen, starten Sie entweder die Startseite von Office 365, `https://www.office.com/`, und wählen dort die App *To Do* aus, oder Sie geben in die Adressleiste Ihres Browsers `https://to-do.office.com/` ein. Mit dieser Methode wird die App direkt aufgerufen.

6.3.1 Die Online-App

Startseite der Online-App

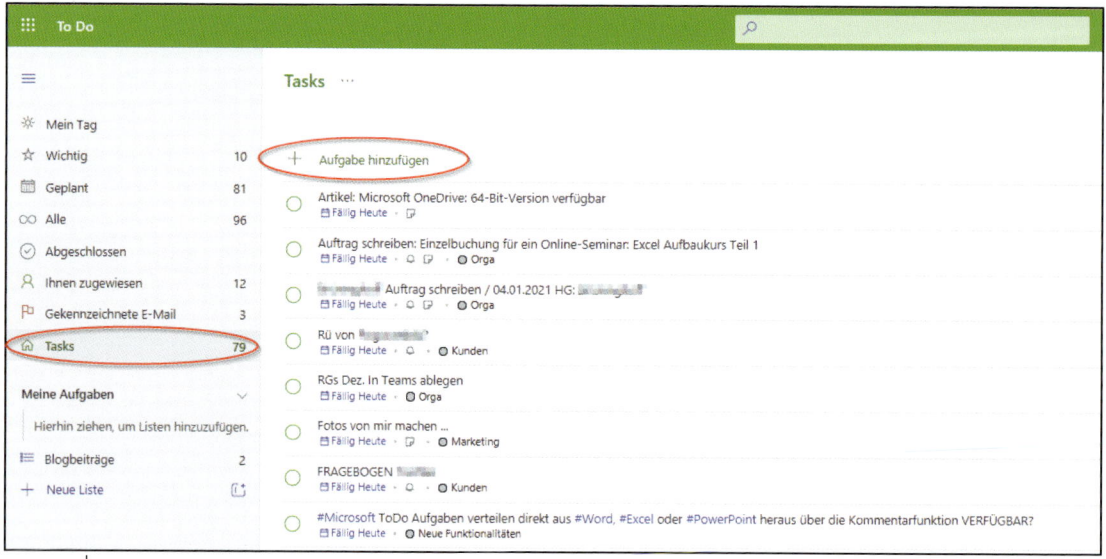

Abb. 6.12: Startseite der Online-App To Do

Die Startseite der Online-App von *To Do* zeigt Ihnen immer den Inhalt der intelligenten Liste TASKS an. In der Navigationsleiste der intelligenten Listen werden Ihnen rechts neben dem Namen der Liste die Anzahl der enthaltenen Aufgaben angezeigt.

Aufgaben erstellen, in Teilaufgaben aufsplitten und bearbeiten

Nach einem Klick auf die Schalfläche + Aufgabe hinzufügen geben Sie den Namen für die Aufgabe ein.

Abb. 6.13: Aufgabe hinzufügen

Erst nachdem Sie das Erstellen mit dem Button HINZUFÜGEN bestätigt und auf die neue Aufgabe geklickt haben, können Sie die Merkmale der Aufgabe bearbeiten. Das ist definitiv nicht gut gelöst, aber leider nicht zu ändern. Die Merkmale der Aufgabe werden links in dem folgenden Fenster angezeigt.

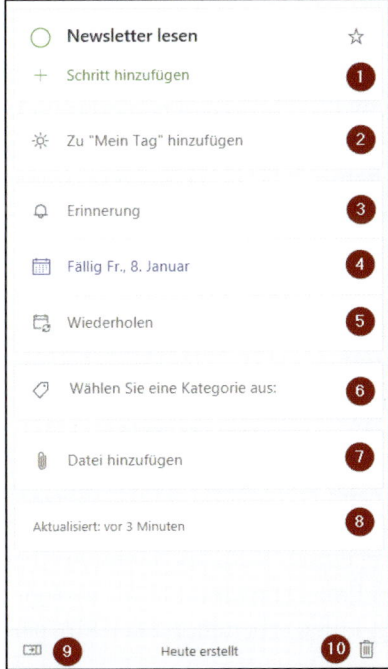

Abb. 6.14: Merkmale einer Aufgabe definieren

❶ SCHRITT HINZUFÜGEN

Hier haben Sie die Möglichkeit, die Aufgabe in Teilaufgaben aufzusplitten. Die Teilaufgaben werden als abhakbare Liste angelegt. Leider sind die Teilaufgaben im Aufgabenbereich der Outlook-Desktop-App nicht zu sehen.

❷ ZU »MEIN TAG« HINZUFÜGEN

Ein Klick auf diese Schaltfläche zeigt die Aufgabe auch in der intelligenten Liste MEIN TAG an. Entfernen Sie die Aufgabe aus MEIN TAG, bleibt sie trotzdem in der ursprünglichen Liste erhalten.

❸ ERINNERUNG

Legen Sie hier eine Erinnerung für Ihre Aufgabe fest. Sie können eine vordefinierte Erinnerung aus dem Menü wählen, oder Sie geben ein konkretes Datum und eine konkrete Uhrzeit ein.

❹ FÄLLIGKEIT

Arbeiten Sie immer mit einem Fälligkeitsdatum, möglichst mit einem realistischen, und tragen Sie das Datum hier ein. Weitere Tipps zum Umgang mit Fälligkeiten lesen Sie auch in Abschnitt 2.1.1 »Entwickeln Sie eine systematische Herangehensweise«.

❺ WIEDERHOLEN

Nutzen Sie diese Möglichkeit, um sämtliche Regelaufgaben als Serienaufgaben einzustellen. Konsequent angewendet, entsteht dadurch ein Planungsgerüst für Wochen-, Monats- und Jahresaufgaben.

❻ KATEGORIE ZUORDNEN

Die Möglichkeit, in *To Do* auf die in *Outlook* erstellten Kategorien zuzugreifen, hat Microsoft erst im Herbst 2020 geschaffen. Ich empfehle Ihnen, darüber nachzudenken, konsequent mit den Kategorien zu arbeiten. Sie erleichtern das Strukturieren Ihrer Aufgaben und helfen, den Überblick zu behalten. Weitere Informationen zum Thema Kategorien finden Sie in Kapitel 2 und Kapitel 3.

❼ DATEI HINZUFÜGEN

Fügen Sie eine Datei ein, erzeugen Sie eine Kopie der Originaldatei. Verwenden Sie, wann immer es möglich ist, stattdessen einen Link zur Originaldatei. Einen solchen Link können Sie im Feld darunter, dem NOTIZFELD platzieren.

❽ NOTIZFELD

Hier können Sie sowohl freien Text eingeben als auch einen Link einfügen, den Sie in einem anderen Kontext erstellt und in die Zwischenablage kopiert haben. Links können zu einer Datei, einer Liste, einem Notizbuch, einem Chat in *Teams* usw. führen. Mit der Anwendung von Links ersparen Sie Ihren Kollegen viel Suchaufwand. Wenn alle im Team mit Links arbeiten, ist der Einspareffekt noch einmal größer.

⑨ ⬚ DETAILSICHT AUSBLENDEN

Mit diesem Button blenden Sie die Detailsicht der Aufgabe aus.

⑩ 🗑 AUFGABE LÖSCHEN

Ein Klick auf das Papierkorb-Symbol löscht die Aufgabe aus *To Do*. Die gelöschten Aufgaben finden Sie in *Outlook* in dem Ordner *Gelöschte Elemente* wieder.

Einstellungen der App

Wie bereits in Abschnitt 6.2.1 erwähnt, werden z. B. standardmäßig nicht alle intelligenten Listen angezeigt. Diese und andere Einstellungen finden Sie mit einem Klick auf das Schraubensymbol ⚙ in der Titelleiste von *To Do*. In der daraufhin erscheinenden Navigationsleiste auf der rechten Seite klicken Sie auf den Button To Do Einstellungen . Die Titelleiste kann in Ihrem Office 365 mit einer anderen Farbe dargestellt sein.

Im Fenster *Einstellungen*, das danach angezeigt wird, sehen Sie ganz oben, mit welchem Office-365-Account Sie angemeldet sind. Hier können Sie sich auch von der App abmelden. Die *Einstellungen* sind in Gruppen eingeteilt. Die beiden wichtigsten Gruppeneinstellungen sind:

1. *Intelligente Listen*

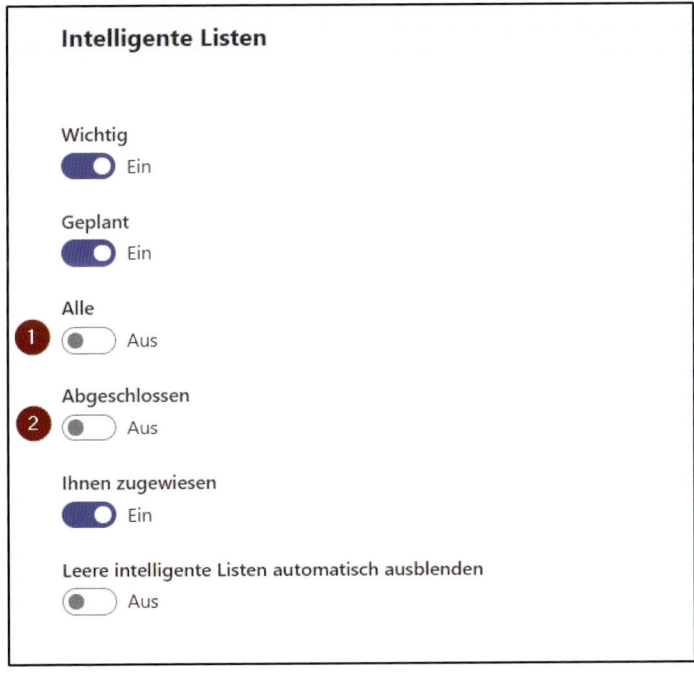

Abb. 6.15: Standardeinstellungen für die intelligenten Listen

Hier sehen Sie die Standardeinstellungen. Sowohl ❶ *Alle* als auch ❷ *Abgeschlossen* müssen von Ihnen aktiviert werden, wenn Sie damit arbeiten wollen.

2. *Verbundene Apps*

   In den Einstellungen der verbundenen Apps wird festgelegt, mit welchen anderen Apps aus Office 365 *To Do* kommunizieren soll.

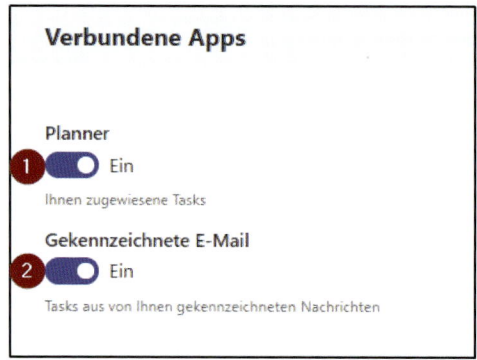

Abb. 6.16: Einstellungen Verbundene Apps

❶ *Planner*

   Ist die Kommunikation zwischen *To Do* und *Planner* hier nicht aktiviert, bleibt die intelligente Liste *Ihnen zugewiesen* leer.

❷ *Gekennzeichnete E-Mail*

   Hier definieren Sie, ob die in *Outlook* mit einem Nachverfolgungsfähnchen gekennzeichneten Mails in der intelligenten Liste *Gekennzeichnete E-Mail* angezeigt werden sollen.

In der Regel sind beide Einstellungen im Standard aktiv.

Einstellungen der intelligenten Listen

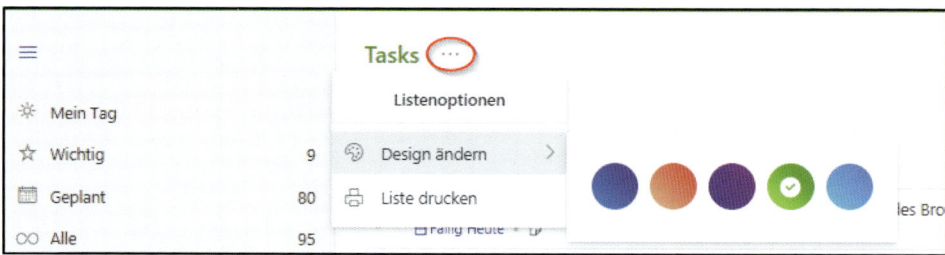

Abb. 6.17: Einstellungen einer intelligenten Liste

Die Einstellungen der intelligenten Listen erreichen Sie über die drei Punkte rechts neben dem Listennamen. Hier können Sie die Farbgebung mit einem Klick auf den Button DESIGN ÄNDERN verändern und die LISTE DRUCKEN.

Virtueller Druck statt Papierdruck

Überlegen Sie bitte immer, ob die Liste tatsächlich auf Papier gedruckt werden muss oder ob nicht auch ein virtueller Ausdruck in *OneNote* ausreicht. Arbeiten Sie in einer Besprechung mit einem virtuellen Ausdruck in einer OneNote-Seite in einem Teamnotizbuch, können Sie auf einem Surface Ihre Anmerkungen handschriftlich auf dieser Seite notieren. Diese Informationen stehen den Teamkollegen mehr oder weniger sofort zur Verfügung. Außerdem spart ein virtueller Druck Zeit und Ressourcen.

6.3.2 Die Desktop-App

Microsoft bietet *To Do* auch als Windows-App an. Sie können die App über den *Microsoft Store* auf Ihrem PC/Notebook installieren. Ich halte sie für eine große Bereicherung im Tagesgeschäft. Ist sie installiert, können Sie Ihre Aufgaben bearbeiten, ohne die Office-365-Startseite oder die Online-App über einen Browser aufrufen zu müssen. Damit sparen Sie enorm viel Zeit.

Beim ersten Aufruf der Windows-App werden Sie aufgefordert, sich mit Ihrem Office-365-Account anzumelden. Wenden Sie sich an Ihren IT-Administrator, wenn Sie nicht über die Berechtigung verfügen, die Windows-App zu installieren.

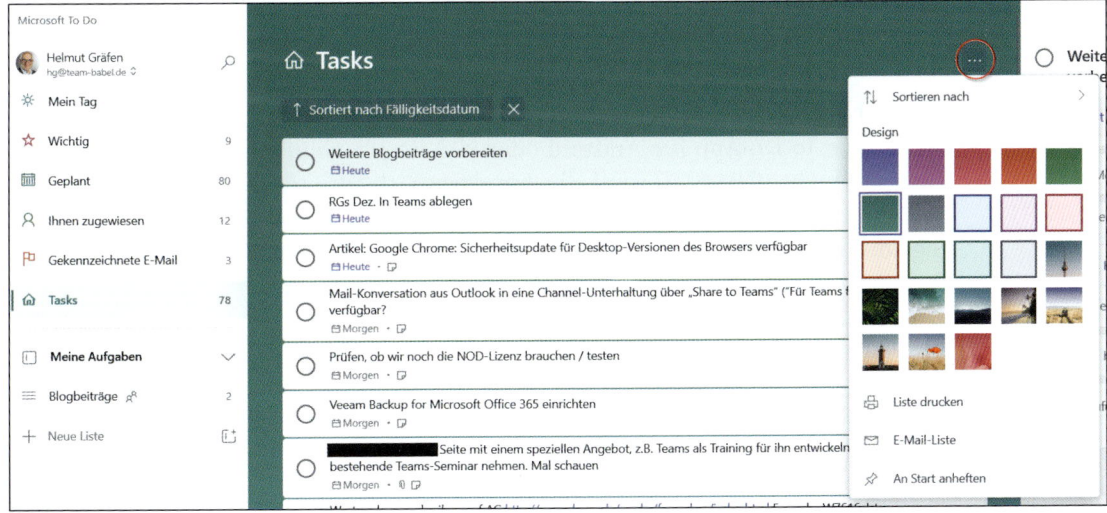

Abb. 6.18: Benutzeroberfläche der Windows-App

Die Benutzeroberfläche der Windows- und der Online-App sind im Wesentlichen gleich.

Die Einstellungsmöglichkeiten der intelligenten Liste erreichen Sie hier mit einem Klick auf die drei Punkte ganz rechts auf der Höhe des Listennamens. Neben den Designeinstellungen, die in der Windows-App vielfältiger als in der Online-App ausfallen, können Sie die Aufgabenliste mit dem Button E-MAIL-LISTE per Mail versenden.

Möchten Sie die Einstellungen der Windows-App ändern, so finden Sie diese links oben in der App. Klicken Sie mit der linken Maustaste einmal auf Ihr Profilbild.

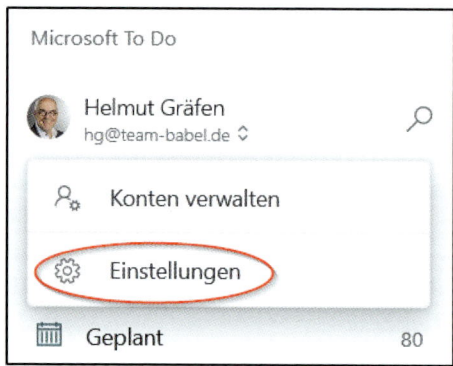

Abb. 6.19: Einstellungen der App aufrufen

Die Einstellungen der Windows-App sind weitgehend mit den Einstellungen der Online-App identisch. Auch hier finden Sie unter anderem die Einstellungen für die *Intelligenten Listen* und für die *verbundenen Apps*.

6.3.3 Die mobile App

Die mobile To-Do-App für Android oder iOS ist gut gelungen. Die Benutzeroberfläche ist nicht überladen, und die App lässt sich intuitiv und schnell bedienen. Obwohl auf dem Handy ein deutlich kleinerer Bildschirm zur Verfügung steht, folgt die mobile Benutzeroberfläche der Logik der Online- bzw. Windows-App, ohne dass es dabei zu Brüchen in der Benutzerführung kommt.

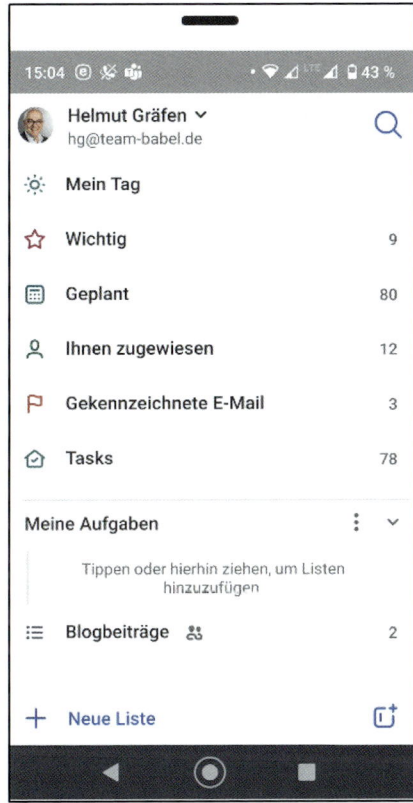

Abb. 6.20: Startbildschirm der mobilen Android-To-Do-App

Die Einstellung rufen Sie mit einem Klick auf den Drop-down-Pfeil rechts neben
Ihrem Namen auf.

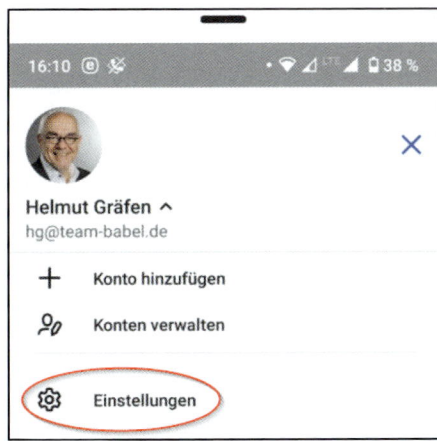

Abb. 6.21: Einstellungen der mobilen App aufrufen

Die Einstellungen der Online- bzw. Windows-App sind weitgehend mit denen der mobilen App identisch. Auch hier finden Sie unter anderem die Einstellungen für die *intelligenten Listen* und für die *verbundenen Apps*.

Einstellungen werden auch synchronisiert

Sind Sie in allen drei Programmversionen mit demselben Office-365-Account angemeldet, werden auch die Einstellungen zwischen den drei Programmvarianten stets synchronisiert.

Die Einstellungen der intelligenten Listen in der mobilen App können Sie ebenfalls verändern. Öffnen Sie eine intelligente Liste und drücken Sie rechts oben auf ⋮ .

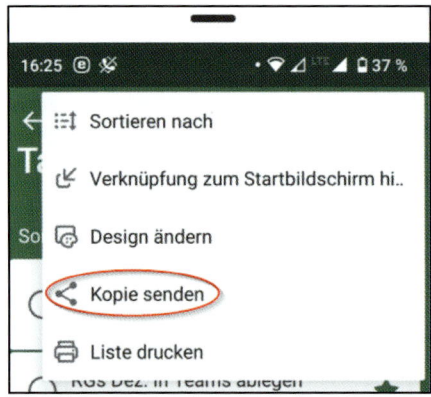

Abb. 6.22: Einstellungen der intelligenten Listen in der mobilen App

Das Einstellungsmenü der intelligenten Listen in der mobilen App bietet mit KOPIE SENDEN die Möglichkeit, die Aufgabenliste als Kopie zu teilen.

Die mobile Nutzung von To Do – ein Produktivitätssprung

Nutzen Sie *To Do* als App für den mobilen Einsatz auf Ihrem Handy und/oder Tablet. Für alle Personen, die häufig unterwegs sind und auf einen mobilen Zugriff ihrer Aufgaben angewiesen sind, ist die Installation der mobilen App *To Do* auf dem Handy ein Muss, da in der mobilen Outlook-App keine Aufgaben verwaltet werden können. Vor allem die Möglichkeit, Aufgaben mobil zu erstellen, macht Sie deutlich produktiver.

6.4 To Do im Zusammenspiel mit den anderen Apps in Office 365

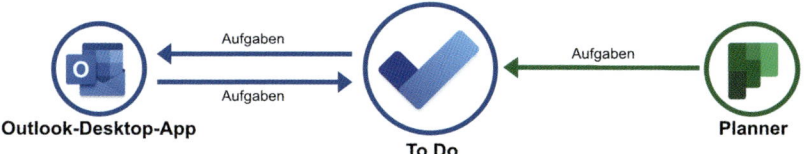

Abb. 6.23: To Do im Zusammenspiel mit anderen Apps in Office 365

To Do kommuniziert dynamisch mit dem Aufgabenbereich der Outlook-Desktop-App. Konkret bedeutet dies:

- Erstellen Sie eine Aufgabe in *To Do*, ist diese Aufgabe auch in der Outlook-Desktop-App zu sehen.

- Erstellen Sie eine Aufgabe in der Outlook-Desktop-App, erscheint diese Aufgabe auch in *To Do*.

- Ändern oder löschen Sie eine Aufgabe in einer der beiden Apps, wird diese Änderung automatisch in die jeweils andere App synchronisiert.

Sie können also parallel mit beiden Apps ohne Datenverlust arbeiten.

Mobile Aufgabenverwaltung mit To Do

To Do kommuniziert dynamisch mit *Planner*. Konkret bedeutet das:

- Wird Ihnen in einem Aufgabenplan in *Planner* eine Aufgabe zugewiesen, wird diese Aufgabe automatisch in der App *To Do* in die Gruppe *Ihnen zugewiesen* eingetragen.

- Ändert oder löscht ein Teamkollege in *Planner* eine Aufgabe, wird diese Änderung automatisch in Ihr *To Do* synchronisiert.

- Ändern oder löschen Sie in *To Do* eine Ihnen zugewiesene Aufgabe aus einem Aufgabenplan in *Planner*, wird diese Änderung automatisch in *Planner* synchronisiert.

- Erstellen Sie dagegen eine Aufgabe in *To Do*, wird diese Aufgabe nicht in einen Aufgabenplan in *Planner* übertragen, da die App *To Do* ausschließlich Ihre persönlichen Aufgaben anzeigt.

Kapitel 7

Lists – Informationen in Listenform verarbeiten

Die Verarbeitung von Listen mit *Lists* ist für alle Informationen im Unternehmen interessant, die Sie bisher in Excel- oder Wordtabellen verwaltet haben. Dazu gehören beispielsweise:

- Verwaltung von Ressourcen
- Nachverfolgen von Problemen (als eine Art Mini-Ticket-System)
- Managen von Aufgaben (als einfache Alternative zu *Planner*)
- Onboarding von Mitarbeitern
- Planen von Veranstaltungen
- Verwalten von Bewerbungen
- Managen von Reiseanfragen
- Planen von Maßnahmen (z. B. ein Marketingplan)
- Abrechnung von Leistungen (z. B. Projektstunden)

Listen werden in Office 365 in *SharePoint* gespeichert und verfügen über datenbankähnliche Funktionen. In einer Datenbank legen Sie Felder an, denen Sie Eigenschaften wie z. B. den Datentyp (Zahlen, Text, Datum etc.) zuweisen. Nach diesem Prinzip werden auch Listen in *SharePoint* erstellt und bearbeitet. Dort legen Sie jedoch Spalten statt Felder an. Die Informationen in den Spalten können sortiert, gefiltert und gruppiert werden.

Da der Umgang mit SharePoint-Listen nicht sonderlich benutzerfreundlich gestaltet ist, wurden und werden Listen für die Informationsverwaltung von Anwendern eher selten genutzt. Mit *Microsoft Lists*, einer eigenständigen App, die Microsoft im Herbst 2020 veröffentlicht hat, wird das Erstellen und Bearbeiten dieser Listen deutlich vereinfacht. Die App ist logisch aufgebaut, funktional gut ausgestattet und einfach zu bedienen.

Einige von Ihnen kennen den Begriff *Liste* möglichweise aus der Arbeit mit Excel. Sind Tabellen in Excel so aufgebaut, dass sie nur Spaltenbeschriftungen (Überschriften) und keine Zeilenbeschriftungen aufweisen und keine Leerzeilen enthalten, spricht man von Excel-Listen. Diese haben dann datenbankähnliche Funktionen wie z. B. Access.

Für diese Personengruppe stelle ich in der folgenden Tabelle die wichtigsten Unterschiede und Gemeinsamkeiten von SharePoint- und Excel-Listen dar:

Funktion	SharePoint-Listen	Excel-Listen
Sortieren	Ja	Ja
Filtern	Ja	Ja
Gruppieren auf Spaltenebene	Ja	Nein
Feldern Eigenschaften zuweisen	Ja	Nein
Gefilterte und/oder gruppierte Ansichten benennen, speichern und veröffentlichen	Ja	Nein
Berechnungen wie Summe, Min, Max, Anzahl, Mittelwert am Spaltenende	Ja	Ja
Mit Pivot-Tabellen bearbeiten	Muss vorher nach Excel exportiert werden	Ja
In *MS Teams* einbinden	Als App	Als Datei an Registerkarte geheftet
Mit Excel-VBA bearbeitbar	Nein	Ja
Eingabeformulare für mobile Endgeräte über *Power Apps* erstellen	Ja	Nein
Als eigene App vorhanden	Ja	Nein

Tabelle 7.1: Unterschiede und Gemeinsamkeiten von SharePoint- und Excel-Listen

Listen können Sie in Office 365 über drei Wege erstellen, bearbeiten und nutzen: über die Online-App *Lists*, über die Listen-App in *SharePoint* und über die mobile App für iOS. Für Android ist eine App angekündigt. Eine Desktop-App für *Lists* gibt es zum Zeitpunkt der Drucklegung des Buches leider nicht. Auf die Listen-App in *SharePoint* werde ich im Buch nicht eingehen, da Sie SharePoint-Kenntnisse zur Nutzung benötigen und die Bearbeitung über die Online-App *Lists* deutlich komfortabler ist.

7.1   Aufbau von Listen

Listen sind, wie bereits erwähnt, in Spalten organisiert. Beim Hinzufügen einer Spalte wählen Sie einen Spaltentyp aus (Abbildung 7.1).

Für den gewählten Spaltentyp definieren Sie anschließend die Eigenschaften der Spalte (Abbildung 7.2).

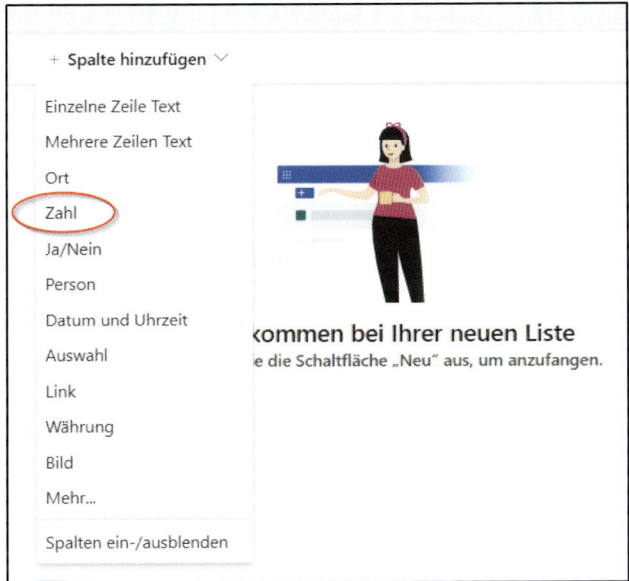

Abb. 7.1: Spaltentyp auswählen

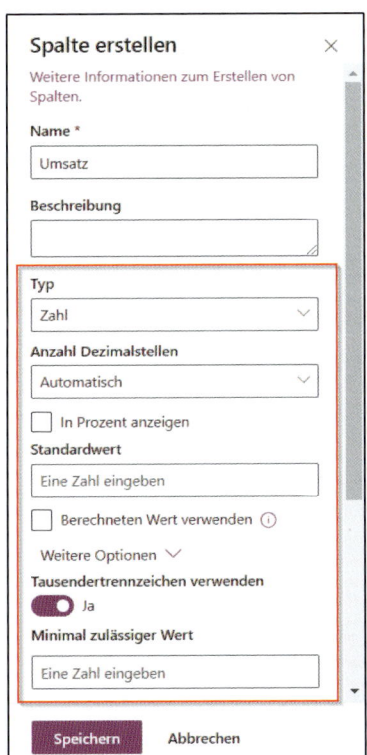

Abb. 7.2: Eigenschaften für eine Spalte des Typs Zahl

Je nach Spaltentyp werden Ihnen dazu passende Eigenschaften angeboten. Beim Spaltentyp *Auswahl* können Sie beispielsweise definieren, ob die unterschiedlichen Auswahlmöglichkeiten als Drop-down-Menü angezeigt werden sollen. Die nachfolgende Tabelle gibt Ihnen einen Überblick über die angebotenen Spaltentypen und deren Einsatzmöglichkeiten.

Spaltentyp	Einsatzmöglichkeit	Bemerkung
Einzelne Zeile Text	Nur Text, z. B. Vornamen, Nachnamen oder Abteilungsnamen	Kleine unformatierte Textmengen, max. 255 Zeichen
	Kombinationen von Text und Zahlen, z. B. Straßenadressen oder Kontonummern	
Mehrere Zeilen Text	Formatierte Texte	Formatierte Texteingabe und/oder große Textmengen, max. 63.999 Zeichen
	Beschreibungstexte	
Ort	Standortdaten aus Bing Maps einfügen	Weitere mit diesen Daten verknüpfte Felder wie PLZ, Straße und Bundesland bei Bedarf anzeigbar
Zahl	Numerische Werte, die keine Geldwerte sind	
Ja/Nein	Ja/Nein-Informationen verwendet, z. B. ob jemand an einer Veranstaltung teilnehmen wird.	Wird als Kontrollkästchen dargestellt
Person	Eingabe von Personen aus Ihrem Unternehmen, z. B. um eine Zuständigkeit zu dokumentieren	Eingabe von externen Personen nur nach Freigabe durch Ihre IT-Abteilung möglich
Datum und Zeit	Eingabe eines Datums und einer Zeit	Die Standardeinstellung zeigt nur das Datum an. Die Standardformatierung ist tt.mm.jjjj.
Auswahl	Wird verwendet, um Personen die Auswahl aus einer Liste von Optionen zu ermöglichen, die Sie bereitstellen	Mit diesem Spaltentyp stellen Sie sicher, dass alle Daten in der Spalte konsistent sind. Als Drop-down-Menü oder als Optionsfelder darstellbar Die Auswahlmöglichkeiten werden farbig dargestellt.
Link	Wird verwendet, um einen Link zu einer Website, einer Grafik oder einer anderen Ressource zu speichern, z. B. um aus dieser Liste eine Datei oder eine Website zu öffnen	Für die Anzeige können Sie einen Alternativtext eingeben.
Währung	Wird zum Speichern von Geldwerten verwendet	Wird standardmäßig mit 2 Dezimalstellen im Format x.xxx,xx € dargestellt
Bild	Wird verwendet, um einem Element in einer Liste oder Bibliothek eine einzelne Bilddatei von Ihrem Gerät hinzuzufügen	

Tabelle 7.2: Spaltentypen in Listen und deren Einsatzmöglichkeit

Die nachstehenden Eigenschaften können in jedem Spaltentyp ausgewählt werden.

- **Spaltenname**
  Die Eingabe ist eine Pflichteingabe.
- **Beschreibung**
  Beschreiben Sie möglichst knapp und verständlich den Zweck der Spalte.
- **Diese Spalte muss Informationen enthalten (Ja/Nein)**
  Ohne eine Eingabe wird das Listenelement nicht gespeichert.

Das Anlegen einer Spalte muss stets mit dem Klick auf den Button OK bestätigt werden.

7.2 Die Online-App

Um die Online-App aufzurufen, öffnen Sie die Startseite von Office 365, `https://www.office.com/`, und wählen dort die App *Lists* aus.

7.2.1 Startseite der Online-App

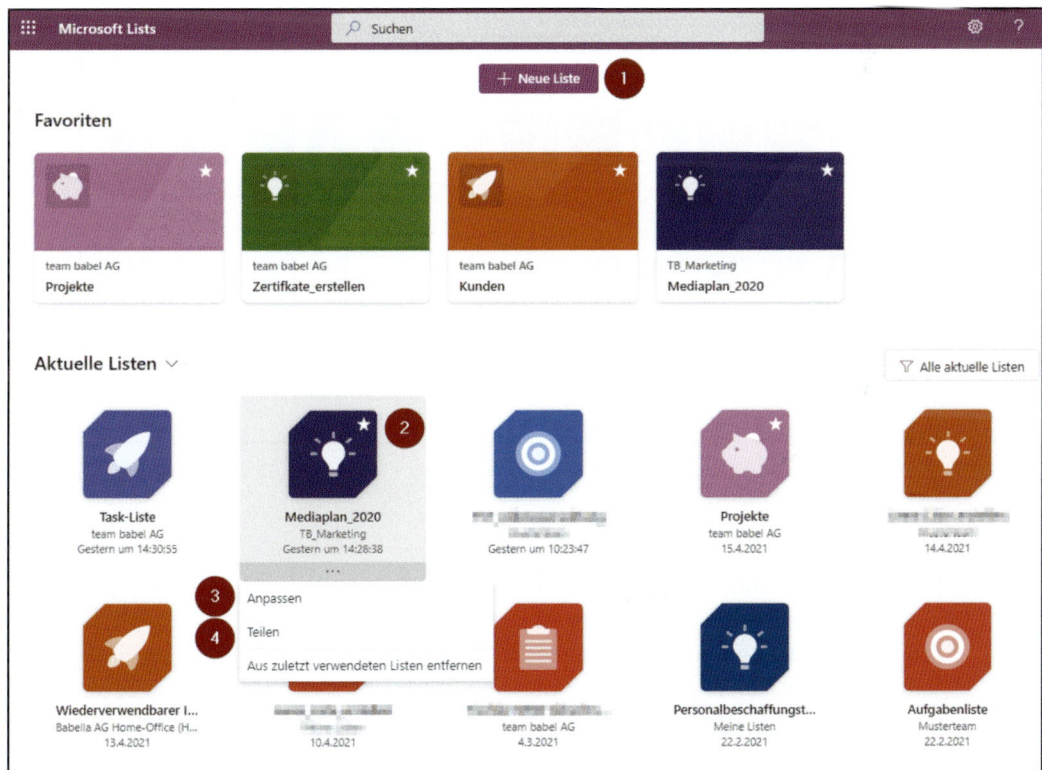

Abb. 7.3: Startseite der Online-App Lists

❶ NEUE LISTE

Mit diesem Button erstellen Sie eine neue Liste.

❷ ☆

Klicken Sie auf den Stern rechts oben in einer vorhandenen Liste, wird diese zu den Favoriten hinzufügt. Ein erneuter Klick entfernt die Liste aus den Favoriten.

❸ ANPASSEN

Nachdem Sie auf das Drei-Punkte-Menü und anschließend auf den Menüpunkt ANPASSEN geklickt haben, erscheint ein Fenster, in dem Sie den Namen der Liste ändern sowie eine andere Farbe und ein anderes Symbol auswählen können.

Abb. 7.4: Fenster Anpassen

❹ TEILEN

Haben Sie eine Liste in einem Team oder in einer Teamwebsite in Share-Point erstellt, sind automatisch Besitzer, Mitglieder und Gäste des Teams bzw. die Gruppenmitglieder der SharePoint-Teamwebsite für die Liste berechtigt und können mit dieser arbeiten.

Darüber hinaus besteht mit TEILEN die Möglichkeit, die Liste für Personen, die nicht zum Team oder zur Website gehören, freizugeben.

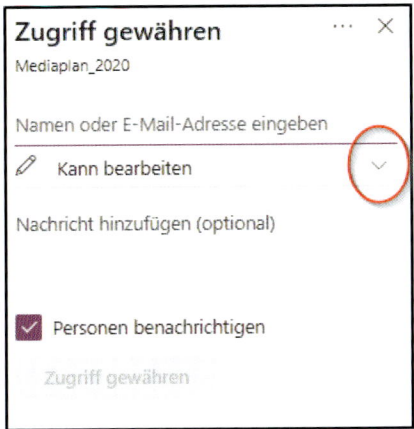

Abb. 7.5: Fenster Teilen

Die Standardeinstellung ist KANN BEARBEITEN. Mit einem Klick auf den Dropdown-Pfeil werden Berechtigungsmöglichkeiten für das Teilen angezeigt.

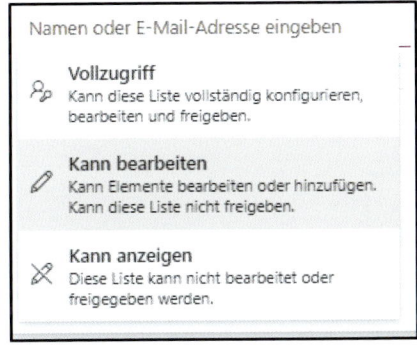

Abb. 7.6: Berechtigungsmöglichkeiten beim Teilen einer Liste

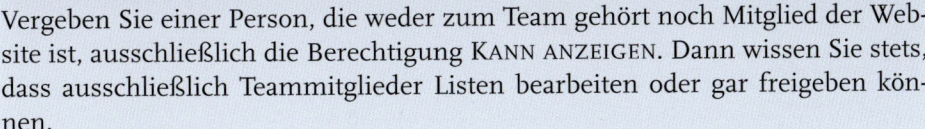

Personen außerhalb des Teams Listen nur lesend freigeben

Vergeben Sie einer Person, die weder zum Team gehört noch Mitglied der Website ist, ausschließlich die Berechtigung KANN ANZEIGEN. Dann wissen Sie stets, dass ausschließlich Teammitglieder Listen bearbeiten oder gar freigeben können.

7.2.2 Eine neue Liste erstellen

Nach dem Klick auf den Button NEUE LISTE erscheint das Fenster *Eine Liste erstellen*. Dort haben Sie vier verschiedene Möglichkeiten, eine Liste zu erstellen.

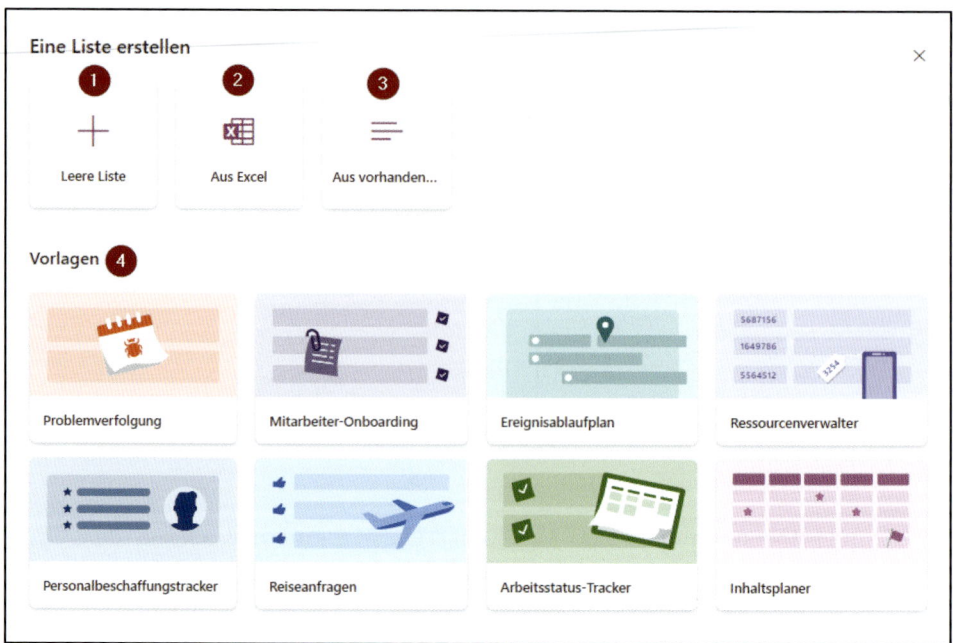

Abb. 7.7: Fenster Eine Liste erstellen

❶ LEERE LISTE

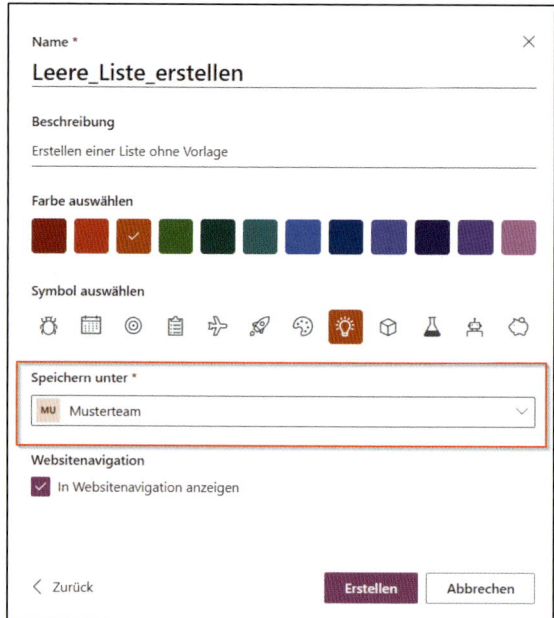

Abb. 7.8: Eine leere Liste erstellen

Geben Sie einen Namen und eine Beschreibung ein und definieren Sie eine Farbe und ein Symbol für die Liste. Ein Klick auf den Drop-down-Pfeil in *Speichern unter* zeigt Ihnen alle SharePoint-Websites und damit auch die Teams an, in die Sie die Liste speichern können.

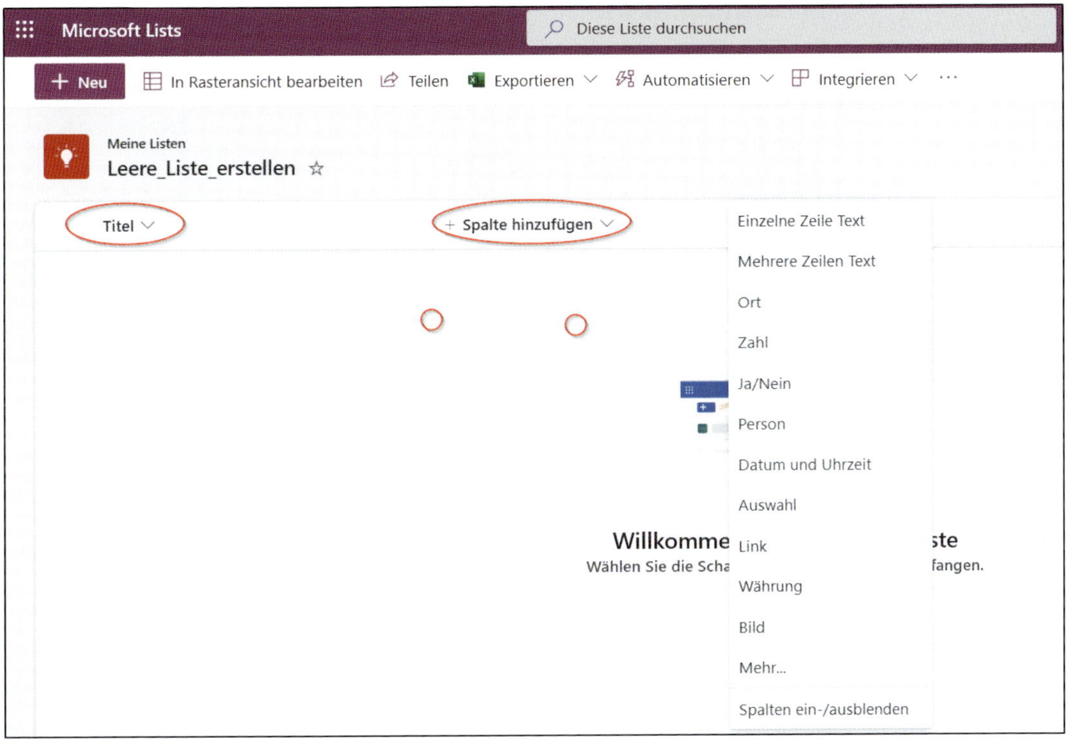

Abb. 7.9: Neue Leere Liste

Erstellen Sie eine neue Liste, wird automatisch immer auch eine Spalte mit dem Namen *Titel* erstellt. Mit einem Klick auf den Drop-down-Pfeil in *Spalte hinzufügen* öffnet sich ein Menü, aus dem Sie den Spaltentyp für die nächste neue Spalte auswählen.

Benötigte Spalten im Vorfeld notieren

Notieren Sie sich im Vorfeld, welche Spalten mit welchen Informationstypen Sie benötigen. Das erleichtert die Umsetzung in der App enorm.

❷ AUS EXCEL

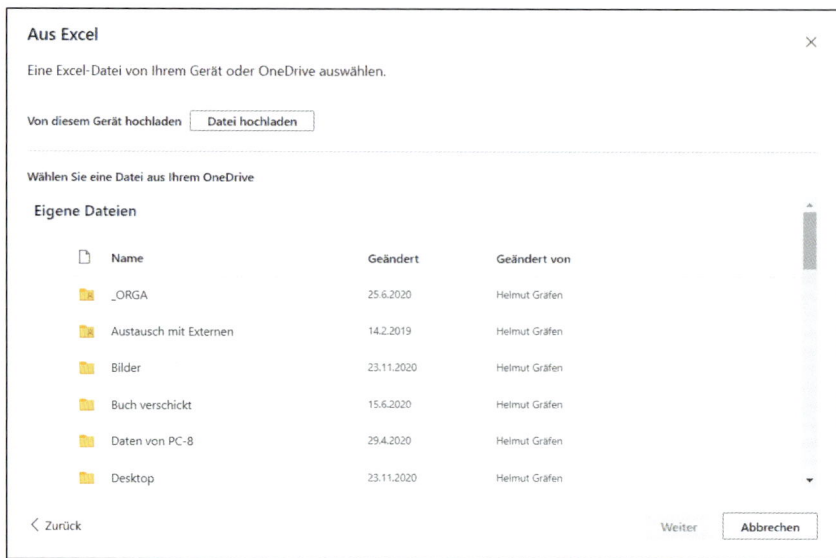

Abb. 7.10: Liste aus einer bestehenden Excel-Liste erstellen

Nachdem Sie eine vorhandene Excel-Liste aus der Ordnerstruktur ausgewählt haben, erscheint das Fenster ANPASSEN.

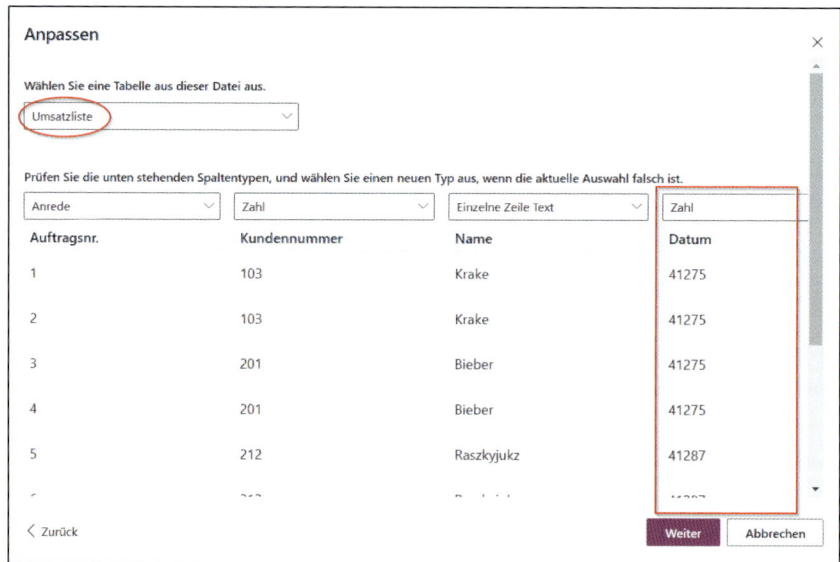

Abb. 7.11: Anpassen der ausgewählten Excel-Liste

Sollte eine Spalte, wie in diesem Beispiel *Datum*, nicht der gewünschten For-
matierung entsprechen, klicken Sie in den angezeigten Spaltentyp, in diesem
Beispiel ZAHL. Aus dem nachfolgend angezeigten Drop-down-Menü wählen
Sie den Eintrag DATUM UND UHRZEIT. Der gesamte Inhalt der Spalte wird
anschließend mit dem ausgewählten Spaltentyp formatiert.

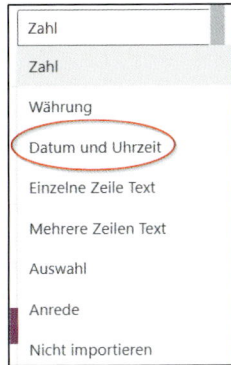

Abb. 7.12: Spaltentyp anpassen

Nachdem Sie die Anzeige mit dem Button WEITER bestätigt haben, sind die
nächsten Schritte die gleichen wie bei ❶ LEERE LISTE.

❸ AUS VORHANDENEN LISTEN

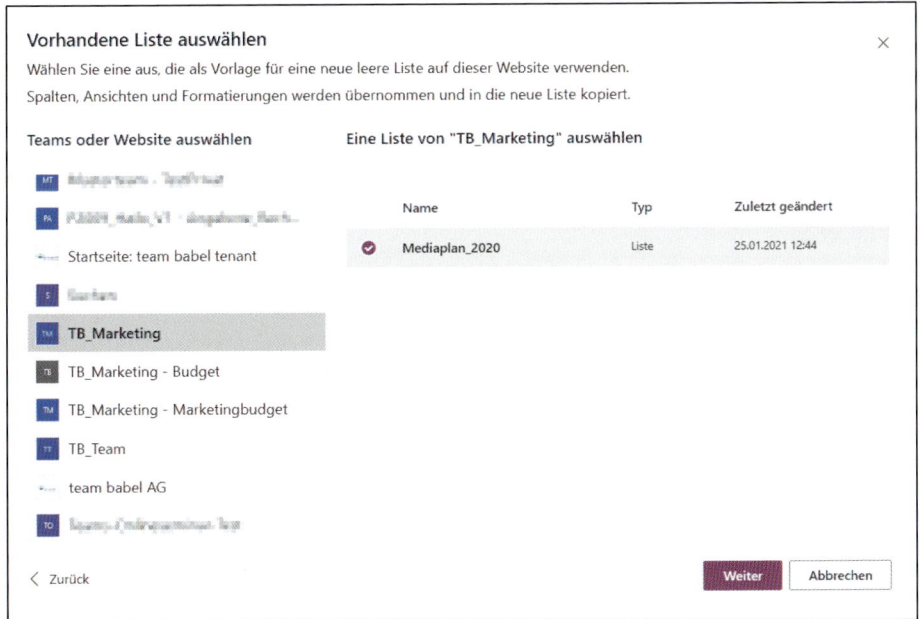

Abb. 7.13: Liste aus vorhandener Liste erstellen

Die ausgewählte Liste können Sie nach dem Klicken des Buttons WEITER an Ihre Bedürfnisse anpassen.

❹ *Vorlagen*

Acht unterschiedliche Vorlagen stehen Ihnen zur Auswahl: Problemverfolgung, Mitarbeiter-Onboarding, Ereignisablaufplan, Ressourcenverwalter, Personalbeschaffungstracker, Reiseanfragen, Arbeitsstatus-Tracker und Inhaltsplaner. In den Vorlagen sind die Spalten bereits vordefiniert und zum Teil bereits formatiert.

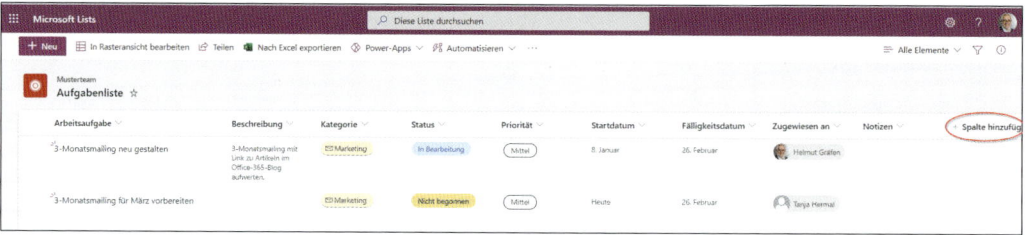

Abb. 7.14: Aus Vorlage Arbeitsstatus-Tracker erstellte Liste

Mit der letzten Spalte +SPALTE HINZUFÜGEN können Sie weitere Spalten für Ihre Anforderungen hinzufügen. Die Vorlage verändern Sie damit jedoch nicht.

7.2.3 Eine bestehende Liste anpassen

Rufen Sie mit dem Drop-down-Pfeil rechts neben dem Spaltennamen das Spaltenmenü auf und klicken auf den Menüpunkt SPALTENEINSTELLUNGEN.

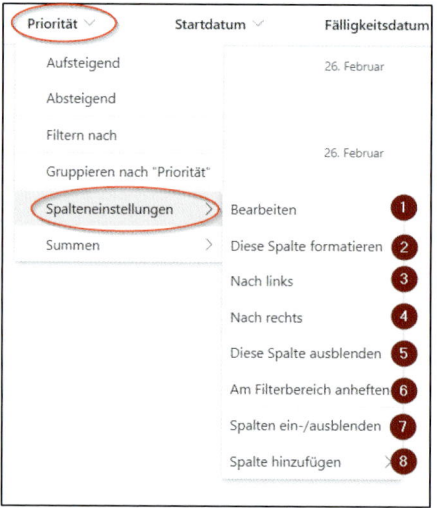

Abb. 7.15: Auswahlmenü Spalteneinstellungen

❶ Bearbeiten

Ein Klick auf diesen Menüpunkt zeigt am rechten Bildschirmrand eine Leiste mit Informationen zu den Spalteneinstellungen und -optionen, die Sie bearbeiten können.

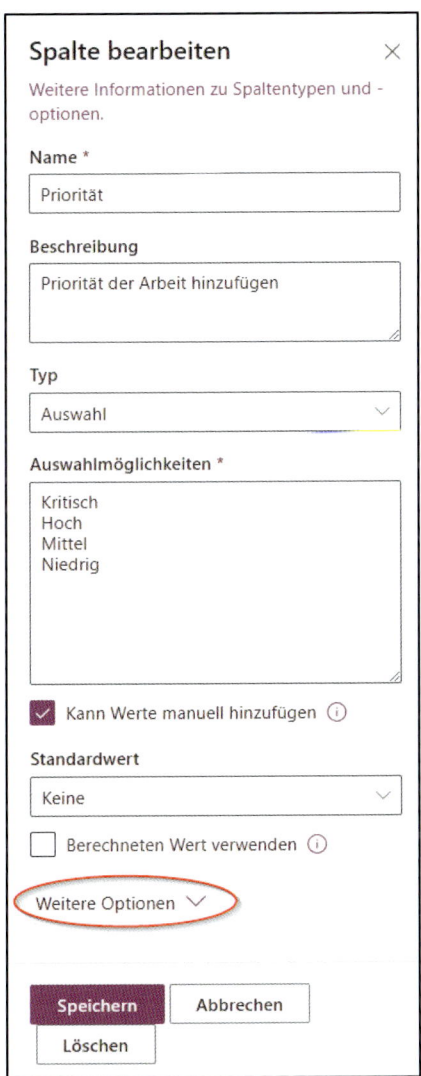

Abb. 7.16: Spalte bearbeiten

Möchten Sie alle Informationen zu der Spalte sehen, klicken Sie auf den Button Weitere Optionen. Aus diesem Fenster können Sie die Spalte auch löschen.

❷ Diese Spalte formatieren

Dieser Menüpunkt ermöglicht, sowohl die Spalte als auch die Ansicht der ganzen Liste zu formatieren.

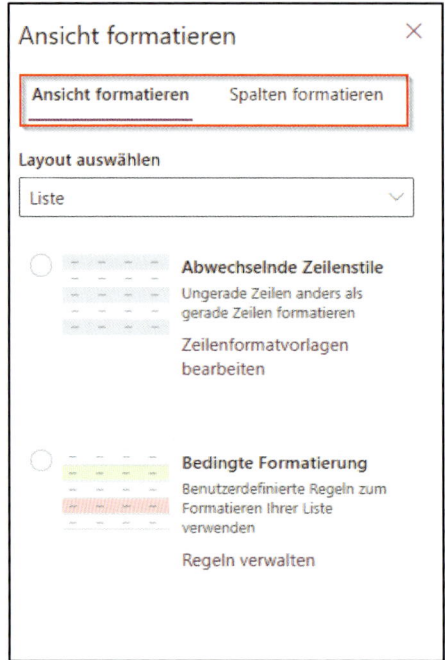

Abb. 7.17: Spalte oder gesamte Ansicht formatieren

❸ Nach links

Verschiebt die Spalte um eine Spalte nach links.

❹ Nach rechts

Verschiebt die Spalte um eine Spalte nach rechts.

❺ Diese Spalte ausblenden

Die ausgewählte Spalte wird ausgeblendet. Um sie wieder einzublenden, klicken Sie auf den Drop-down-Pfeil einer beliebigen Spalte und klicken auf den Menüpunkt Spalteneinstellungen. Nach einem Klick auf Spalten ein-/ausblenden erscheint am rechten Bildschirm eine Spaltenauflistung dieser Liste. Aktivieren Sie bei der Spalte, die wieder eingeblendet werden soll, einfach das Kontrollkästchen.

Leider werden die ausgeblendeten Spalten an das Ende der Liste gestellt. Nach dem Aktivieren müssen Sie das Feld in dieser Auflistung an die Stelle ziehen, wo es später in der Liste angezeigt werden soll.

Die Änderung wird nur wirksam, wenn Sie sie am oberen Rand der Auflistung mit dem Button ✓ Übernehmen bestätigen.

❻ AM FILTERBEREICH ANHEFTEN

Spalten, die Sie an den Filterbereich angeheftet haben, werden dort mit ihren Filtermöglichkeiten angezeigt. Damit haben Sie eine komfortable Möglichkeit, gleichzeitig für mehrere Felder Filter auszuwählen.

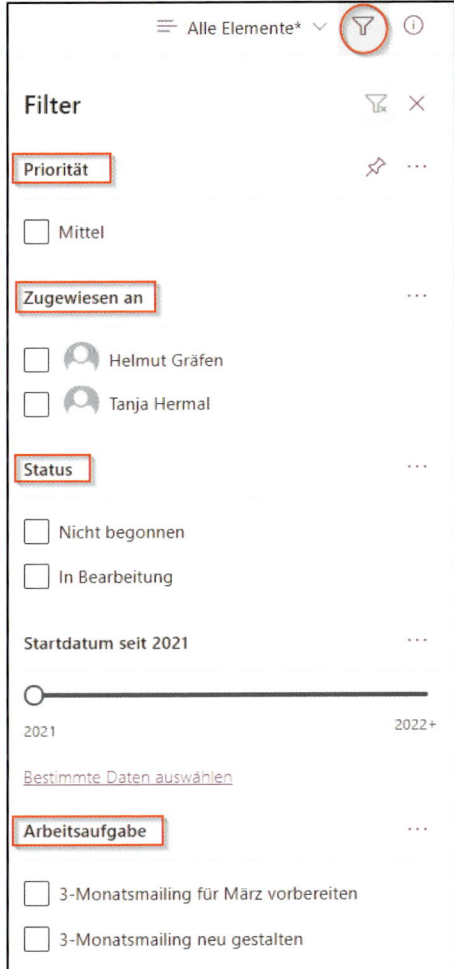

Abb. 7.18: Spalten an Filterbereich anheften

❼ SPALTEN EIN-/AUSBLENDEN

Zeigt auf der rechten Seite eine Auflistung mit allen Spalten der Liste an, die Sie hier ein- und ausblenden können (siehe auch ❺ DIESE SPALTE AUSBLENDEN).

❽ SPALTE HINZUFÜGEN

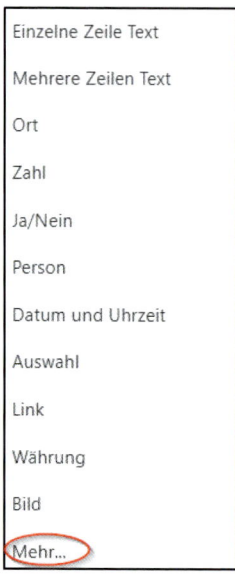

Abb. 7.19: Informationstypen für die hinzuzufügende Spalte

Klicken Sie auf den Informationstyp, der der neuen Spalte zugewiesen werden soll. Am rechten Bildrand erscheint ein Fenster, in dem Sie einen Spaltennamen vergeben und weitere Einstellungen für die Spalte vornehmen können. Der Menüpunkt MEHR … verzweigt in die Listenbearbeitung der SharePoint-Oberfläche.

Abb. 7.20: Einstellungen der Liste

Mit einem Klick auf die Schaltfläche LISTENEINSTELLUNGEN gelangen Sie ebenfalls in die Listenbearbeitung der SharePoint-Oberfläche. Nur dort können Sie eine Liste z. B. löschen.

7.2.4 Mit einer Liste arbeiten

Möchten Sie ein vorhandenes Listenelement bearbeiten, genügt ein Klick auf das gewünschte Element in der Spalte TITEL, und es öffnet sich eine Eingabemaske wie in ❶ NEU beschrieben. Über die Menüzeile in der Online-App erreichen Sie alle restlichen Funktionen der Listenbearbeitung.

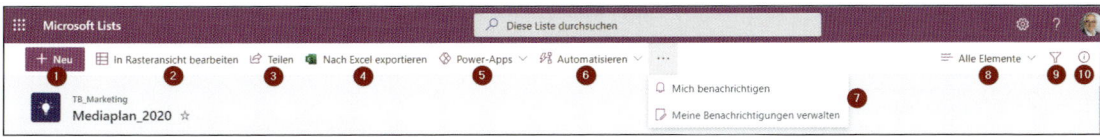

Abb. 7.21: Menüzeile in der Online-App

❶ NEU

Mit dem Klick auf den Button NEU können Sie ein neues Listenelement über eine Eingabemaske erstellen, die am rechten Bildschirmrand angezeigt wird.

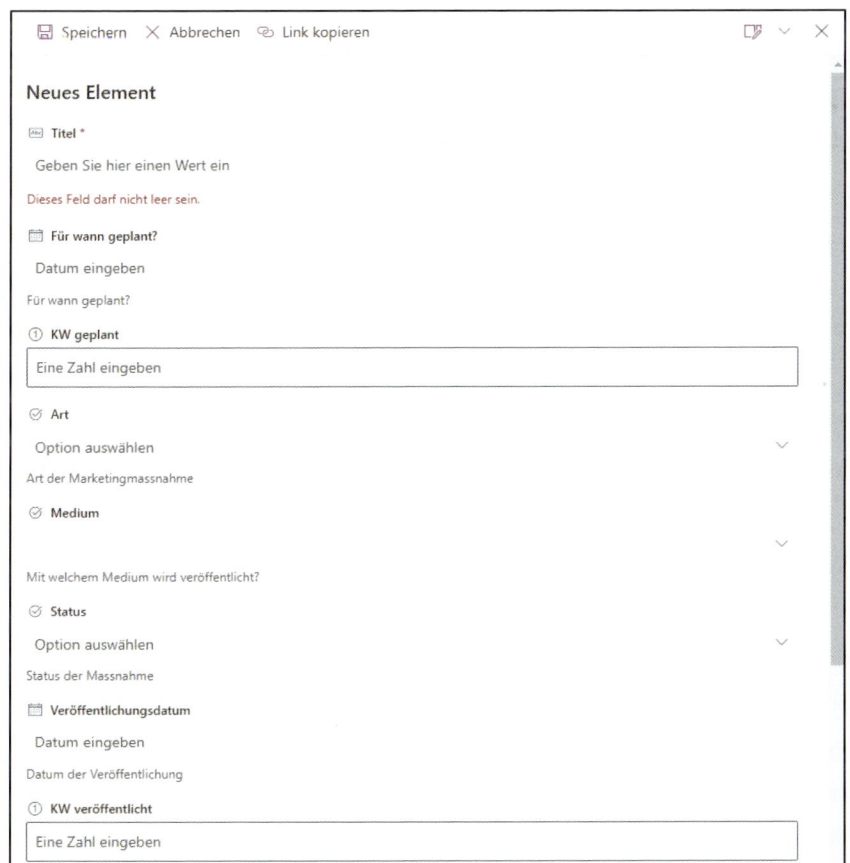

Abb. 7.22: Eingabemaske für die Neuanlage eines Listenelements

Bitte beachten Sie, dass das neue Element nur angelegt wird, wenn Sie am Ende der Maske den Button SPEICHERN klicken.

❷ IN RASTERANSICHT BEARBEITEN

Die Rasterbearbeitung in der Online-App erinnert ein wenig an die Bearbeitung in einer Excel-Liste.

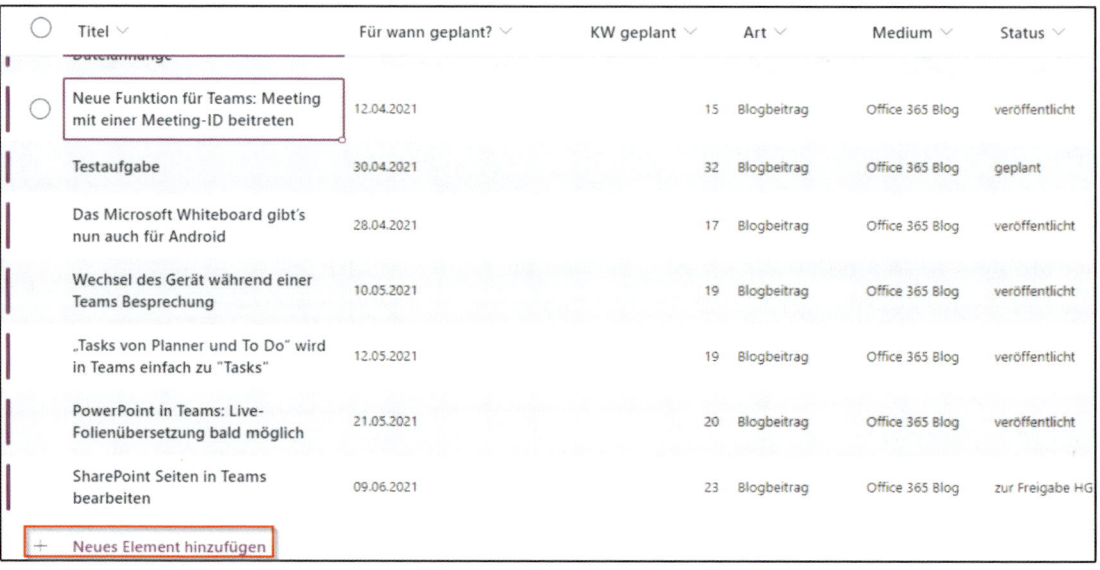

Abb. 7.23: Rasterbearbeitung in der Online-App

Möchten Sie in der Rasterbearbeitung ein vorhandenes Listenelement bearbeiten, markieren Sie es mit einem Klick auf ○ in der ersten Spalte des Rasters. Anschließend klicken Sie auf den nun in der Menüzeile angezeigten Button BEARBEITEN.

Um ein neues Listenelement zu erstellen, scrollen Sie ans Ende der Liste und klicken auf den Button NEUES ELEMENT HINZUFÜGEN in der zweiten Spalte. Es wird eine neue leere Zeile angezeigt, in der Sie das neue Listenelement definieren können. Mit einem Klick auf den Button RASTERANSICHT BEENDEN in der Menüzeile kehren Sie in den Standardmodus zurück.

❸ TEILEN

Wie bereits im Abschnitt 7.2.1 weiter vorne beschrieben, haben Sie die Möglichkeit, die Liste mit weiteren Personen zu teilen. Darüber hinaus können Sie hier aber auch nur einzelne Elemente der Liste mit weiteren Personen teilen.

❹ NACH EXCEL EXPORTIEREN

Klicken Sie diesen Menüpunkt an, werden alle Elemente der Liste in eine Excel-Datei heruntergeladen. Öffnen Sie diese Datei, erscheint ein Fenster, aus dem Sie auswählen können, in welcher Form der Datenimport in Excel erfolgen soll.

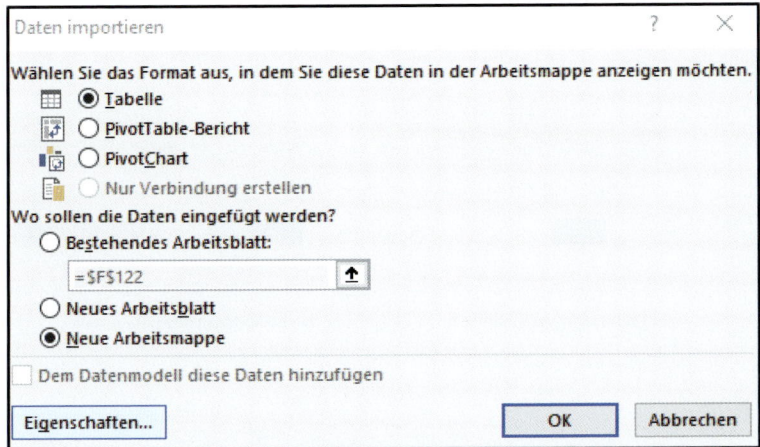

Abb. 7.24: Auswahlmöglichkeiten beim Exportieren einer Liste nach Excel

Listeninhalte schnell und einfach auswerten

Möchten Sie den Inhalt Ihrer Liste nach verschiedenen Kriterien auswerten, wählen Sie aus diesem Fenster PIVOTTABLE-BERICHT aus. Benötigen Sie nur ein Diagramm auf Basis einer Pivot-Tabellen-Auswertung, die Pivot-Tabelle selbst aber nicht, ist PIVOTCHART die richtige Option.

❺ POWER-APPS

Entspricht die automatisch erstellte Eingabemaske nicht Ihren Vorstellungen, so können Sie über die App POWER APPS (falls diese App zu Ihrem Office-365-Plan gehört) ein individuell gestaltetes Eingabeformular für diese Liste erstellen und damit arbeiten.

❻ AUTOMATISIEREN

Klicken Sie auf diesen Menüpunkt, können Sie mit dem Button ERINNERUNG FESTLEGEN aus dem Untermenü für die Datum-Felder der Liste ein E-Mail-Erinnerung definieren. Mit dem Menüpunkt EINE REGEL ERSTELLEN legen Sie eine E-Mail-Benachrichtigung für eine ausgewählte Person fest, die bei bestimmten Änderungen an der Liste ausgeführt werden soll.

Mit dem Menüpunkt AUTOMATISIEREN gelangen Sie in die App POWER AUTOMATE (falls diese App zu Ihrem Office-365-Plan gehört), mit der Sie z. B. automatisch eine neue Aufgabe im *Planner* erzeugen können, wenn in dieser Liste ein neues Element erstellt wird.

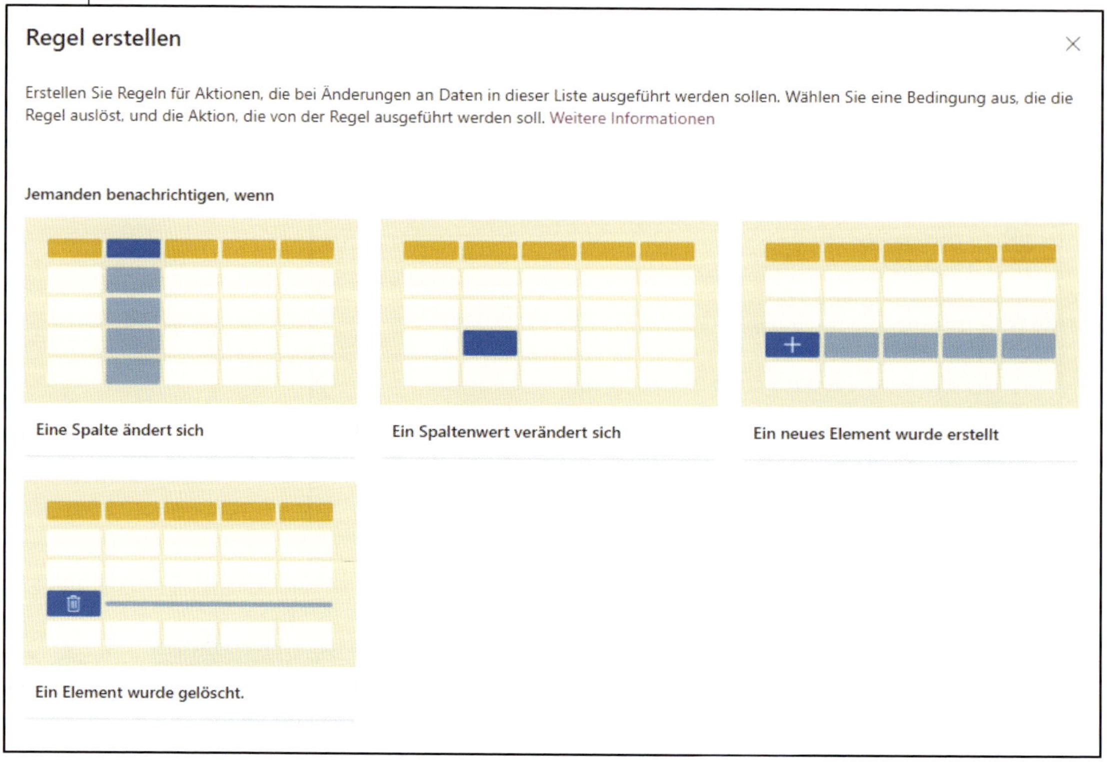

Regel erstellen ✕

Erstellen Sie Regeln für Aktionen, die bei Änderungen an Daten in dieser Liste ausgeführt werden sollen. Wählen Sie eine Bedingung aus, die die Regel auslöst, und die Aktion, die von der Regel ausgeführt werden soll. Weitere Informationen

Jemanden benachrichtigen, wenn

Eine Spalte ändert sich

Ein Spaltenwert verändert sich

Ein neues Element wurde erstellt

Ein Element wurde gelöscht.

Abb. 7.25: Regeln für Listen erstellen

❼ Mich benachrichtigen|Meine Benachrichtigungen verwalten

Lassen Sie sich bei Bedarf benachrichtigen, wenn Änderungen an der Liste vorgenommen werden. Nachdem Sie den Menüpunkt Mich benachrichtigen angeklickt haben, erscheint das folgende Fenster, in dem Sie die Benachrichtigung nach Ihren Wünschen gestalten.

Übernehmen Sie nicht ungeprüft die Standardeinstellungen

Überlegen Sie sich gut, ob Sie die Standardeinstellungen bei *Änderungstyp* und *Für diese Änderungen Benachrichtigungen senden* übernehmen möchten. Wählen Sie hier die Einstellungen, die Ihrer Anforderung am besten entsprechen.

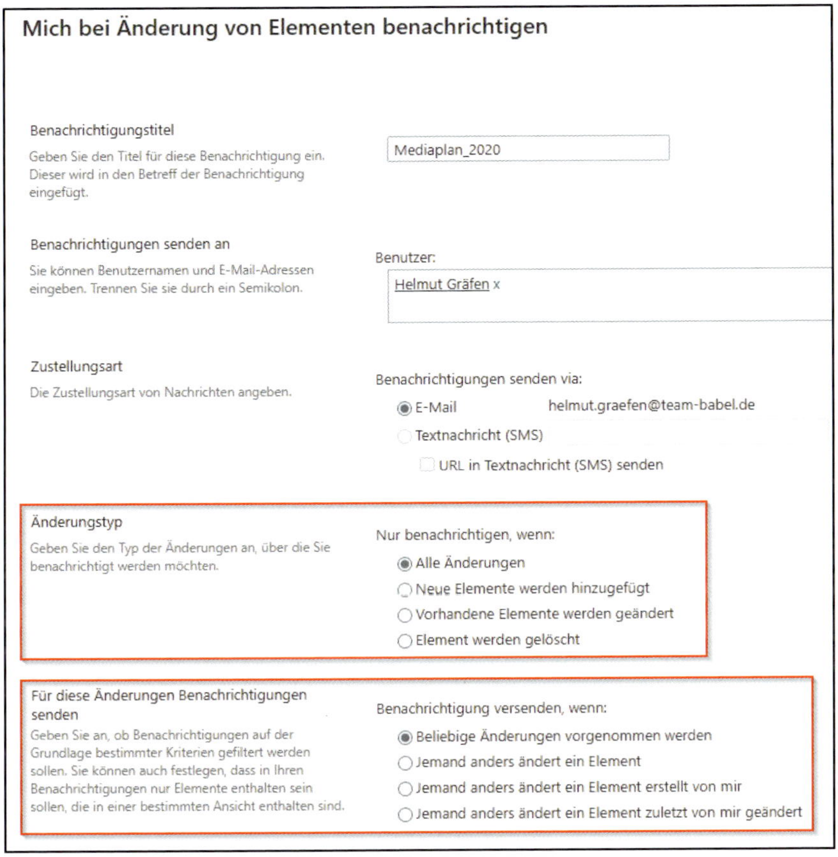

Mich bei Änderung von Elementen benachrichtigen
Benachrichtigungstitel
Geben Sie den Titel für diese Benachrichtigung ein. Dieser wird in den Betreff der Benachrichtigung eingefügt.
Mediaplan_2020
Benachrichtigungen senden an
Sie können Benutzernamen und E-Mail-Adressen eingeben. Trennen Sie sie durch ein Semikolon.
Benutzer:
Helmut Gräfen x
Zustellungsart
Die Zustellungsart von Nachrichten angeben.
Benachrichtigungen senden via:
E-Mail
helmut.graefen@team-babel.de
Textnachricht (SMS)
URL in Textnachricht (SMS) senden
Änderungstyp
Geben Sie den Typ der Änderungen an, über die Sie benachrichtigt werden möchten.
Nur benachrichtigen, wenn:
Alle Änderungen
Neue Elemente werden hinzugefügt
Vorhandene Elemente werden geändert
Element werden gelöscht
Für diese Änderungen Benachrichtigungen senden
Geben Sie an, ob Benachrichtigungen auf der Grundlage bestimmter Kriterien gefiltert werden sollen. Sie können auch festlegen, dass in Ihren Benachrichtigungen nur Elemente enthalten sein sollen, die in einer bestimmten Ansicht enthalten sind.
Benachrichtigung versenden, wenn:
Beliebige Änderungen vorgenommen werden
Jemand anders ändert ein Element
Jemand anders ändert ein Element erstellt von mir
Jemand anders ändert ein Element zuletzt von mir geändert

Abb. 7.26: Benachrichtigung bei Änderungen festlegen

❽ ALLE ELEMENTE

Liste
Kompakte Liste
Galerie
Elemente, die Ihre Aufmerksamkeit erfordern
Alle Elemente
Nur Blogartikel
Neue Ansicht erstellen
Ansicht speichern unter
Aktuelle Ansicht bearbeiten
Aktuelle Ansicht formatieren

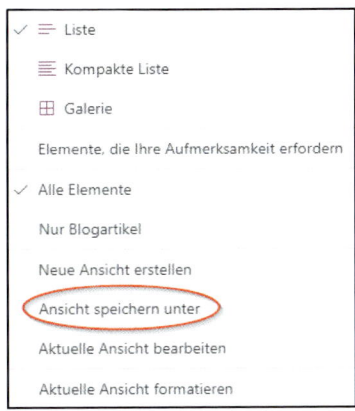

Abb. 7.27: Menü Alle Elemente

Der meiner Meinung nach interessanteste Menüpunkt ist ANSICHT SPEICHERN UNTER. Haben Sie in der Liste Filter gesetzt oder die Liste gruppiert, lassen sich diese individuellen Ansichten als Ansichten mit einem sprechenden Namen speichern. Da über das Team oder die SharePoint-Website mehrere Personen Zugriff auf die Liste haben, können alle Beteiligten die individuell gespeicherten Ansichten sofort nutzen.

❾

Sobald Sie das Filtersymbol angeklickt haben, erscheint am rechten Bildschirmrand eine Leiste, in der Sie Filter setzen können.

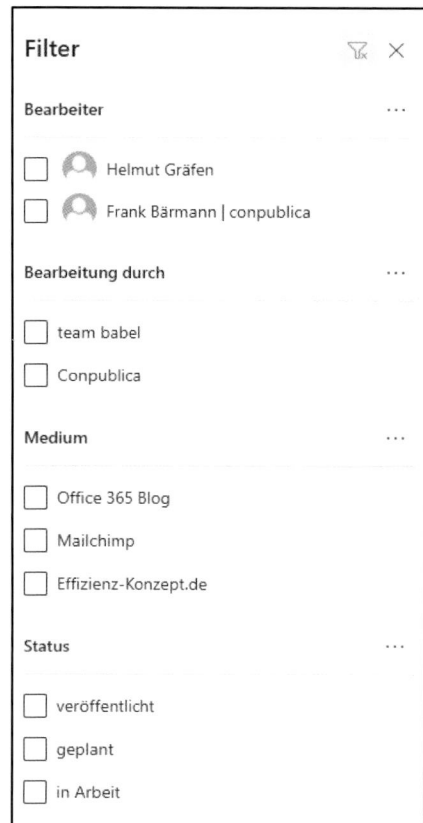

Abb. 7.28: Filterleiste

❿ ⓘ

Klicken Sie auf das Info-Symbol, wird am rechten Bildschirmrand in einer Liste angezeigt, welche Personen Zugriff auf diese Liste haben.

Mit dem Drop-down-Pfeil rechts neben dem Spaltennamen können Sie die Spalte sortieren, filtern, gruppieren oder bei nummerischen Spalten auch eine Spaltensumme erstellen.

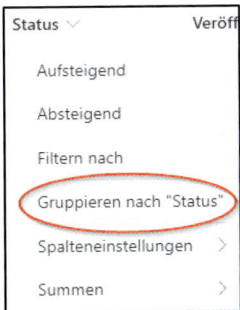

Abb. 7.29: Bearbeitungsauswahl einer Spalte

Behalten Sie mit gruppierten Ansichten den Überblick

Arbeiten Sie, wann immer möglich, mit gruppierten Ansichten. Diese haben den großen Vorteil, dass Sie mit einem Mausklick die Gruppe reduzieren oder erweitern können. Gruppierte Ansichten helfen Ihnen dabei, den Überblick zu behalten und trotzdem durch wenige Mausklicks in die Details eines Elements zu gelangen.

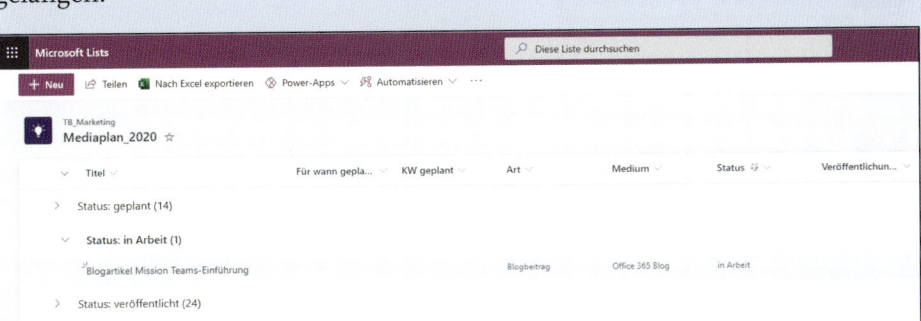

Abb. 7.30: Gruppierte Liste

Um zum Startbildschirm zurückzukehren, klicken Sie rechts oben in die Titelleiste auf den App-Namen Microsoft Lists.

7.3 Die mobile App

Zum Zeitpunkt der Drucklegung des Buches gibt es keine mobile App für Android.

iPhone/iPad

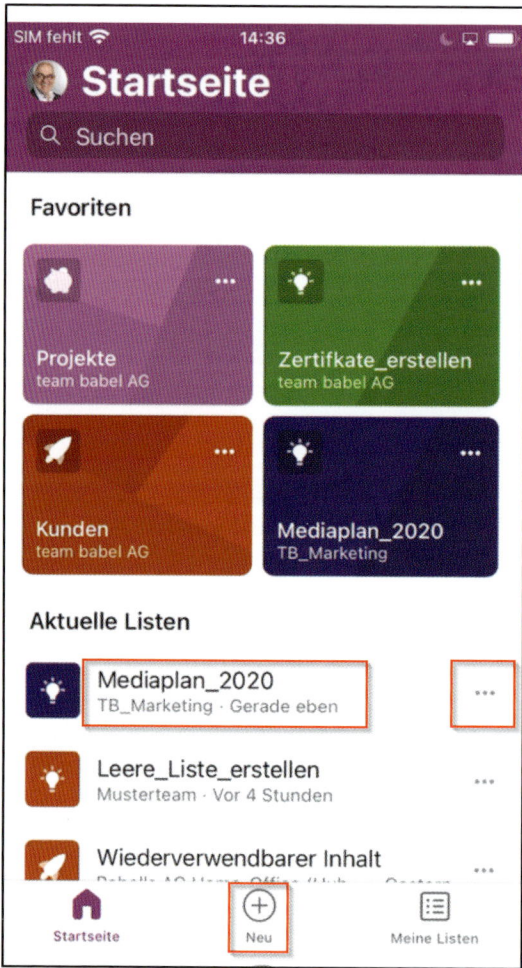

Abb. 7.31: Startseite der iPhone-App

Über das Drei-Punkte-Menü können Sie eine Liste zu den Favoriten hinzufügen bzw. aus den Favoriten entfernen, Listen umbenennen, teilen oder löschen.

Mit dem Button NEU erstellen Sie eine neue Liste. Im Gegensatz zur Online-App können Sie hier lediglich eine leere Liste erzeugen. Eine Liste aus einer Excel-Datei oder aus einer vorhandenen Liste zu erstellen, wird in der mobilen App nicht angeboten. Außerdem steht hier nicht die Vorlage *Inhaltsplaner* zur Verfügung.

Möchten Sie mit einer der angezeigten Listen arbeiten, tippen Sie auf den ge-wünschten Eintrag.

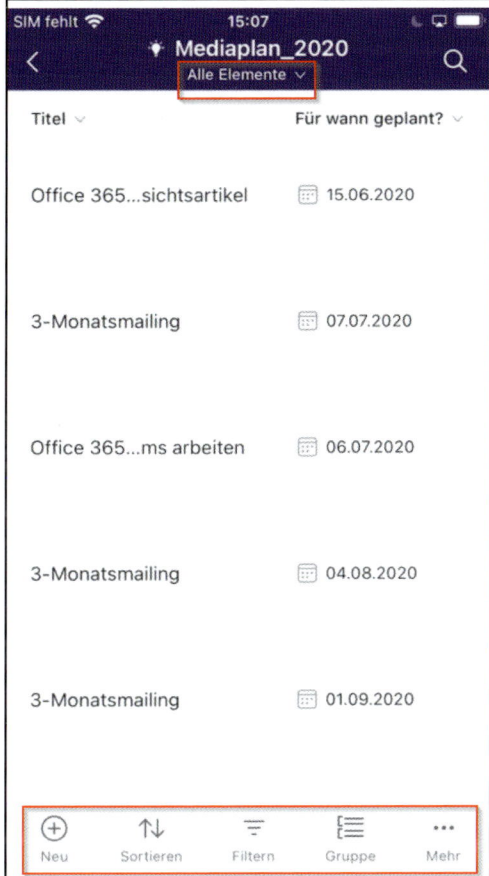

Abb. 7.32: In der mobilen App mit einer Liste arbeiten

Drücken Sie in der Titelleiste auf den Listennamen, werden Ihnen alle gespeicher-ten Ansichten angezeigt. Dort können Sie auch die aktuelle angezeigte Ansicht unter einem frei wählbaren Namen speichern.

Die angezeigten Symbole im unteren Bereich der Anzeige sind weitgehend selbst-erklärend. Über den Button MEHR können Sie der Liste neue Spalten hinzufügen, Spalten anzeigen oder ausblenden, die Liste teilen oder im Browser öffnen.

7.4 Lists im Zusammenspiel mit anderen Apps in Office 365

Abb. 7.33: Lists im Zusammenspiel mit anderen Apps in Office 365

Lists ist zwar eine eigenständige App, die Listen selbst werden jedoch in einer Teamwebsite im *SharePoint* gespeichert

- Sie können Ihre Listen mit der App *Lists* bearbeiten.
- Die Listen lassen sich aber auch über die SharePoint-Oberfläche aufrufen und bearbeiten. Die Listenbearbeitung über die eigenständige App ist jedoch deutlich komfortabler.

Lists kann in die Oberfläche von *Microsoft Teams* eingebunden werden. Konkret bedeutet dies:

- Die App *Lists* kann in einem Team an eine Registerkarte angeheftet werden. So sparen Sie sich die Suche nach der App.
- Ihre Listen können Sie direkt aus der Teams-Oberfläche bearbeiten.

Kapitel 8

Teams – Kontextbezogen kommunizieren und Dateien gemeinsam bearbeiten

Microsoft Teams ist ein chatbasierter Arbeitsraum für Teams in Office 365. In diesem Team-Arbeitsraum können Dateien sehr schnell innerhalb des entsprechenden Teams von allen Teammitgliedern gesehen und bearbeitet werden.

Microsoft Teams ist ein echtes Collaboration-Tool. Das bedeutet, dass alle Teammitglieder auf die in *Teams* liegenden Daten zugreifen können. Damit ist ein Versenden von Dateien per Mail an andere Teammitglieder, wie man es noch von den Dateiserver-Ressourcen kennt, nicht mehr nötig. Wie schon erwähnt, sind die Nutzerzahlen, bedingt durch Corona, vergangenes Jahr explosionsartig gestiegen. Ein weiterer Grund für diesen Anstieg war sicher auch die Tatsache, dass *Microsoft Teams* zeitweilig kostenlos zur Verfügung gestellt hat.

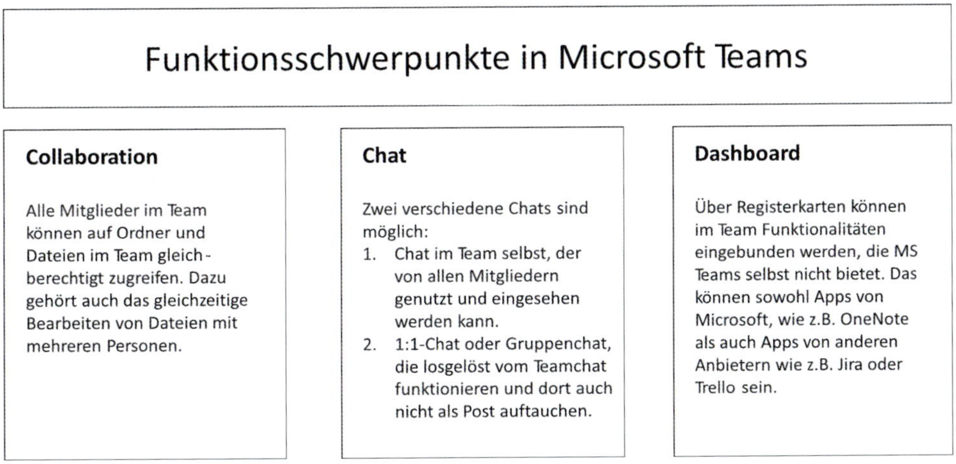

Funktionsschwerpunkte in Microsoft Teams		
Collaboration	**Chat**	**Dashboard**
Alle Mitglieder im Team können auf Ordner und Dateien im Team gleich-berechtigt zugreifen. Dazu gehört auch das gleichzeitige Bearbeiten von Dateien mit mehreren Personen.	Zwei verschiedene Chats sind möglich: 1. Chat im Team selbst, der von allen Mitgliedern genutzt und eingesehen werden kann. 2. 1:1-Chat oder Gruppenchat, die losgelöst vom Teamchat funktionieren und dort auch nicht als Post auftauchen.	Über Registerkarten können im Team Funktionalitäten eingebunden werden, die MS Teams selbst nicht bietet. Das können sowohl Apps von Microsoft, wie z.B. OneNote als auch Apps von anderen Anbietern wie z.B. Jira oder Trello sein.

Abb. 8.1: Die Funktionsschwerpunkte von MS Teams

Insbesondere hat *Microsoft Teams* drei Funktionsschwerpunkte. Es dient als:

1. **Collaborationplattform** zum gemeinsamen Bearbeiten von Daten in einem Team. Mehr dazu im Abschnitt 8.7.

2. **Chatplattform**, sowohl zum Chatten innerhalb eines Teams als auch zum Chatten mit Personen, die nicht zum Team gehören. Mehr dazu im Abschnitt 8.4.

3. **Dashboard**, an das Funktionalitäten angedockt werden können, die *Microsoft Teams* selbst nicht bietet. Mehr dazu im Abschnitt 8.8.

8.1   Der Aufbau eines Teams

Wer mit *Microsoft Teams* produktiv arbeiten will, sollte mit dem logischen Aufbau und den Rollen eines Teams vertraut sein. Innerhalb der App *Microsoft Teams* legen Sie Teams nach Ihren Anforderungen und Vorstellungen an.

Der logische Aufbau eines Teams

Abb. 8.2: Logischer Aufbau eines Teams

Ein *Team* ❶ besteht aus dem Team selbst und einer beliebigen Anzahl von *Kanälen* ❷. Sie dienen der Strukturierung eines Teams. Ein Team muss mindestens einen Kanal enthalten, um arbeitsfähig zu sein. Der *Kanal* ALLGEMEIN wird automatisch mit dem Team erstellt. Dieser kann weder gelöscht noch umbenannt werden. Detaillierte Informationen zu Kanälen finden Sie in Abschnitt 8.3.

Teamrollen und Berechtigungen in einem Team

In *Microsoft Teams* gibt es nur drei Rollen und damit auch nur drei Berechtigungsstufen:

- *Besitzer*
- *Mitglied*
- *Gast*

Die Mitarbeiter Ihres Unternehmens können *Besitzer* oder *Mitglieder* eines Teams werden. Mitarbeiter Ihres Unternehmens können nicht als *Gast* in das Team aufgenommen werden. Die Gastrolle in einem Team bleibt unternehmensfremden Personen vorbehalten.

Berechtigung gilt nicht für die Dateibearbeitung

Die Berechtigungsstufen beziehen sich *nicht* auf die Dateibearbeitung. Jede Person im Team sieht alle Dateien und kann diese auch bearbeiten, unabhängig von ihrer Rolle. Sie sieht auch den kompletten Chatverlauf im Team. Die drei Rollen und Berechtigungsstufen beziehen sich nur auf das, was die Person in der jeweiligen Rolle an der Struktur des Teams verändern darf.

Besitzer

Der Ersteller eines Teams ist automatisch auch der Besitzer des Teams. Der Besitzer darf Mitglieder ins Team aufnehmen und entfernen. Darüber hinaus darf er die Rolle eines Mitgliedes verändern, z. B. ein Mitglied zum Besitzer hochstufen. Er kann im Team alle Einstellungen verändern und alle Elemente, z. B. Kanäle, bearbeiten und löschen.

Mitglied

Standardmäßig darf ein Mitglied fast die komplette Struktur im Team verändern. Welche Strukturveränderungen genau ein Mitglied im Team vornehmen darf, legt in aller Regel der Besitzer des Teams fest. Dazu gehören unter anderem das Erstellen, Bearbeiten und Löschen von Kanälen.

Gast

Standardmäßig sind die Rechte eines Gasts eingeschränkt. Er darf z. B. weder Kanäle anlegen noch bearbeiten oder löschen. Allerdings kann der Besitzer eines Teams diese Rechte erweitern.

8.2 Die Benutzeroberfläche von Teams

Microsoft Teams wird in drei Programmvarianten angeboten:

- Als Desktop-App
- Als Online-App
- Als mobile App

8.2.1 Die Desktop-App

Die Desktop-App von *Microsoft Teams* ist in aller Regel auf Ihrem PC/Notebook installiert. Insbesondere für Online-Besprechungen sollten Sie, wann immer es möglich ist, mit der Desktop-App-Variante arbeiten, da die Video-Signale einer Online-Besprechung deutlich stabiler als bei der Online-App übertragen werden.

Startseite der Desktop-App

Die wichtigsten Orientierungspunkte im Teams-Fenster sind die *Titelleiste* oben, die *Navigationsleiste* mit den Bereichen ganz links, die *Teamnavigation* und die *Registerkarten eines Kanals.*

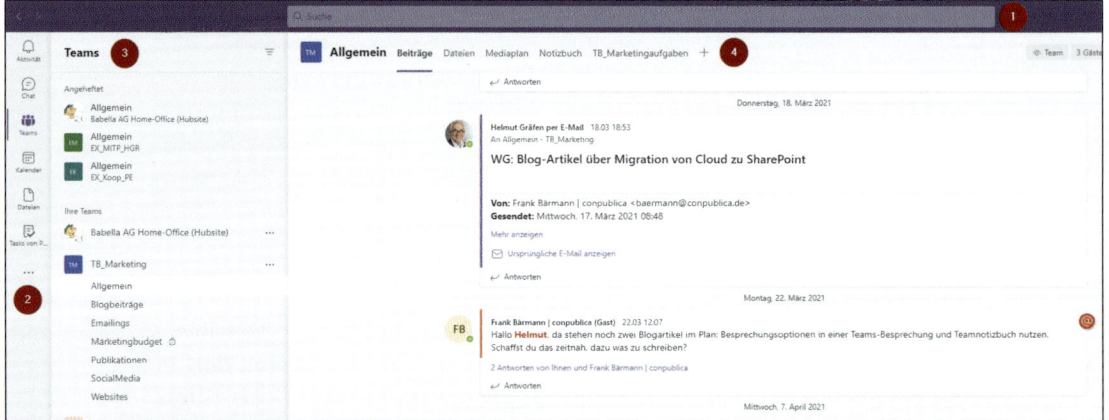

Abb. 8.3: Startbildschirm der Desktop-App

❶ *Titelleiste*

In der Mitte der *Titelleiste* befindet sich der Suchschlitz, den ich in Abschnitt 8.5 näher beschreibe. Auf der rechten Seite haben Sie Zugriff auf Ihre Profileinstellungen.

❷ *Bereichsnavigation*

Die schmale Navigationsleiste auf der linken Seite ist die Bereichsnavigation in *MS Teams*. Dort finden Sie die folgenden Bereiche:

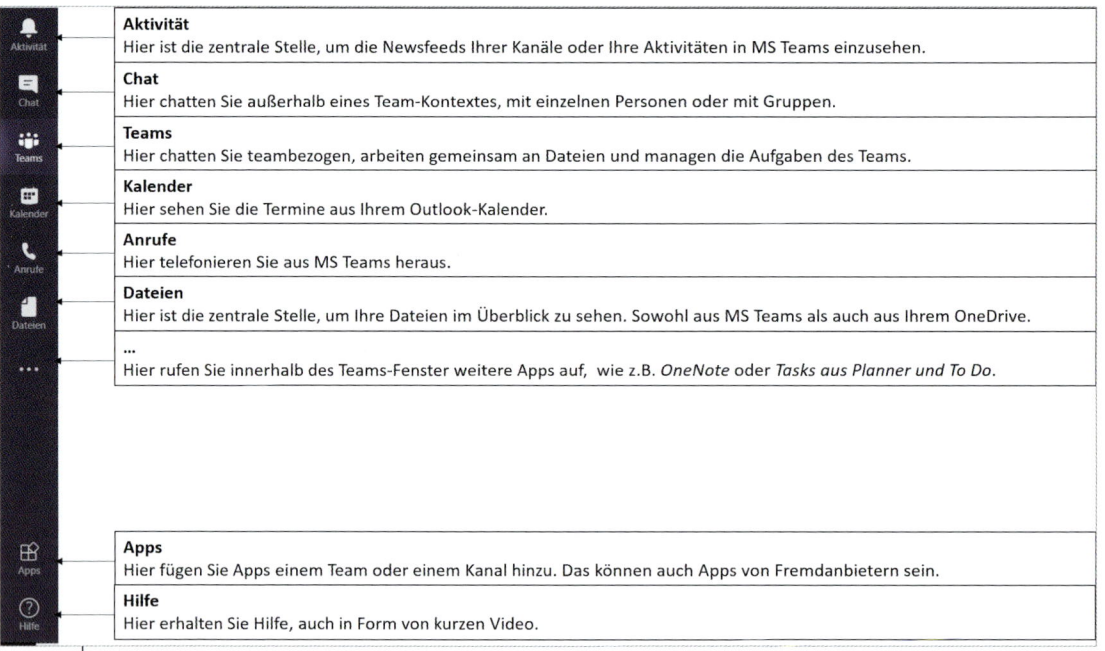

Abb. 8.4: Bereichsnavigation in MS Teams

❸ *Teamnavigation*

Wenn Sie *MS Teams* starten, wird Ihnen zuerst immer der Navigationsbereich *Teams* angezeigt. Dabei spielt es keine Rolle, ob Sie *MS Teams* mit der Desktop-App oder mit der Online-App nutzen. In der Teamnavigation sehen Sie drei Gruppen:

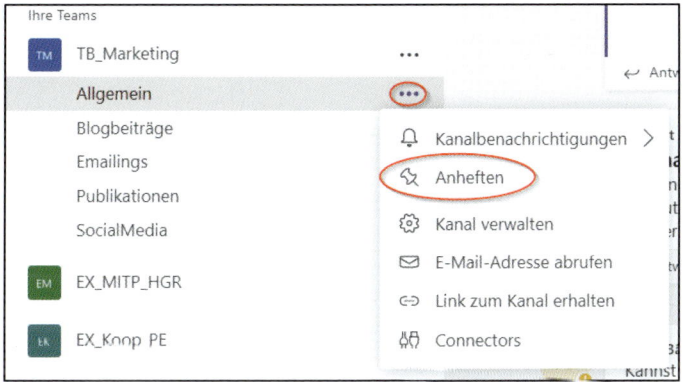

Abb. 8.5: Einen Kanal anheften

- ▪ ANGEHEFTET

  Diese Gruppe wird erst dann angezeigt, wenn Sie mindestens einen Kanal aus einem Team hier angeheftet haben. Um einen Kanal anzuheften, klicken Sie auf die drei Punkte rechts neben dem Kanal und wählen aus dem Kontextmenü ANHEFTEN aus. Nutzen Sie das Anheften von Kanälen wie eine Favoritenfunktion und heften nur die Kanäle an, mit denen Sie sehr häufig arbeiten. Ein komplettes Team können Sie leider nicht anheften.

- ▪ IHRE TEAMS

  Hier werden alle Teams angezeigt, in denen Sie mitwirken. Entweder sind Sie Besitzer eines Teams oder Sie wurden zu einem Team als Mitglied oder Gast eingeladen.

Arbeiten Sie mit Kernteams

Definieren Sie die Teams, die Ihr Tagesgeschäft ausmachen, als *Kernteams*. Nur diese Teams belassen Sie in der Gruppe IHRE TEAMS, alle anderen Teams blenden Sie aus. Das ist eine einfache, aber wirkungsvolle Methode, die für Sie wichtigen Teams schnell im Fokus zu haben.

- ▪ AUSGEBLENDETE TEAMS

  Diese Gruppe wird erst dann angezeigt, wenn Sie mindestens ein Team ausgeblendet haben. Um ein Team auszublenden, klicken Sie auf die drei

Punkte rechts neben dem Teamnamen und wählen aus dem Kontextmenü
Ausblenden aus.

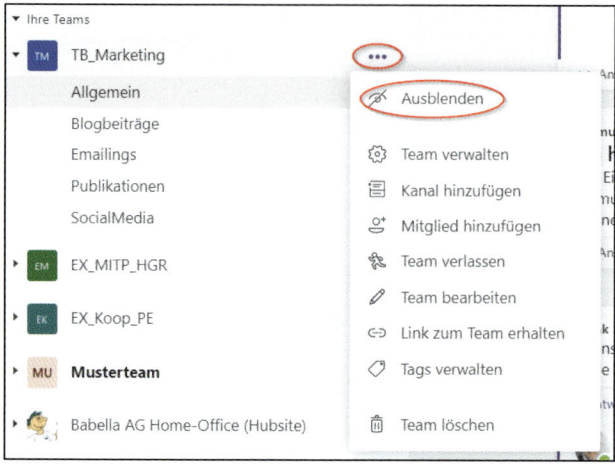

Abb. 8.6: Ein Team ausblenden

Klicken Sie auf die drei Punkte eines ausgeblendeten Teams und wählen Sie
aus dem Kontextmenü Anzeigen, um das Team wieder in der Gruppe Ihre
Teams anzeigen zu lassen.

Nicht benötigte Gruppen reduziert anzeigen lassen

Jede der drei Gruppen können Sie mit einem Mausklick reduziert oder erweitert
anzeigen lassen. Machen Sie es sich zur Regel, nur die Gruppen, mit denen Sie
aktuell arbeiten, erweitert anzuzeigen.

❹ *Registerkarten eines Kanals*

Über die Registerkarten wählen Sie den Bereich des Kanals aus, mit dem Sie
arbeiten möchten. Die Registerkartenstruktur sieht nach dem Erstellen eines
Kanals wie folgt aus:

Abb. 8.7: Standardregisterkartenstruktur eines Kanals

❶ Beiträge

Hier findet der Teamchat des gewählten Kanals statt. Im Kanal *Allgemein* eines
Teams werden außerdem die ausgeführten Aktionen des Teams protokolliert,
z. B. wer welche Mitglieder hinzugefügt oder entfernt hat. Dieses Protokoll fin-

den Sie ebenfalls im Register BEITRÄGE. Das Chatten in einem Teamkanal beschreibe ich ausführlich in Abschnitt 8.4.

❷ DATEIEN

In diesem Register verwalten Sie die Dateien Ihres Teamkanals. Detaillierte Informationen zum Dateimanagement finden Sie Abschnitt 8.7.

❸ WIKI

SharePoint (weitere Information zum *SharePoint* finden Sie in Kapitel 9) bietet die Möglichkeit, ein Intranet in Form eines Wikis aufzubauen. Microsoft hat aus diesem komplexen Wiki-Feature einige Funktionalitäten herausgenommen und im Kanalregister WIKI angesiedelt. Dahinter steckt die Idee, Informationen, wie z. B. Meeting-Agenden, Teamregeln und Ähnliches, abzulegen. Ich persönlich bin der Meinung, dass es dafür ein deutlich besseres Instrument gibt: das OneNote-Teamnotizbuch, das automatisch mit dem Team angelegt wird. Mehr zu den Funktionalitäten von *OneNote* lesen Sie in Kapitel 4.

❹ +

Wie zu Beginn des Kapitels ausgeführt, kann *Microsoft Teams* auch als Dashboard genutzt werden, um andere Apps, wie z. B. *OneNote, Planner* usw., per Mausklicks aus einem Team heraus erreichbar zu machen. Wie Sie weitere Registerkarten zu einem Team hinzufügen, beschreibe ich in Abschnitt 8.8.

Profileinstellungen

Mit einem Klick auf Ihr Profilbild oder Ihr Namenskürzel erscheint das Auswahlmenü der Profileinstellungen.

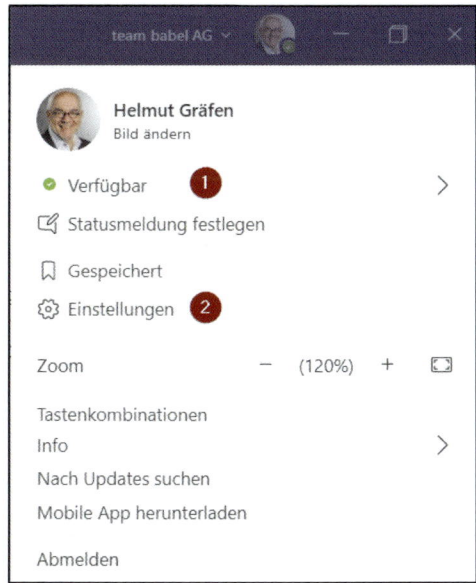

Abb. 8.8: Profileinstellungen

❶ STATUS

Sie haben die Auswahl zwischen sechs Statusausprägungen: VERFÜGBAR, BESCHÄFTIGT, NICHT STÖREN, BIN GLEICH ZURÜCK, ALS ABWESEND ANZEIGEN und ALS OFFLINE ANZEIGEN. Zum einen können Sie hier Ihren Status manuell verändern und auch eine individuelle Statusmeldung eingeben, zum anderen korrespondiert *MS Teams* mit Ihrem Outlook-Kalender. Sind Sie z. B. in einer Besprechung, stellt sich Ihr Status in *MS Teams* automatisch auf BESCHÄFTIGT. Ist die Besprechung vorbei, stellt sich der Status wieder auf VERFÜGBAR.

❷ EINSTELLUNGEN

Insgesamt werden Ihnen in den Einstellungen sechs Menüpunkte angeboten:

1. ALLGEMEIN

   Hier können Sie z. B. einstellen, mit welchem Design Sie arbeiten wollen und ob *Microsoft Teams* automatisch gestartet werden soll.

2. DATENSCHUTZ

   Haben Sie Ihren Status auf *Nicht stören* gestellt, ist es hier möglich einzurichten, von welchen Personen trotzdem Nachrichten zugestellt werden sollen.

3. BENACHRICHTIGUNGEN

   Auf die Benachrichtigungen gehe ich Abschnitt 8.4. näher ein.

4. GERÄTE

   Wählen Sie die Audiogeräte und die Kamera aus, die Sie während einer Online-Besprechung nutzen wollen. Außerdem können Sie hier einen Testanruf durchführen. Damit überprüfen Sie, ob Ihr Headset und Mikrofon funktionieren. Im Herbst 2020 hat Microsoft noch eine weitere Funktion an dieser Stelle aufgenommen: die Rauschunterdrückung. Ein sehr hilfreiches Feature, wenn Sie eine Online-Besprechungen z. B. in einem Großraumbüro durchführen.

5. BERECHTIGUNGEN

   Hier können Sie unter anderem steuern, ob die als Registerkarte hinzugefügten Apps z. B. auf Ihre Medien (Kamera, Mikrofon und Lautsprecher) zugreifen dürfen.

6. ANRUFE

   Stellen Sie an dieser Stelle z. B. ein, ob Anruf weitergeleitet werden sollen, wie lange es klingeln soll, bevor der Anruf weitergeleitet wird oder ob Sie mit einer Voicemail arbeiten möchten.

8.2.2 Die Online-App

Um die Online-App aufzurufen, starten Sie entweder die Startseite von Office 365, `https://www.office.com/`, und wählen dort die App *Teams* aus, oder Sie geben in die Adressleiste Ihres Browsers `https://teams.microsoft.com/` ein. Mit dieser Methode wird die App direkt aufgerufen.

Die Benutzeroberfläche der Windows- und der Online-App sind im Wesentlichen gleich. Einige Unterschiede gibt es dennoch:

- Sollte die Desktop-App wider Erwarten nicht auf Ihrem PC installiert sein, können Sie sie mit Klick auf Ihr Profilbild über das Profilmenü herunterladen und installieren.

- Bei den Profileinstellungen fehlen in der Online-App zum Zeitpunkt der Drucklegung des Buches die Menüpunkte *Geräte* und *Berechtigungen*. Einen Testanruf können Sie aktuell ausschließlich in der Desktop-App durchführen.

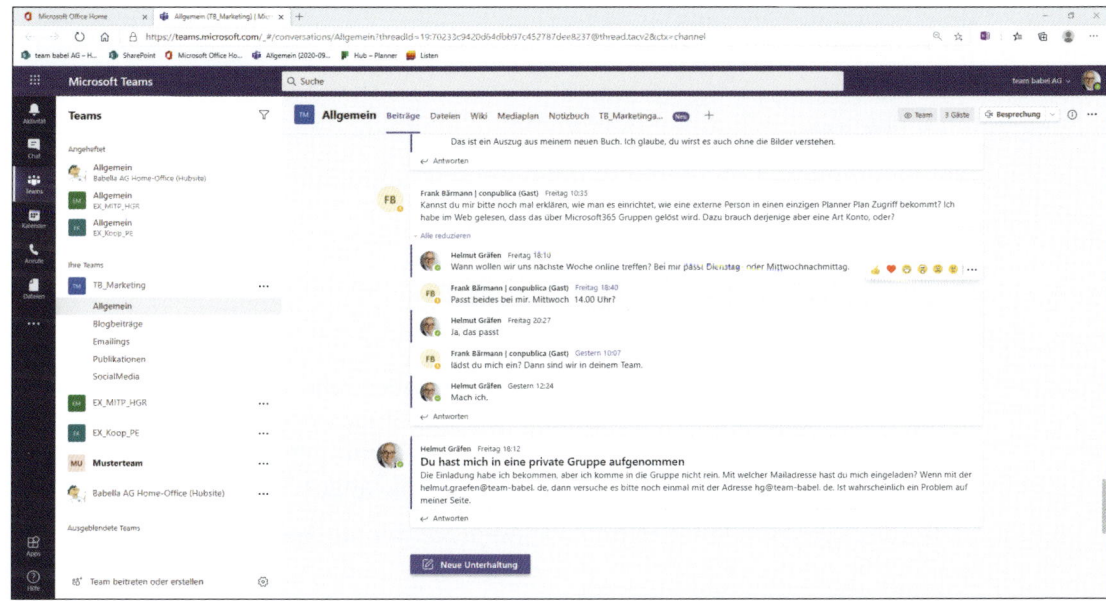

Abb. 8.9: Startbildschirm der Online-App

8.2.3   Die mobile App

Microsoft verfolgt immer konsequenter den Weg, die Benutzeroberfläche und -führung von mobiler App, Online- und Desktop-App nahezu identisch zu gestalten. Das hat für uns Benutzer den großen Vorteil, keine Brüche bei der Nutzung einer App auf verschiedenen Endgeräten zu haben. Das gilt auch für die mobile App von *Microsoft Teams*. Bei einem Blick auf die Startseite der mobilen App wird das sofort deutlich.

Android Phone/iPhone

Die mobilen Apps für Android und für iOS sind in Aussehen und Bedienung fast identisch.

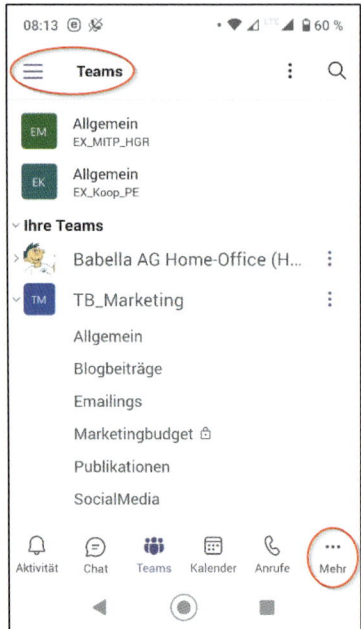

Abb. 8.10: Startbildschirm der mobilen App

Drücken Sie auf die drei waagerechten Striche oben rechts, so gelangen Sie in die Profileinstellungen. Das Piktogramm der drei waagerechten Striche wird auch **Hamburger-Icon-Menü** oder kurz **Hamburger Menü** genannt. Auf dem iPhone wird anstelle des Hamburger Menüs Ihr Profilbild angezeigt.

Über das Drei-Punkte-Menü unten können Sie weitere Apps aufrufen.

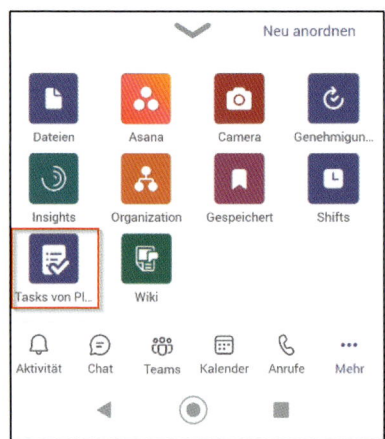

Abb. 8.11: Weitere Funktionalitäten

Innerhalb von *Teams* wird Ihnen die App *Planner* nicht mehr angezeigt. Microsoft hat sie dort umbenannt in *Tasks von Planner und To Do,* siehe auch Abschnitt 8.8).

8.3   Kanäle in Teams

Um das Konstrukt der Kanäle in einem Team verstehen zu können, ist es notwendig, folgende Sachverhalte zu kennen:

- Sämtliche Chats (Unterhaltungen) in einem Team finden immer auf Kanalebene statt.
- Für jeden Kanal wird ein Ordner angelegt. Innerhalb der Kanalordner können Sie eine Ordnerstruktur aufbauen.
- Sämtliche Dateibearbeitungen in einem Team finden immer auf Kanalebene statt.
- Alle Teammitglieder (Besitzer, Mitglieder, Gäste) können auf alle Standardkanäle (siehe Abschnitt 8.3.2) zugreifen, müssen es aber nicht.
- Mit Kanälen besteht die Möglichkeit, Chats und Dateibearbeitung in einem Team voneinander abzugrenzen.

8.3.1   Sinn und Zweck von Kanälen

Mit Kanälen lassen sich Teams nach unterschiedlichen Ordnungskriterien oder Gesichtspunkten, wie beispielsweise Abteilungsbereiche, Projektphasen, Aktivitäten u. Ä., in geordnete Segmente unterteilen. Kanäle sind in *Microsoft Teams* schnell erstellt; die eigentliche Arbeit liegt in der Ausarbeitung einer Logik, die den Arbeitsalltag möglichst passend abbildet.

Wie bereits in Abschnitt 8.1 erwähnt, kann der automatisch erstellte Kanal ALLGEMEIN weder gelöscht noch umbenannt werden, auch nicht vom Besitzer eines Teams. Der Kanal ALLGEMEIN hat die folgenden Aufgaben:

- Hier werden alle Informationen gepostet, die kanalübergreifenden Charakter haben.
- In diesem Kanal werden alle Dateien mit kanalübergreifendem Charakter abgelegt.
- Hier werden alle Apps an Registerkarten geheftet, die kanalübergreifenden Charakter haben, z. B. das OneNote-Teamnotizbuch.
- Er dient auch als Logbuch für die im Team stattgefunden Aktionen. Sie sehen hier unter anderem, wer wen zum Team hinzugefügt oder auch entfernt hat. Auch wer einen Kanal gelöscht hat, wird protokolliert.

8.3.2   Kanal anlegen – Standardkanal oder privater Kanal

Microsoft Teams unterscheidet zwei Arten von Kanälen, die sich durch die Datenschutz-Einstellungen unterscheiden. Das sind zum einen *Standardkanäle* und zum anderen *private Kanäle*.

Standardkanal

Ein *Standardkanal* ist für alle Teammitglieder, unabhängig von der Rolle der Person, zugänglich. Der Kanal ALLGEMEIN, der automatisch mit dem Team erstellt wird, ist immer ein Standardkanal. Für jeden Kanal, der im Team hinzugefügt wird, wird in der Registerkarte DATEIEN automatisch ein Dateiordner mit gleichem Namen erzeugt.

Abb. 8.12: Kanal ALLGEMEIN und der dazugehörende Dateiordner GENERAL

Leider hat Microsoft den Ordner für den Kanal ALLGEMEIN mit dem englischen Wort GENERAL benannt. Besser wäre es natürlich gewesen, wenn Microsoft den Dateiordner auch *Allgemein* genannt hätte (Aber mit diesem wenig schönen Umstand werden wir wohl in der deutschen Sprachumgebung von *MS Teams* leben müssen). Bei den von Ihnen angelegten Kanälen sind die Namen von Kanal und dazugehörigem Ordner identisch. Um einen weiteren Standardkanal anzulegen, rufen Sie mit den drei Punkten neben dem Teamnamen das Teammenü auf.

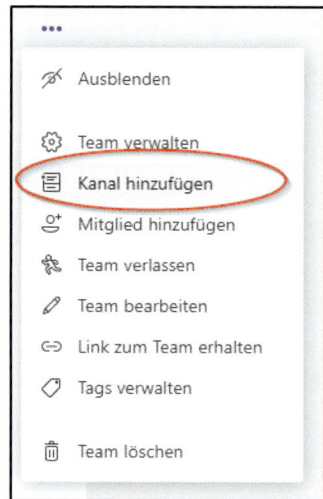

Abb. 8.13: Menüpunkt KANAL HINZUFÜGEN im Teammenü

In diesem Beispiel lege ich einen weiteren Standardkanal mit dem Namen **Websites** im Team **TB_Marketing** an.

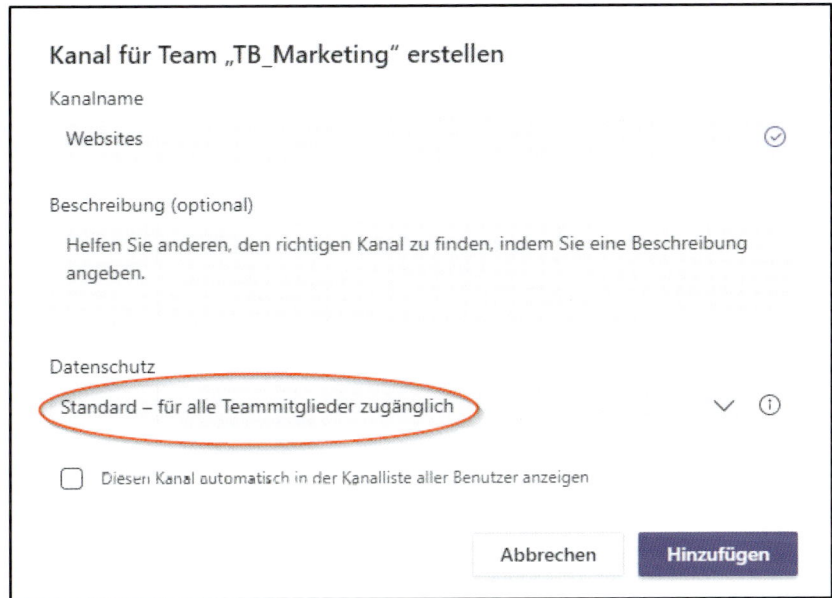

Abb. 8.14: Standardkanal erstellen

Privater Kanal

Nun gibt es aber immer wieder Situationen, in denen die Inhalte eines Kanals nicht von allen Teammitgliedern eingesehen werden sollen. Dann kommt der *private Kanal* ins Spiel. Der private Kanal ist nur für eine bestimmte Personengruppe im Team zugänglich.

Für das Team **TB_Marketing** möchte ich einen Kanal mit Informationen und Kalkulationen zum Marketingbudget anlegen. Außer mir selbst soll kein weiteres Teammitglied auf diesen Kanal Zugriff haben. Diese Anforderung bilden Sie mit einem *privaten Kanal* ab. Dazu rufen Sie, wie bei einem Standardkanal, aus dem Teammenü den Punkt KANAL HINZUFÜGEN AUF. Im Feld DATENSCHUTZ wählen Sie anschließend PRIVAT – NUR FÜR EINE BESTIMMTE PERSONENGRUPPE IM TEAM ZUGÄNGLICH. Mit einem Klick auf die Schaltfläche WEITER erstellen Sie den privaten Kanal.

In dem daraufhin angezeigten Fenster können Sie bei Bedarf weitere Personen aus dem Team hinzufügen. Wenn keine weiteren Personen in den privaten Kanal mit aufgenommen werden sollen, klicken Sie den Button ÜBERSPRINGEN.

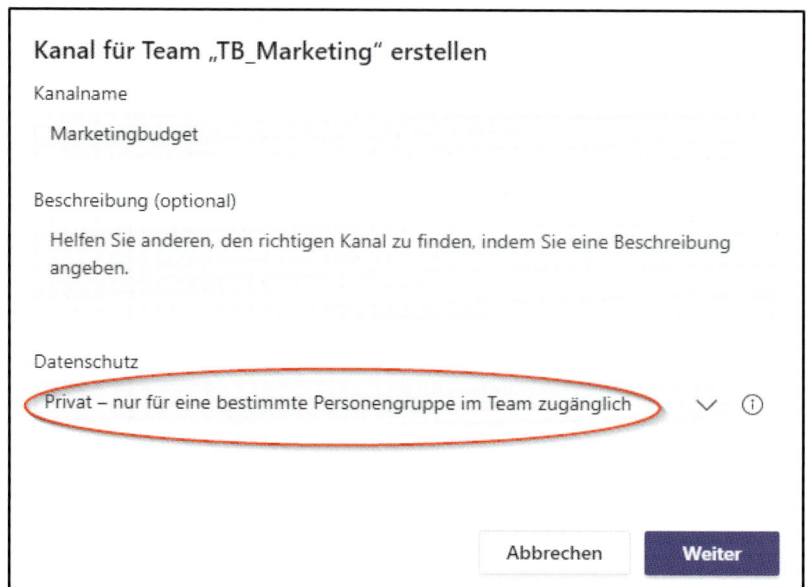

Abb. 8.15: Privaten Kanal erstellen

Nach Erstellung der beiden Kanäle sieht das Team nun so aus:

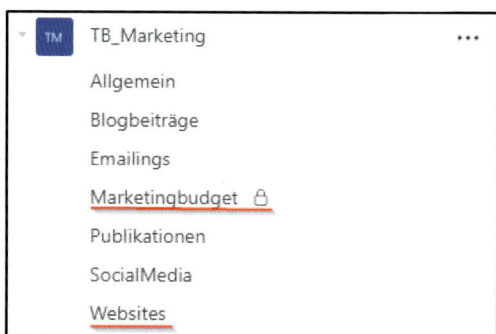

Abb. 8.16: Privater Kanal in einem Team

Ein privater Kanal wird mit ein Schlosssymbol gekennzeichnet. Nur die Mitglieder des privaten Kanals können darauf zugreifen. Für alle anderen Personen ist der private Kanal im Team nicht zu sehen.

8.4 Chatten in Teams

Die Chatfunktionen, die Sie in *MS Teams* nutzen, basieren auf Skype for Business. In *Teams* ist die komplette Funktionalität von Skype aufgegangen. Das bedeutet, dass Sie in *MS Teams* zwei unterschiedliche Chatbereiche nutzen können:

- Den *Kanalchat* in einem Team
- Den *1:1-Chat* oder *Gruppenchat*, der unabhängig vom Kanalchat in einem Team geführt wird

Vereinbaren Sie Regeln für die Kommunikation im Team

Regeln und Vereinbarungen für die Kommunikation im Team könnten wie folgt aussehen:

- Alle teamrelevanten Informationen werden ausschließlich im Kanalchat gepostet und nicht wie bisher gemailt. So liegen die Informationen sofort im passenden Kontext.
- E-Mails aus *Outlook*, die von außen kommen und teamrelevant sind, werden an die Mail-Adresse des Kanals weitergeleitet.
- Treffen Sie eine Absprache darüber, welche Informationen generell gepostet und welche gemailt werden.
- Informelle Informationen bzw. Informationen, die nicht teamrelevant sind, sollten nur im 1:1-Chat gepostet werden.
- Legen Sie Reaktionszeiten in Ihrem Team fest: Fast immer reicht eine Reaktionszeit von 24 Stunden. Für dringende Anfragen immer das gute, alte Telefon nehmen.
- Klären Sie, wie Sie beim Chatten im Team mit Giphys, Memes und Aufklebern umgehen wollen.
- Vereinbaren Sie in Ihrem Team, dass nur noch mit Links zu Dateien und nicht mehr mit Dateianhängen gearbeitet wird.

8.4.1 Kanalchat in einem Team

Halten wir noch einmal fest: Alle Chats in einem Team werden immer auf Kanalebene geführt. Alle Teammitglieder können alle Chatverläufe in allen Kanälen sehen. Die Ausnahme bilden private Kanäle, in denen Chats nur von Mitgliedern des privaten Kanals eingesehen werden können.

Der Chatverlauf eines Kanals wird immer im Kanalregister BEITRÄGE dargestellt und ist ausschließlich in den Teams sichtbar. Jedes Teammitglied kann seine eigenen Beiträge ändern oder löschen, es sei denn, der Teambesitzer hat diese Rechte deaktiviert. Die neuesten Beiträge finden Sie immer ganz unten in der Chatliste im Kanalregister BEITRÄGE.

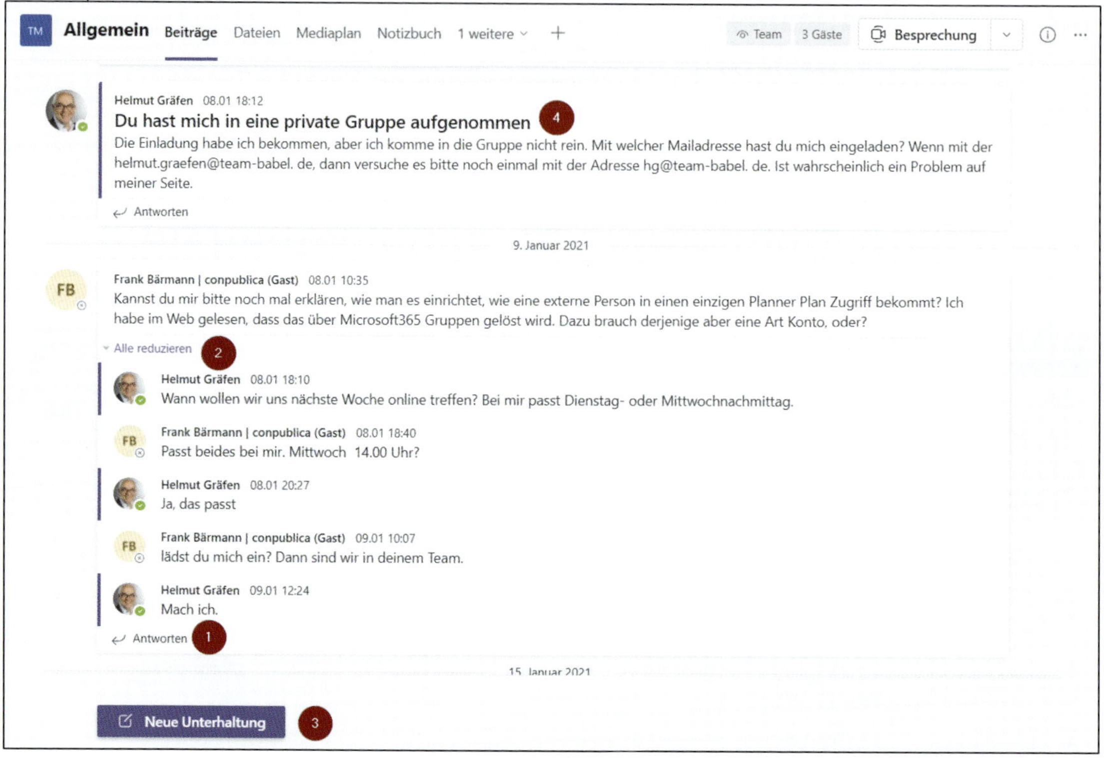

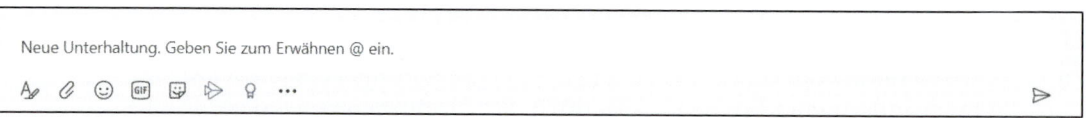

TM
Allgemein
Beiträge
Dateien
Mediaplan
Notizbuch
1 weitere
Team
3 Gäste
Besprechung
Helmut Gräfen 08.01 18:12
Du hast mich in eine private Gruppe aufgenommen
4
Die Einladung habe ich bekommen, aber ich komme in die Gruppe nicht rein. Mit welcher Mailadresse hast du mich eingeladen? Wenn mit der helmut.graefen@team-babel. de, dann versuche es bitte noch einmal mit der Adresse hg@team-babel. de. Ist wahrscheinlich ein Problem auf meiner Seite.
Antworten
9. Januar 2021
FB
Frank Bärmann | conpublica (Gast) 08.01 10:35
Kannst du mir bitte noch mal erklären, wie man es einrichtet, wie eine externe Person in einen einzigen Planner Plan Zugriff bekommt? Ich habe im Web gelesen, dass das über Microsoft365 Gruppen gelöst wird. Dazu brauch derjenige aber eine Art Konto, oder?
Alle reduzieren
2
Helmut Gräfen 08.01 18:10
Wann wollen wir uns nächste Woche online treffen? Bei mir passt Dienstag- oder Mittwochnachmittag.
Frank Bärmann | conpublica (Gast) 08.01 18:40
Passt beides bei mir. Mittwoch 14.00 Uhr?
Helmut Gräfen 08.01 20:27
Ja, das passt
Frank Bärmann | conpublica (Gast) 09.01 10:07
lädst du mich ein? Dann sind wir in deinem Team.
Helmut Gräfen 09.01 12:24
Mach ich.
Antworten
1
15. Januar 2021
Neue Unterhaltung
3

Abb. 8.17: Kanalchat

❶ ANTWORTEN

Vereinbaren Sie mit den anderen Teammitgliedern, dass Antworten auf einen Post nur mit diesem Button vorgenommen werden.

❷ REDUZIEREN DER ANTWORTEN

Nur, wenn alle Teammitglieder die ANTWORTEN-Funktion nutzen, haben Sie die Möglichkeit, die Antworten mit einem Mausklick zu reduzieren oder zu erweitern. Wird konsequent mit der Schaltfläche ANTWORTEN gearbeitet, hat der Kanalchat eine Struktur, die das Scrollen im Chat sehr erleichtert.

❸ NEUE UNTERHALTUNG

Klicken Sie auf diesen Button, wenn Sie eine neue Unterhaltung starten, sprich einen neuen Beitrag posten wollen.

Neue Unterhaltung. Geben Sie zum Erwähnen @ ein.

Abb. 8.18: Einzeilige Chatzeile

Mit dem Button ✒ schalten Sie in einen mehrzeiligen Chatbereich um. Eine Datei hängen Sie mit ⬗ an. Emojis fügen Sie mit ☺, Giphys mit ⬛ und Aufkleber und Memes mit ⬗ hinzu.

Auch wenn im Chat die Möglichkeit angeboten wird, eine Datei anzufügen – die bessere Alternative besteht darin, einen Link zur gewünschten Ressource in den Chat zu legen.

Tipp

Drücken Sie in der einzeiligen Chatzeile [Enter], wird das Geschriebene sofort versendet. Möchten Sie mehrzeilig schreiben, verwenden Sie am Ende einer Zeile die Tastenkombination [Shift]+[Enter].

❹ *Betreff in einem Chat*

Haben Sie mit ✒ den Chatbereich erweitert, so können Sie im Chat mit einem Betreff arbeiten.

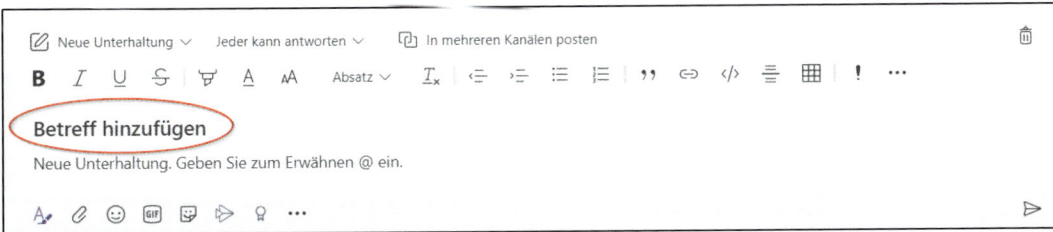

Abb. 8.19: Einem Kanalchat einen Betreff hinzufügen

Strukturieren Sie den Kanalchat mit Betreffangaben

Ich empfehle Ihnen, im Kanalchat immer mit einem Betreff zu arbeiten. Es ist eine weitere Möglichkeit, den Kanalchat auf einfache Weise zu strukturieren. Außerdem kann danach auch gesucht werden. Detaillierte Informationen zum Suchen finden Sie in Abschnitt 8.5.

8.4.2 Mails in den Kanalchat einbinden

Bei der Erstellung eines Kanals wird diesem automatisch eine Mailadresse zugewiesen. Damit haben Sie die Möglichkeit, Mails an einen Kanal zu senden oder weiterzuleiten.

Um an die Mailadresse eines Kanals zu gelangen, gehen Sie wie folgt vor: Klicken Sie auf die drei Punkte ••• rechts neben dem Kanalnamen. Wählen Sie anschließend den Menüpunkt E-MAIL-ADRESSE ABRUFEN.

Abb. 8.20: Mailadresse eines Kanals abrufen

In der Standardeinstellung kann jede Person innerhalb und außerhalb des Teams eine Mail an diese Kanaladresse senden. Möchten Sie dies unterbinden, klicken Sie auf ERWEITERTE EINSTELLUNGEN.

Möchten Sie, dass alle Personen Ihres Unternehmens an diese Kanaladresse mailen dürfen, wählen Sie die letzte Option (Abbildung 8.21) und tragen dort die Domäne Ihres Unternehmens in dem gezeigten Muster ein. Wenn gewünscht, können Sie auch mehrere Domänennamen eingeben.

Die Mail erscheint im Kanal als Chat. Alle Links und Anhänge bleiben im Chat erhalten.

Lesen Sie dazu auch in Abschnitt 3.5, in dem ich Ihnen noch eine weitere Möglichkeit vorstelle, eine Mail in einen Kanal zu senden.

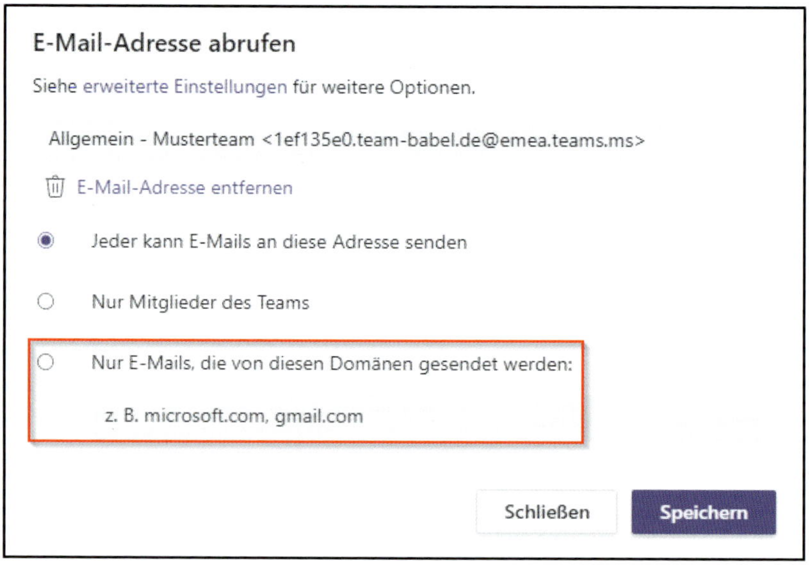

E-Mail-Adresse abrufen

Siehe erweiterte Einstellungen für weitere Optionen.

Allgemein - Musterteam <1ef135e0.team-babel.de@emea.teams.ms>

🗑 E-Mail-Adresse entfernen

⦿ Jeder kann E-Mails an diese Adresse senden

◯ Nur Mitglieder des Teams

◯ Nur E-Mails, die von diesen Domänen gesendet werden:

  z. B. microsoft.com, gmail.com

Schließen Speichern

Abb. 8.21: Weitere Optionen beim Abruf der Kanalmailadresse

8.4.3 1:1-Chat oder Gruppenchat

Informelle Informationen, z. B. die Frage nach einem gemeinsamen Mittagessen, und Informationen, die nicht teamrelevant sind, posten Sie ausschließlich im 1:1-Chat.

Abb. 8.22: 1:1-Chat in MS Teams

❶ CHATBEREICH

Hier werden die Nachrichten angezeigt, die außerhalb eines Teams gepostet wurden.

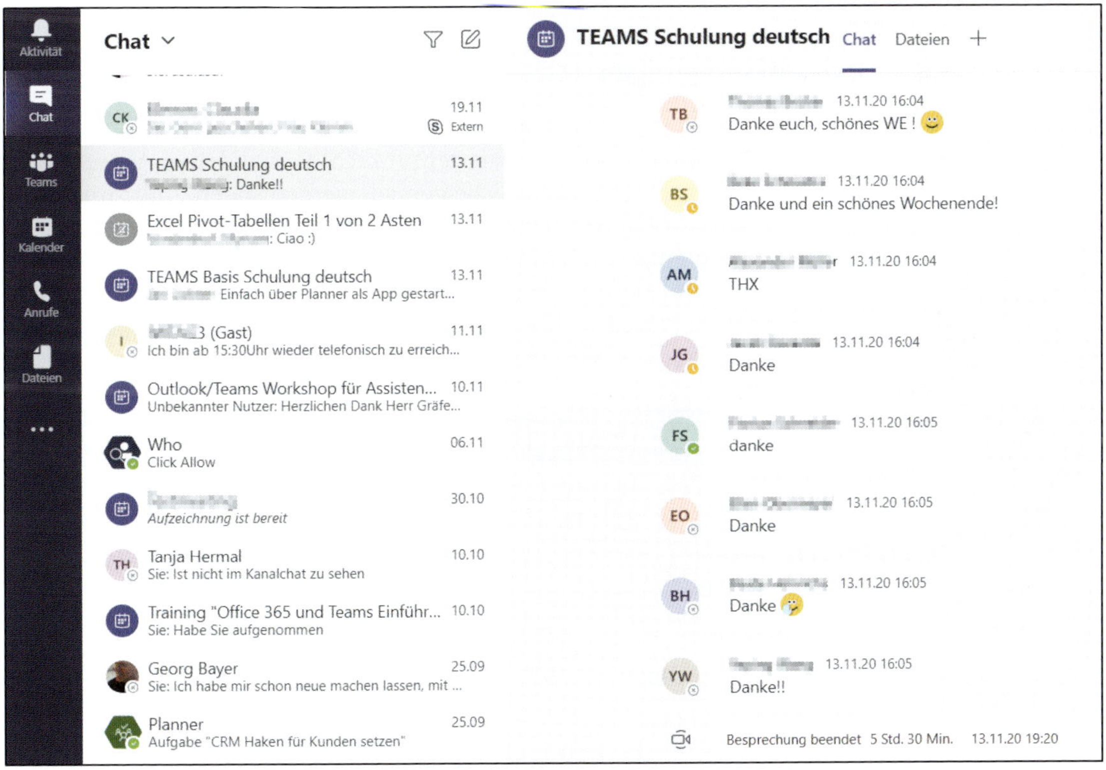

Abb. 8.23: Auflistung der Chatnachrichten im 1:1-Chat

❷ Einen neuen 1:1-Chat erstellen

Mit einem Klick auf dieses Symbol erzeugen Sie eine neue Chatnachricht.

Abb. 8.24: Gruppenchat in 1:1-Chat

Haben Sie das Icon ✎ für den 1:1-Chat angeklickt und geben mehr als eine Person ein, so können Sie über den Drop-down-Pfeil ganz rechts einen Namen für diese Chatgruppe vergeben. Anschließend vergeben Sie einen Gruppennamen mit den darin enthaltenen Personen.

Keine Konkurrenz zum Kanalchat aufbauen

Achten Sie konsequent darauf, mit dem Gruppenchat keine Konkurrenz zum Kanalchat zu etablieren. Das Auffinden von teamrelevanten Informationen wird dadurch erheblich erschwert.

8.4.4 Benachrichtigungen

Es gibt nicht wenige Benutzer, die der Kommunikation via Chat eher skeptisch gegenüberstehen. Das liegt zum einen an der oft nicht vorhandenen Abgrenzung, welche Informationen gechattet und welche gemailt werden sollen, und zum anderen an den vielen Benachrichtigungen, die den Benutzer über *Teams* erreichen. Eine davon ist das Benachrichtigen über ein Banner, das von rechts in den Bildschirm eingeblendet wird, wenn Sie eine neue Nachricht erhalten haben. Banner haben aber den großen Nachteil, dass sie Ihre Aufmerksamkeit zu sehr in Anspruch nehmen und Sie von der Tätigkeit, die Sie gerade ausführen, zu sehr ablenken.

Passen Sie die Benachrichtigungen in Teams an

Passen Sie die Benachrichtigungen in *Teams* auf Ihre Bedürfnisse an. Und das möglichst so, dass Sie durch die Benachrichtigungen von Ihrer momentanen Tätigkeit nicht abgelenkt werden, aber trotzdem keine neuen Nachrichten oder Aktivitäten verpassen.

Um die Benachrichtigungen anzupassen, haben Sie in *Teams* zwei Steuerungsmöglichkeiten:

- Auf Kanalebene gelten die Einstellungen nur für den ausgewählten Kanal.
- Auf Profilebene gelten die Einstellungen für alle Kanäle aller Teams.

Benachrichtigungen für den Kanal einstellen

Sie können für jeden Kanal gesondert definieren, ob und wie Sie über Nachrichten in diesem Kanal benachrichtigt werden wollen.

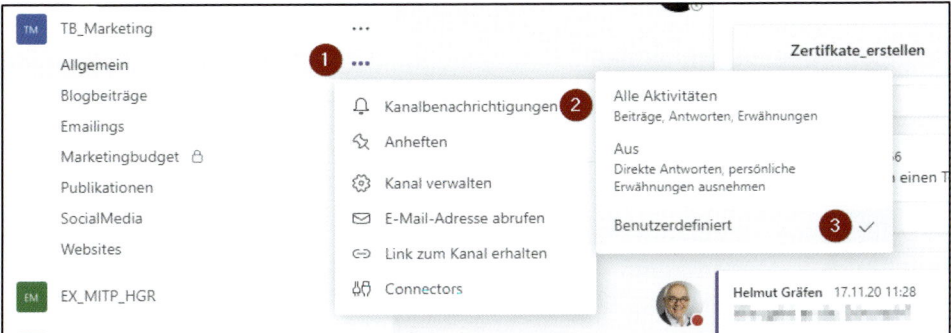

Abb. 8.25: Kanalmenü

Klicken Sie auf die drei Punkte ❶ auf der rechten Seite eines Kanals und wählen anschließend aus dem Menü den Punkt Kanalberechtigungen ❷. Entscheiden Sie sich für die benutzerdefinierte Variante ❸, um Ihre individuellen Einstellungen vorzunehmen.

Abb. 8.26: Kanalberechtigungen einstellen

Hier steuern Sie die Benachrichtigungen für *Alle neuen Beiträge* und für die *Kanalerwähnungen*. Beginnen Sie einen Post mit *@Kanalname*, nennt man das *Kanalerwähnung*. Damit wird der Post in dem erwähnten Kanal veröffentlicht. Für beides stehen die gleichen Auswahlmöglichkeiten zur Verfügung.

❶ BANNER UND FEED

Von dieser Einstellung rate ich Ihnen ab, da das Banner, das rechts unten im Monitor eingeblendet wird, Ihre Aufmerksamkeit zu sehr in Anspruch nimmt.

❷ NUR IN FEED ANZEIGEN

Ich empfehle Ihnen diese Einstellung. Einerseits verpassen Sie nichts, andererseits entscheiden Sie, wann Sie sich die neuen Nachrichten anschauen möchten. Die Auflistung der *Feeds* finden Sie in der linken Navigationsleiste unter AKTIVITÄT.

Abb. 8.27: Auflistung der Feeds in der Navigation Aktivität

Mit einem Klick auf den gewünschten Eintrag gelangen Sie sofort in den Kanal, in dem der Post erstellt wurde. Haben Sie sich für diese Einstellung entschieden, so wird die Anzahl der neuen Nachrichten in einem roten Kreis bei den Aktivitäten angezeigt.

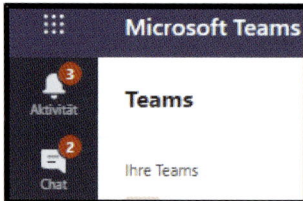

Abb. 8.28: Anzahl neuer Nachrichten

Neue Nachrichten aus dem 1:1-Chat oder dem Gruppenchat werden immer im Navigationsicon CHAT angezeigt.

❸ AUS

Möchten Sie keinesfalls über neue Nachrichten in einem Kanal informiert werden, so wählen Sie die Auswahl AUS. Sie erhalten nun keinerlei Benachrichtigungen aus diesem Kanal.

Benachrichtigungen über Ihr Profil einstellen

Rufen Sie wie in Abschnitt 8.2.1 beschrieben Ihr Profil auf, und klicken Sie den Punkt EINSTELLUNGEN an. In dem danach erscheinenden Fenster wählen Sie den Punkt BENACHRICHTIGUNGEN.

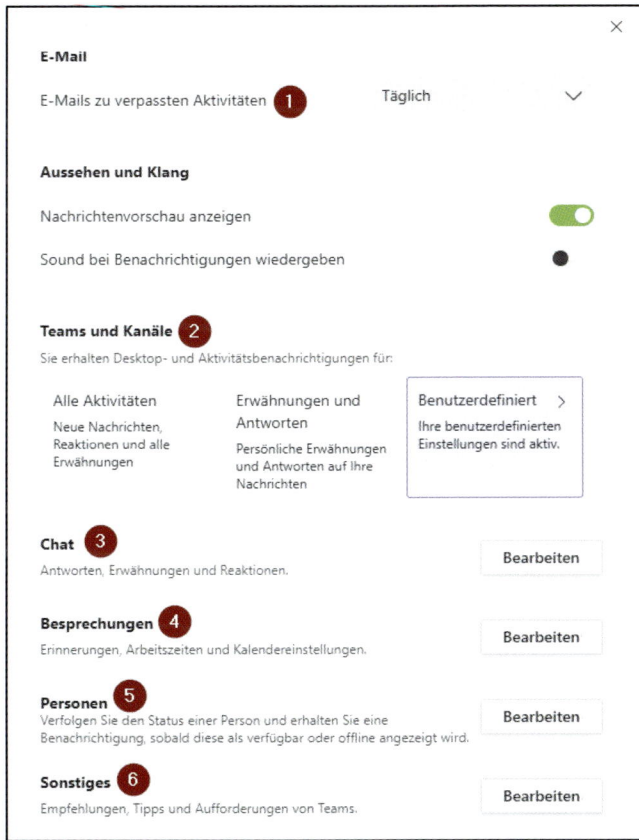

Abb. 8.29: Benachrichtigungseinstellungen in Ihrem Profil

❶ *E-Mails zu verpassten Aktivitäten*

Legen Sie hier fest, in welchem Intervall Sie eine E-Mail über verpasste Aktivitäten erhalten wollen. Die Standardeinstellung ist TÄGLICH. Sie können diese Art der Benachrichtigung auch ausschalten.

❷ *Teams und Kanäle*

Mit einem Klick auf die Kachel BENUTZERDEFINIERT wird Ihnen das folgende Fenster angezeigt.

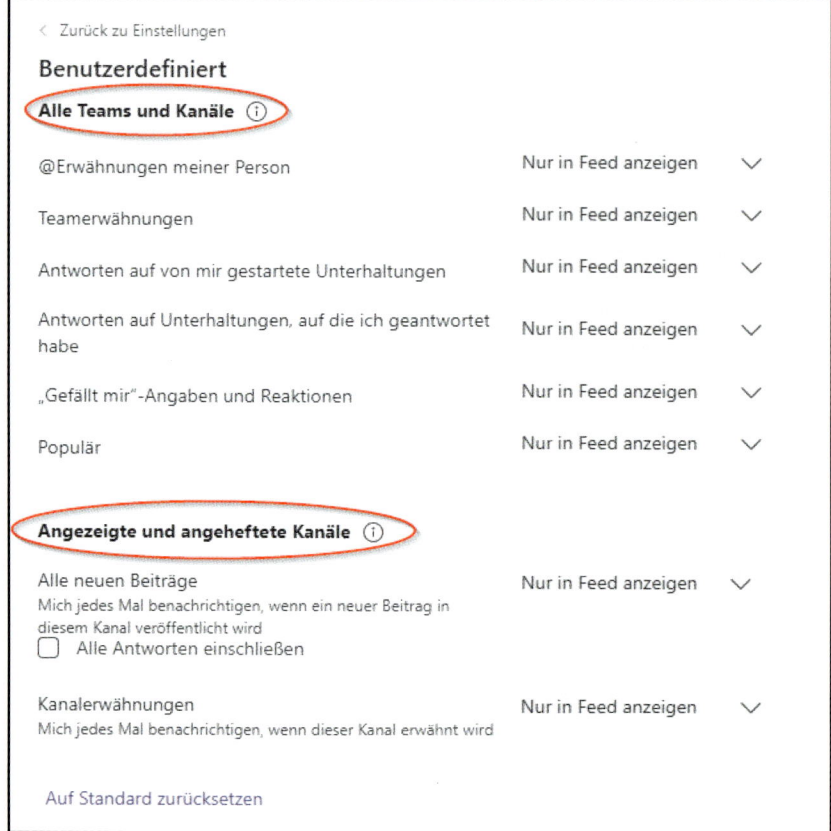

Abb. 8.30: Benutzerdefinierte Benachrichtigungseinstellungen

Wie Sie sehen, habe ich alle Benachrichtigungen für die Kanalchats auf NUR IN FEED ANZEIGEN gesetzt. Meiner Erfahrung nach ist es die Einstellung, mit der Sie am besten den Überblick über neue Nachrichten behalten und am wenigsten durch Benachrichtigungen abgelenkt werden.

Tipp

Wenn Sie sich nicht sicher sind, welche Benachrichtigungseinstellungen die für Sie passenden sind, testen Sie die verschiedenen Möglichkeit jeweils eine Woche.

❸ *Chat*

Benachrichtigungen über neue Nachrichten, die aus dem 1:1-Chat oder Gruppenchat kommen, stellen Sie hier ein. Unter anderem, wie Sie bei *@Erwähnungen* informiert werden wollen. Mit *@Erwähnungen* sind solche Namenserwähnungen gemeint, wie Sie die auch aus **WhatsApp-Gruppen** kennen.

❹ *Besprechungen*

Hier können Sie z. B. definieren, ob Sie mit einem Banner benachrichtigt werden wollen, wenn eine Besprechung gestartet wurde.

❺ *Personen*

Tragen Sie hier die Personen ein, über deren Statusänderung Sie benachrichtigt werden wollen. Sie erhalten eine Benachrichtigung, sobald diese Personen als verfügbar oder offline angezeigt werden.

❻ *Sonstiges*

Unter *Sonstiges* können Sie einstellen, ob jemand, den Sie kennen, dem Team beigetreten ist.

8.5   Suchen in Microsoft Teams

Die Suche in *MS Teams* ist ein wichtiges Hilfsmittel, um Zeit zu sparen. Über die Suche finden Sie die gewünschten Inhalte deutlich schneller als beispielsweise über das Scrollen und Querlesen der Chatverläufe. *Teams* bietet Ihnen dazu verschiedene Suchmöglichkeiten an. Der Suchschlitz für die Eingaben des Suchbegriffes befindet sich in der Mitte der Titelleiste.

Allgemeine Suche

Geben Sie in den Suchschlitz einen Begriff ein, so wird in *Teams* eine Volltextsuche durchgeführt.

Abb. 8.31: Volltextsuche in Teams

Nach dem Bestätigen der Eingabe zeigt Ihnen *Teams* die Treffer, die den Suchbegriff enthalten, in drei Gruppen an:

- NACHRICHTEN
  Im Standard werden alle Nachrichten angezeigt. Sie haben aber die Möglichkeit, über `Typ ∨` nur die Kanal- oder Chatnachrichten zu filtern.

- MITGLIEDER
  Findet *Teams* über den Suchbegriff eine Person, die Mitglied im Team ist, wird diese angezeigt.

- DATEIEN
  In dieser Gruppe zeigt *Teams* alle Dateien an, die dem Suchbegriff entsprechen.

Die Suche durchforstet alle Teams, die in Ihrer Teamnavigation angezeigt werden. Möchten Sie nur im aktuellen Kontext suchen, so drücken Sie die Tastenkombination `Strg`+`F`.

Abb. 8.32: Im aktuellen Kontext suchen

Verfügbare Shortcuts anzeigen lassen

Mit der Tastenkombination `Strg`+`.` wird eine Übersicht der Tastenkombinationen in *Teams* angezeigt, beispielsweise für die Navigation in *Teams*. Sie finden die Auflistung auch in Ihrem Profilmenü.

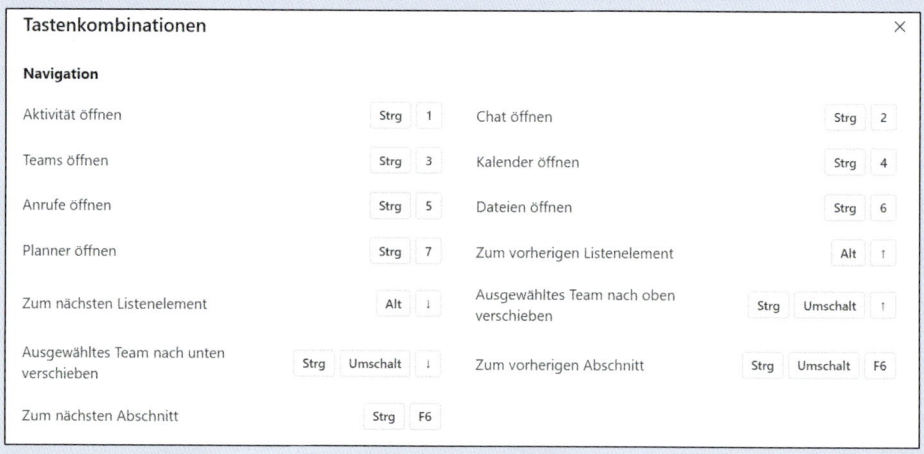

Abb. 8.33: Ausschnitt der angezeigten Tastenkombinationen

Spezielle Suchmöglichkeiten

Ausdrucksuche

Setzen Sie den Suchbegriff in Anführungszeichen, so sucht *Teams* nach einer genauen Übereinstimmung mit dem Suchbegriff.

Suchen mit Wildcard

Setzen Sie hinter den Suchbegriff einen ⌊*⌋, so sucht *Teams* nach allen Wörtern, die mit den Buchstaben vor dem ⌊*⌋ beginnen.

Suchen mit Such-Modifikatoren

- *Von:* Name der Person
  Teams zeigt alle Nachrichten dieser Person aus den 1:1-Chats, Gruppenchats und dem Kanalchat an. Auch hier können Sie wieder nach dem Typ filtern.

- *In:* Kanal- oder Gruppenchatname
  Es werden alle Nachrichten des eingegebenen Kanals oder Gruppenchats angezeigt, filterbar nach Typ.

- *Subject:* Stichwort aus einer Kanalnachricht mit einer Betreffzeile
  Hier wird in dem Betreff eines Kanalchats gesucht, siehe auch Abschnitt 8.4, diese Chatverläufe werden angezeigt.

- *Sent:* Datum
  Geben Sie das gewünschte Datum ein, und Sie erhalten eine Auflistung der Nachrichten aus den 1:1-Chats, Gruppen- und Kanalchats, die an diesem Datum gesendet wurden. Auch hier können Sie wieder nach dem Typ filtern.

Befehle über den Suchschlitz eingeben

Eine andere Möglichkeit, den Suchschlitz zu nutzen, ist das Eingeben von Befehlen, um schnell bestimmte Funktionen von *Teams* aufzurufen. Dazu geben Sie als erstes Zeichen den Schrägstrich ein.

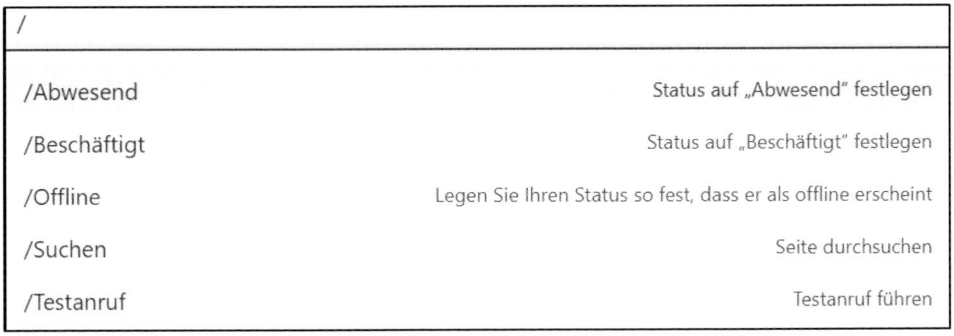

/	
/Abwesend	Status auf „Abwesend" festlegen
/Beschäftigt	Status auf „Beschäftigt" festlegen
/Offline	Legen Sie Ihren Status so fest, dass er als offline erscheint
/Suchen	Seite durchsuchen
/Testanruf	Testanruf führen

Abb. 8.34: Auszug der Befehlsliste im Suchschlitz

In der Tabelle habe ich zur besseren Übersicht die Befehle nach Befehlsgruppen aufgelistet.

Befehlsgruppe	Befehl	Auswirkung
Status	/abwesend	Status auf *Abwesend* festlegen
	/beschäftigt	Status auf *Beschäftigt* festlegen
	/offline	Status auf *Offline* festlegen
	/nicht stören	Status auf *Nicht stören* festlegen
	/bingleichzurück	Status auf *Bin gleich zurück* festlegen
Aktionen	/chat	Post im 1:1-Chat an eine Person senden
	/pop	1:1-Chat in einem neuen Fenster öffnen
	/anruf	Person anrufen
	/testanruf	Testanruf durchführen
	/suchen	Seite durchsuchen
	/gehezu	Zu einem Team oder Kanal navigieren
	/teilnehmen	Einem Team beitreten
Informationen	/aktivität	Aktivitäten eines Benutzers anzeigen
	/dateien	Zuletzt verwendete Dateien anzeigen
	/ungelesen	Alle ungelesenen Aktivitäten anzeigen
	/gespeichert	Zeigt die Liste mit den gespeicherten Posts (1:1 und Kanal)
	/erwähnungen	Zeigt Ihre @Erwähnungen an
	/tasten	Zeigt ein Fenster mit Shortcuts an
	/organigramm	Benutzers im Organigramm anzeigen
	/wer	Zeigt Informationen zu der genannten Person
	/wasistneu	Zeigt die Liste mit den Neuerungen in *MS Teams*

Tabelle 8.1: Befehle aus dem Suchschlitz nach Benutzergruppen

Konsequent mit Befehlen arbeiten

Es lohnt sich in *Teams*, konsequent mit den Befehlen zu arbeiten. Sie ersparen sich viele unnötige Klicks und gewinnen damit Zeit für sinnvollere Tätigkeiten.

8.6 Online-Besprechungen mit Teams

Microsoft Teams unterscheidet zwei Arten von Online-Besprechungen, die *Sofortbesprechung* (Jetzt besprechen) und die *geplante Besprechung*.

8.6.1 Sofortbesprechung

Streng genommen wäre »Video-Chat« die bessere Bezeichnung für diese Funktion, da Ihnen in einer Sofortbesprechung keinerlei Moderatorenfunktion zur Verfügung stehen.

Jetzt besprechen im Kanal

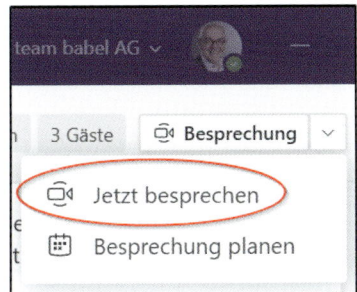

Abb. 8.35: Sofortbesprechung in einem Kanal aufrufen

In einem Kanal können Sie in der Registerkarte BEITRÄGE rechts oben im Bildschirm mit einem Klick auf den Button BESPRECHUNG auswählen, mit welcher Besprechungsart Sie arbeiten möchten.

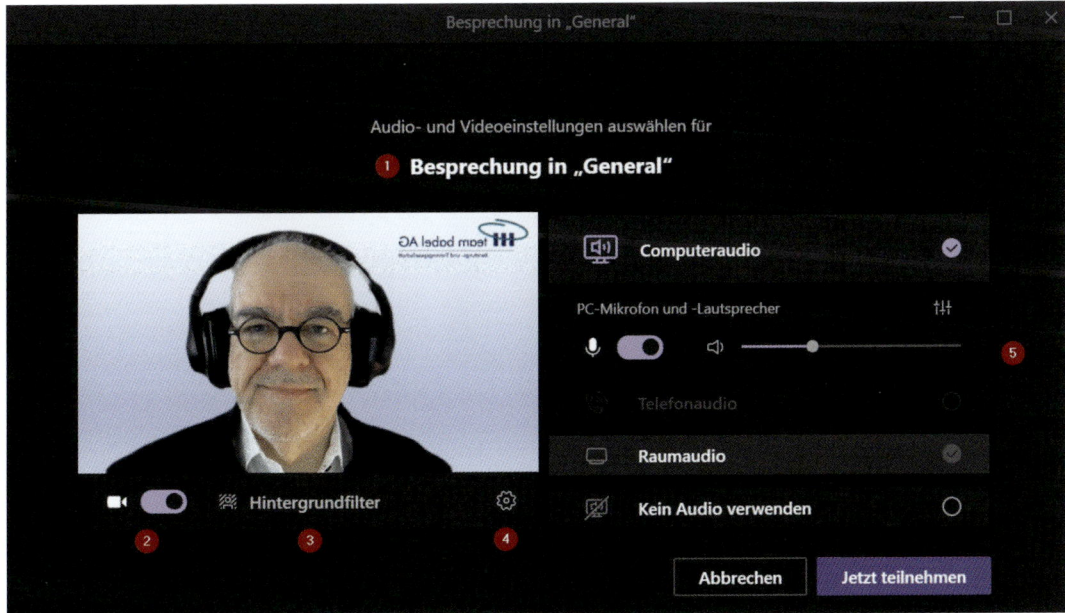

Abb. 8.36: Einstellungen für Jetzt besprechen im Kanal

❶ *Name der Besprechung*

Als Vorschlagsname wird Ihnen in *Teams* immer BESPRECHUNG IN KANALNAME angezeigt. Geben Sie für die Besprechung einen sprechenden Namen ein, das erleichtert die spätere Suche nach den Besprechungsinformationen.

❷ *Kamera aktivieren/deaktivieren*

Im Standard ist Ihre Kamera beim Besprechungsstart aktiviert. Mit dem Schieberegler deaktivieren Sie die Kamera.

❸ *Hintergrundfilter*

Wählen Sie zwischen dem *Weichzeichnen* des Kamerabilds oder verschiedenen Hintergrundbildern.

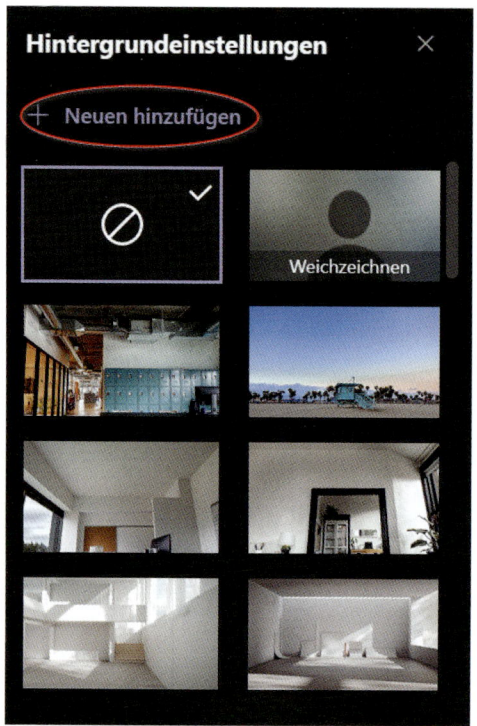

Abb. 8.37: Hintergrund für die Besprechung auswählen

Seit Herbst 2020 gibt es in *Teams* die Möglichkeit, über diesen Dialog einfach eigene Hintergrundbilder einzubinden. Sprechen Sie Ihre Marketingabteilung darauf an, welche Hintergrundbilder Sie verwenden dürfen.

❹ *Geräteeinstellungen*

Mit einem Klick auf das Schraubensymbol können Sie sowohl Lautsprecher und Kopfhörer als auch die Kamera auswählen.

❺ *Audioauswahl*

Hier wählen Sie aus, ob Sie das Audioequipment Ihres PCs/Notebooks, ein Raumaudiosystem z. B. in einem Besprechungsraum oder kein Audiosystem nutzen wollen. Sobald Sie den Button JETZT TEILNEHMEN klicken, erscheint das Auswahlfenster mit den verschiedenen Möglichkeiten, Teilnehmer einzuladen.

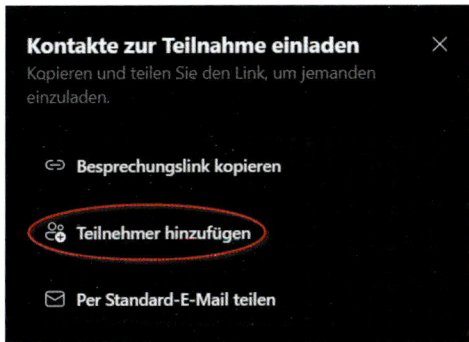

Abb. 8.38: Teilnehmer in eine Sofortbesprechung einladen.

Mit dem Button TEILNEHMER HINZUFÜGEN gelangen Sie in das Besprechungsfenster mit der eingeblendeten Navigationsleiste *Teilnehmer*. Ob Sie nun Personen einladen oder auch nicht: Die Sofortbesprechung wird direkt im Kanal gepostet.

Abb. 8.39: Sofortbesprechung wird im Kanal gepostet.

Alle Personen aus dem Team können sich nun mit einem Klick auf den Button TEILNEHMEN in die Besprechung aufschalten.

Wichtig

Bei der Sofortbesprechung aus einem Kanal heraus kann der Organisator der Besprechung nicht steuern, wer teilnimmt und wer nicht. Er hat auch nicht wie bei geplanten Besprechungen die Möglichkeit, die Kameras und Mikrofone der teilnehmenden Personen stumm zu schalten. Wenn der Organisator in seinem

Besprechungsfenster nur auflegt, ohne die Besprechung zu beenden, läuft die Besprechung weiter, bis die letzte verbleibende Person aufgelegt hat.

Jetzt besprechen im Kalender

Auch in der Kalendernavigation  können Sie eine Sofortbesprechung aufrufen. Sie finden den Button JETZT BESPRECHEN rechts oben unterhalb Ihres Profils.

Abb. 8.40: Sofortbesprechung in der Kalendernavigation

Das Besprechungsfenster, das nun angezeigt wird, unterscheidet sich nur im oberen Bereich vom Besprechungsfenster, das im Kanal angezeigt wird.

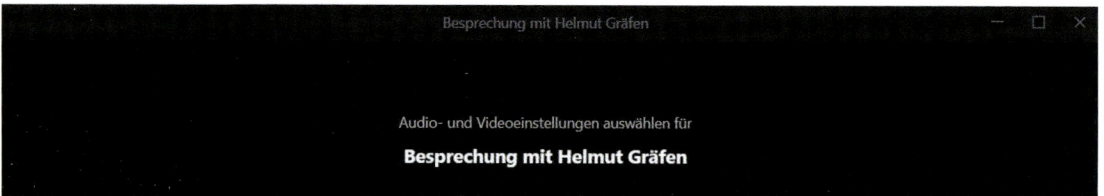

Abb. 8.41: Jetzt besprechen im Kalender

Statt *Besprechung in Kanalname* wird als Name BESPRECHUNG MIT BENUTZERNAME vorgeschlagen. Alle anderen Einstellungsmöglichkeiten sind mit denen der Sofortbesprechung im Kanal identisch. Die Sofortbesprechung, die Sie im Kalender aufrufen, wird nicht im Kanal gepostet. Das bedeutet, dass Sie hier die teilnehmenden Personen einladen müssen, siehe Abschnitt 8.6.2.

Videoanruf im 1:1-Chat

Im 1:1-Chat steht Ihnen eine ähnliche Funktionalität als *Videoanruf* zur Verfügung. Auch bei einem Videoanruf können Sie weitere Personen einladen, siehe Abschnitt 8.6.2.

Abb. 8.42: Videoanruf im 1:1-Chat

8.6.2 Geplante Besprechung

Die geplante Online-Besprechung entspricht in ihren wesentlichen Teilen einer herkömmlichen Besprechung in einem realen Besprechungsraum. In Office 365 haben Sie drei Möglichkeiten, eine Online-Besprechung zu planen: über einen Kanal im Team, über die Kalendernavigation in *Teams* oder über *Outlook*.

Online-Besprechung planen im Kanal

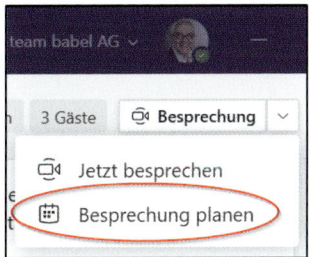

Abb. 8.43: Button Besprechung im Kanal

Der Button BESPRECHUNG wird nur im Vollbildmodus angezeigt. In der Fenstergröße finden Sie diesen Button nicht. Planen Sie eine Besprechung im Kanal, wird das Fenster *Neue Besprechung* angezeigt.

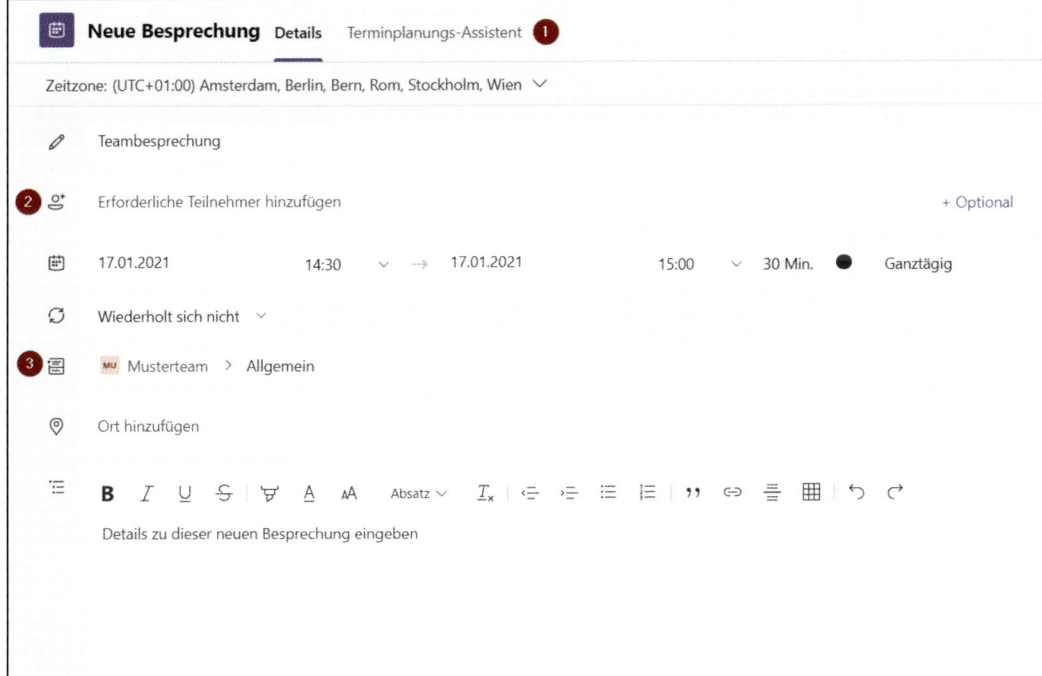

Abb. 8.44: Neue Besprechung in einem Kanal planen

❶ Terminplanungs-Assistent

So wie in einer Outlook-Besprechung haben Sie auch in *Teams* bei einer geplanten Besprechung die Möglichkeit, mit einem Terminplanungs-Assistent zu arbeiten. *Teams* greift hier auf die Outlook-Kalender der eingeladenen Personen zu. Zu den Personen aus Ihrem Unternehmen, die Sie hier auswählen, werden Ihnen die Kalendereinträge dieser Person angezeigt. Haben Sie in *Outlook* die Leseberechtigung auf den Kalender der einzuladenden Person, sehen Sie auch den Betreff des Eintrags, ansonsten nur den Terminstatus: *Beschäftigt*, *Mit Vorhalt* oder *Abwesend*.

> ## Hinweis
>
> Sind Sie mit Ihren Outlook-Postfächern im Unternehmen noch nicht nach Office 365 umgezogen, steht Ihnen diese Funktionalität nicht zur Verfügung.

❷ Erforderliche Teilnehmer hinzufügen

Lassen Sie dieses Feld leer, so starten Sie ein Meeting mit allen Personen des Teams (ein Teammeeting), vorausgesetzt, Sie wählen in ❸ einen Kanal aus. Die Mitglieder des Teams erhalten keine Besprechungseinladung per Mail. Die hier erstellte Teambesprechung wird in dem unter ❸ ausgewählten Kanal gepostet.

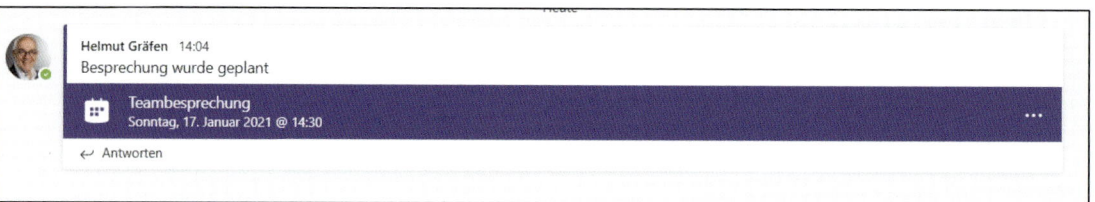

Abb. 8.45: Teambesprechung als Post im Kanal

Die Teammitglieder nehmen an der Besprechung teil, indem sie auf diesen Post klicken.

❸ Kanal

Hier wird der Kanal des Teams angezeigt, aus dem Sie Besprechung planen angeklickt haben. Sie können den Vorschlag aber ändern und einen anderen Kanal, auch aus einem anderen Team, auswählen.

Online-Besprechung planen in der Kalendernavigation von Teams

Auch in der Kalendernavigation [Kalender] können Sie mit dem Button Neue Besprechung rechts oben unterhalb Ihres Profils eine Besprechung planen.

Wählen Sie diesen Weg, um eine Besprechung zu planen, wird ebenfalls das Fenster *Neue Besprechung* angezeigt. Allerdings wird hier bei ❸ nicht automatisch ein Kanal vorgeschlagen. Es kann aber ein Kanal eingetragen werden. Für alles Weitere gilt die Beschreibung der Besprechungsplanung im Kanal. Geben Sie hier keinen Kanal an, tragen aber Personen in ❷ Erforderliche Teilnehmer hinzufügen ein, erhalten diese Personen eine Besprechungseinladung per Mail.

Online-Besprechung planen in Outlook

Der dritte Weg, die Online-Besprechung in *Outlook* zu planen, wird vielen von Ihnen bekannt sein. Öffnen Sie in Ihrem Kalender das Menü Start. Klicken Sie auf den Button Neue Elemente und anschließend auf den Menüpunkt Besprechung.

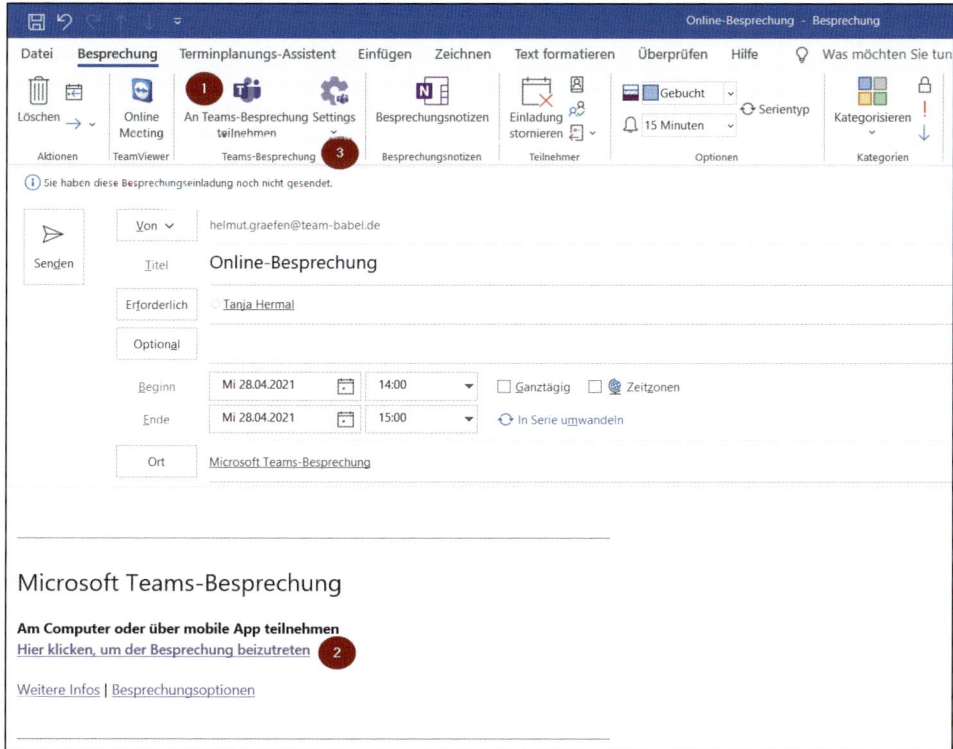

Abb. 8.46: Online-Besprechung in Outlook planen

❶ An Teams-Besprechung teilnehmen

Sind Office 365 und *Teams* in Ihrem Unternehmen eingerichtet, so wird diese Kachel automatisch in der Besprechungsanfrage von *Outlook* anzeigt. Ein Klick auf diese Kachel erzeugt ❷.

❷ HIER KLICKEN, UM DER BESPRECHUNG BEIZUTRETEN

Mit einem Klick auf diesen Link gelangen die eingeladenen Personen in die Online-Besprechung. Die Online-Besprechung ist keinem Kanal in *Teams* zu geordnet. *Microsoft Teams* dient hier lediglich als technische Plattform, um die Online-Besprechung möglich zu machen.

Keine Kanalauswahl in Outlook-Besprechungsanfragen

In der Besprechungsanfrage in *Outlook* ist die Auswahl und Zuordnung eines Kanals aus einem Team nicht möglich.

❸ BESPRECHUNGSOPTIONEN

Im April 2021 ist dieser Button neu hinzugekommen. Nach dem Klicken müssen Sie leider noch einmal den Menüpunkt MEETING OPTIONS anklicken, damit das Optionsfenster angezeigt wird.

Abb. 8.47: Besprechungsoptionen in einer Teams-Besprechung

❶ *Wer kann den Wartebereich umgehen?*

Eingeladene Besprechungsteilnehmer können schon vor dem eigentlichen Beginn der Besprechung auf den Link klicken. Sie gelangen dann in den Wartebereich und können hier definieren, wie mit dem Wartebereich umgegangen werden soll. Als Standardwert ist *Personen in meiner Organisation und Gäste* ausgewählt. Je nach der Art der Besprechung empfehle ich Ihnen, an dieser Stelle den passenden Umgang mit dem Wartebereich individuell zu steuern. Das bewahrt Sie einerseits vor unangenehmen Überraschungen, andererseits behalten Sie die Steuerung Ihrer Besprechung in der Hand.

Auswahl	Auswirkung	Empfohlene Anwendung
Jeder	Jede Person, die über den Besprechungslink verfügt, kann sofort in die Besprechung eintreten, auch die Personen, die sich per Telefon einwählen.	Definitiv keine sinnvolle Auswahl. Sie geben die Steuerung der Besprechung ohne Not aus der Hand.
Personen in meiner Organisation bzw. vertrauenswürdigen Organisationen und Gäste	Nur Personen in Ihrer Organisation und externe Gäste aus vertrauenswürdigen Organisationen umgehen den Wartebereich und treten sofort in die Besprechung ein.	Wenn Sie keine Kenntnisse darüber haben, welche Organisationen in Ihrem Unternehmen als vertrauenswürdig eingestuft wurden, hat die Einstellung eher den Charakter einer Wundertüte.
Personen in meiner Organisation und Gäste (Standardeinstellung)	Nur Personen in Ihrer Organisation umgehen den Wartebereich und treten sofort in die Besprechung ein.	Für eine Besprechung mit kleinem Teilnehmerkreis kann die Einstellung sinnvoll sein. Falls Sie maximale Kontrolle über Ihre Besprechung haben wollen, ist die Auswahl *Nur ich* besser geeignet.
Nur ich	Als Besprechungsorganisator können nur Sie direkt in die Besprechung eintreten. Alle anderen Teilnehmer warten im Wartebereich.	Diese Auswahl empfehle ich Ihnen als Standardeinstellung.

Tabelle 8.2: Optionen für den Umgang mit dem Wartebereich

Vertrauenswürdige Organisationen legt der Administrator fest

Welche Organisation als vertrauenswürdig eingestuft wird, kann nur ein Office-365-Administrator einstellen. Wenden Sie sich bei Fragen an Ihre IT-Ansprechpartner.

❷ **Anrufer den Wartebereich immer umgehen lassen**

Die Einstellung betrifft nur die Personen, die sich per Telefon in die Besprechung einwählen. Die Standardeinstellung ist *Nein*.

❸ **Ankündigen, wenn Anrufer beitreten oder verlassen**

Sie werden darüber informiert, wenn Personen, die sich per Telefon in die Besprechung einwählen, der Besprechung beitreten wollen oder sie verlassen. Die Standardeinstellung ist *Ja*.

❹ Wer kann präsentieren?

Teams unterscheidet in Online-Besprechungen zwischen zwei Rollen: *Referent* und *Teilnehmer*. Wenn Sie mehr zu Rollen in Online-Besprechungen wissen möchten, empfehle ich Ihnen den folgenden Microsoft-Link:

`https://support.microsoft.com/de-de/office/rollen-in-einer-teams-besprechung-c16fa7d0-1666-4dde-8686-0a0bfe16e019.`

Diese Einstellung hier bezieht sich auf dieses Rollenkonzept. Die Standardeinstellung ist *Jeder*.

Auswahl	Auswirkung	Empfohlene Anwendung
Jeder (Standardeinstellung)	Jeder, der Zugriff auf den Besprechungslink hat, wird als *Referent* an der Besprechung teilnehmen.	Definitiv keine sinnvolle Auswahl. Sie geben die Steuerung der Besprechung ohne Not aus der Hand.
Personen in meiner Organisation und Gäste	Nur diese Personen sind automatisch *Referenten*.	Aus meiner Sicht auch keine sinnvolle Auswahl. Im Vorfeld sind Absprachen nötig, damit ein solches Konstrukt störungsfrei und ohne Überraschungen abläuft.
Bestimmte Personen	Nur die Personen, denen Sie aus der Liste der eingeladenen Personen die Rolle des *Referenten* zuweisen. Alle anderen Personen haben die Rolle *Teilnehmer*.	Mit dieser Option können Sie während der Besprechung entscheiden, ob außer Ihnen weitere Personen *Referenten* werden sollen. Siehe auch Abschnitt 8.6.3.
Nur ich	Nur der Organisator wird als Referent fungieren. Alle anderen Personen haben die Rolle *Teilnehmer*.	Diese Auswahl empfehle ich Ihnen als Standardeinstellung. In Kombination mit der Funktion *Bestimmte Personen* sind Sie für alle Anforderungen gut gerüstet.

Tabelle 8.3: Wer darf präsentieren?

❺ Teilnehmern das Aufheben der Stummschaltung gestatten

Die Standardeinstellung ist *Ja*. Auch hier gilt wieder: Falls Sie maximale Kontrolle über Ihre Besprechung haben wollen, setzen Sie die Einstellung auf *Nein*.

❻ Reaktionen zulassen

Reaktionen sind im Standard immer zugelassen. Mit Reaktionen sind die Livereaktionen in einer Teams-Besprechung gemeint, die ich im kommenden Abschnitt beschreibe.

8.6.3 Navigation in Online-Besprechungen

Audiogeräte und Kamera vor dem Besprechungsstart prüfen

Prüfen Sie immer vor dem Starten einer Besprechung, ob die Audiogeräte und die Kamera störungsfrei arbeiten. Während der Besprechung festzustellen, dass ein Gerät nicht funktioniert, macht weder bei Kollegen noch bei Externen einen guten Eindruck.

Unabhängig davon, ob Sie eine Sofortbesprechung oder eine geplante Besprechung oder einen Videoanruf durchführen, verfahren Sie bei der Navigation immer gleich.

Teilnehmereinstellungen

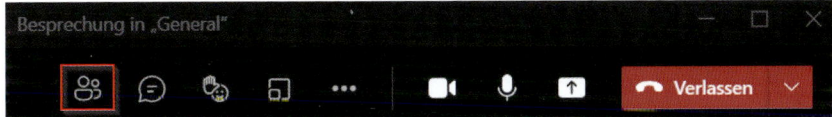

Abb. 8.48: Navigation Online-Besprechungen: Teilnehmer

Mit diesem Button blenden Sie die Teilnehmer der Besprechung ein und aus. Sobald die eingeladenen Personen auf den Einladungslink geklickt haben, sehen Sie hier, dass diese Personen im Wartebereich darauf warten, von Ihnen in die Besprechung aufgenommen zu werden.

Abb. 8.49: Teilnehmer in der Besprechung

Außerdem können Sie hier noch weitere Personen zur Besprechung einladen. Falls Sie der Besprechungsorganisator sind, lassen Sie sich am besten sofort die Teilnehmerliste anzeigen, nachdem Sie die Besprechung aufgerufen haben. So sehen Sie sehr schnell, wer von den eingeladenen Personen noch keine Antwort gegeben hat.

Als Besprechungsorganisator stets zuerst anwesend sein

Als Besprechungsorganisator sollten Sie bereits fünf Minuten vor Besprechungsbeginn in die Besprechung eintreten. Das schafft bei Online-Besprechungen mit Kunden eine professionelle und entspannte Atmosphäre. Ich habe mir angewöhnt, auch bei internen Besprechungen so vorzugehen.

Über die drei Punkte rechts neben der Fensterbezeichnung können Sie bestimmte Einstellungen während der Besprechung ändern:

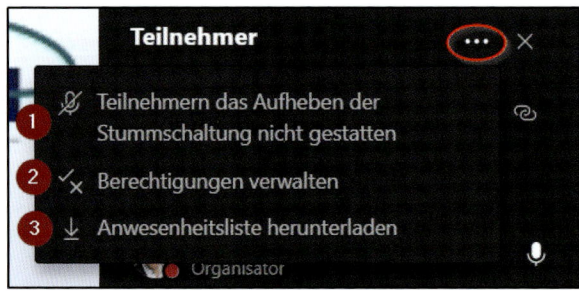

Abb. 8.50: Menü Teilnehmer

Mit einem Klick auf ❶ entziehen Sie den Teilnehmern während der Besprechung die Möglichkeit, selbst die Stummschaltung aufzuheben. BERECHTIGUNGEN VERWALTEN ❷ ruft die Besprechungsoptionen (siehe Abbildung 8.47) auf, die Sie auch während der Besprechung ändern können. Mit ❸ laden Sie sich die Anwesenheitsliste als CSV-Datei herunter.

Diese Datei finden Sie im Downloadordner Ihres PCs. Wollen Sie direkt aus *Teams* auf diese Datei zugreifen, klicken Sie in der Bereichsnavigation DATEIEN an und anschließend in der Navigation rechts daneben den Button DOWNLOADS.

Für jeden Teilnehmer existiert ein zusätzliches Menü, über das Sie z. B. aus einem *Teilnehmer* einen *Referenten* und umgekehrt machen können.

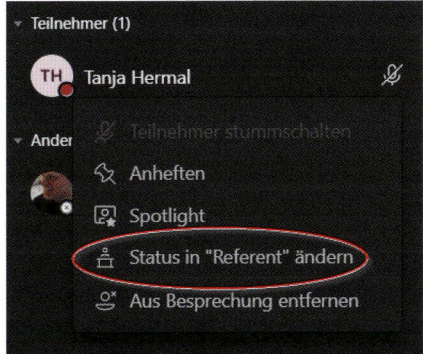

Abb. 8.51: Menü Teilnehmer

Unterhaltung ein-/ausblenden

Abb. 8.52: Navigation Online-Besprechungen: Unterhaltungen

Blenden Sie die Unterhaltung ein, wenn Sie in der Besprechung sind. Falls Ihr Mikrofon nicht ordnungsgemäß funktioniert, ist das die einzige Möglichkeit, innerhalb der Besprechung zu kommunizieren. Als Besprechungsorganisator sollten Sie das Fenster so lange eingeblendet lassen, bis klar ist, dass es keine technischen Probleme mit den Mikrofonen gibt.

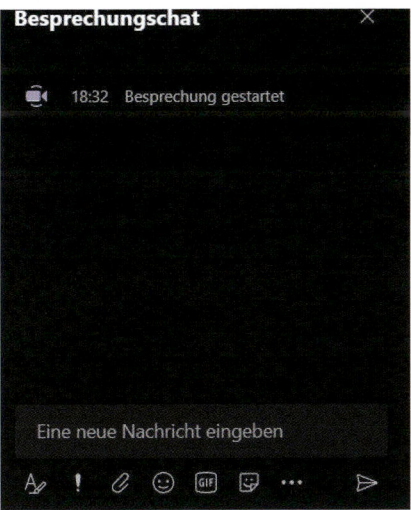

Abb. 8.53: Chatmöglichkeit in einer Besprechung

Besprechungschat koordiniert nutzen

Falls Sie den Besprechungschat dazu nutzen wollen, dass Ihnen Fragen zu einem Thema gestellt werden können, ist es hilfreich, das Beantworten einer zweiten Person, die Sie in der Besprechung unterstützt, zu übertragen. Vereinbaren Sie mit den teilnehmenden Personen, dass Sie die im Chat gestellten Fragen im Nachgang beantworten.

Hand heben und Livereaktionen

Abb. 8.54: Navigation Online-Besprechungen: Hand heben und Livereaktionen

Diese Funktion hat Microsoft im April 2021 erweitert und neben der Funktion des Handhebens auch Livereaktionen mit aufgenommen.

Abb. 8.55: Hand heben und Livereaktions-Button

Klicken Sie in einer Besprechung einen der vier Livereaktions-Buttons an, wird das entsprechende Icon etwa drei Sekunden lang anzeigt und dann wieder ausgeblendet.

Wenn Sie Ihre Besprechung eher als Diskussion gestalten und die Fragen mündlich beantworten wollen, bitten Sie die Teilnehmer, bei Fragen auf HAND HEBEN zu klicken. Hat jemand die Hand gehoben, verändert sich die Darstellung im Navigationsbalken der Besprechung.

Abb. 8.56: Ein Teilnehmer hat die Hand gehoben.

Haben Sie die Teilnehmerliste eingeblendet, erscheint rechts neben dem Namen der Person eine gelbe Hand.

Abb. 8.57: Darstellung Hand gehoben in der Teilnehmerliste

Die gelbe Hand wird erst dann ausgeblendet, wenn die Person, die sie gehoben hat, erneut auf HAND HEBEN klickt.

Gruppenräume erstellen

Diese Funktion ist vor allem für Trainer gedacht, die ihren Teilnehmern für Gruppenarbeiten separate Räume zur Verfügung stellen wollen.

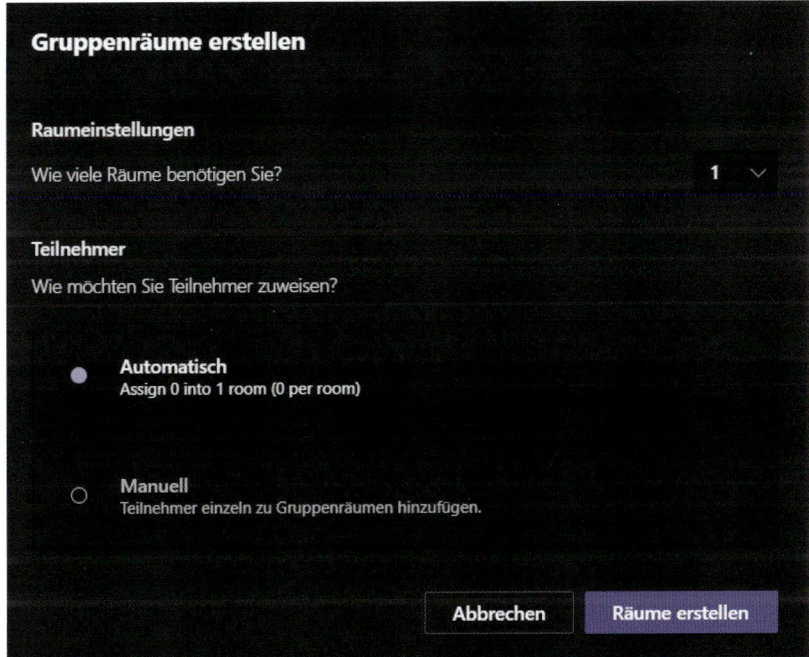

Abb. 8.58: Gruppenräume in Besprechungen erstellen

Weitere Aktionen

Abb. 8.59: Navigation Online-Besprechungen: Weitere Aktionen

Zusätzliche Einstellungsmöglichkeiten, die nicht mit einem eigenen Symbol in der Leiste dargestellt werden, finden Sie in *Weitere Aktionen*.

Abb. 8.60: Menü Weitere Aktionen

Mit ❶ gelangen Sie zu den BESPRECHUNGSOPTIONEN, die hier zwar anders als in *Outlook* dargestellt werden, aber die gleichen Einstellungsmöglichkeiten enthalten.

Wenn Sie mit ❷ BESPRECHUNGSNOTIZEN erstellen, werden diese nach Beendigung der Besprechung in einer neu erstellten Registerkarte mit dem Namen *Besprechungsnotizen* angezeigt. Ich nutze diese Möglichkeit nicht, da die Besprechungsnotizen meiner Meinung nach besser im Teamnotizbuch aufgehoben sind. Unter anderem deshalb, weil die Teammitglieder das OneNote-Notizbuch auch außerhalb der Teams-Anwendung bearbeiten können. Detaillierte Informationen dazu finden Sie in Abschnitt 4.6.11 und in Abschnitt 8.8.

Über den Menüpunkt BESPRECHUNGSDETAILS ❸ können Sie sich den Besprechungslink anzeigen lassen und mit dem Button TEILNAHMEINFOS KOPIE ... in die Zwischenablage kopieren.

In der *Galerie* ❹ werden die Teilnehmer in Kachelform angezeigt. Je mehr Personen an der Besprechung teilnehmen, desto kleiner wird die Kachel pro Teilnehmer. Bei größeren Teams zeigt die große Galerie maximal 49 (7 x 7) teilnehmende Personen an. Der *Zusammen-Modus* stellt die Teilnehmer in einem Hörsaal sitzend dar. Nehmen Sie an einer englischsprachigen Besprechung teil, blendet Ihnen die Funktion LIVEUNTERTITEL AKTIVIEREN ❺ in Echtzeit deutsche Untertitel ein.

Mit einem Klick auf ❻ AUFZEICHNUNG BEGINNEN haben Sie die Möglichkeit, das Meeting aufzuzeichnen. Der Person, die die Aufzeichnung gestartet hat, wird der folgende Hinweis in der Besprechung angezeigt:

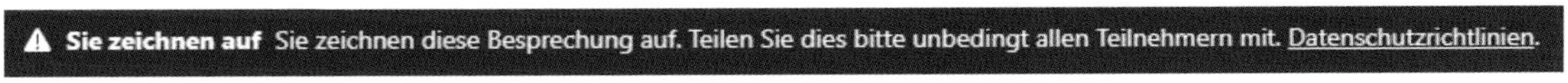

⚠ **Sie zeichnen auf** Sie zeichnen diese Besprechung auf. Teilen Sie dies bitte unbedingt allen Teilnehmern mit. <u>Datenschutzrichtlinien</u>.

Abb. 8.61: Aufzeichnungshinweis für den Organisator

Die anderen Teilnehmer der Besprechungen erhalten diesen Hinweis:

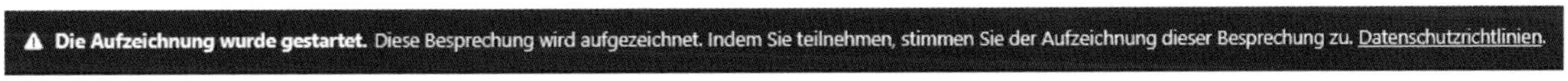

⚠ **Die Aufzeichnung wurde gestartet.** Diese Besprechung wird aufgezeichnet. Indem Sie teilnehmen, stimmen Sie der Aufzeichnung dieser Besprechung zu. <u>Datenschutzrichtlinien</u>.

Abb. 8.62: Aufzeichnungshinweis für die Teilnehmer

Nimmt die eingeladene Person anschließend weiterhin an der Besprechung teil, hat sie sich mit der Aufzeichnung einverstanden erklärt.

Die Aufzeichnung endet, wenn die aufzeichnende Person im Menü WEITERE AKTIONEN die Aufzeichnung beendet oder die Besprechung verlässt. Die Aufzeichnung wird in dem Kanal, in dem die Besprechung stattgefunden hat, als Link gepostet und kann von allen Personen im Team mit einem Klick darauf gestartet werden.

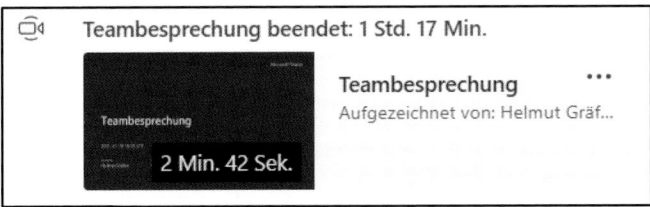

Abb. 8.63: Link zur aufgezeichneten Besprechung

Die Besprechung wird mit *Microsoft Stream* aufgezeichnet und auch in der Datenbank von *MS Stream* gespeichert. *Microsoft Stream* ist eine Videoplattform, die in

Business-Plänen von Office 365 enthalten ist. Mit einem Klick auf die drei Punkte rechts neben dem Besprechungsnamen rufen Sie das Menü der Aufzeichnung auf.

Abb. 8.64: Menü der Aufzeichnung

Hier können Sie mit IN MICROSOFT STREAM ÖFFNEN die Aufzeichnung öffnen und in der Videoplattform bearbeiten und herunterladen.

Mit dem Menüpunkt ❼ EINGEHENDES VIDEO DEAKTIVIEREN können Sie die eingehenden Videosignale deaktivieren. Es werden dann nur noch die Audiosignale übertragen (Abbildung 8.60).

Kamera aktivieren/deaktivieren

Abb. 8.65: Navigation Online-Besprechungen: Kamera

Alternativ zu dem Button können Sie auch mit der Tastenkombination `Strg`+`Shift`+`O` die Kamera aktivieren oder deaktivieren.

Mikrofon-Stummschaltung/Stummschaltung aufheben

Abb. 8.66: Navigation Online-Besprechungen: Mikrofon

Alternativ zu dem Button können Sie auch mit der Tastenkombination ⌷Strg⌷+
⌷Shift⌷+⌷M⌷ das Mikrofon stummschalten oder diese wieder aufheben.

Inhalte freigeben

Abb. 8.67: Navigation Online-Besprechungen: Inhalte freigeben

Mit dieser Schaltfläche oder alternativ mit der Tastenkombination ⌷Strg⌷+⌷Shift⌷+
⌷E⌷ geben Sie Bildschirminhalte für die teilnehmenden Personen frei.

Nachdem Sie auf INHALTE FREIGEBEN geklickt haben, erscheint im unteren Bereich
des Bildschirms eine Auflistung mit Inhalten, die Sie freigeben können:

Abb. 8.68: Auswahl an Inhalten, die freigegeben werden können

Ihnen werden vier Bereiche zur Freigabe angeboten:

Desktop

Entscheiden Sie sich für die Freigabe des *Desktops,* werden alle Aktionen, die Sie
an Ihrem PC/Notebook ausführen, für die anderen Teilnehmer sichtbar. Diese
können jedoch auf Ihrem PC keine Aktionen ausführen.

Fenster

Möchten Sie für die Teilnehmer lediglich ein einzelnes Fenster sichtbar machen,
so klicken Sie eines der angezeigten Fenster an. Die Teilnehmer sehen nun alle
von Ihnen ausgeführten Aktionen, können selbst aber nicht aktiv werden. Sollen
die anderen Personen anschließend ein anderes Fenster sehen, müssen Sie dieses
Fenster ebenfalls freigeben. Dazu beenden Sie im Navigationsbalken mit dem
Icon 🔲 (*Nicht mehr teilen*) die Freigabe und geben anschließend das gewünschte
Fenster frei.

Sowohl der freigegebene Desktop als auch ein freigegebenes Fenster werden mit einem umlaufenden roten Rahmen gekennzeichnet.

Für Schulungen oder Unterweisungen den Desktop freigeben

Nutzen Sie eine Besprechung in *Teams* dazu, um eine Schulung, Unterweisung o. Ä. durchzuführen, empfehle ich Ihnen, den *Desktop* freizugeben.

Whiteboard

Geben Sie das *Whiteboard* frei, wenn Sie beispielsweise in der Besprechung ein Brainstorming veranstalten wollen.

Abb. 8.69: Whiteboard in einer Besprechung nutzen

Sie können im *Whiteboard* Textfelder und Notizzettel einfügen. Arbeiten Sie mit einem Surface oder einer Surface-Alternative, ist es auch möglich, handschriftliche Notizen einzutragen und/oder Zeichnungen anfertigen.

Standardmäßig können alle teilnehmenden Personen auf das Whiteboard zugreifen, was zu einem sehr dynamischen Informations- und Meinungsaustausch führen kann. Möchten Sie dies verhindern, rufen Sie mit dem Schraubensymbol rechts oben die Einstellungen des *Whiteboards* auf.

Mit den Schieberegler entziehen Sie den anderen Personen in der Besprechung die Berechtigung, auf das *Whiteboard* zuzugreifen. Außerdem können Sie über das Menü das Whiteboard-Bild auch exportieren. Leider gibt es zurzeit keine Möglichkeit, es als PDF zu speichern.

Abb. 8.70: Menü Einstellungen des Whiteboards in einer Besprechung

Whiteboard ist auch als Desktop-App verfügbar, die Sie über den *Microsoft Store* auf Ihrem PC/Notebook installieren können. Damit können Sie *Whiteboard* auch außerhalb von *MS Teams* nutzen. Das ist z. B. für Schulungs-, Coaching- oder Beratungssituationen, die online durchgeführt werden, sehr effektiv. In der Desktop-App von *Whiteboard* können Sie ein Whiteboard-Bild auch benennen und über das Schraubensymbol rechts oben in ein Team posten.

PowerPoint

Die vierte Möglichkeit ist das Freigeben einer PowerPoint-Präsentation. Die Folien der Präsentation können Sie so online präsentieren.

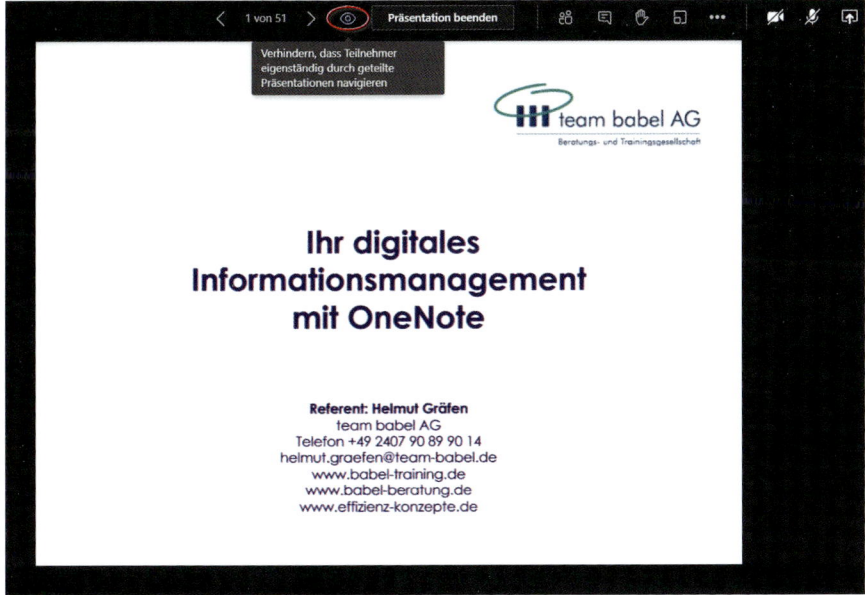

Abb. 8.71: Freigabe einer PowerPoint-Präsentation

Standardmäßig ist die Freigabe einer PowerPoint-Präsentation so gestaltet, dass alle Teilnehmer der Besprechung durch die Präsentation navigieren können, d. h., alle Besprechungsteilnehmer können auf ihren PCs Folien weiter- oder zurückblättern. Ich empfehle Ihnen, diese Möglichkeit zu deaktivieren. Klicken Sie dazu auf das Augensymbol in der Titelleiste. Anschließend wird das Auge durchgestrichen dargestellt, und nur Sie allein sind in der Lage, in der Präsentation navigieren.

Bildschirm-Steuerung übergeben bzw. anfordern

Haben Sie den Desktop oder ein Fenster freigeben,

- können Sie die Steuerung des Bildschirms an andere Personen übergeben.
- können andere Personen die Steuerung des Bildschirms anfordern.

Verlassen

⌢ Verlassen ⌄ Mit diesem Button verlassen oder beenden Sie die Besprechung.

8.7   Dateiverarbeitung mit Teams

In den Kanälen eines Teams gelangen Sie zu der Auflistung von Ordnern und Dateien, die dort ablegt wurden. Dateien, die mit Office-Programmen wie Word, Excel und PowerPoint erstellt wurden, können Sie an dieser Stelle entweder mit den rein webbasierten Versionen dieser Programme, auch *Online-Apps* genannt, oder mit den installierten Office-Programmen bearbeiten. Die installierten Programme werden auch *Desktop-Apps* genannt. Im Folgenden zeige ich Ihnen den Unterschied zwischen diesen Möglichkeiten:

- **Online-App**
  Für die Online-Varianten der Office-Programme benötigen Sie lediglich ein Gerät mit einem Internetanschluss und -browser. Mit den Online-Apps können Sie ausschließlich Dateien bearbeiten, die in Office 365 gespeichert sind. Im Vergleich zu den Desktop-Apps von Word, Excel und PowerPoint sind die Online-Apps funktional eingeschränkt.

Informationen nachschlagen und kleinere Änderungen vornehmen

Nutzen Sie die Online-Apps, um schnell Informationen in einer Office-Datei nachzuschlagen, beispielsweise den Stand einer Controlling-Tabelle, oder um kleinere Änderungen in einer Datei vorzunehmen.

- **Desktop-Apps**
  In den Desktop-Apps der Office-Programme arbeiten Sie mit der vollen Funktionsvielfalt, die Sie auch vor dem Cloud-Computing schon kannten. Desktop-

Apps können alle Office-Dateien aus allen Speicherorten öffnen und bearbeiten.

Längeres Arbeiten an einer Datei

Möchten Sie längere Zeit in einer Datei arbeiten, oder benötigen Sie das komplette Funktionsangebot eines Programms, dann nutzen Sie Desktop-App.

■ **Mobile Apps**
Sowohl für Android- als auch für iOS-Geräte stehen die mobilen Apps von Word, Excel und PowerPoint zur Verfügung.

Mobil und schnell Informationen aus Office-Dateien abrufen

Sind Sie unterwegs und haben kein Notebook oder Surface zur Hand, lassen sich über die mobilen Varianten schnell und einfach Informationen aus Word-, Excel- oder PowerPoint-Dateien abrufen. Ich nutze z. B. das mobile PowerPoint dazu, die Folien einer Präsentation, die ich an diesem Tag halte, schnell durchzublättern. Das ist eine einfache und effektive Methode, mich auf den Tag einzustimmen. Selbst kleinere Änderungen können Sie recht komfortabel durchführen.

Bearbeitung auf der Ebene des Kanalordners

Die Dateiverarbeitung in *Teams* findet immer auf Kanalebene in der Registerkarte DATEIEN statt. Diese Registerkarte zeigt den Inhalt des Kanalordners an, der zusammen mit der Erstellung des Kanals angelegt wird.

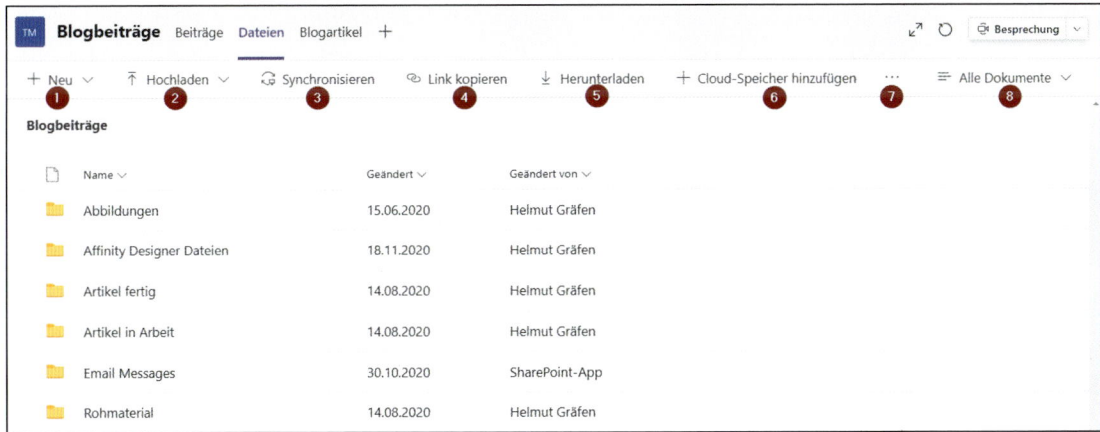

Abb. 8.72: Registerkarte Dateien in einem Teamkanal

Solange kein Element im Ordner markiert wurde, bietet die Menüleiste im Register DATEIEN die folgenden Bearbeitungsmöglichkeiten an:

❶ NEU

Über diesen Button erzeugen Sie entweder einen neuen Unterordner oder eine
neue Office-Datei.

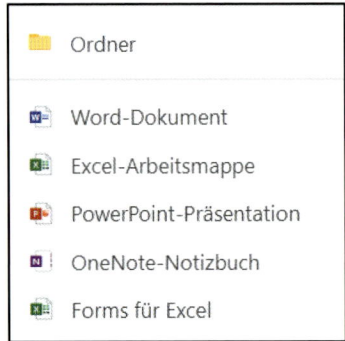

Abb. 8.73: Menu Neu

Außerdem können Sie hier bei Bedarf weitere OneNote-Notizbücher anlegen.
Mit dem Menüpunkt FORMS FÜR EXCEL erstellen Sie über die Office-365-App
Forms ein Formular, beispielsweise eine Umfrage, einen Besuchsbericht u. Ä.
Die Informationen, die im Formular eingetragen oder angeklickt werden, speichert *Teams* automatisch in einer Excel-Datei, die im Kanal angezeigt wird. Mit-
hilfe einer Pivot-Tabelle können Sie die Angaben aus dem Formular schnell
und bequem auswerten. Zum Formular erzeugen Sie einen Link und senden
diesen per Mail oder Chat an die Personen, die das Formular ausfüllen sollen.

Erstellen Sie hier eine Word-, Excel- oder PowerPoint-Datei oder ein OneNote-
Notizbuch, stellt *Teams* die neue Datei immer in der Oberfläche von *Teams* dar.
Es wird kein zusätzliches Fenster für die Darstellung der Datei geöffnet.

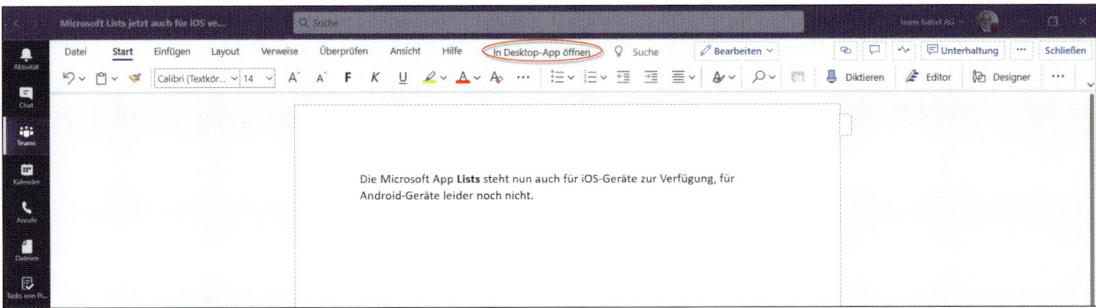

Abb. 8.74: Neue Word-Datei in der Teams-Oberfläche dargestellt

Möchten Sie lieber mit der installierten Word-Variante arbeiten, klicken Sie in der Menüleiste auf die Schaltfläche IN DESKTOP-APP ÖFFNEN. Die gewünschte Datei wird in der Desktop-App von Word geöffnet. Leider wird die noch in der Teams-Oberfläche angezeigte Datei dabei nicht automatisch geschlossen.

❷ HOCHLADEN

Hier können Sie sowohl einzelne Dateien als auch komplette Ordnerstrukturen aus unterschiedlichen Speicherorten (Dateiserver, lokale Festplatte, Cloud eines anderen Anbieters u. Ä.) in Ihr Team hochladen.

> ### Achtung: Hochladen von Dateien in die Cloud ist immer ein Kopiervorgang
>
> Meine Empfehlung lautet: Löschen Sie die Daten in der Quelle, nachdem Sie sie hochgeladen haben. So vermeiden Sie doppelte Datenbestände.

❸ SYNCHRONISIEREN

Die in Office 365 gespeicherten Daten können Sie mit Ihrem PC/Notebook synchronisieren. Ist die Synchronisation aktiviert, haben Sie über den Windows-Explorer Zugriff auf Ihre Cloud-Datei. Detaillierte Informationen finden Sie in Kapitel 9.

❹ LINK KOPIEREN

Klicken Sie diesen Menüpunkt an, erzeugen Sie einen Link zu dem Ordner, in dem Sie sich gerade befinden. Diesen können Sie in die Zwischenablage kopieren und ihn per Mail oder Chat an andere Personen senden, sodass diese über den Link direkt auf den Ordner in *Teams* zugreifen kann.

❺ HERUNTERLADEN

Mit diesem Menüpunkt laden Sie den Ordner, in dem Sie sich befinden, in den Downloadordner (>*Dieser PC* > *Downloads*) Ihres PCs herunter. Laden Sie mehr als eine Datei herunter, erzeugt *Teams* immer eine gepackte Datei (ZIP-Datei). Innerhalb von *Teams* können Sie mit dem Button DATEIEN in der Bereichsnavigation auf der linken Bildschirmseite auf den Downloadbereich Ihres Teams zugreifen.

Abb. 8.75: Liste der Downloads

Mit dem Button ORDNER FÜR DOWNLOADS ÖFFNEN gelangen Sie in den Downloadordner auf Ihrem PC.

❻ CLOUD-SPEICHER HINZUFÜGEN

Weitere Cloud-Dienste der folgenden Anbieter können Sie mit diesem Menüpunkt einbinden: *Dropbox, Box, Egnyte, Citrix ShareFile* und *Google Drive*. Nachdem Sie den Anbieter ausgewählt und sich mit Ihrem Konto dort angemeldet haben, wird die eingebundene Cloud in der Bereichsnavigation angezeigt.

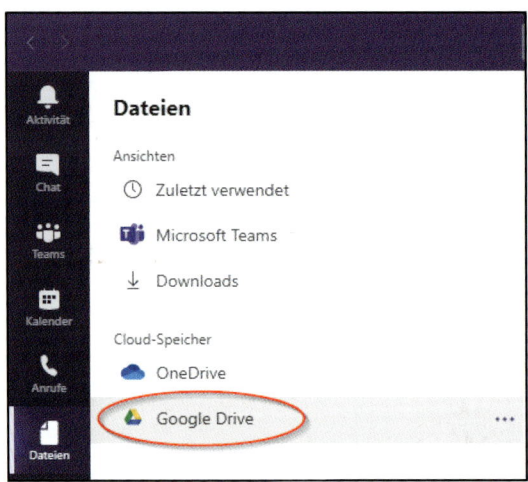

Abb. 8.76: Google Drive als zusätzlichen Cloudanbieter eingebunden

❼ IN SHAREPOINT ÖFFNEN

Sämtliche Daten aus einem Team werden in einer Teamwebsite in *SharePoint Online* gespeichert. Mit diesem Menüpunkt wechseln Sie in die Benutzeroberfläche von *SharePoint Online* und können bei Bedarf auch dort die Ordner und Dateien Ihres Teams bearbeiten. Bis zum Herbst 2020 war der Wechsel oft erforderlich, weil wichtige Dateibearbeitungsfunktionen nur in der SharePoint-Oberfläche abrufbar waren. Mittlerweile sind alle wichtigen Dateibearbeitungsfunktionen auch in der Teams-Oberfläche verfügbar. So müssen Sie nur noch für ganz bestimmte Aktionen in die SharePoint-Oberfläche wechseln. Eine dieser Aktionen betrifft die Synchronisation der Office-365-Daten mit Ihrem PC. Die Synchronisation beschreibe ich in Kapitel 9. Weitere Informationen zu *SharePoint Online* finden Sie in Kapitel 9.

❽ ALLE DOKUMENTE

Mit diesem Menüpunkt steuern Sie die Ansicht der Ordner und Dateien in diesem Ordner. Neben den Ansichten LISTE und KACHELN steht die Ansicht KOMPAKTE LISTE zur Auswahl, die Ihnen den besten Überblick über den Inhalt des Ordners bietet.

Bearbeitung von markierten Ordnern

Haben Sie einen Ordner in der Liste markiert, sieht die Menüleiste wie folgt aus:

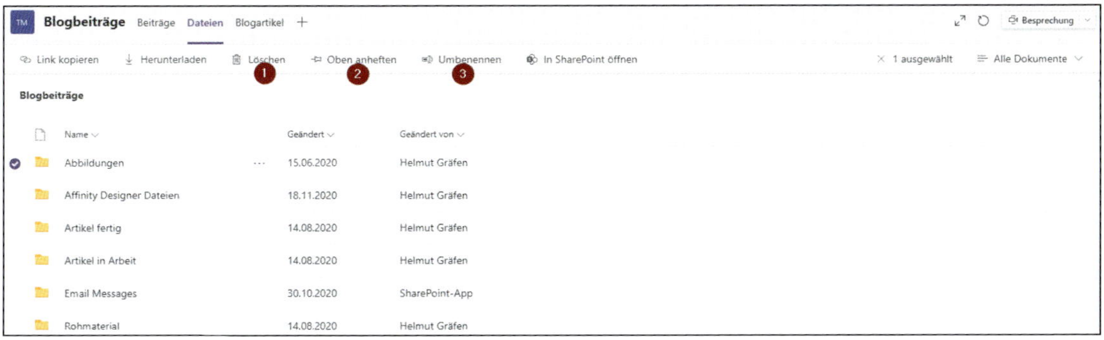

Abb. 8.77: Bearbeitungsmöglichkeiten für einen markierten Ordner

❶ LÖSCHEN

Erst nach einem Bestätigungsklick wird der Ordner gelöscht. Korrekter formuliert: Der Ordner wird in den Papierkorb der Teamwebsite verschoben. Der Papierkorb wird aber leider nicht in der Teams-Oberfläche angezeigt. Sie erreichen ihn über den Menüpunkt IN SHAREPOINT ÖFFNEN, mehr dazu in Kapitel 9.

❷ OBEN ANHEFTEN

Ordner, die Sie oben angeheftet haben, werden als Kacheln zwischen Ordnername und Auflistung Ordner und Dateien angezeigt.

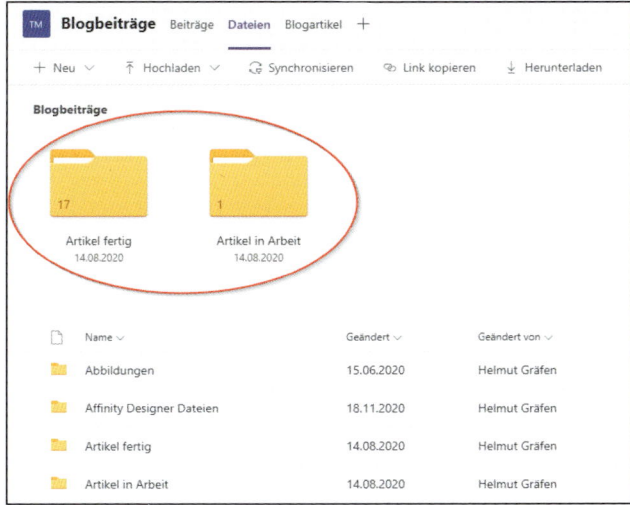

Abb. 8.78: Angeheftete Ordner

Um die Anheftung zu lösen, klicken Sie mit der rechten Maustaste auf den Ordner und wählen aus dem Kontextmenu den entsprechenden Menüpunkt.

❸ UMBENENNEN

Mit diesem Menüpunkt benennen Sie den markierten Ordner um.

Haben Sie mehrere Ordner markiert, werden Ihnen in der Menüleiste nur noch die Punkte HERUNTERLADEN und LÖSCHEN angeboten.

Bearbeitung von markierten Dateien

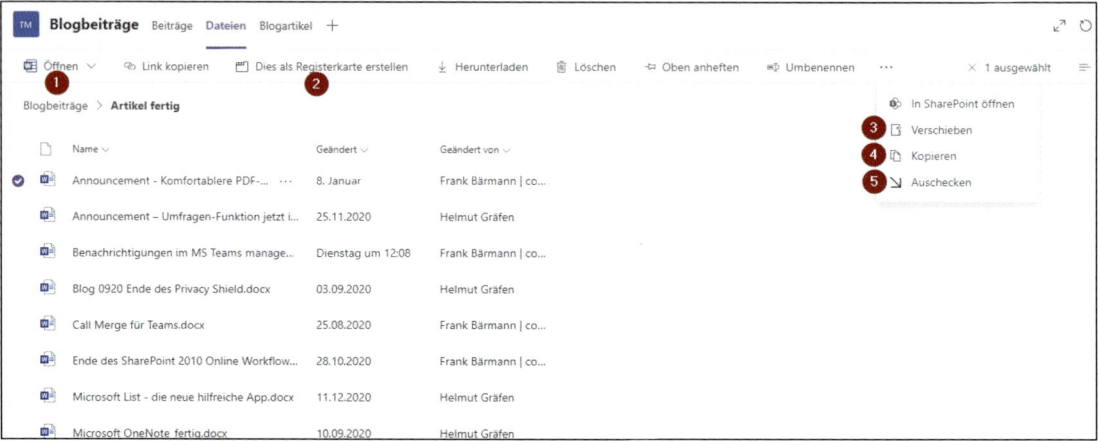

Abb. 8.79: Bearbeitungsmöglichkeiten für eine markierte Datei

❶ ÖFFNEN

Sie können die Datei in drei unterschiedlichen Varianten öffnen und bearbeiten:

▪ IN TEAMS BEARBEITEN
Ein Klick auf diesen Menüpunkt oder direkt auf die Office-Datei in der Auflistung öffnet die Datei stets in der Teams-Oberfläche, siehe auch Abbildung 8.74. Es wird kein zusätzliches Fenster für die Darstellung der Datei geöffnet.

▪ IN DER APP ÖFFNEN
Mit diesem Menüpunkt öffnen Sie die Office-Datei mit der entsprechenden Desktop-App.

▪ IM BROWSER ÖFFNEN
Wählen Sie diesen Menüpunkt, wird die Office-Datei in einem neuen Register Ihres Standardbrowsers geöffnet. Schließen Sie das Register, in dem die Datei angezeigt wird, so wird auch die Datei selbst geschlossen.

In allen drei Varianten werden Änderungen, die Sie vornehmen, automatisch gespeichert. Lediglich in den Desktop-Apps haben Sie die Möglichkeit, mit einem Schieberegler rechts oben in der Titelleiste [Automatisches Speichern] auf manuelle Speicherung umzustellen. Denken Sie aber bitte daran: Arbeiten in der Cloud lebt davon, dass geänderte Daten im Idealfall mit einem Zeitversatz von etwa 20 Sekunden für andere Personen, die Zugriff auf die Datei haben, zu sehen sind. Haben Sie den Schieberegler auf manuelles Speichern gesetzt, dann sehen Ihre Kollegen Ihre Änderungen erst, nachdem Sie manuell gespeichert haben.

❷ DIES ALS REGISTERKARTE ERSTELLEN

Müssen Sie in einem Teamkanal besonders häufig auf eine Datei zugreifen, oder ist sie von besonderer Wichtigkeit für die Arbeit im Team, z. B. ein Projektplan, können Sie mit diesem Menüpunkt die Datei in einer eigenen Registerkarte im Kanal verfügbar machen.

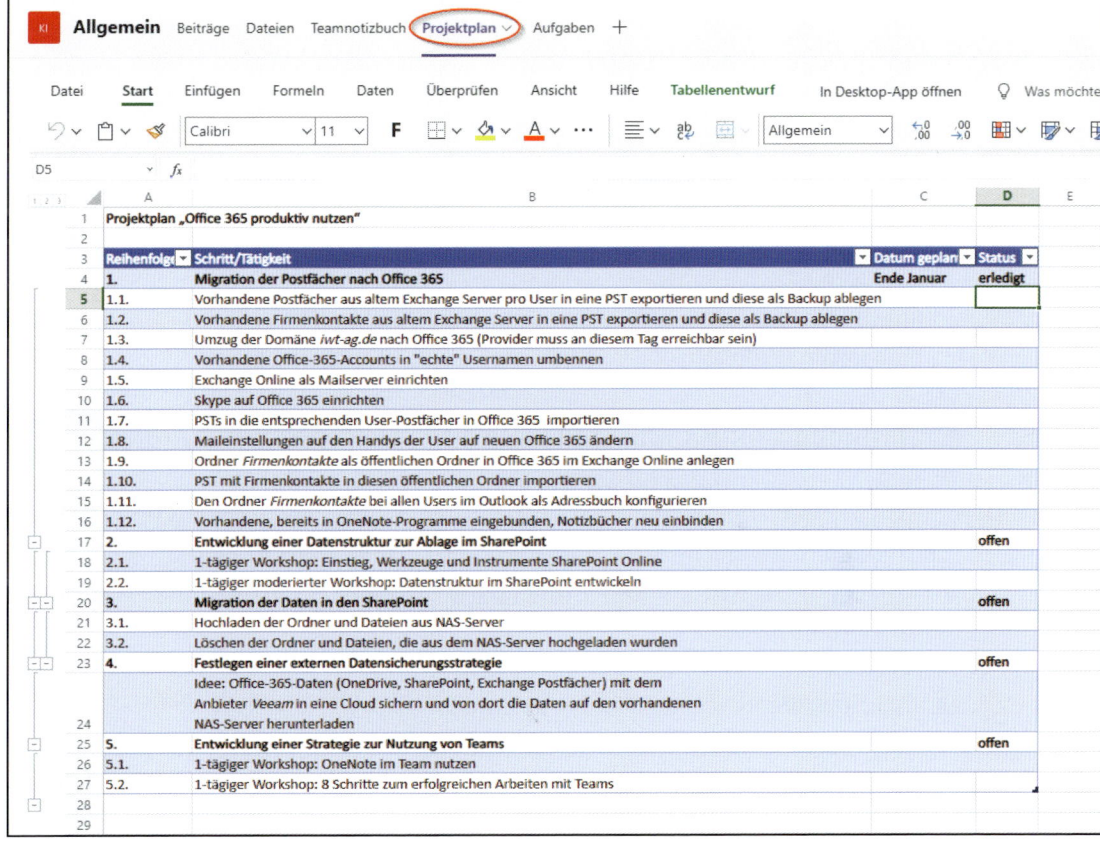

Abb. 8.80: Projektplan in einer Excel-Datei als separate Registerkarte

Sonderfall PDF-Dateien

Für das Öffnen von PDF-Dateien werden Ihnen in *Teams* nur zwei Optionen angeboten: das Öffnen in der Teams-Oberfläche oder das Öffnen mit Ihrem Standardbrowser. *Teams* hat keinen Zugriff auf die installierte Software, die Sie üblicherweise zur PDF-Bearbeitung nutzen. Möchten Sie weiterhin mit dieser Software arbeiten, müssen Sie die Dateien, die in *Teams* gespeichert sind, mit Ihrem PC/Notebook synchronisieren. Auf die synchronisierten Daten können Sie wie gewohnt zugreifen. Öffnen Sie eine synchronisierte PDF-Datei z. B. aus dem Windows-Explorer, wird sie mit dem installierten PDF-Bearbeitungsprogramm geöffnet. Detaillierte Informationen zum Synchronisieren finden Sie Kapitel 9.

Nur wenige Dateien als Registerkarten anheften

Diese Funktionalität ist nur dann produktivitätssteigernd, wenn Sie lediglich wenige, sorgfältig ausgewählte Dateien an Registerkarten anheften.

❸ / ❹ VERSCHIEBEN und KOPIEREN

Mit diesen Menüpunkten verschieben oder kopieren Sie eine markierte Datei innerhalb von Office 365 und in eine andere Cloud, die Sie zusätzlich eingebunden haben, siehe auch Abbildung 8.76. Ein Verschieben oder Kopieren auf eine lokale Festplatte oder einen Dateiserver ist nicht möglich.

Verschieben und Kopieren im Windows-Explorer durchführen

Führen Sie Verschiebe- oder Kopier-Aktionen mit Ordnern und Dateien nicht in *Teams*, sondern mit den synchronisierten Daten im Windows-Explorer durch. Dort können Sie solche Vorgänge auch über Cloudgrenzen hinweg ausführen und bequem mit Drag & Drop arbeiten. Detaillierte Informationen zum Synchronisieren finden Sie in Kapitel 9.

❺ AUSCHECKEN

In Office 365 können Sie Dateien für die exklusive Bearbeitung durch Sie selbst auschecken. Solange eine Datei ausgecheckt ist, können die anderen Teammitglieder nur lesend darauf zugreifen. Die Teammitglieder sehen den Bearbeitungsstand zum Zeitpunkt des Auscheckens. Sobald Sie die Datei wieder eingecheckt haben, sehen alle Personen die Änderungen, die Sie vorgenommen haben, und sind in der Lage, die Datei auch wieder bearbeiten.

Rechts neben der ausgecheckten Datei wird Ihnen mit diesem Icon ⊘ angezeigt, dass Sie die Datei ausgecheckt haben. Andere Personen im Team sehen es so:

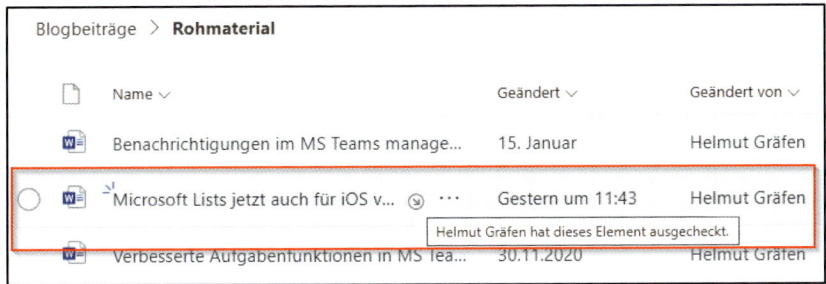

Abb. 8.81: Ausgecheckte Datei aus Sicht eines anderen Teammitglieds

Haben Sie mehrere Dateien markiert, werden Ihnen in der Menüleiste nur noch die Punkte HERUNTERLADEN, LÖSCHEN, VERSCHIEBEN, KOPIEREN und AUSCHECKEN angeboten.

Gemeinsames Bearbeiten von Dateien

Office 365 bietet Ihnen die Möglichkeit, zeitgleich mit mehreren Personen an einer Datei zu arbeiten. Das System erkennt, ob eine Person die Datei aufgerufen hat und zeigt alle Personen an, die momentan an der Datei arbeiten.

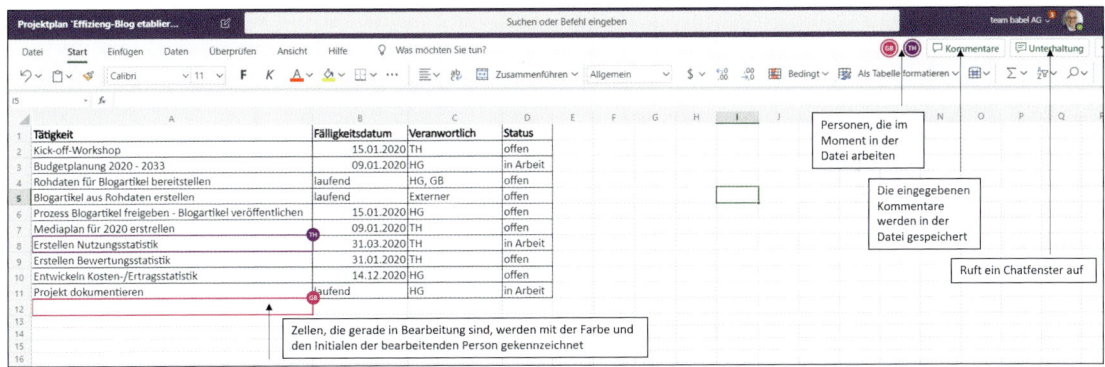

Abb. 8.82: Mit mehreren Personen gleichzeitig an einer Datei arbeiten

Die beteiligten Personen werden farblich gekennzeichnet. Sie sehen also immer, wer in welcher Zelle arbeitet. Arbeiten Sie mit der Kommentarfunktion, wenn Sie die gemeinsame Arbeit dokumentieren wollen. Die eingegebenen Kommentare werden in der Datei gespeichert. Diese Vorgehensweise gilt für Excel-, Word- und PowerPoint-Dateien.

Um sich während der gemeinsamen Arbeit an einer Datei abzustimmen, können Sie rechts oben mit der Schaltfläche UNTERHALTUNG ein Chatfenster aufrufen.

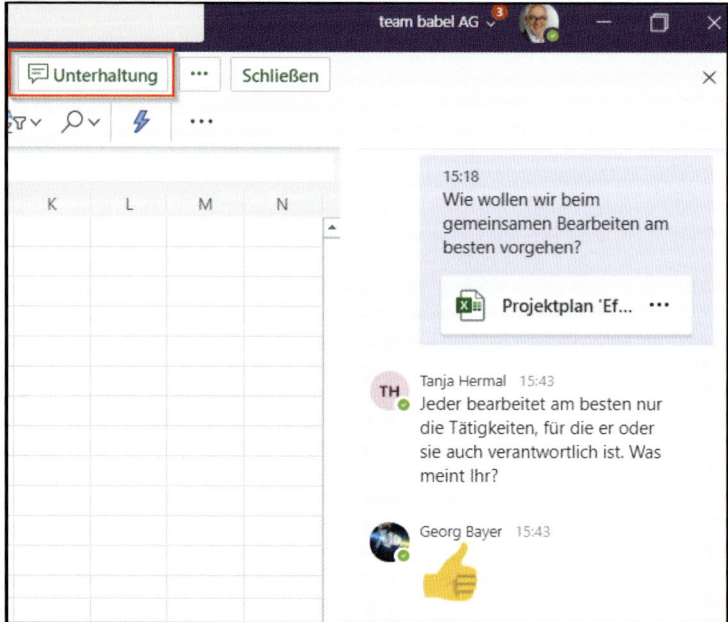

Abb. 8.83: Eingeblendeter Chat beim gemeinsamen Arbeiten an einer Datei

Verabreden Sie im Team, nach welchen Regeln Sie gemeinsam an Dateien arbeiten. Mit ein paar grundsätzlichen Absprachen steigert diese Funktion die Produktivität im Team deutlich.

Versionierung von Dateien

Alle Ordner und Dateien, die Sie in ein Team ablegen, werden im *SharePoint* gespeichert. *SharePoint* ist eine Dokumentenmanagement-Software (DMS). Damit stehen bestimmte Funktionalitäten wie das automatische Erstellen von Dateiversionen bereit.

Die Datei selbst wird in der aktuellen Version in der Dateiauflistung angezeigt. Wählen Sie eine Datei aus der Auflistung in der Teamwebsite mit dem installierten Programm (Word, Excel, PowerPoint) über IN DER APP ÖFFNEN aus.

Wenn die Datei in der App geöffnet wird, werden in der Titelleiste der Dateiname und die Information, wann zuletzt gespeichert wurde, angezeigt. Mit dem Dropdown-Pfeil rechts neben dieser Information rufen Sie das Menü aus Abbildung 8.84 auf.

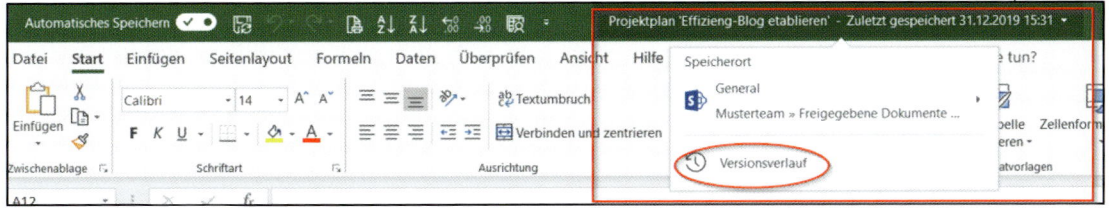

Abb. 8.84: In der geöffneten App mit Versionen arbeiten

Nach dem Klicken auf die Schaltfläche VERSIONSVERLAUF wird auf der rechten Seite der angezeigten Datei eine Navigationsleiste geöffnet, die alle Dateiversionen anzeigt.

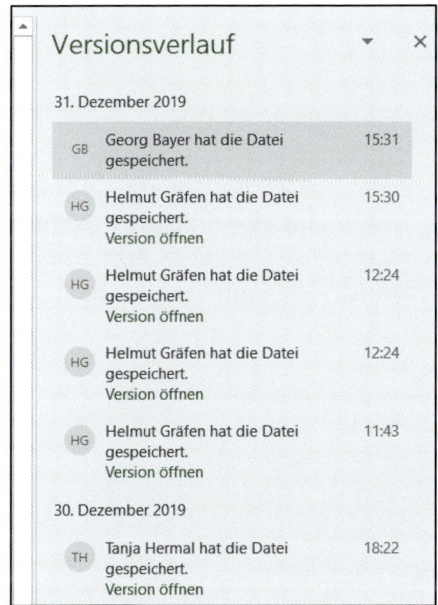

Abb. 8.85: Versionsverlaufsanzeige im Programm

Wählen Sie nun mit einem Doppelklick eine Version aus, wird diese in einem separaten Programmfenster angezeigt.

Abb. 8.86: Anzeige einer ausgewählten Version im Programm

In Abbildung 8.86 wird die Version 9 der Datei angezeigt. Alle Personen im Team arbeiten immer mit der aktuellen Version der Datei. Ältere Versionen werden automatisch schreibgeschützt geöffnet und können nur gelesen werden. Mit dem Button WIEDERHERSTELLEN kann die angezeigte Version als aktuelle Dateiversion wiederhergestellt werden. Die bis dahin aktuelle Datei wird dabei als Version gespeichert.

Regeln für das Wiederherstellen von Versionen festlegen

Versionen können von allen Personen in einem Team wiederhergestellt werden. Legen Sie Regeln fest, wann bzw. in welchem Fall eine Version wiederhergestellt wird.

8.8 Teams mit Apps erweitern

Die Registerkarte + in den Kanälen eines Teams ermöglicht es Ihnen, dort Funktionalitäten einzubinden, die *Microsoft Teams* von Hause aus nicht anbietet. Dies geschieht mit Apps, die entweder von Microsoft selbst (z. B. *Planner, OneNote, Excel, Forms, PowerBI* etc.) oder von anderen Unternehmen (z. B. Jira, YouTube etc.) in Office 365 bereitgestellt werden. Die Vorgehensweise, eine App an eine Registerkarte zu heften, ist für alle Apps, unabhängig vom Anbieter, gleich.

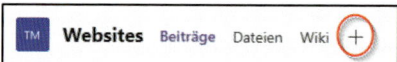

Abb. 8.87: Eine neue Registerkarte erstellen

Nachdem Sie das Register + angeklickt haben, erscheint ein Fenster mit einer Auswahl an Apps.

In der Gruppe *Letzte* werden die Apps aufgelistet, mit denen Sie zuletzt im Kontext von Office 365 gearbeitet haben. Dort befinden sich vor allem Apps von Microsoft. Die Apps der Fremdanbieter finden Sie in der Gruppe *Weitere Registerkarten.* Microsoft ist in dieser Hinsicht erstaunlich offen, selbst Konkurrenzprodukte wie z. B. Asana, Trello oder Evernote können eingebunden werden.

Hinweis

Das oben gezeigte Auswahlfenster enthält zahlreiche Apps. Welche Apps in Ihrem Office-365-Account tatsächlich angezeigt werden, steuert Ihre IT-Abteilung. Viele Unternehmen zeigen hier nur die Apps von Microsoft an.

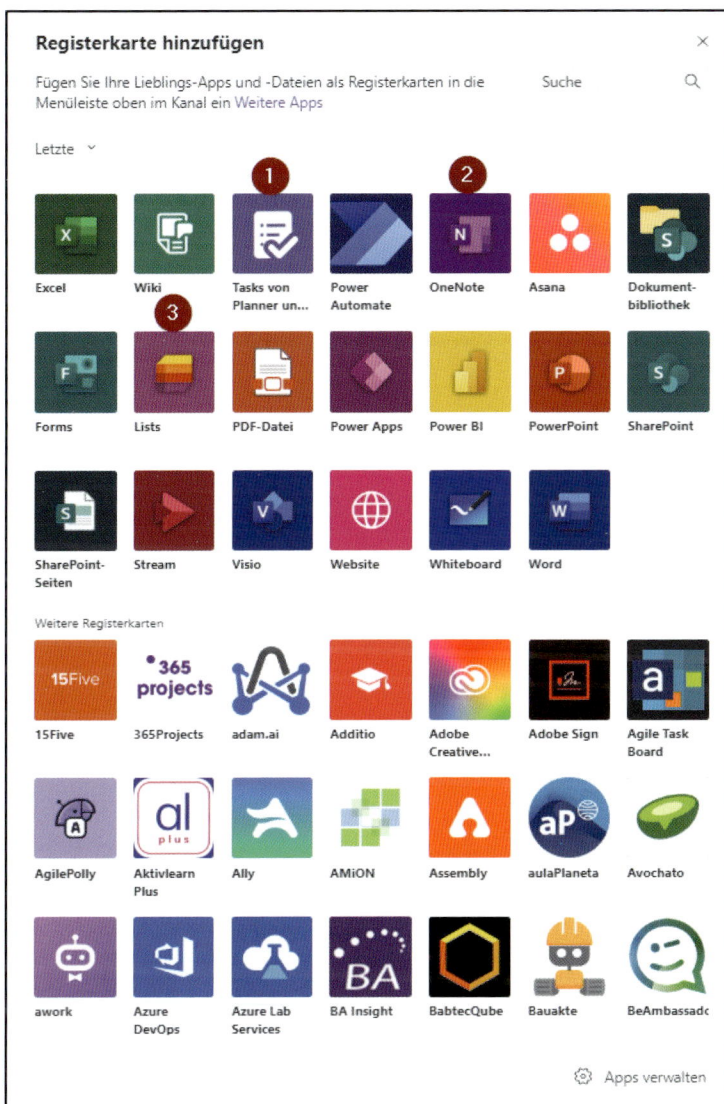

Abb. 8.88: Auswahl von Apps

Wählen Sie mit einem Mausklick eine der Apps aus, wird die neue Registerkarte erstellt. Ich habe als Beispiel für das Anheften von Apps an Registerkarten die folgenden drei Apps ausgewählt, da Ihnen diese im Tagesgeschäft sehr gute Dienste leisten.

❶ TASKS VON PLANNER UND TO DO

Diese App ersetzt in *Teams* die frühere App *Planner*. Außerhalb von *Teams* heißt sie als eigenständige App nach wie vor *Planner*. Nach Auswahl der App erscheint ein Fenster, in dem Sie einen neuen Plan erstellen oder einen vorhandenen Plan verwenden können. Sobald Sie die Aktion gespeichert haben, wird die App mit dem ausgewählten Plan in der Registerkarte des Kanals angezeigt. Im Kapitel 5 finden Sie eine detaillierte Beschreibung der App.

❷ ONENOTE

Legen Sie ein neues OneNote-Notizbuch an, um es einzubinden, oder wählen Sie ein vorhandenes, z. B. das Teamnotizbuch, das automatisch mit dem Team erstellt wurde, um es einzubinden.

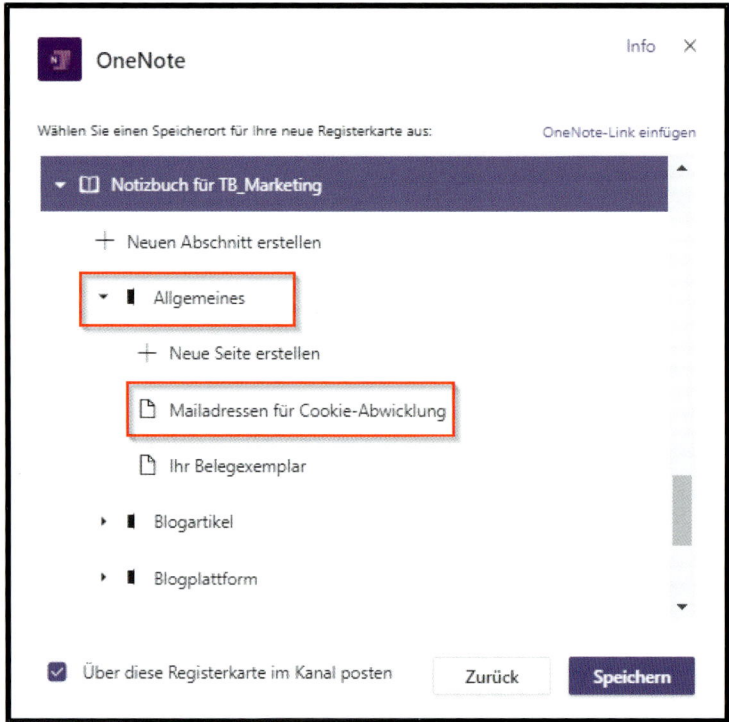

Abb. 8.89: OneNote in Teams einbinden

Anstelle des kompletten Notizbuches können Sie auch nur einen Abschnitt oder eine Seite des Notizbuches einbinden.

Öffnen Sie das Teamnotizbuch auch in der OneNote-Desktop-App

Möchten Sie möglichst flexibel mit dem Teamnotizbuch arbeiten und es auch außerhalb der Teams-Oberfläche nutzen, empfehle ich Ihnen, das Notizbuch auch in Ihrer OneNote-Desktop-App zu öffnen:

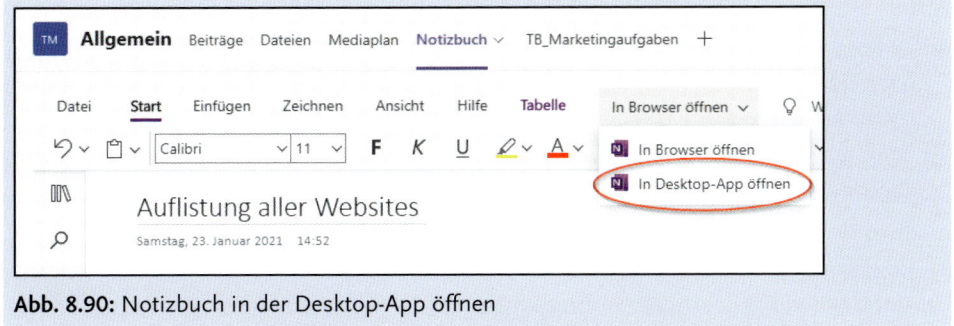

Abb. 8.90: Notizbuch in der Desktop-App öffnen

Nach dem Bestätigen einer Sicherheitsabfrage können Sie dieses Notizbuch dann auch in der Desktop-App von *OneNote* bearbeiten. Die Möglichkeiten von *OneNote* beschreibe ich detailliert in Kapitel 4.

❸ Lists

Die App *Lists* in eine Weiterentwicklung der bekannten *SharePoint Listen*. In den *SharePoint Listen* werden Daten ähnlich wie in Excel als Datensätze in Listenform gespeichert, bearbeitet und angezeigt.

Haben Sie *Lists* als App ausgewählt, werden Sie aufgefordert, den *Vorgang* (bzw. die Liste) zu speichern. Danach können Sie im folgenden Fenster wählen, ob Sie eine neue Liste erstellen oder sie zu einer vorhandenen Liste hinzufügen wollen. Die weitere Vorgehensweise entspricht dem Arbeiten mit der Online-App *Lists*, die ich detailliert in Kapitel 7 beschrieben habe.

8.9 Teams im Zusammenspiel mit den anderen Apps in Office 365

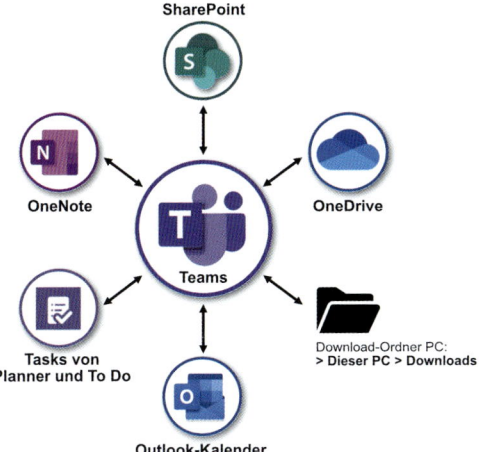

Abb. 8.91: Teams im Zusammenspiel mit anderen Apps in Office 365

Teams kommuniziert dynamisch mit **SharePoint**. Konkret bedeutet dies:

- Nehmen Sie oder andere Personen im Team eine Änderung an Ordnern, Dateien und Chats vor, sind diese automatisch in der Teamwebsite im *SharePoint* zu sehen.

- Nehmen Sie oder andere Personen in der Teamwebsite im *SharePoint* eine Änderung an Ordnern und Dateien vor, ist diese automatisch in *Teams* zu sehen.

- *Lists* ist zwar eine eigenständige App, die Listen, die mit dieser App erstellt und gepflegt werden, sind aber eine Untermenge von *SharePoint* und kommunizieren nicht direkt mit *Teams*, sondern über *SharePoint*.

Teams kommuniziert dynamisch mit **OneDrive**. Konkret bedeutet dies:

- Über den Button DATEIEN in der Bereichsnavigation greifen Sie auf *OneDrive* zu, um dort Ihre persönlichen Daten zu betrachten und zu bearbeiten, ohne dafür die App *OneDrive* starten zu müssen.

- Dateien, die Sie in einem 1:1- oder Gruppenchat freigeben, werden in Ihrem *OneDrive* gespeichert und nur für Personen in dieser Konversation automatisch freigegeben.

Teams kommuniziert dynamisch mit dem **Downloadordner** auf Ihrem PC (> *Dieser PC > Downloads*). Konkret bedeutet dies:

- Laden Sie Ordner und Dateien aus Ihrem Team herunter, werden diese stets im Downloadordner auf Ihrem PC gespeichert. Über den Button DATEIEN in der Bereichsnavigation werden Ihnen mit einem Klick auf den Button DOWN-LOADS die aus *Teams* heruntergeladenen Ordner und Dateien aufgelistet. Aus dieser Ansicht öffnen Sie mit dem Button ORDNER FÜR DOWNLOADS ÖFFNEN den Downloadordner auf Ihrem PC.

Teams kommuniziert dynamisch mit Ihrem **Outlook-Kalender**. Konkret bedeutet dies:

- Klicken Sie in der Bereichsnavigation auf den Button KALENDER, werden die Inhalte Ihres Outlook-Kalenders in der Benutzeroberfläche von *Teams* angezeigt.

- Nehmen Sie Änderungen am Kalender in der Teams-Benutzeroberfläche vor, sehen Sie diese automatisch in Ihrem Kalender in *Outlook*.

- Nehmen Sie Änderungen am Kalender in der Outlook-Benutzeroberfläche vor, sehen Sie diese automatisch im Kalender der Teams-Benutzeroberfläche.

- Diese Funktion steht Ihnen nur zur Verfügung, wenn Ihr Outlook-Postfach ebenfalls in Office 365 im Exchange Online gespeichert ist.

Teams kommuniziert dynamisch mit *Planner* und *To Do*. Konkret bedeutet dies:

- Die Funktionen und Darstellungen von *Planner* und *To Do* werden in der neuen App *Tasks von Planner und To Do* zusammengefasst, die Sie als Register-karte in *Teams* einbinden können (Abschnitt 8.8). Sie steht in allen Programm-varianten von *Teams* zur Verfügung, bei der Drucklegung dieses Buches jedoch noch nicht als mobile App für Android und iOS. Auch *To Do* als Desktop-App wurde bisher nicht angepasst.

- Ist die App *Tasks von Planner und To Do* in *Teams* eingebunden, können Sie Ihre Aufgaben direkt aus der Teams-Benutzeroberfläche heraus verwalten.

Teams kommuniziert dynamisch mit **OneNote**. Konkret bedeutet dies:

- Bei der Neuerstellung eines *Teams* wird automatisch auch immer ein Teamno-tizbuch erstellt.

- Haben Sie das Teamnotizbuch in eine separate Registerkarte in einem Teamka-nal eingebunden (Abschnitt 8.8), können Sie direkt aus *Teams* herausÄnde-rungen am Notizbuch vornehmen. Bearbeiten Sie dieses Notizbuch auch in Ihrer OneNote-Desktop-App und/oder auf Ihrem Handy, sind die Daten des Notizbuches stets synchron.

Kapitel 9

OneDrive for Business und SharePoint Online – Die Speicherorte in Office 365

Office 365 unterscheidet zwischen zwei Datenablageorten: *OneDrive for Business* und *SharePoint Online*.

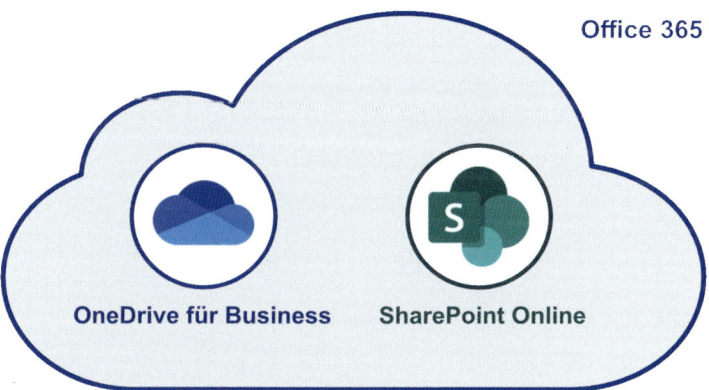

Office 365

OneDrive für Business   **SharePoint Online**

Abb. 9.1: Dateiablageorte in Office 365

Diese beiden Speicherorte werden für unterschiedliche Zwecke eingesetzt. *One-Drive for Business* dient dazu, Ihre persönlichen Ordner und Dateien zu speichern (siehe Abschnitt 9.1). In *SharePoint Online* werden alle Daten abgelegt, auf die Personengruppen, z. B. *Teams*, zugreifen sollen oder müssen. Eine detaillierte Beschreibung von *SharePoint* finden Sie in Abschnitt 9.2.

9.1 OneDrive for Business – Das »persönliche Laufwerk« in Office 365

OneDrive for Business ist streng genommen kein Programm, sondern ein Speicherort in Office 365, in den Sie Ihre persönlichen Daten ablegen. Er ist vergleichbar mit dem Benutzerlaufwerk, das Ihnen zurzeit über Ihren Dateiserver für die Ablage Ihrer persönlichen Daten zur Verfügung steht, aber anders als beim Dateiserver können Sie Ihre Daten im *OneDrive for Business* für andere Personen freigeben.

Jeder Office-365-Benutzer erhält innerhalb von Office 365 einen eigenen, persönlichen *OneDrive for Business*. Auf die Daten, die er dort ablegt, kann standardmäßig ausschließlich er selbst zugreifen.

Die folgenden Sachverhalte sollten Sie kennen:

- Ordner und Dateien, die hier gespeichert werden, sind persönlich und für andere nicht zugänglich.
- Ordner und Dateien können allerdings freigegeben werden. Dies gilt auch für Externe, sofern Ihre IT-Abteilung diese Funktion freigeschaltet hat.
- *OneDrive for Business* kann und sollte mit dem PC synchronisiert werden. Mehr dazu in Abschnitt 9.3.

Wann speichern Sie Daten im OneDrive for Business?

- Sie planen nicht, die Dateien für andere freizugeben.
- Sie planen, Dateien nur für einen kurzen Lebenszyklus und/oder nur für wenige Personen freizugeben.

OneDrive for Business wird in zwei Programmvarianten angeboten:

- Online-App
- Mobile-App

Eine Desktop-App von *OneDrive for Business* gibt es nicht. Mit Desktop-App ist ein Programm gemeint, dass Sie auf Ihrem PC oder Notebook installieren können. Der Begriff *OneDrive* wird von Microsoft allerdings auch für das Programm genutzt, mit dem Sie die Ordner und Dateien aus Office 365 mit Ihrem PC, Notebook oder Surface synchronisieren, mehr dazu lesen Sie im Abschnitt 9.3.

9.1.1 Die Online-App

Um in Ihr *OneDrive for Business* zu gelangen, klicken Sie auf der Seite MICROSOFT OFFICE HOME (`https://office.com`) auf das OneDrive-Symbol. Der Zusatz *for Business* wird in den meisten Dialogen weggelassen.

Der Aufbau der Startseite ähnelt der Darstellung der bekannten Ordnerstrukturen auf dem Dateiserver.

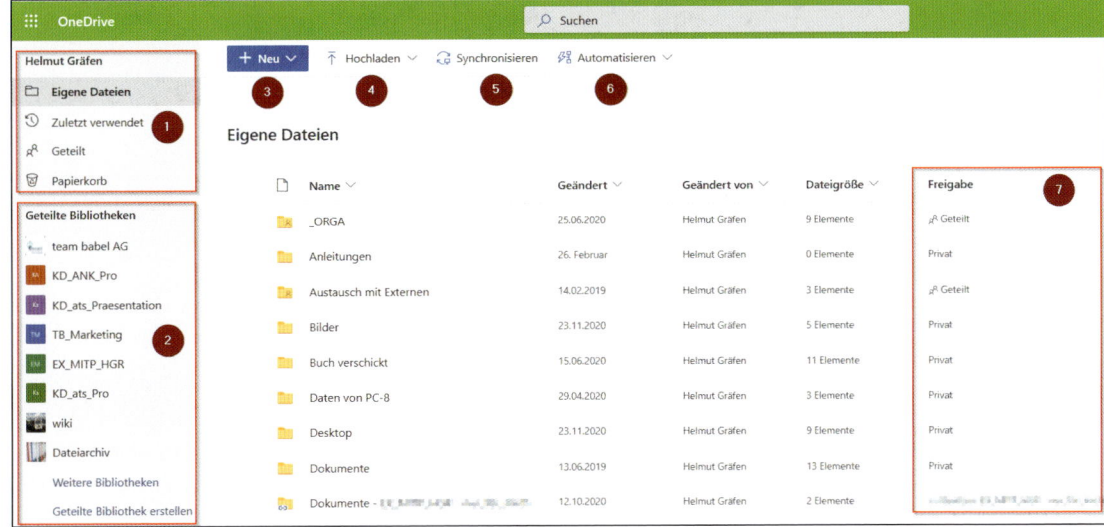

Abb. 9.2: Startseite von OneDrive for Business

Dateien in OneDrive for Business bearbeiten

Die Dateibearbeitung in *OneDrive for Business* verhält sich ähnlich wie in *Teams*, siehe auch Abschnitt 8.7.

❶ Im oberen Teil der linken Navigationsleiste finden Sie vier Menüpunkte, mit denen Sie in Ihrem *OneDrive for Business* navigieren können (Abbildung 9.2):

▪ EIGENE DATEIEN

Klicken Sie auf diesen Menüpunkt, gelangen Sie stets in die oberste Hierarchieebene Ihres *OneDrives for Business* zurück.

▪ ZULETZT VERWENDET

Hier sehen Sie die von Ihnen zuletzt verwendeten Dateien. Bitte beachten Sie, dass Sie an dieser Stelle sowohl die zuletzt verwendeten Dateien aus *OneDrive for Business* als auch die zuletzt verwendeten Dateien aus *SharePoint* und damit auch aus *Teams* sehen.

▪ GETEILT

Mit Ihnen geteilt	Von Ihnen geteilt

Abb. 9.3: Navigation GETEILT

Diese Navigation ist eine sehr gute Möglichkeit, um schnell und übersichtlich zu sehen, welche Ressourcen mit Ihnen geteilt und welche von Ihnen geteilt wurden. Geteilte Ordner und Dateien, die mit Ihnen geteilt wurden, werden nicht in der Navigation EIGENE DATEIEN angezeigt.

▨ PAPIERKORB

Gelöschte Ordner und Dateien aus Ihrem *OneDrive for Business* liegen 33 Tage im Papierkorb. Innerhalb dieser Zeit können Sie die gelöschten Ressourcen einfach markieren und wiederherstellen. Nach 33 Tagen werden die Ordner und Dateien aus dem Papierkorb entfernt, liegen aber noch für weitere 90 Tage in der Cloud, bevor sie endgültig gelöscht werden.

❷ Im unteren Bereich der linken Navigationsleiste können Sie aus der OneDrive-for-Business-Navigation in eine Ressource in *SharePoint* springen. Wenn Sie auf einen der Links klicken, wird die ausgewählte SharePoint-Ressource angezeigt, Sie bleiben aber nach wie vor in der Navigationsleiste Ihres *OneDrive for Business*.

Tipp

Ist im angezeigten Fenster die Rede von *Dokumenten, Bibliotheken* oder *Dokumentbibliotheken*, befinden Sie sich immer in einer SharePoint-Ressource. Detaillierte Informationen zu *SharePoint* finden Sie in Abschnitt 9.2.

In der horizontalen Menüleiste des OneDrive-for-Business-Startbildschirms werden Ihnen vier Menüpunkte angeboten:

❸ NEU

Mit dem Button NEU können Sie Ordner, Office-Dateien, OneNote-Notizbücher, Formulare und Links erstellen.

❹ HOCHLADEN

Laden Sie mit diesem Menüpunkt einzelne Dateien oder komplette Ordnerstrukturen von Ihrer lokalen Festplatte, vom Dateiserver oder aus anderen Cloud-Diensten wie z. B. *Dropbox* hoch.

Hochladen ist immer ein Kopierprozess

Denken Sie bitte immer daran: Das Hochladen in die Cloud ist ein Kopiervorgang. Die hochgeladenen Ordner und Dateien existieren nach wie vor in der Quelle, aus der Sie sie hochgeladen haben.

❺ SYNCHRONISIEREN

Mit diesem Menüpunkt synchronisieren Sie die OneDrive-for-Business-Daten mit Ihrem PC, Notebook oder Surface. Die Synchronisation richten Sie damit dauerhaft als Automatismus ein. Sobald die Synchronisierungssoftware eine Änderung der Daten feststellt, wird zwischen Cloud und Ihrem Endgerät synchronisiert. Detaillierte Informationen dazu finden Sie in Abschnitt 9.3.

Achten Sie auf die Ordnerebene, die Sie synchronisieren

Möchten Sie sämtliche Daten aus Ihrem *OneDrive for Business* synchronisieren, muss der Klick auf SYNCHRONISIEREN auf der obersten Datenebene, EIGENE DATEIEN, erfolgen. Ansonsten wird immer nur die Ordnerebene synchronisiert, in der Sie sich momentan befinden.

---

❻ AUTOMATISIEREN

Über diesen Menüpunkt gelangen Sie in die App *Power Automate* (ehemals Flow), die in den meisten Office-365-Plänen enthalten ist. Mit dieser App haben Sie die Möglichkeit, Prozessschritte und Aufgaben zu automatisieren.

❼ Die Spalte *Freigabe* gibt Auskunft darüber, ob Sie den Ordner oder die Datei geteilt haben. Klicken Sie bei einer geteilten Datei auf ⊶ Geteilt , erhalten Sie detaillierte Informationen zur geteilten Ressource.

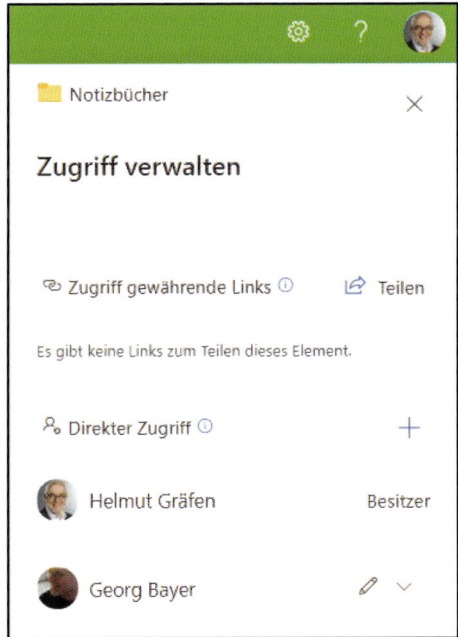

Abb. 9.4: Zugriff verwalten

Ordner und Dateien teilen

Beim Teilen von Ordnern und Dateien legen Sie fest, bei wem der Freigabelink funktionieren soll und ob die freigegebene Ressource bearbeitet werden darf. Markieren Sie einen Ordner oder eine Datei und wählen Sie den Menüpunkt ⤴ Teilen . Anschließend klicken Sie den Button ⊕ Jeder mit dem Link kann bearbeiten ▣ ⟩, um zu den Linkeinstellungen zu gelangen.

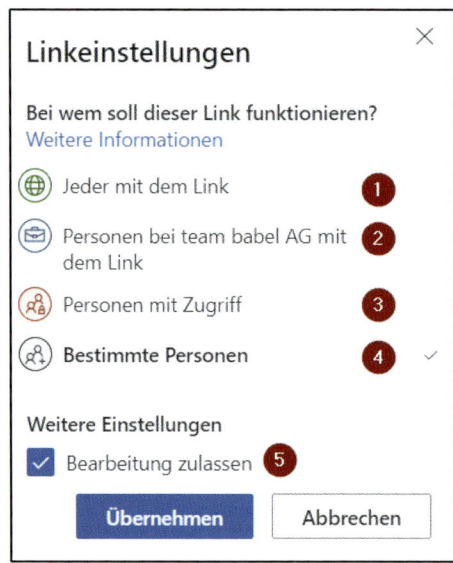

Abb. 9.5: Linkeinstellungen

❶ JEDER MIT DEM LINK

Teilen Sie eine Ressource mit JEDER MIT DEM LINK, können alle Personen auf die Ressource zugreifen, die Zugriff auf diesen Link haben.

Vorsicht: Nutzen Sie diese Option möglichst nicht

Unter Umständen hat Ihre IT-Abteilung diese Möglichkeit des Teilens bereits deaktiviert. Die Option wird in dem Fall grau dargestellt und ist nicht mehr auswählbar. Sollte die Option bei Ihnen aktiviert sein, empfehle ich Ihnen, damit sehr vorsichtig umzugehen.

❷ PERSON BEI <IHRE ORGANISATION> MIT DEM LINK

Wählen Sie diese Option, so geben Sie den Ordner (mit seinem kompletten Inhalt) oder die Datei für alle Personen im Unternehmen frei. Etwas genauer formuliert: für alle Personen im Unternehmen, die über einen Office-365-Account verfügen.

❸ PERSONEN MIT ZUGRIFF

Mit dieser Option erzeugen Sie einen Freigabelink für die Personen, denen Sie bereits zu einem früheren Zeitpunkt Zugriff auf diese Ressource gegeben hatten. Wird die Mail mit dem Link an eine Person weitergeleitet, die nicht über die Freigabe verfügt, kann diese Person nicht auf die Ressource zugreifen.

❹ BESTIMMTE PERSONEN

Wählen Sie die Option, müssen Sie jede Person angeben, die auf den Ordner oder die Datei zugreifen soll. Sie wählen diese Personen entweder über Ihr Firmenadressbuch aus oder Sie tippen die Mailadresse dieser Person ein. In Abbildung 9.6 können Sie an dem Haken auf der rechten Seite erkennen, dass der Administrator in unserem Unternehmen diese Option als Standardeinstellung definiert hat.

Nutzen Sie immer diese Option

Arbeiten Sie beim Teilen von Ressourcen möglichst immer mit der Option BESTIMMTE PERSONEN. Da es ein sehr bewusster Vorgang ist, die gewünschten Personen hier definieren zu müssen, sind Sie beim Teilen stets auf der sicheren Seite.

❺ BEARBEITUNG ZULASSEN

Standardmäßig ist der Haken gesetzt. Eine Bearbeitung der Ressource ist nach dem Versenden des Links möglich. Entfernen Sie den Haken, geben Sie die Ressource nur noch gelesen frei.

Download der Ressource auch mit Leseberechtigung möglich

Das Leserecht autorisiert bereits zum Downloaden der freigegebenen Ordner und Dateien.

Sobald Sie einen Ordner oder eine Datei angeklickt haben, wird diese markiert und die horizontale Menüleiste angepasst. Nun stehen Ihnen zum Freigeben der Ressource zwei Menüpunkte zur Verfügung: TEILEN und LINK KOPIEREN.

■ TEILEN

Wählen Sie TEILEN, um eine Ressource freizugeben, können Sie auswählen, ob Sie den freigegebenen Link direkt aus diesem Fenster mit einer kurzen Nachricht versenden möchten ❶ oder ob Sie zu *Outlook* wechseln ❸, um dort eine offizielle Mail mit einer Signatur zu schreiben. Der freigegebene Link wird automatisch der Mail hinzugefügt. Außerdem haben Sie die Möglichkeit, den freigegebenen Link in die Zwischenablage zu kopieren ❷.

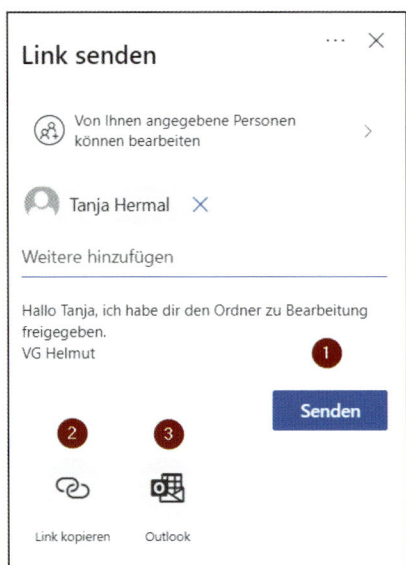

Abb. 9.6: Menüpunkt Teilen

■ LINK KOPIEREN

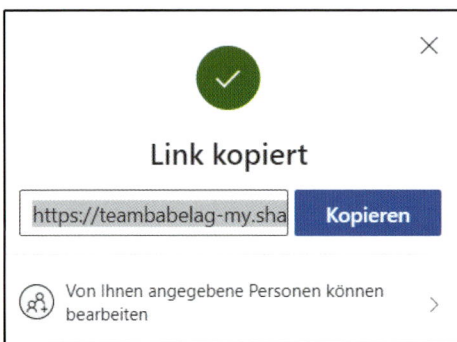

Abb. 9.7: Menüpunkt Link kopieren

Mit dieser Option kopieren Sie den freigegebenen Link in die Zwischenablage.

9.1.2 Die mobile App

Wenn Sie oft nur mit Ihrem Handy unterwegs sind, werden Sie diese App schätzen lernen.

Fotodokumentation schnell und einfach gemacht

Nutzen Sie die Funktionalität von *Microsoft Lens,* um schnell und einfach Foto-protokolle zu erstellen und diese gleich am passenden Ort abzuspeichern.

Android Phone

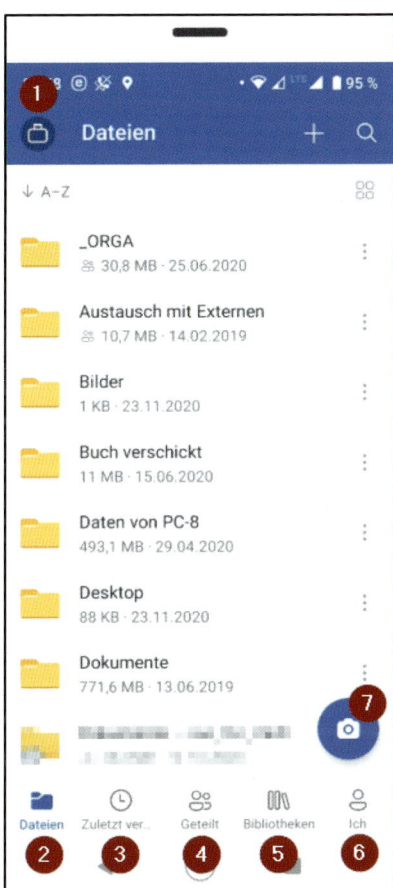

Abb. 9.8: Startbildschirm der mobilen Android-App OneDrive for Business

❶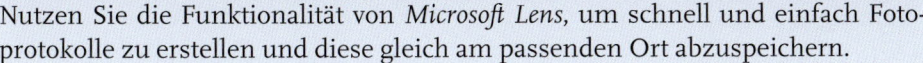

Hier können Sie ein weiteres Konto hinzufügen und zwischen mehreren Kon-ten hin- und herschalten.

❷ DATEIEN

Zeigt Ihnen die Ordner und Dateien Ihres *OneDrive for Business* an. Über die drei Punkte, die für jede Ressource am rechten Rand angezeigt wird, gelangen

Sie in ein Menü mit Dateiaktionen. Unter anderem können Sie dort die Ressource teilen, offline verfügbar machen oder sich Details zu der Ressource anzeigen lassen.

❸ ZULETZT VERWENDET

Ebenso wie in der Online-App sehen Sie hier die von Ihnen zuletzt verwendeten Dateien, sowohl aus *OneDrive for Business* als auch aus *SharePoint* und damit auch aus *Teams*.

❹ GETEILT

Abb. 9.9: Darstellung Geteilt in der mobilen App

Unter GETEILT WERDEN IHNEN die Ressourcen, die Sie geteilt haben, angezeigt. Klicken Sie auf ENTDECKEN, sehen Sie Ressourcen, die mit Ihnen geteilt wurden.

❺ BIBLIOTHEKEN

Hier werden Ihnen *Bibliotheken* aus *SharePoint* angezeigt, die Sie selbst erstellt haben oder die für Sie freigegen wurden. Klicken Sie auf eine der angezeigten *Bibliotheken*, wird der Inhalt aus *SharePoint* dargestellt. Sie bleiben aber nach wie vor in der Navigation Ihrer OneDrive-for-Business-App.

❻ ICH

Unter anderem können Sie hier Ihre Profilinformationen ändern, sich eine Auflistung der offline verfügbaren Dateien anzeigen lassen, auf den OneDrive-for-Business-Papierkorb zugreifen oder die Einstellungen der App verändern.

❼ 🔲

Hinter dem Kamerasymbol verbirgt sich die App *Microsoft Lens*, mit der Sie Fotos aufnehmen oder Dokumente, Visitenkarten, Flipcharts oder Whiteboards scannen können. Die App passt den Scan automatisch an die Größe des von Ihnen gewählten Typs an. Drücken Sie den Button FERTIG, werden Sie gefragt, wo das Foto oder der Scan gespeichert werden soll. *Microsoft Lens* ist auch als eigenständige App für Android und iOS verfügbar.

iPhone

Der Bildschirm der iPhone-App ähnelt der Android-App sehr, und die Bedienung ist ebenfalls weitgehend identisch.

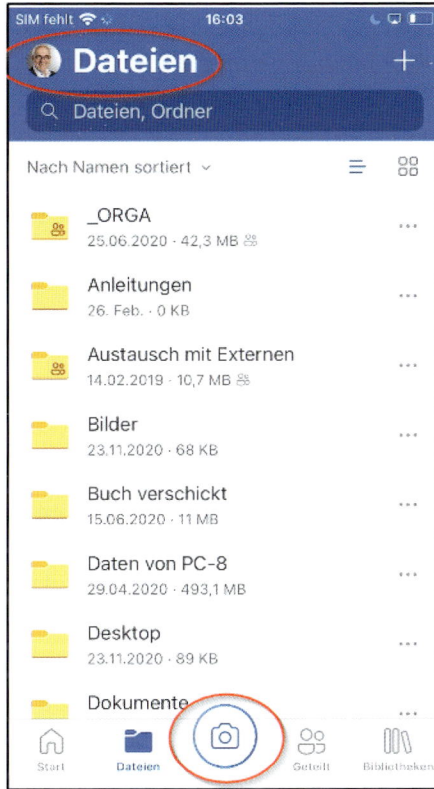

Abb. 9.10: Startbildschirm der mobilen iPhone-App OneDrive for Business

In der Icon-Leiste am unteren Bildschirm fehlt der Eintrag *Ich*. Im iPhone finden Sie diese Funktionen, indem Sie auf Ihr Profilbild ganz oben rechts tippen. Das Kamerasymbol beim iPhone ist in der Mitte der Icon-Leiste platziert, ruft aber auch wie in der Android-App *Microsoft Lens* auf.

9.1.3 OneDrive for Business im Zusammenspiel mit anderen Apps in Office 365

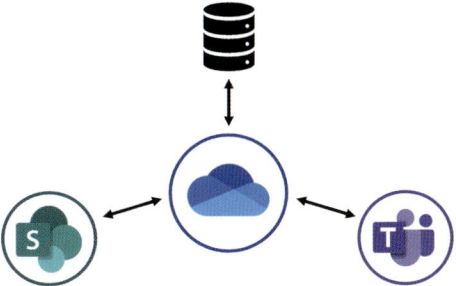

Abb. 9.11: OneDrive im Zusammenspiel mit anderen Apps in Office 365

OneDrive for Business und *SharePoint*

- In der OneDrive-for-Business-App können Sie auf Dokumentbibliotheken in *SharePoint* zugreifen, bleiben aber in der Navigation von *OneDrive for Business*.

- Zu einem Ordner in einer SharePoint-Dokumentbibliothek können Sie eine VERKNÜPFUNG ZU ONEDRIVE HINZUFÜGEN. Diese Verknüpfung wird in Ihrem *OneDrive for Business* in EIGENE DATEIEN mit diesem Symbol 🗂 angezeigt.

OneDrive for Business und *Teams*

- Sie haben über die Bereichsnavigation DATEIEN in *Teams* die Möglichkeit, sich in der Teams-Oberfläche die Ordner und Dateien Ihres *OneDrive for Business* anzeigen zu lassen und diese von dort auch zu bearbeiten, ohne die OneDrive-for-Business-App aufrufen zu müssen.

OneDrive for Business und lokale Festplatte

- In Abschnitt 9.3 beschreibe ich, wie Sie Ordner und Dateien Ihres *OneDrive for Business* mit der lokalen Festplatte Ihres PCs synchronisieren können.

- Nehmen Sie Änderungen an Ordnern und Dateien auf Ihrer lokalen Festplatte vor, werden diese automatisch mit Office 365 synchronisiert.

- Nehmen Sie Änderungen an Ordnern und Dateien in Office 365 vor, werden diese automatisch mit Ihrer lokalen Festplatte synchronisiert.

9.2 SharePoint Online – Der »Dateiserver« in Office 365

Vereinfacht gesprochen, übernimmt *SharePoint Online* die Funktion eines Dateiservers in Office 365. Allerdings kann *SharePoint Online* deutlich mehr als ein Dateiserver. Er dient als Plattform, um Ordner, Dateien und andere Informationen im Unternehmen zu teilen:

- *SharePoint Online* ist webbasiert aufgebaut und besteht aus einer beliebigen Anzahl von Websites.

- *SharePoint Online* bietet unterschiedliche Arten von Websites an, unter anderem *Teamwebsites* (dienen im Wesentlichen dazu, Dokumente und Informationen für Kollegen, Partner und Kunden freizugeben) und *Kommunikationswebsites* (dient dem Publizieren von Informationen). Ich werde nur auf die *Teamwebsites* eingehen, da diese deutlich häufiger im Arbeitsalltag gebraucht werden.

- Personen, die Mitglieder einer Website sind, haben automatisch Zugriff auf alle auf der Website gespeicherten Daten.

- Der Speicherort für Dokumente wird in *SharePoint Bibliothek* genannt.

- *SharePoint Online* kann und sollte mit dem PC synchronisiert werden. Mehr dazu in Abschnitt 9.3.

Wann speichern Sie Daten in SharePoint?

- Sie möchten Berechtigungen weder für einzelne Personen und noch für einzelne Ordner und Dateien, sondern nur auf der Ebene einer *Teamwebsite* vergeben.

- Oder Sie möchten, dass Teammitglieder das Dokument sofort als eine für ein laufendes Projekt oder eine für alle Teammitglieder relevante Ressource erkennen.

SharePoint Online wird in zwei Programmvarianten angeboten:

- Online-App
- Mobile-App

Eine Desktop-App von *SharePoint Online* gibt es nicht.

9.2.1 Die Online-App

Wenn Sie auf der Seite MICROSOFT OFFICE HOME (`https://office.com`) das SharePoint-Symbol anklicken, gelangen Sie in Ihr SharePoint-Portal.

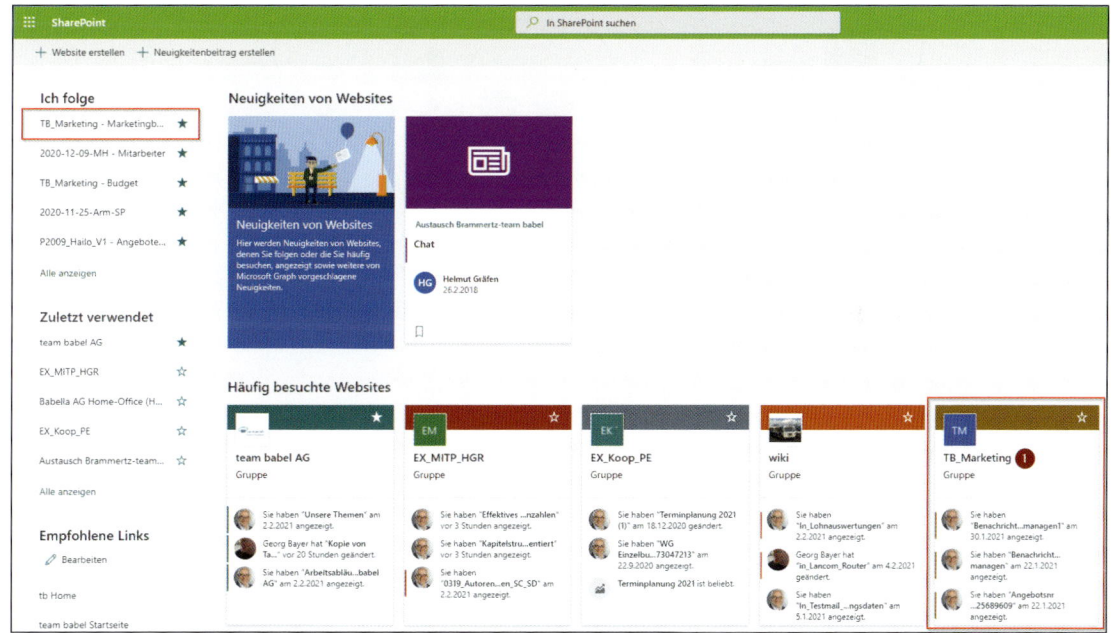

Abb. 9.12: Startseite des SharePoint-Bereichs

Die Startseite Ihres SharePoint-Portals ist auf den ersten Blick erst einmal sehr gewöhnungsbedürftig. Auch hier haben wir auf der linken Seite eine Navigationsleiste. Rechts davon werden die SharePoint-Sites angezeigt, deren Besitzer Sie sind oder in denen Sie als Mitglied oder Besucher eingetragen sind.

Der Navigationsbereich auf der linken Seite ist unterteilt in *Ich folge*, *Zuletzt verwendet* und *Empfohlene Links*. Der Bereich, in dem die SharePoint-Sites zu sehen sind, ist unterteilt in *Neuigkeiten von Websites*, *Häufig besuchte Websites* und *Vorgeschlagene Websites*. Falls eine Website hier nicht angezeigt wird, können Sie danach suchen, indem Sie den Namen oder einen Teil davon in den Suchschlitz in der Titelleiste eingeben.

> ## Wichtig
>
> Auf der SharePoint-Startseite sehen Sie ausschließlich Websites, bei denen Sie als Besitzer, Mitglied oder Besucher eingetragen sind. Websites in *SharePoint*, mit denen Sie nichts zu tun haben, werden hier nicht angezeigt.

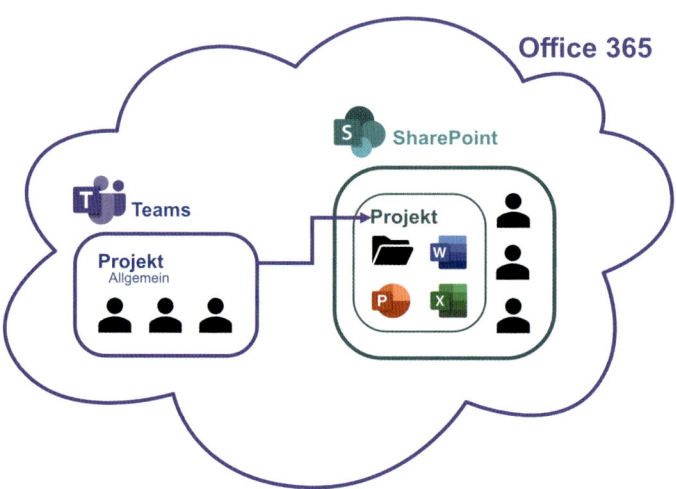

Abb. 9.13: Zusammenspiel von Teams und SharePoint

Die Website in Abbildung 9.13 ist eine *Teamwebsite* und wurde automatisch mit dem Team *TB_Marketing* angelegt. Die Teamwebsite in *SharePoint* bekommt den gleichen Namen, den Sie auch dem Team vergeben haben. Das ist die Standardvorgehensweise bei der Erstellung eines neuen Teams. Sämtliche Daten des Teams werden automatisch in dieser *Teamwebsite* gespeichert.

Benötigen Sie lediglich eine Website z. B. für einen Datenaustauch mit anderen Personen und möchten auf Teamfunktionalitäten (z. B. Chatten) verzichten, so können Sie diese Datenaustausch-Website auf der SharePoint-Startseite mit dem Button ⊞ Website erstellen links oben erstellen. Als Ersteller der Site sind Sie der

Besitzer und können beim Erstellen der Seite, aber auch zu einem späteren Zeitpunkt, Personen zu dieser Website hinzufügen, die mit den darin befindlichen Daten arbeiten dürfen. Ein Team für diese Website wird dabei nicht erstellt.

In Ihrem SharePoint-Portal öffnen Sie mit einem Mausklick die gewünschte SharePoint-Website.

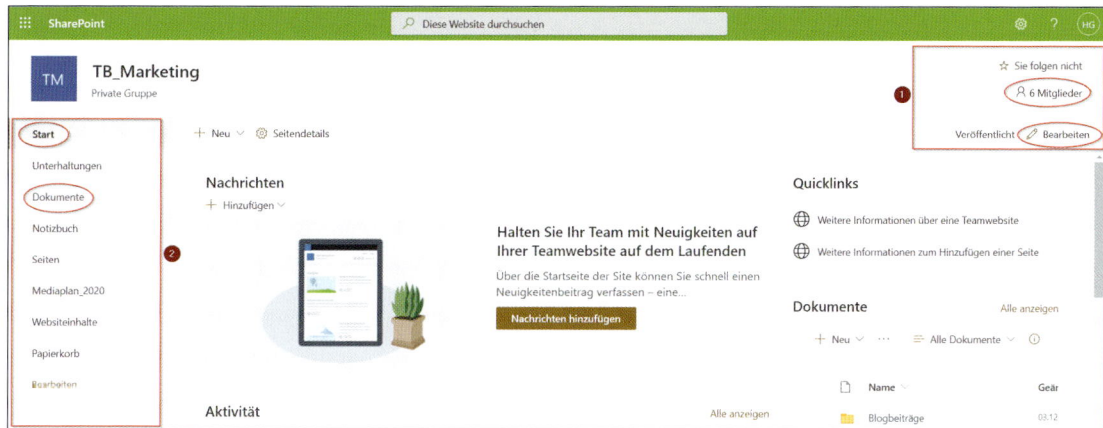

Abb. 9.14: SharePoint-Website

❶ *Informationen zur Website*

Hier sehen Sie die Anzahl der Mitglieder der Website. Mit einem Klick auf diesen Button öffnet sich am rechten Bildrand das Fenster *Gruppenmitgliedschaft*.

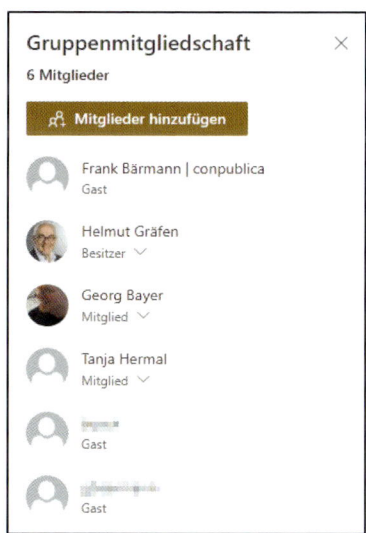

Abb. 9.15: Mitglieder einer Website

In dieser Auflistung können Sie sofort erkennen, wer Besitzer, Mitglied oder Gast dieser Site ist. Außerdem können Sie über die Schaltfläche MITGLIEDER HINZUFÜGEN weitere Mitglieder in die Website aufnehmen.

Mitglieder und Gäste nur über das zugehörige Team hinzufügen

Wurde die Website über die Neuerstellung eines Teams angelegt, sollten Sie neue Mitglieder ausschließlich über die Teams-Navigation hinzufügen. Es kann bis zu eine Stunde dauern, bis das hinzugefügte Mitglied auch in *Teams* zu sehen ist. Weitere Gäste können Sie ausschließlich über die Teams-Navigation hinzufügen. In der SharePoint-Navigation ist dies nicht möglich.

Der Button BEARBEITEN wird nur angezeigt, wenn Sie Besitzer dieser Website sind.

❷ *Navigationsleiste der Website*

Öffnen Sie eine Website aus Ihrem SharePoint-Portal, wird im Standard stets der Startbereich der Website angezeigt. Je nach Art der Website ist dieser unterschiedlich gestaltet. In Abbildung 9.14 sehen Sie den Standard-Startbereich einer Teamwebsite. Mit dem Button START können Sie jederzeit in den Startbereich der Website wechseln.

Passen Sie den Startbereich an Ihre Anforderungen an

Die Standard-Startseite einer Website hat nach meiner Ansicht keinen Mehrwert für die Benutzer, da sie hoffnungslos überladen ist. Sind Sie Besitzer einer Website, können Sie diesen Startbereich nach Ihren Vorstellungen verändern. Ein individueller Startbereich einer Website könnte z. B. so aussehen:

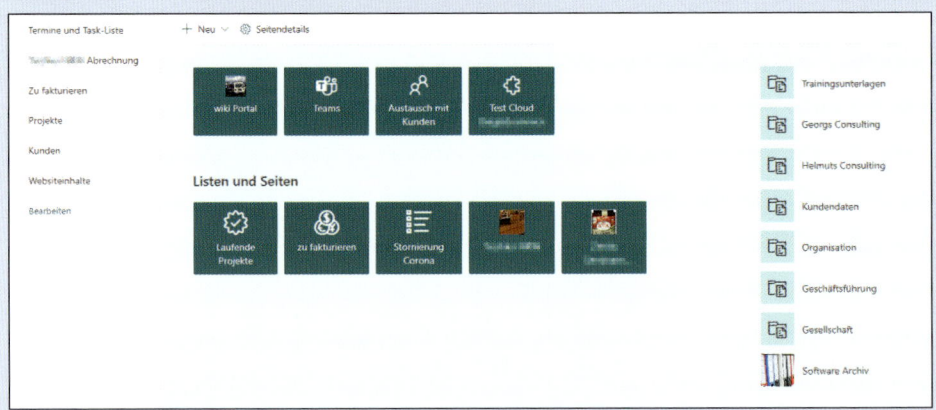

Abb. 9.16: Individuell angepasster Startbereich einer Website

Mit dem Button DOKUMENTE in der Navigationsleiste öffnen Sie die *Dokument-bibliothek* der Website. Wie bereits erwähnt, werden dort die Ordner und Dateien gespeichert und bearbeitet.

Dateien in SharePoint bearbeiten

Wurde die *Teamwebsite* bei der Neuerstellung eines Teams angelegt, werden Sie in aller Regel die Ordner und Dateien in der Teams-Oberfläche, wie in Abschnitt 8.7 beschrieben, vornehmen. Die Dateibearbeitung in *SharePoint* ist eine Alternative dazu, die Sie ebenso nutzen können. *Teamwebsites* können in *SharePoint* auch manuell erstellt werden, ohne dass sie mit einem Team in *MS Teams* verbunden werden.

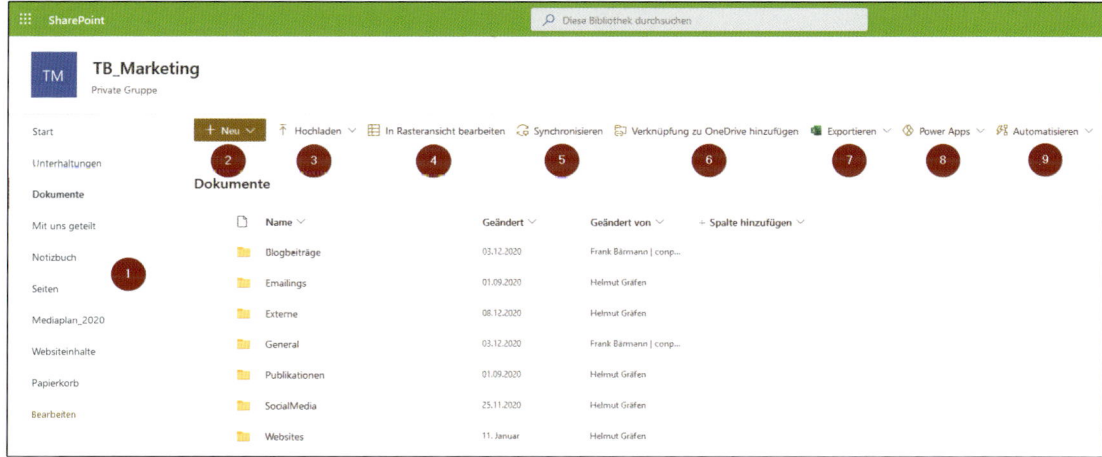

Abb. 9.17: Dokumentbibliothek mit Inhalten

❶ *Navigationsleiste der Website*

Die Navigationsleiste der Website wird dauerhaft angezeigt, während Sie in der Ordnerstruktur der *Dokumentbibliothek* navigieren.

❷ NEU

Mit dem Button NEU können Sie Ordner, Office-Dateien, OneNote-Notizbücher, Formulare und Links erstellen. Im Gegensatz zur Dateibearbeitung in *Teams* wird Ihnen hier ein Menüpunkt angeboten, mit dem Sie Vorlagen für Office-Dateien hinzufügen können. Sind Sie Besitzer der Website, wird ein weiterer Menüpunkt zum Bearbeiten und Anpassen des Menüs angezeigt.

❸ HOCHLADEN

Außer Dateien und kompletten Ordnerstrukturen können Sie auch Vorlagen für Office-Dateien hochladen.

❹ IN RASTERANSICHT BEARBEITEN

Klicken Sie diesen Button, wird der angezeigte Inhalt in einem Raster, ähnlich wie in Excel, angezeigt.

❺ SYNCHRONISIEREN

Mit diesem Menüpunkt synchronisieren Sie die Ordner und Dateien der Dokumentbibliothek mit Ihrem PC, Notebook oder Surface. Die Synchronisation richten Sie damit dauerhaft als Automatismus ein. Sobald die Synchronisierungssoftware eine Änderung der Daten feststellt, wird zwischen Cloud und Ihrem Endgerät synchronisiert. Detaillierte Informationen dazu finden Sie in Abschnitt 9.3.

Achten Sie auf die Ordnerebene, die Sie synchronisieren

Möchten Sie sämtliche Daten aus der Dokumentbibliothek synchronisieren, muss der Klick auf SYNCHRONISIEREN auf der obersten Datenebene (DOKUMENTE) erfolgen. Ansonsten wird immer nur die Ordnerebene synchronisiert, in der Sie sich momentan befinden.

❻ VERKNÜPFUNG ZU ONEDRIVE HINZUFÜGEN

Mit diesem Menüpunkt erzeugen Sie von dem Ordner, den Sie markiert haben, einen Link, der in den eigenen Dateien Ihres *OneDrive for Business* angezeigt wird. Markieren Sie dort die Ressource oder zeigen mit der Maus darauf, wird sie wie folgt angezeigt:

Abb. 9.18: SharePoint-Verknüpfung in OneDrive for Business

Um die Verknüpfung wieder aufzulösen, klicken Sie das rot eingekreiste Symbol an. Befinden Sie sich in *SharePoint* in der Dokumentbibliothek auf der obersten Ebene (DOKUMENTE), erfolgt in *OneDrive for Business* eine Verknüpfung zu der gesamten Dokumentbibliothek. Ich nutze diese Möglichkeit nicht, da sie für mich keinen Mehrwert darstellt.

❼ NACH EXCEL EXPORTIEREN

Beim Export nach Excel werden Sie gefragt, ob Sie eine Tabelle, eine Pivot-Tabelle oder einen Pivot-Chart aus diesen Daten erstellen möchten.

❽ POWER-APPS

Mit den *Power-Apps* bietet Microsoft Ihnen eine sehr mächtige Umgebung, mit der Sie Eingabeformulare und Apps für Handys und Tablets entwickeln können.

❾ AUTOMATISIEREN

Über diesen Menüpunkt gelangen Sie in die App *Power Automate* (ehemals *Flow*), die in den meisten Office-365-Plänen enthalten ist. Mit dieser App haben Sie die Möglichkeit, Prozessschritte und Aufgaben zu automatisieren.

Ordner und Dateien aus SharePoint teilen

Die Berechtigungen für die Ordner und Dateien in der Dokumentbibliothek werden über die Gruppenmitgliedschaft vergeben. Stark vereinfacht gesprochen, kennt *SharePoint* drei Berechtigungsgruppen:

- **Besitzer**
  Besitzer haben Vollzugriff. Sie dürfen Ordner und Dateien erstellen, ändern und löschen. Darüber hinaus sind sie auch berechtigt, die Struktur der Website zu ändern und weitere Personen in die Gruppe aufzunehmen.

- **Mitglieder**
  Mitglieder dürfen Ordner und Dateien erstellen, ändern und löschen. Sie haben keinerlei Berechtigung, die Struktur der Website zu ändern oder weitere Personen in die Gruppe aufzunehmen.

- **Besucher**
  Besucher besitzen nur Lesezugriff. Sie können keinerlei Änderungen in und an der Website vornehmen.

SharePoint kennt die Rolle des Gastes aus Teams nicht

Werden in der Gruppenmitgliedschaft Gäste aufgeführt, sind diese über *Teams* hinzugefügt worden. In *SharePoint* haben die Gäste aus *Teams*, vereinfacht gesprochen, die gleichen Rechte wie die SharePoint-Gruppe *Mitglieder*.

Zusätzlich zu den Gruppenberechtigungen können Sie ausgewählte Ordner und Dateien auch wie in Abschnitt Abschnitt 9.1.1 beschrieben mit anderen Personen teilen.

Auf Freigaben einzelner Dateien verzichten

Auch wenn an dieser Stelle eine Freigabe, die über die Berechtigungen der Gruppenmitglieder hinausgeht, möglich ist, rate ich Ihnen, diese Funktionalität nur selten und auch nur für die Anforderungen zu nutzen, für die es keine besseren Lösungen zum Berechtigen von Ordnern und Dateien gibt. Beim Teilen einzelner Ressourcen einer Teamwebsite verlieren Sie relativ schnell den Überblick, wer auf welche Ressourcen zugreifen kann. Suchen Sie möglichst immer nach Lösungen, die einfach zu handhaben und zu dokumentieren sind.

9.2.2 Die mobile App

Auch für die mobile Bearbeitung der SharePoint-Daten stellt Microsoft eine App für Android und iOS zur Verfügung.

Android Phone/iPhone

Die SharePoint-App im iPhone unterscheidet sich in Aussehen und Funktion nicht von der in einem Android-Phone.

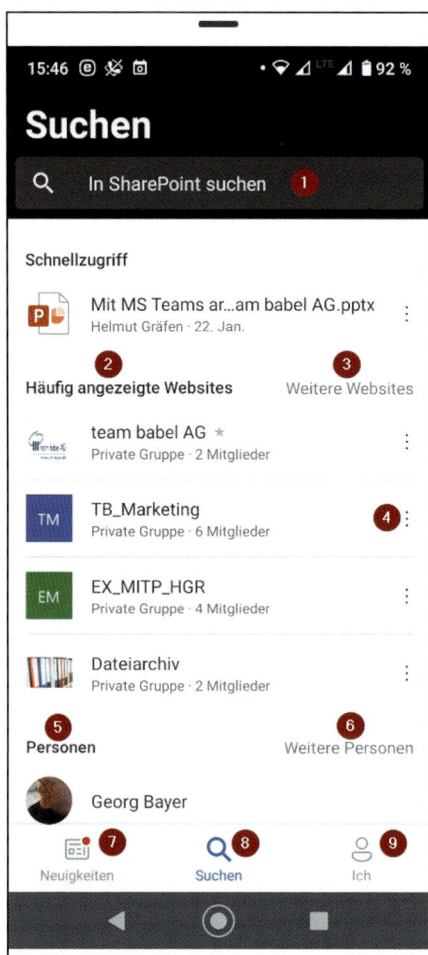

Abb. 9.19: Standard-Startbildschirm der mobilen SharePoint-App

❶ SUCHBOX

Suchen Sie nach einem Begriff, wird das Ergebnis aufgeteilt in fünf Gruppen angezeigt: ALLE, WEBSITES, DATEIEN, PERSONEN und NEUIGKEITEN.

❷ HÄUFIG ANGEZEIGTE WEBSITES

Hier werden Ihnen die Websites angezeigt, die Sie selbst häufig besucht haben.

❸ WEITERE WEBSITES

Drücken Sie WEITERE WEBSITES, listet die App alle Websites auf, auf die Sie Zugriff haben. Außerdem zeigt sie in allen Websites die zuletzt ausgeführten Aktionen an.

❹ DREI-PUNKTE-MENÜ DER WEBSITE

Ein Fingertipp auf den Button ⋮ am rechten Rand der angezeigten Website zeigt Ihnen sieben Bearbeitungsmöglichkeiten an:

▦ DATEIEN
Listet unter anderem die Dokumentbibliothek der Website auf, die Sie hier öffnen und die darin befindlichen Dateien ändern können.

▦ NEUIGKEITEN
Die Website enthält einen Bereich, der sich NEUIGKEITEN nennt. Dort können alle Mitglieder der Website Informationen veröffentlichen, die für das Arbeiten mit der Website relevant sind. Hier sehen Sie die bereits veröffentlichen Informationen und können selbst Neuigkeiten eingeben und veröffentlichen.

▦ AKTIVITÄT
Die Dateiaktivitäten der Website werden angezeigt.

▦ LISTEN
Wird in der Website mit Listen gearbeitet, werden diese hier aufgelistet und können geöffnet und bearbeitet werden.

Bearbeiten Sie Listen in der Lists-App oder in Teams

Das Bearbeiten von Listen ist über die eigenständige oder die eingebundene App *Lists* in *Teams* deutlich komfortabler.

▦ TEILEN
Mit diesem Menüpunkt teilen Sie die SharePoint-Ressourcen mit anderen Apps oder kopieren den Link der Website in die Zwischenablage.

▦ FOLGEN
Drücken Sie diesen Menüpunkt, um der Website zu folgen. Ein Stern rechts neben dem Website-Namen kennzeichnet, dass Sie dieser Site folgen. Folgen Sie einer Website, wird diese in Ihrem SharePoint-Portal in der linken Navigationsleiste in der Gruppe *Ich folge* angezeigt.

▦ DETAILS
Blendet die Adresse der Website ein.

❺ PERSONEN

Zeigt Ihnen die Personen an, die in den angezeigten Websites der Gruppe *Häufig angezeigte Websites* mitwirken.

❻ WEITERE PERSONEN

Listet weitere Personen auf, mit denen Sie in Websites zusammenarbeiten.

❼ NEUIGKEITEN

Zeigt die veröffentlichten Neuigkeiten aus allen Websites an, in denen Sie Besitzer, Mitglied oder Gast sind.

❽ SUCHEN

Siehe ❶ Suchbox

❾ ICH

Hier wird Ihr Profil mit Ihrer Mailadresse angezeigt. Über den Button MEIN PROFIL nehmen Sie Änderungen daran vor. Außerdem werden die von Ihnen zuletzt verwendeten Dokumente angezeigt.

9.2.3 SharePoint im Zusammenspiel mit anderen Apps in Office 365

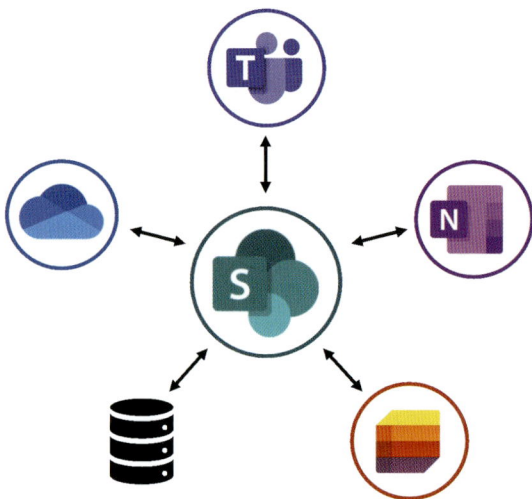

Abb. 9.20: SharePoint im Zusammenspiel mit anderen Office 365 Apps

SharePoint und *OneDrive for Business*

■ Zu einem Ordner in einer SharePoint-Dokumentbibliothek können Sie eine VERKNÜPFUNG ZU ONEDRIVE HINZUFÜGEN. Diese Verknüpfung wird in Ihrem *OneDrive for Business* in EIGENE DATEIEN mit diesem Symbol angezeigt.

SharePoint und *Teams*

- Über den Menüpunkt IN SHAREPOINT ÖFFNEN in *Teams* wechseln Sie aus einem Kanalordner in die SharePoint-Oberfläche, um dort Ihre Teamdaten bei Bedarf zu bearbeiten. Bei der Neuerstellung eines Teams wird immer automatisch in *SharePoint* eine Teamwebsite angelegt, in der die Ordner und Dateien des Teams gespeichert werden.

SharePoint und *OneNote*

- Mit der Neuanlage einer Teamwebsite wird automatisch ein OneNote-Notizbuch als Teamnotizbuch erstellt. Dieses Notizbuch können Sie in der linken Navigationsleiste der Teamwebsite mit dem Button NOTIZBUCH direkt in Ihrem Standardbrowser aufrufen.

SharePoint und *Lists*

- Listen werden in der Teamwebsite gespeichert. Klicken Sie in der linken Navigationsleiste der Teamwebsite auf den Button WEBSITEINHALTE, werden unter anderem auch die vorhandenen Listen der Teamwebsite aufgelistet. Die Spalte *Typ* gibt Auskunft darüber, ob es sich bei dem angezeigten Objekt um eine Liste handelt.

SharePoint und lokale Festplatte

- In Abschnitt 9.3 beschreibe ich, wie Sie Ordner und Dateien der Dokumentbibliothek Ihrer Teamwebsite im *SharePoint* mit der lokalen Festplatte Ihres PCs synchronisieren können.
- Nehmen Sie Änderungen an Ordnern und Dateien auf Ihrer lokalen Festplatte vor, werden diese automatisch mit Office 365 synchronisiert.
- Nehmen Sie Änderungen an Ordnern und Dateien in Office 365 vor, werden diese automatisch mit Ihrer lokalen Festplatte synchronisiert.

9.3 Ordner und Dateien aus Office 365 mit dem PC synchronisieren

Wenn Sie Dateien aus Ihrem *OneDrive for Business*, Ihrem Team oder auch von der SharePoint-Teamwebsite wie gewohnt aus Ihrem Windows-Explorer aufrufen möchten, müssen Sie die Ordner und Dateien aus Office 365 mit Ihrem PC synchronisieren.

Um Office 365 mit dem PC synchronisieren zu können, muss ein bestimmtes Synchronisierungsprogramm installiert sein. Dieses Programm heißt verwirrenderweise auch *OneDrive*. Es synchronisiert sowohl die Daten aus dem *OneDrive for Business* als auch die aus dem *SharePoint Online* und damit auch die Daten aus *Teams*.

Arbeiten Sie mit einem PC, auf dem das Betriebssystem Windows 10 läuft, ist dieses Programm bereits vorinstalliert. Ist das nicht der Fall, müssen Sie Ihre IT bitten, Ihnen *OneDrive* zu installieren.

Ob das Synchronisierungsprogramm *OneDrive* installiert ist, sehen Sie in Ihrer Taskleiste ganz rechts.

Abb. 9.21: OneDrive wird durch eine Wolke dargestellt

In der Abbildung sehen Sie zwei Wolken: Die blaue Wolke steht immer für einen Office-365-Account, die weiße Wolke für einen privaten Cloud-Account bei Microsoft.

Wird die Wolke für den Office-365-Account nicht blau, sondern grau mit einem weißen Schrägstrich durch die Wolke angezeigt, bedeutet das, dass Sie bei dem Synchronisierungsprogramm nicht mit Ihrem Office-365-Account angemeldet sind. Mit einem Klick auf die Wolke gelangen Sie in das Anmeldefenster.

Wichtig

Ohne eine Anmeldung beim Synchronisierungsprogramm findet keine Synchronisierung statt.

Die Synchronisierung der Cloud-Daten wird immer auf der Ebene Ihres Accounts durchgeführt. Arbeiten Sie mit mehreren Accounts, sehen Sie nach dem Synchronisieren auch mehrere synchronisierte Bereiche in Ihrem Windows-Explorer.

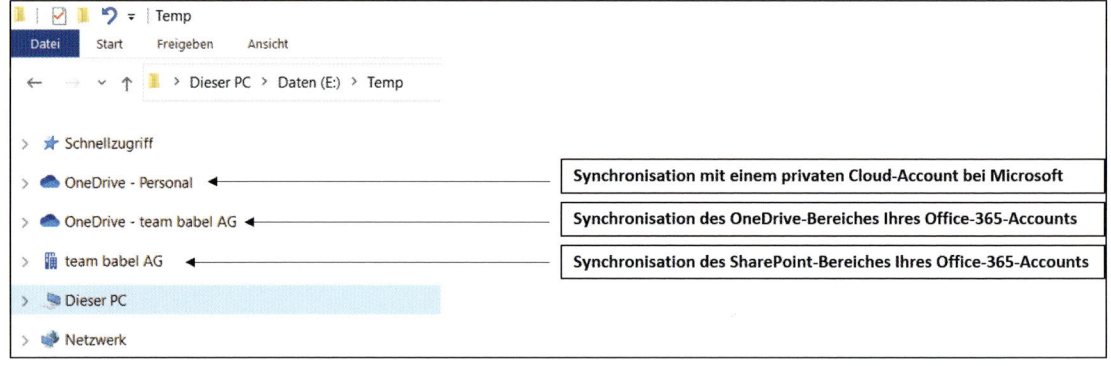

Abb. 9.22: Verschiedene Synchronisierungsbereiche im Windows-Explorer

Abbildung 9.22 zeigt die Synchronisierungssituation auf meinem Rechner. Ich arbeite mit zwei Cloud-Accounts, und es sind drei Synchronisierungsbereiche zu sehen. Der Synchronisierungsbereich für den privaten Cloud-Account wird immer mit ONEDRIVE – PERSONAL bezeichnet.

Der geschäftliche Office-365-Account zeigt immer den Unternehmensnamen an und teilt sich in zwei Synchronisierungsbereiche auf – in diesem Fall ONEDRIVE – TEAM BABEL AG und TEAM BABEL AG.

- **OneDrive – team babel AG**
  Hier sind die synchronisierten Ordner und Dateien aus meinem *OneDrive for Business*-Bereich in Office 365 zu sehen.

- **team babel AG**
  In diesem Synchronisierungsbereich werden die synchronisierten Ordner und Dateien aus meinem SharePoint-Bereich und aus *Teams* aufgeführt.

9.3.1 OneDrive for Business

Im Standard werden alle Ordner und Dateien Ihres *OneDrive for Business* mit dem PC synchronisiert.

> **Wichtig**
>
> Ihr *OneDrive for Business* wird sofort automatisch und komplett synchronisiert, sobald Sie sich beim Synchronisierungsprogramm angemeldet haben.
>
> Die automatische Synchronisierung Ihrer Ordner und Dateien aus einer Teamwebsite in *SharePoint* muss standardmäßig manuell von Ihnen einmalig eingerichtet werden.

9.3.2 SharePoint/Teams

Zur Vorbereitung der Synchronisierung klicken Sie in der Dokumentbibliothek Ihrer Teamwebsite auf die oberste Ebene, die durch das Wort DOKUMENTE repräsentiert wird. Anschließend wird Ihnen die komplette Ordnerstruktur der Dokumentbibliothek angezeigt (Abbildung 9.23).

Wenn Sie auf den Menüpunkt SYNCHRONISIERUNG klicken, sehen Sie einen Bildschirm wie in Abbildung 9.24.

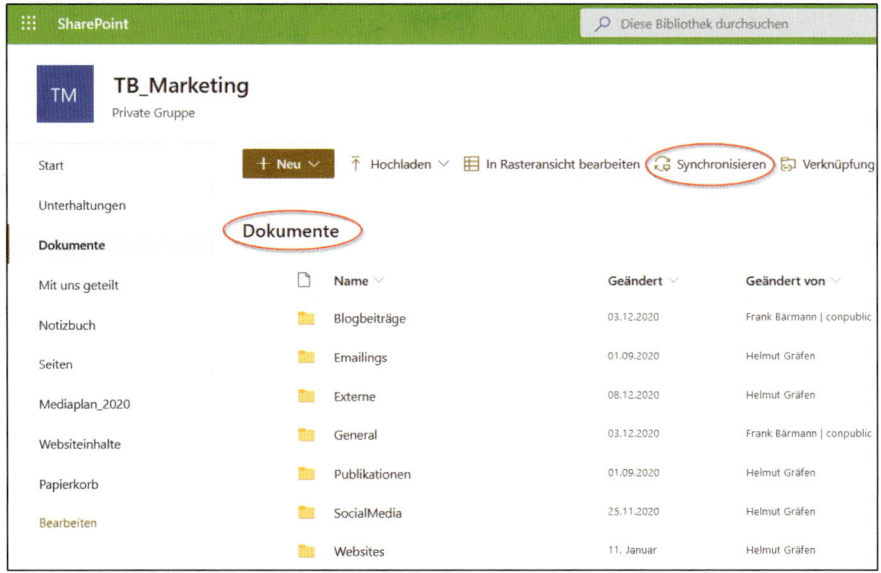

Abb. 9.23: Oberste Ebene der Dokumentbibliothek

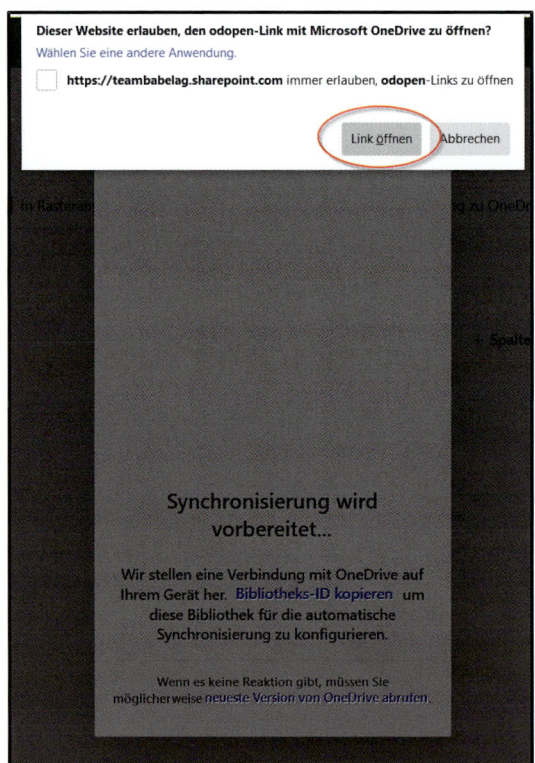

Abb. 9.24: SharePoint-Website mit dem Windows-Explorer synchronisieren

Klicken Sie auf die Schaltfläche LINK ÖFFNEN, um die Synchronisation zu starten. Sollte sich das Fenster *Synchronisierung wird vorbereitet* nicht automatisch schließen, können Sie es selbst schließen. Das hat keine negativen Konsequenzen.

Rufen Sie jetzt Ihren Windows-Explorer auf. Sie sehen, dass in diesem Beispiel die Teamwebsite **TB_Marketing** jetzt mit dem PC synchronisiert ist.

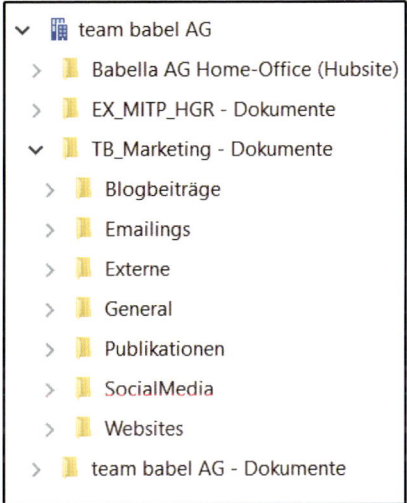

Abb. 9.25: Synchronisierte Teamwebsite TB_Marketing im Windows-Explorer

Diesen Prozess müssen Sie mit jeder Teamwebsite in *SharePoint* (einmalig) durchführen, die mit Ihrem PC synchronisiert werden soll.

> **Vorsicht**
>
> Die Synchronisierung der Office-365-Daten mit Ihrem PC bedeutet immer: Löschen Sie im Windows-Explorer eine Ressource, so wird diese Ressource auch in der Cloud gelöscht, und umgekehrt. Das gilt auch für das Erstellen und Ändern von Ressourcen.

Möchten Sie die Daten Ihres Office-365-Accounts nicht mehr mit dem Windows-Explorer synchronisieren, klicken Sie rechts auf das Wolkensymbol in der Taskleiste und wählen aus dem Menü den Punkt EINSTELLUNGEN aus. Daraufhin wird Ihnen das folgende Fenster angezeigt:

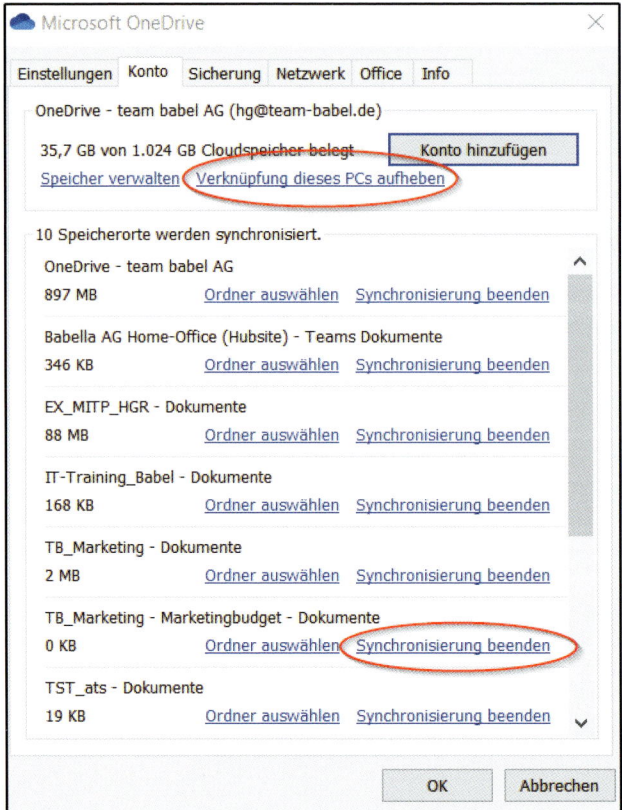

Abb. 9.26: Einstellungen des Synchronisierungsclients

Sie befinden sich im Register KONTO.

Möchten Sie die Synchronisierung komplett beenden, klicken Sie im ersten Block auf VERKNÜPFUNG DIESES PCS AUFHEBEN. Die Synchronisierung wird eingestellt, Sie werden mit Ihrem Account vom Synchronisierungsclient abgemeldet, und die beiden Synchronisierungsbereiche für Ihren OneDrive-for-Business-Bereich und SharePoint-Bereich werden aus dem Windows-Explorer entfernt.

Im zweiten Block des Einstellungsfensters werden die synchronisierten Speicherorte einzeln aufgeführt. Wenn Sie die Synchronisierung nur für eine der synchronisierten Teamwebsites aufheben möchten, klicken Sie bei der entsprechenden Teamwebsite ganz rechts auf die Schaltfläche SYNCHRONISIERUNG BEENDEN.

Wenn Sie die aktuelle Version des Synchronisierungsclients installiert haben, wird im Windows-Explorer eine Statusspalte angezeigt.

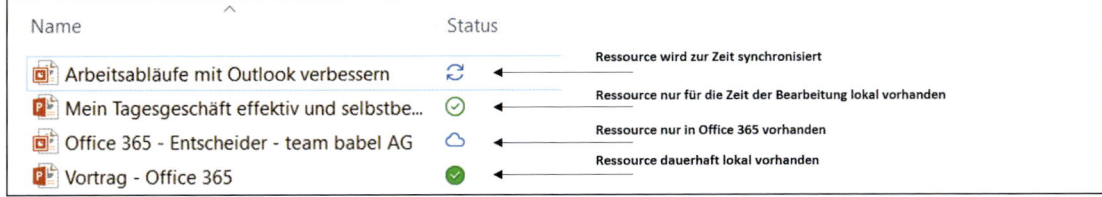

Abb. 9.27: Synchronisierungsstatus einer Ressource

■ **Ressource wird zurzeit synchronisiert**

Das Symbol wird nur für die Zeit des aktiven Synchronisierungsprozesses angezeigt.

■ **Ressource nur für die Zeit der Bearbeitung lokal vorhanden**

Die Ressource wird für die Zeit der Bearbeitung lokal auf den PC geladen. Klicken Sie doppelt auf eine Ressource, wird zuerst das Synchronisierungssymbol und anschließend der grüne Haken in weißem Kreis angezeigt.

■ **Ressource nur in Office 365 vorhanden**

Dieser Synchronisierungsstatus zeigt Ihnen, dass die Ressource nur online verfügbar ist. Sind Sie nicht mit Ihrer Cloud verbunden, kann diese Ressource nicht abgerufen werden.

■ **Ressource dauerhaft lokal vorhanden**

Möchten Sie eine Ressource offline mit Ihrem PC bzw. Notebook bearbeiten, klicken Sie mit der rechten Maus auf die gewünschte Datei oder den gewünschten Ordner und wählen Sie aus dem Kontextmenü den Punkt IMMER BEHALTEN AUF DIESEM GERÄT aus. Die Ressource ist dann auch verfügbar, wenn Sie nicht mit Ihrer Cloud verbunden sind. Sie wird so lange auf dem Gerät gespeichert, bis Sie aus dem Kontextmenü dieser Ressource den Punkt SPEICHERPLATZ FREIGEBEN wählen.

Schlusswort

Microsoft 365 und Office 365 sind äußerst mächtige Pakete, die eine Vielzahl an Apps mit einer schwer zu überblickenden und zu durchschauenden Funktionsvielfalt bieten. Ich habe mich deswegen für *Outlook, OneNote, Planner, To Do, Lists, Teams, OneDrive for Business* und *SharePoint Online* entschieden, weil die Nutzung dieser Bereiche Ihre täglichen Arbeitsabläufe besonders stark positiv beeinflussen wird. Andere Apps, wie *Forms, Power Automate, Power Apps, Power BI, Stream* und *Yammer,* sind ebenfalls spannende Programme, hätten aber den Rahmen dieses Buches gesprengt.

Die einzelnen Apps sind alle miteinander verzahnt und kommunizieren zum Teil miteinander. Natürlich können Sie nur mit der einen oder anderen App arbeiten, den größten Nutzen für ein effektives Arbeiten in Ihrem Arbeitsalltag erreichen Sie allerdings, wenn Sie Apps in Kombination einsetzen.

Ich hoffe, mir ist der Spagat gelungen, die Methoden und Funktionen so zu beschreiben, dass sie für Einsteiger gut zu verstehen waren und es die Fortgeschrittenen unter Ihnen nicht gelangweilt hat.

Wenn es mir mit meinem Buch gelungen ist, Sie dafür zu gewinnen, künftig strukturierter zu arbeiten und konsequent die Möglichkeiten Ihrer Software zu nutzen, bin ich sehr zufrieden.

Zu guter Letzt noch ein Wort dazu, wie Sie sich über Neuerungen auf dem Laufenden halten können:

Mit meinem Office-365-Blog

https://www.office365experte.de/blog

Mit dem Microsoft-365-Blog

https://www.microsoft.com/de-de/microsoft-365/blog

Mit der Office-365-Roadmap

Hier finden Sie eine Auflistung von Funktionen, die gerade ausgerollt werden oder sich in der Entwicklung befinden:

http://roadmap.office.com

Microsoft 365 und Office 365 sind sehr dynamische Produkte. Microsoft veröffentlicht fast wöchentlich neue Funktionalitäten. Ich empfehle Ihnen, sich einmal pro Monat einen Überblick über die Neuerungen und Veränderungen in Microsoft 365 und Office 365 zu verschaffen. Dann sind Sie immer up to date.

Stichwortverzeichnis

G.O. Tuhls

Microsoft Word
im Homeoffice
und mobil

inkl. Word Mobile App
und OneDrive

Flexibler Büroalltag
und effektive Online-
Zusammenarbeit

Alle wichtigen Funktionen für die Online-Zusammenarbeit und der Einsatz der Microsoft-Cloud OneDrive mit Word

Flexibel arbeiten mit der Word Mobile App und Word im Browser

Zahlreiche Schritt-für-Schritt-Anleitungen und Praxistipps für typische Anwendungsfälle wie Serienbriefe, Dokumentvorlagen, Textbausteine und mehr

Homeoffice ist eine neue Herausforderung, ebenso das mobile Arbeiten. In diesem Buch zeigt Ihnen G.O. Tuhls, wie Sie Microsoft Word effektiv in diesem veränderten Arbeitsalltag einsetzen. Der Fokus liegt dabei auf den Funktionen für die Online-Zusammenarbeit und auf dem Einsatz der mobilen Apps.

Der Autor zeigt Ihnen, wie Sie durch geschickte Vorbereitung viele Einschränkungen der mobilen Apps umschiffen und ihre besonderen Vorteile nutzen. Darüber hinaus erfahren Sie detailliert, wie Sie Word in Kombination mit der Microsoft-Cloud OneDrive effektiv für die Online-Zusammenarbeit einsetzen: Alltägliche Aufgaben wie Dokumente mit anderen teilen, diese gemeinsam bearbeiten sowie Zwischenstände automatisch sichern und

Änderungen bei der parallelen Nutzung protokollieren lassen, erledigen Sie mit diesem Buch sicher und souverän.

Weiterhin führt Sie der Autor Schritt für Schritt durch die wichtigsten Anwendungsgebiete von Word im Büroalltag: von der Erstellung von Briefbögen über Dokument- und Formatvorlagen bis hin zu Serienbriefen und Formularen. Dabei zeigt er Ihnen, welche Funktionen Ihnen das Arbeiten erleichtern können und wie Sie die Automatismen von Word zu Ihrem Vorteil einsetzen, statt sich darüber zu ärgern.

Übersichtlich strukturiert und dank zahlreicher Praxistipps ist dieses Buch sowohl als praktisches Arbeitsbuch als auch zum Nachschlagen geeignet.

<!--
ISBN 978-3-7475-0313-3

Probekapitel und Infos erhalten Sie unter:
www.mitp.de/0313

Winfried Seimert

Microsoft
OneNote
Der einfache Praxiseinstieg

2. Auflage

Wie Sie mit dem digitalen Notizbuch komfortabel und effektiv arbeiten

Wertvolle Tipps zum flexiblen Einsatz: Ideen notieren, Informationen strukturieren, Mitschriften erstellen

Für alle OneNote-Anwendungen: sowohl auf dem Computer als auch mobil mit der OneNote-App

OneNote ist als Teil des Microsoft-Office-Pakets auf vielen PCs schon vorinstalliert und auch als kostenlose Online-Version sowie als mobile App verfügbar.

Winfried Seimert zeigt Ihnen in diesem praxisnahen Buch, wie Sie mit dem vielseitigen digitalen Notizbuch komfortabel Ordnung und Struktur in Ihr digitales Leben bringen: Sie lernen, Informationen jeglicher Art zu sammeln und zu Ihren persönlichen Notizbüchern zusammenzufassen. Sie erfassen Informationen in Form von Texten oder Tabellen, speichern Links von interessanten Webseiten, integrieren Fotos, Audioaufzeichnungen und Videos – und Dateien können Sie ebenfalls hinzufügen. Außerdem lassen sich Ihre Notizen auch handschriftlich festhalten.

Viele praktische Tipps helfen Ihnen dabei, die Möglichkeiten von OneNote flexibel für sich zu nutzen, Ihr gesammeltes Wissen zu strukturieren, gezielt wieder abzurufen und mit anderen zu teilen.

Sie lernen außerdem, wie Sie OneNote in Zusammenarbeit mit anderen Office-Programmen wie Outlook oder Word einsetzen, und erfahren, welche fortgeschrittenen Möglichkeiten Ihnen das Add-in Onetastic bietet.

So wird OneNote zu einem effektiven Helfer für Ihre Selbstorganisation sowie Ihr Wissens- und Informationsmanagement.

ISBN 978-3-7475-0352-2

Probekapitel und Infos erhalten Sie unter:
www.mitp.de/0352

Herbert Hertramph

Digital Cleaning

Informationsflut bewältigen, digital aufräumen und Ordnung halten mit System

Effizientes Informationsmanagement für den Alltag

Jederzeit und systemunabhängig auf Daten zugreifen

Zahlreiche Tipps für hilfreiche Programme und Tools

Die Menge an Informationen, die täglich auf unseren Rechnern und Smartphones landet, wird immer größer – sowohl beruflich als auch privat. Fällt Ihnen das Aufräumen auch immer schwerer? Herbert Hertramph unterstützt Sie in diesem Buch bei Ihrer digitalen Entrümpelung.

Welche Informationen sind wirklich wichtig? Wie strukturiert man Daten optimal? Wie synchronisiert man diese auf allen Geräten? Und vor allem, wie hält man Ordnung?

Hertramph zeigt praxisnah und leicht nachvollziehbar, wie Sie je nach Typ und Aufgabe Ihr eigenes effektives System aufbauen. So aufgeräumt wird es Ihnen leichtfallen, wichtige Informationen zu erfassen, zu archivieren und jederzeit wiederzufinden. Zusätzlich hilft Ihnen Hertramph beim Backup sowie dem Umgang mit E-Mails und verliert dabei auch die Sicherheit Ihrer Daten nicht aus den Augen.

Zu allen Kapiteln werden die hilfreichsten Tools und Apps vorgestellt. Viele praktische Beispiele verdeutlichen Ihnen, wie Sie Ihr eigenes effektives Ordnungssystem entwickeln.

ISBN 978-3-95845-534-4

Probekapitel und Infos erhalten Sie unter:
www.mitp.de/534

Helmut Gräfen

Microsoft Teams
Praxis-Handbuch

In 8 Schritten zur erfolgreichen Arbeit mit Microsoft Teams

Detaillierte Erläuterungen der wichtigsten Funktionen mit vielen Abbildungen

Zahlreiche Praxis-Tipps für die optimale Zusammenarbeit im Team sowie für effektives Aufgaben- und Dateimanagement

Microsoft Teams ist ein chatbasierter Arbeitsraum für die effiziente Kommunikation und Zusammenarbeit im Team sowie für die praktische Verwaltung gemeinsamer Daten. Die Software ist cloudbasiert und kann von überall genutzt werden – egal ob Sie diese im Homeoffice oder im Büro einsetzen.

Mit diesem Buch erhalten Sie eine praxisnahe Anleitung für die Arbeit mit Microsoft Teams. Der Autor zeigt Ihnen, wie Sie ganz einfach eine individuell angepasste und gut strukturierte Umgebung für die tägliche Zusammenarbeit mit Ihren Kollegen einrichten und die Plattform im Arbeitsalltag für Chats und Besprechungen nutzen können.

Der Aufbau des Buches richtet sich nach der 8-Schritte-Methode des Autors, mit der er Ihnen zeigt, wie Sie organisatorisch beim Planen und Anlegen eines Teams vorgehen, sodass Sie von Grund auf die besten Voraussetzungen für effiziente Teamarbeit schaffen. Von der Konfiguration eines Teams über dessen sinnvolle Strukturierung mit Kanälen bis hin zum Datei- und Aufgabenmanagement lernen Sie, das volle Potenzial des Tools optimal auszuschöpfen.

Außerdem erhalten Sie zahlreiche Tipps dazu, wie Sie Ihre Arbeit im Team besser organisieren können, z.B. indem Sie Teamregeln festlegen oder weitere Microsoft-Tools bzw. -Apps integrieren.

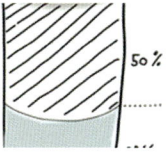

Angela Altenbeck

Berufsalltag effektiv gestalten

Mit visuellen und kreativen Notizen

Zahlreiche Vorlagen für
Planung, Ideenfindung,
Organisation u.v.m.

Visuelle Notizen ganz einfach im Beruf nutzen

Von To-do-Listen über Brainstorming, Gespräche und Meetings bis hin zu Prozessen und Diagrammen

Mit zahlreichen Vorlagen und Beispielen

Mit visuellen Notizen und Sketchnotes lassen sich Inhalte anhand einer Kombination aus Schrift und Bild optimal und anschaulich darstellen und besser merken. Dieses Buch richtet sich an alle, die die Vorteile des visuellen Arbeitens für sich entdecken und ihren Arbeitsalltag effektiver und kreativer gestalten wollen – sei es für sich selbst oder für die Zusammenarbeit in Teams.

Angela Altenbeck zeigt Ihnen, wie Sie ohne viel Aufwand mit einfachen Visualisierungen und Sketchnotes Ihren beruflichen Alltag effizienter gestalten, ohne dass Sie dafür besondere Zeichenfähigkeiten brauchen.

Sie lernen zunächst alle grundlegenden Elemente kennen, mit denen Sie Ihre Notizen visualisieren können. Im Anschluss daran erfahren Sie, wie Sie mit einfachen Zeichnungen und hilfreichen Vorlagen zahlreiche berufliche Situationen visuell unterstützen können: Gedanken strukturieren, Ideen finden, Aufträge definieren, Gesprächsnotizen und Protokolle erstellen, Abläufe, Prozesse und Diagramme darstellen sowie Meetings und Reden vorbereiten.

Haben Sie einmal damit angefangen, werden Sie nicht mehr darauf verzichten wollen. Mit diesem Buch finden Sie einen einfachen Einstieg in die Visualisierung im Beruf.

ISBN 978-3-95845-604-4

Probekapitel und Infos erhalten Sie unter:
www.mitp.de/604